# Elogios para *Una vez fui tú*

"El punto de vista de María es poderoso y vital. Hace años, cuando *In the Heights* empezaba a presentarse en teatros *off-Broadway*, María corrió la voz en nuestra comunidad para que apoyáramos este nuevo musical que trataba sobre nuestros vecindarios. Ella nos ha acompañado en nuestros triunfos, es una crítica severa de nuestros detractores y una fuerza impulsora para enfrentar y corregir los errores de nuestra sociedad. Cuando María habla, estoy listo para escuchar y aprender de ella".

—Lin-Manuel Miranda, creador y estrella original de *Hamilton*

"Con una prosa audaz y poética, María Hinojosa nos lleva a través de su largo recorrido para convertirse en la primera latina en crear un medio de comunicación sin fines de lucro, desde una perspectiva personal e histórica. Su libro *Una vez fui tú* es una lectura esencial para quienes aún no entienden la complejidad del tema de la inmigración y las divisiones que provoca, contado por alguien que lo ha vivido en carne propia, ha reportado sobre el tema y ha denunciado sus injusticias. Es fácil entender por qué María Hinojosa se ha convertido en una de las periodistas latinas más respetadas en los Estados Unidos y en una de las voces más importantes para los hispanos en el país. A mí, en lo personal, el libro me cautivó".

—Maria Elena Salinas, periodista independiente y
colaboradora de CBS News

# Una vez fui tú

*Mi vida entre el amor y el odio
en los Estados Unidos*

# María Hinojosa

**ATRIA** ESPAÑOL

Nueva York   Londres   Toronto   Sídney   Nueva Delhi

**ATRIA**
ESPAÑOL

Un sello de Simon & Schuster, Inc.
1230 Avenida de las Américas
Nueva York, NY 10020

Primera edición en rústica de Atria Español, septiembre 2020

**ATRIA** ESPAÑOL y su colofón son sellos editoriales de Simon & Schuster, Inc.

Para obtener información respecto a descuentos especiales en ventas al por mayor,
diríjase a Simon & Schuster Special Sales al 1-866-506-1949 o al siguiente
correo electrónico: business@simonandschuster.com.

La Oficina de Oradores (Speakers Bureau) de Simon & Schuster puede presentar
autores en cualquiera de sus eventos en vivo. Para obtener más información
o para hacer una reservación para un evento, llame al Speakers Bureau de
Simon & Schuster, 1-866-248-3049 o visite nuestra página web en
www.simonspeakers.com.

Diseñado por Dana Sloan

Impreso en los Estados Unidos de América

1 3 5 7 9 10 8 6 4 2

Número de catalogación de la Biblioteca del Congreso: 2020941586

ISBN 978-1-9821-3520-1
ISBN 978-1-9821-3521-8 (ebook)

Para Ceci, mi papá y Maritere,
que me enseñaron a encontrar alegría
en cada momento de la vida.

Y para todos los niños que crecen en un país
que no es el suyo. No son invisibles.
Te veo porque aún me veo en ti.

# Contenido

Introducción: Carta a la niña del aeropuerto de McAllen    1

1   Tierra de falsas promesas    7
2   Cómo llegué a ser estadounidense    26
3   ¿Así se ve la democracia?    39
4   Sin un lugar para esconderse    47
5   Cómo adopté una nueva identidad    75
6   En búsqueda de mi voz    94
7   Puedes cuidarme un poquito    123
8   Una probadita de la acción    151
9   Una mamá trabajadora    179
10   El fin del mundo saldrá por televisión    195
11   Confrontaciones    207
12   Una periodista ciudadana    227
13   El nuevo poder del "INMIGRANTE"    248
14   Lo que no puedo olvidar    284
15   Un trauma heredado    307
16   Adueñarme de mi propia voz    319
17   "Ilegal" no es un sustantivo    328
18   El poder de pararse bajo la luz    336

Agradecimientos    355
Notas    362
Índice    377

# Carta a la niña del aeropuerto de McAllen

En febrero de 2019, me puse de rodillas sobre la repugnante alfombra gris del aeropuerto de McAllen, a nueve millas de la frontera entre Texas y México, buscando un enchufe para poner a cargar mi teléfono. Sabía que me veía un poco rara. Una mujer adulta a gatas, a las siete de la mañana en un aeropuerto relativamente vacío. Llevaba el cabello recogido en un chongo rebelde, mis anteojos de armazón negro y un suéter gris muy desgastado con cuello de tortuga: mi ropa de viaje de bajo mantenimiento. Pero seguía siendo una latina con autoestima. Así que me había puesto un poco de lápiz labial marca MAC de Selena, mis aretes de aro de oro y, por supuesto, mi suéter de cachemira que compré en una tienda de rebajas.

Fue cuando te descubrí mirándome. Al principio, pensé que tenías curiosidad, como cualquier otro niño que se queda mirando a una mujer extraña en un aeropuerto. Solo que me veías como si yo no estuviera allí. Sin querer, entré a tu línea de visión. Mirabas al vacío porque ya nada tenía sentido para ti.

Al menos esa impresión me causaste. Te veías exhausta. Ni siquiera parecías estar asustada. Era como si ya hubieras pasado por todo eso. De nada te servía el miedo. Ahora solo eras la niña insensibilizada, la de mirada perdida, que apenas parecía humana, porque así te habían hecho sentir durante las últimas semanas (¿o quizás meses?). Era como si te hubieran anestesiado con algún misterioso veneno que te mantenía viva por fuera, pero muerta por dentro.

¿Realmente me podías estar diciendo todo esto con una mirada perdida?

Cuando te vi mirándome o, mejor dicho, mirando a través de mí, me quedé observándote con preocupación, pero también con una absoluta curiosidad que casi de inmediato se convirtió en una especie de ternura intuitiva y maternal. ¿Lo percibiste? ¿Fue la primera vez desde que cruzaste hacia este lugar infernal que alguien te miraba con afecto?

Quizás tendrías unos diez años, pero tus ojos se parecían a los de mi vieja Barbie, Midge: la que tenía el cabello castaño muy rizado y los ojos delineados como gato, al estilo de los años sesenta. Así te veías a las siete de la mañana, con tus hermosos ojos de estrella de cine.

Tu cabello era largo y tan oscuro que brillaba. De una alta cola de caballo caían rizos suaves y ondulantes y apenas llevabas flequillo. Tu piel era del color del chocolate con leche caliente, pero tenía una palidez gris y cenicienta, como si hubiera estado privada de la luz del sol durante mucho tiempo.

Entonces, después de treinta o cuarenta y cinco segundos de haber estado observándonos, algo pasó. Durante un solo segundo, tu escudo de insensibilidad se quebró y me sonreíste. Primero salió de tus ojos, una ligera arruga por debajo del ojo tipo felino y después pasó a tu boquita, cuando las comisuras de tus labios se arquearon un segundo, y eso suavizó tu expresión. Ahora podía ver a una niña de diez años acostumbrada a sonreír a la gente, porque el lugar donde vives en Honduras, El Salvador o Guatemala, supongo, es un pueblo pequeño en donde todo el mundo se conoce. Y allá, aunque quizás sea uno de los lugares más peligrosos del planeta, la gente todavía se sonríe.

No sé cómo comprendí que este intercambio no era un saludo matutino habitual en el aeropuerto, como los cientos de gestos amables al azar que he compartido con extraños cuando viajo por todo el país. Pero desde el momento en que mis ojos se toparon con los tuyos, entendí que no debía ignorarte.

Analicé la situación. Eras una de nueve niños custodiados por dos cuidadores que los llevaban de la frontera a Houston en este vuelo y después, solo Dios sabe adónde iban a parar o qué destino colectivo tendrían. Entonces me di cuenta de que era mi oportunidad para hablar con alguno de los niños de los que una y mil veces nos han dicho en los medios que representan una amenaza secreta para nuestro país. Son los niños a los que el presidente Trump llamó animales, a quienes se debe sacar del país a toda costa porque: "Parecen muy inocentes. No son inocentes". Tenía lista mi grabadora con micrófono incluido porque estaba por llamar a una de mis fuentes y grabar nuestra conversación, como de costumbre. Pero ahora estaba lista para oír tu voz, mijita. Lista para escuchar tu historia.

—Hola.

—Hola.

—¿Cómo estás?

—Bien.

Apenas podía oírte cuando hablabas. Era como si te hubieran quitado la capacidad de hablar. ¿Cuántas veces te habían dicho que te callaras? ¿Cuántas veces te gritaron por hablar o por reírte? Ahora yo te pedía que hablaras y tu voz era absolutamente tímida, sin llegar a ser un susurro imperceptible, sin que yo tuviera que leerte los labios.

—¿Acabas de llegar? ¿Tienes miedo?"

—Un poquito.

—Un poquito. Y tus papás, ¿dónde están?

—En Guatemala.

—¿Viniste sola?

—Con mi tío.

—Y esa gente, ¿es tu familia? ¿Estás solita, solita, solita?

—Aquí no…

—¿Te pusieron en un centro de detención? ¿Una casa súper grande, súper, súper grande?

—Sí.

Inhalé profundamente. Por dentro estaba temblando. Estaba siendo testigo de la manera más amable, una conversación tranquila e íntima, de uno de los mayores horrores modernos de los Estados Unidos: la retención de niños inocentes; el transporte, tráfico, secuestro de niños por parte de un gobierno. Niños como esta pequeña que claramente no tenía idea de lo que estaba pasando ni por qué.

De repente, la acompañante se levantó y de inmediato saltaste dejando a medias la frase, porque ahora ya sabías; después de haber pasado semanas en ese edificio de detención súper grande, te habían entrenado para responder rápidamente a los adultos que te rodearan, para obedecer sus órdenes, para seguir su mando.

Mantuve cierta distancia durante un momento, mientras todos los niños hacían una fila, observando la situación, grabando comentarios en mi celular:

"Vamos a ver, ¿cuántos niños hay aquí? Uno parece tener unos ocho años tal vez, otro niño parece de diez, un niño que quizás tenga unos cuatro o cinco años, un chico que parece de quince, otro muchacho que se ve como adolescente, una niñita, otro niño y otro niño pequeño. Voy a hablar con ellos porque es obvio que se están preguntando qué estoy haciendo. Y yo no debería tener miedo. Voy a hablar con ellos, a ver qué pasa".

Caminé hacia la mujer y le dije:

—Hola, sé que se está preguntando quién soy. Me llamo María

Hinojosa. ¿Cómo está? —Ella era latina y rápido me dijo que hablara con su supervisor, un latino que dirigía el grupo. Me presenté con el hombre como periodista y al hacerlo, les hablé en español a los niños—: No tengan miedo. Soy periodista, es todo.

El hombre que dirigía este grupo de niños claramente desorientados me miró con indiferencia y me dijo con voz monótona:

—Hay una persona encargada de los medios de comunicación a quien tiene que contactar y que puede darle toda esa información…

—Sí, lo sé —respondí.

Entonces se puso nervioso y a la defensiva, como si reconociera que sí había algo malo en todo lo que estaba pasando. ¿Dos adultos extraños llevando a un grupo de niños, con quienes no tienen ningún parentesco, en vuelos a lugares no revelados, y los niños sin saber qué pasa? Casi como si hubiera adivinado lo que yo estaba pensando, añadió:

—Pero nosotros no… Solo estamos haciendo nuestro trabajo. Eso es todo.

Ya había escuchado esa excusa.

—Lo entiendo —respondí—, pero usted debe comprender que, como alguien que vive en este país y es una periodista que observa cómo se está desarrollando esta historia, tengo que poder hacer preguntas. Ese es *mi* trabajo.

—Lo sé —respondió monótamente—. Pero mi trabajo es decirle que llame al encargado de los medios para obtener sus respuestas.

—Comprendo —le dije, aunque no comprendía nada. En absoluto.

Miré a los niños, aturdidos y ansiosos, y le hablé en español al cuidador con ternura, porque mis palabras en realidad eran para los niños. Quería que supieran:

—Lo único que quiero es que ellos sepan que hay gente que está muy interesada en que ellos estén bien, en que los cuiden, que estén protegidos; que sepan que hay gente que los quiere, que los queremos en este país, que los queremos mucho. Eso es lo único… ¿no?

—Es lo único que puedo decirle —me interrumpió.

Pero yo seguí hablándoles a los niños:

—¿Ellos tienen el derecho de decirle lo que quieran a una periodista o no? Quiero decirles que estamos al tanto… Que traten de no tener miedo. Que ustedes no son los enemigos.

Todo eso lo dije en español porque quería, mi querida niña, que me entendieras, que escucharas mi voz y que supieras que para mí tú no eras invisible.

Te veo, porque una vez fui tú.

# Capítulo 1

## Tierra de falsas promesas

Eran las cuatro de la mañana y la luz de la luna llena entraba por la ventana de la recámara de Berta. Su querida Colonia Narvarte, que por lo regular era una cacofonía de sonidos —los barrenderos, el silbato del afilador de cuchillos, el sonido metálico del camión de la basura tan parecido a las campanadas de la iglesia, los ladridos de los perros callejeros que eran de todo tipo y tamaño— estaba misteriosamente silenciosa. Ni siquiera los pájaros a los que daba de comer estaban despiertos. Berta se levantó de la cama y miró la ropa que había sacado la noche anterior. Ese sería el atuendo que usaría en su viaje de despedida del lugar que la vio nacer. Todo tenía que ser perfecto y memorable. Berta quería que la gente la viera como en las fiestas. Quería que notaran la llegada de esta nueva estadounidense. Quería que la mirada de la gente se detuviera en ella cuando pasara a su lado, y no en los cuatro niños que llevaría consigo.

Frente a ella estaba extendida una blusa blanca de satín con botones, una falda de terciopelo negro y la enagua de encaje blanco que se pondría debajo. Analizó los aretes de perla en forma de gota y su gargantilla de perlas opacas. Entonces su mirada se dirigió hacia el piso, en donde estaba listo su par de zapatos destalonados de charol negro. Sonrío para sí misma.

A Berta, mi madre, no le preocupaba dejar su país atrás. Durante seis meses había estado preparándose y procesándolo. Sabía que mi padre, Raúl, se esforzaba por asimilar la enormidad de lo que próximamente sería su ciudadanía estadounidense, algo a lo que estaba obligado a comprometerse como parte de su nuevo trabajo. Pero Berta sabía que México siempre sería su hogar, sin importar lo que sucediera. Siempre tendría su pasaporte verde mexicano y una tarjeta verde estadounidense. Para ella, eso no era contradictorio.

Después de observar su ropa y quedarse con la mente en blanco, mientras la luna empezaba a desaparecer y el color azul claro de la mañana creaba un resplandor sobre el volcán Popocatépetl, Berta se dio cuenta de que no solo estaba sonriendo. Se sentía eufórica. Durante todo un mes, las mariposas que, por lo general, eran señal de que un bebé daba pataditas en su vientre, ahora eran producto de la emoción de esta próxima aventura que por fin había llegado. Sin embargo, una pequeña parte de ella sentía vergüenza. Le costaba trabajo entender exactamente por qué estaba tan contenta de dejar atrás todo lo que conocía. ¿Por qué a ella le resultaba mucho más fácil que a Raúl?

*Quiero ser más libre. No quiero que nadie me controle. Ni mi mamá, ni mi papá, ni mis hermanos. Yo quiero ser yo. Amo a Raúl y él me ama como soy. Quiero ver el mundo y criar a mis hijos para que sean independientes. Quiero ser una mujer entera y no sé si lo puedo lograr aquí en México.*

Uno a uno fue despertando a sus hijos, empezando por la mayor, Bertha Elena, que tenía siete años. Berta la ayudó a vestirse. Estaba adormilada como una muñeca de trapo, pero no tardó en reaccionar y asumir su papel de ayudante de su madre. Peinó su grueso cabello negro azabache y lo adornó con un broche rosa. Se puso un suéter blanco de botones sobre el vestido negro que Manuela, su abuelita, había hecho especialmente para que lo usara en este viaje. Después se puso unos calcetines blancos con olanes y zapatos blancos de cuero.

Mi mamá se encargó de mí, poniéndome un vestido blanco que había confeccionado con una delicada orilla tejida con ganchillo que ella misma había hecho. Yo todavía gateaba, así que mi mamá me estuvo cargando por todas partes esa mañana, así como lo hacía todos los días. Incluso cuando supervisaba a mis dos hermanos y a mi hermana, nunca me soltaba.

Decía que yo era "su chicle" porque siempre estaba pegada a ella.

Yo era su bebita, la última que tendría porque, a diferencia de mis hermanos, no fui una hija planeada ni esperada. Ya no habría más bebés, así que Berta me consentía. Cada minuto. Con mis hermanos y mi hermana todo había sido un poco utilitario, pero conmigo disfrutaba cada momento. Quería criarme en cámara lenta, haciendo que cada recuerdo con su último bebé durara tanto como fuera posible.

Horas más tarde, estábamos en la primera etapa del viaje en avión a Chicago para reunirnos con mi padre. Durante todo el vuelo estuve durmiendo en los brazos de Berta, mientras que mi hermana mayor miraba por la ventana con pequeñas lágrimas que rodaban lentamente por sus mejillas, pensando en las amigas que dejaba atrás. Después de casi cinco horas, por fin llegamos a Dallas, donde teníamos que hacer un transbordo y tomar nuestro segundo vuelo a Chicago. Debíamos pasar por la aduana e inmigración en este aeropuerto de Texas.

Berta era bajita y deslumbrante, mi vestido amplio de encaje cubría su brazo fuerte y esbelto. Mi hermana llevaba de la mano a mis dos hermanos, los tres bien peinados y relucientes, con la cara llena de gozo al arribar a este nuevo y fascinante lugar.

Berta caminó despacio hacia el agente de inmigración que estaba detrás de un escritorio y le entregó nuestras cinco tarjetas de residencia. Ella sabía que estas tarjetas verdes eran más valiosas que las visas temporales que tenía selladas en su pasaporte mexicano. Estas pequeñas piezas de plástico otorgaban a Berta legitimidad en su nuevo país. Pero tenían una historia que Berta ignoraba.

En 1940, cuando se promulgó algo llamado la Ley de Registro de Extranjeros, o Alien Registration Act, se exigió a quienes no eran ciudadanos que se registraran ante el gobierno por primera vez con tal de obtener documentos que avalaban su estado migratorio. ¿Qué dice de nosotros, los inmigrantes, el hecho de que el gobierno nos llamara *"aliens"* desde un principio? Las *green cards*, como se las llamaba comúnmente, otorgaban a los inmigrantes la residencia legal y el permiso de trabajo. Al mismo tiempo, sin embargo, este sistema permitía al gobierno vigilarlos y rastrearlos.

Berta creía que esta tarjeta le daba el derecho de estar en este país.

Había visto de lejos al agente de inmigración, que tenía el cabello del color del maíz blanco teñido de amarillo, un bigote grueso y era tan alto que Berta sintió que estaba mirando la parte alta de uno de los árboles centenarios del Bosque de Chapultepec. Con su estatura de 1,52 metros, su nuca tuvo que tocar la columna vertebral para poder verlo a la cara. A pesar de ello, Berta no se puso nerviosa.

Imaginó que su voz sería como la de los caballeros de las películas románticas de Hollywood que tanto le fascinaban, pero al principio él no pronunció ninguna palabra. Conforme pasaba cada segundo, Berta veía la expresión del hombre agriarse notablemente, las fosas nasales se le dilataban y fruncía los labios con desdén. Escaneaba nuestros rostros para compararlos con nuestras tarjetas, una y otra vez, y luego nos recorría todo el cuerpo con la mirada. ¿Qué estaba buscando exactamente? Aún en brazos de Berta, empecé a sentir su creciente ansiedad como si la absorbiera por ósmosis.

Entonces el agente se volvió hacia mí. Sus ojos examinaron cada centímetro de mi diminuto cuerpo y Berta me acercó aun más hacia ella. Su mirada se clavó en una pequeña mancha rojiza que tenía en mi brazo, donde me había salido un sarpullido por la cobijita que había estado usando en las últimas semanas (porque mi cobija habitual ya había sido empacada y enviada al norte). Era una leve reacción alérgica a la lana de la sierra mexicana. El agente me observó, después miró a mi madre y movió la cabeza.

—Señora, parece que su bebé tiene rubéola —dijo con un marcado acento texano—. Lo cual es contagioso, así que vamos a tener que ponerla en cuarentena. El resto de ustedes puede entrar con sus tarjetas de residencia. Pero a la bebita vamos a tener que ponerla en cuarentena y dejarla aquí.

A mi mamá, esas dos palabras la hicieron tambalearse: *dejarla aquí*. Casi se le doblaron las rodillas y sintió el impulso de huir tan rápido como pudiera. ¿Cómo podía tener esas dos sensaciones a la vez? Tuvo que forzarse a asumir el control de la situación. ¡Este hombre quería quitarle a su *chicle*! A Berta nunca antes le habían dicho que alguien se iba a quedar con uno de sus hijos.

Su corazón latía tan rápido que parecía que traía un colibrí en el pecho. Quería lanzar un grito espeluznante en ese mismo momento. Sentía como si alguien la hubiera abierto a la mitad, metido la mano y tratado de arrancarle el corazón, como un sacrificio azteca.

Berta inhaló profundamente. *Cálmate*, dijo para sus adentros, mientras que, al mismo tiempo y por instinto, miraba a su alrededor buscando aliados, sin encontrar a nadie que viniera a ayudarla. Una mujer bajita con nada más que sus propias agallas como apoyo, tendría que defenderse sola.

—¡Señor! Soy Berta Hinojosa. Soy la esposa del Dr. Raúl Hinojosa. A mi esposo lo invitó el rector de la Universidad de Chicago y si no me cree, puede llamarlo usted mismo.

A menudo he imaginado ese momento en el que la voz interior de mi mamá, de fuerza y angustia materna, salió de su interior disparada en forma de una anaconda que se enroscó alrededor del bíceps del agente de inmigración y empezó a apretar, buscando sangre, dispuesta a matar, como una madre tigresa protegiendo a su cachorro.

—Bajo ninguna circunstancia le permitiré que se quede con mi hija, y nuestros documentos están en orden, y sé que tenemos el derecho de entrar a este país. —Y en ese momento, la sexy y delicada mamá con zapatos elegantes se transformó en un monstruo que duplicaba la estatura del agente. Con una voz poderosa y firme, le gritó al hombre de apariencia de árbol en su marcado e inconfundible acento mexicano—: ¡Voy a entrar a este país con MIS CUATRO HIJOS, SEÑOR! ¡¿ME ESCUCHA?! ¡NO PUEDE QUEDARSE CON MI HIJA, SEÑOR! ¿ME ENTIENDE, SEÑOR?

El agente se acobardó tras el ataque verbal, y de repente pareció muy pequeño. Berta nunca había usado ese tono de voz antes. Después de su apasionado discurso, cuando el miedo y la ira se habían liberado y la adrenalina se había descargado, su cuerpo empezó a temblar, sus pequeños tobillos chocaban entre sí. Se dio cuenta de que su propia voz —fuerte, asertiva, sin temores— había hecho que este hombre, alto como un árbol de Chapultepec, se encogiera hasta convertirse en un arbusto.

El hombre se quedó petrificado. Nadie le había hablado así antes.

—Pues, sí, señora. Sí, señora… —dijo, sin saber muy bien qué más podía hacer.

Supongo que había creído que mi hermosa madre se quedaría callada y sería obediente. ¿Cuántas otras lo habrán sido? Yo no podía ser la primera a la que hubieran inspeccionado y considerado demasiado peligrosa para entrar al país. ¿Había una guardería secreta en el aeropuerto de Dallas en 1962 donde retenían a todos los niños "enfermos" e indignos? Mi mamá se había enfrentado a este hombre y, gracias a ella, no me apartaron para retenerme con otros menores de edad que estaban en cuarentena y sin duda muertos de miedo.

Tuvo que haber sido un error. Eso fue lo que me repetí toda mi vida. Pero estaba equivocada. De hecho, había un cuarto para bebés como yo, y eso lo descubrí mientras escribía este libro. No era solo un cuarto. Era todo un sistema que llevaba décadas construyéndose.

El agente de inmigración nos guió a todos a través del puesto de control con sus manos grandes y rechonchas mientras decía:

—Sí, señora. ¡Correcto! *Todos* ustedes pueden venir a los Estados Unidos Bienvenidos. ¡Pasen!

---

En 1961, un año antes de embarcarnos en este viaje, había nacido en la metrópolis de la Ciudad de México. Mi país de origen, México, fue un hermoso producto del caos generado por la confrontación entre civilizaciones desarrolladas como la maya o la azteca y los conquistadores españoles, que llegaron con masacres, violaciones y los africanos que trajeron consigo, algunos libres y otros esclavos. México era un rompecabezas multicultural compuesto por gente que había estado allí durante siglos y aquellos que vinieron desde lejos para imponerse. Pero México no se definía ni se valoraba como un país de oportunidades para los inmigrantes. Esa nunca fue la narrativa nacional de México.

En cambio, mi país adoptivo, los Estados Unidos de América, fue fundado por inmigrantes que no tenían papeles ni permiso para venir, pero que buscaban un nuevo comienzo con un potencial inagotable. Esto fue fundamental para su razón de ser, su gran misión, el gran plan, una narrativa colectiva de sus pobladores. Estados Unidos siempre ha presentado una apariencia pública de amor a los inmigrantes y su papel en este país, pero en realidad, el lado oscuro de la inmigración, el odio oculto y la opresión y el silencio interiorizados, ha hecho que nuestra relación con la idea de ser una nación de inmigrantes sea mucho más conflictiva; una guerra secreta permanente de palabras y odio contra sí misma.

La historia nos muestra la verdad. O mejor dicho, una versión de la historia de los Estados Unidos contada desde una perspectiva limitada reitera la "verdad" que ellos quieren que creamos. En la escuela nos enseñaron que los primeros colonos eran europeos de habla inglesa que buscaban libertad religiosa. La realidad es que los primeros asentamientos de colonos en el territorio que ahora consideramos los Estados Unidos no estaban en Jamestown ni en la colonia de Plymouth. Los españoles, dirigidos por Pedro Menéndez de Avilés, llegaron a St. Augustine en lo que ahora es Florida en 1565; la fundación de Plymouth fue cincuenta y cinco años después, cuando los primeros peregrinos puritanos desembarcaron en 1620. En 1610, solo tres años después de que los colonos ingleses, apoyados por la Compañía de Virginia, fundaran Jamestown, los colonizadores españoles construyeron un asentamiento en lo que hoy es Santa Fe, Nuevo México. Sin embargo, nuestro sistema de educación pública se centra solo en los asentamientos ingleses, pasando casi completamente por alto los de los españoles, "los originales".

La historia la escriben los vencedores, lo que significa que deberíamos cuestionar la versión de la historia que nos han legado los maestros, los medios y las figuras de autoridad. Los vencedores de seguro no se etiquetaron a ellos mismos ni a las personas de las que descendieron y que llegaron a esta tierra sin papeles o permiso como los primeros "extranjeros ilegales". En cambio, se nos enseña que esta es una tierra que acoge a los inmigrantes (nativos pasivos que solo quieren compartir...), un lugar donde la idea de que todos somos creados iguales es una verdad evidente (aunque fue escrita en tiempos de esclavitud), que cada uno de nosotros está dotado de derechos inalienables (excepto el voto, si eras mujer hasta 1920), incluidas la vida, la libertad y la búsqueda de la felicidad. El documento que resulta ser, quizás, el más importante para los inmigrantes en este país, la Declaración de Independencia, dice que todos tenemos derecho a existir y a luchar por nuestra existencia (pero sobre todo si eres un hombre blanco).

En realidad, nuestras actitudes hacia los inmigrantes que vienen a trabajar aquí, ya sea por elección o por la fuerza, tienen dos caras. Doce millones y medio de personas inocentes fueron esclavizadas y traídas al Nuevo Mundo desde África ya desde el siglo XVI. De los 10,7 millones de africanos que sobrevivieron al viaje, 305.000 llegaron a los Estados Unidos. Los libros de historia escritos desde la perspectiva privilegiada del hombre blanco llaman a esta tragedia "comercio de esclavos", pero tal vez deberíamos llamarla como lo que es: una red internacional de tráfico de personas patrocinada por el gobierno. Fue una migración autorizada y forzada que deshumanizó y avivó el odio hacia los cuerpos negros para justificar la mano de obra que impulsaba la economía de los Estados Unidos.

Cuando los Estados Unidos ganaron la guerra contra México en 1848, este país se vio obligado a ceder casi la mitad de su territorio (tierra que más tarde conformaría los estados de California, Nevada, Utah, Arizona, Nuevo México, Colorado y Wyoming) por quince millones de dólares como parte del Tratado de Guadalupe Hidalgo. Las personas que vivían allí no cruzaron ninguna frontera ni emigraron a ningún lugar. Más bien, la frontera se les pasó por encima y la ciudadanía estadounidense fue impuesta de la noche a la mañana, con la promesa de que podrían conservar la tierra que poseían. Esa promesa no impidió que los empresarios y las compañías ferroviarias despojaran a los mexicoamericanos de ocho millones de hectáreas en las décadas siguientes, lo cual tuvo como resultado una transferencia masiva de la riqueza en detrimento de las familias latinas y creó un legado de pobreza entre aquellos que lo habían perdido todo.

En la década de 1860, magnates del ferrocarril como Collis Potter Huntington y Charles Crocker reclutaron a miles de trabajadores asiáticos para ayudar a construir el ferrocarril transcontinental. Como el tipo de cambio entre los Estados Unidos y China estaba a su favor y los trabajadores asiáticos ansiaban pagar a los comerciantes que les habían comprado el pasaje a los Estados Unidos y empezar a enviar dinero a sus familias, a menudo estaban dispuestos a trabajar por menos dinero. La competencia por el trabajo provocó tensiones con otros grupos de inmigrantes, como los irlandeses, que se sintieron relegados por los asiáticos. Así que el gobierno del estado de California intentó reducir la inmigración china con una serie de medidas racistas y excluyentes. Leland Stanford, el fundador de la universidad que lleva su nombre, exgobernador de California y uno de los magnates del ferrocarril que había aprovechado de la mano de obra asiática para terminar sus vías, dijo en un mensaje a la legislatura en un frío día de enero de 1862: "Hay que desalentar el asentamiento entre nosotros de una raza inferior, por todos los medios legítimos. Asia, con sus incontables millones de habitantes, envía a nuestras costas la escoria de su población… No cabe duda de que la presencia entre nosotros de un pueblo degradado y distinto va a ejercer una influencia perjudicial sobre la raza superior".

Esas palabras y sentimientos sobre la superioridad racial facilitaron el camino para que el Congreso aprobara la Ley de Exclusión de Chinos en 1882, que prohibía a los trabajadores chinos migrar a los Estados Unidos. Pero fueron las mujeres asiáticas las primeras personas legalmente excluidas de este país con la Ley Page de 1875, que prohibía a las mujeres de China, Japón u otros países asiáticos desembarcar en estas costas. La versión de la historia desde el punto de vista del hombre blanco dice que había que impedirles la entrada porque solo venían a trabajar como prostitutas, pero ¿no es más plausible que fueran como mi mamá, es decir, que vinieran a un nuevo país para que sus familias se reunieran?

Las políticas de inmigración cada vez más restrictivas reforzaron la ideología del movimiento eugenésico y la creencia de que la raza humana podría mejorarse a través de la genética y la reproducción, al admitir únicamente a los tipos de inmigrantes "adecuados" e impedir la entrada a los "menos deseables". Un titular del *New York Times* en 1921 lo dijo así: "Los eugenistas temen a los extranjeros contaminados; creen que la restricción de la inmigración es esencial para prevenir el deterioro de la raza de aquí".

Para 1924, las enmiendas a la Ley de Exclusión de Chinos habían prohibido efectivamente toda migración proveniente de China y otras naciones asiáticas.[1] La ley no fue revocada hasta 1943 (tras haber estado vigente durante sesenta y un años), cuando los Estados Unidos necesitaba que China fuera su aliado contra los japoneses durante la Segunda Guerra Mundial. De la noche a la mañana, los chinos se convirtieron en nuestros amigos y los japoneses, en nuestros enemigos. Desplazamos a la fuerza a nuestros propios ciudadanos, los japoneses-estadounidenses: los obligamos a abandonar sus hogares y negocios familiares, todas sus formas de ganarse la vida, y los pusimos en prisiones apenas disfrazadas llamadas "campos de internamiento". Estas son las historias que los vencedores no quieren que estudiemos, para que no reconozcamos el hecho de que la historia se repite una y otra vez.

La conversación sobre los inmigrantes en este país ha girado en torno a la siguiente pregunta: "¿Quiénes son adecuados para nuestra sociedad?".[2] Es un debate que se presta naturalmente a una percepción binaria, a menudo esquizofrénica, de los inmigrantes, por lo que siempre hablamos de los inmigrantes "buenos" en comparación con los "malos". Cuando los inmigrantes nos convienen y benefician nuestra economía o agenda política, usamos las palabras *trabajador, merecedor, valiente* y *amante de la libertad*. Cuando nuestra economía cae en picada y de repente los empleos escasean o escuchamos a gente en la calle hablando otras lenguas que no son el inglés y "nuestra forma de vida" parece amenazada por "el otro", los inmigrantes se convierten en *amenazadores, criminales, contaminados* y en un *gasto excesivo para la sociedad.*

En 1962, mi familia se mudó a los Estados Unidos en un momento en que el país estaba redefiniendo una vez más su relación con los inmigrantes. El presidente John F. Kennedy, nieto de inmigrantes católicos irlandeses, creó una nueva perspectiva cuando mencionó a los peregrinos y los inmigrantes por igual: "Las entrañables cualidades de Massachusetts —los hilos conductores tejidos por el peregrino y el puritano, el pescador y el agricultor, el yanqui y el inmigrante— son una parte indeleble de mi vida, mis convicciones, mi visión del pasado y mis esperanzas para el futuro".

Su profunda conexión con sus propias raíces católicas irlandesas y su gran capacidad para identificarse con el otro, con el forastero, hicieron que JFK contribuyera a la creación de la Ley de Inmigración y Nacionalidad de 1965, legislación que derogaría por fin el sistema de cuotas instituido en los años 20. Los Estados Unidos también buscaban a trabajadores calificados, personas como mi padre que fueran expertos en su campo, profesionales brillantes que pudieran mantener la ventaja competitiva del país en la ciencia, la tecnología y los negocios.

Sucedió que el embarazo no contemplado de mi madre y mi consiguiente llegada a este mundo tuvieron mucho que ver con la decisión demi familia de irse de México. Con tres niños, mi papá podría haber fincado una vida profesional en México, ¿pero con cuatro?

---

Mi papá, Raúl Hinojosa, era un *nerd*. Nació en 1932, creció en lo que era entonces la pequeña ciudad de Tampico con dos hermanas, su mamá y mi abuelito, un burócrata masón que tenía un rancho con vacas y caballos en las afueras de la ciudad. Tampico era una ciudad portuaria y petrolera que olía a mariscos y chapopote. El clima era tropical y la universidad no tenía aire acondicionado, pero aun así mi papá pasaba todo el tiempo en las bibliotecas sofocantes leyendo libros sobre cirugía y el oído interno.

Pronto Raúl se había convertido en un chico de pueblo que vivía solo en la gran ciudad, el Distrito Federal. Había sido el primero de su familia en entrar a la universidad, y ahora estaba en la facultad de Medicina. Sus padres no entendían realmente su gran sueño de convertirse no sólo en un doctor, sino en un doctor que ni siquiera veía a pacientes sino que hacía investigaciones. No era tan cosmopolita como los jóvenes de la Ciudad de México que eran sus compañeros de estudios, ni tampoco era muy fiestero. Pero una noche, algunos de sus compañeros de estudio lo invitaron a una modesta reunión en la Colonia Narvarte y decidió ir, sorprendiéndose incluso él mismo de haber dicho que sí.

La fiesta era para las hermanas mayores de mi madre y sus amigos, pero ella a menudo se unía al grupo. Berta era la persona más joven de la fiesta con solo dieciséis años, pero necesitaba ser el centro de atención, ser vista por todos. Cuando Papá entró, ella estaba bailando. Sonriendo. La vio inmediatamente. Le gustó que no pareciera asustada mientras balanceaba sus caderas en su vestido envolvente negro a lunares blancos.

Raúl la invitó a bailar, y Berta quedó flechada de inmediato. ¿Quién era ese hombre moreno, guapo, de bigote negro y piel como si acabara de llegar de la playa?

Cuando la vio por segunda vez, en una visita con chaperón a la casa azul de la calle Pitágoras, Raúl supo que estaba enamorado. A Berta le gustaba Raúl, pero tenía otros pretendientes, algunos de ellos de familias muy ricas, y eso era parte de lo que Berta consideraba, a su corta edad, que el matrimonio era: una decisión inteligente y estratégica que a menudo no se basaba en el amor. Una decisión de la familia.

En los días siguientes a su primer encuentro, Raúl de repente hacía cosas que ella nunca se hubiera imaginado. Reunió todo el dinero que pudo ahorrar y fue a la Plaza Garibaldi en el centro de la Ciudad de México, la plaza donde hay bandas de mariachis en espera de ser contratadas, y eligió a la mejor que podía permitirse pagar. Todos juntos fueron a la calle Pitágoras y, a la luz del amanecer, Papá se paró bajo la ventana de la casa azul con un ramo de flores mientras los mariachis tocaban las trompetas con toda la potencia que tenían, y el sol iba iluminando las montañas que se veían a la distancia.

Berta saltó sobre su cama, incapaz de contener la emoción durante este singular momento: pasó de repente de estar en un sueño profundo a tener bajo su ventana una banda con una docena de hombres tocando sus instrumentos y cantando a todo pulmón solo para ella.

Berta sabía que, una vez que corriera la cortina de la ventana de su recámara (un acto de reconocimiento y, por lo tanto, de aceptación de la serenata) era casi seguro que Raúl le propondría matrimonio poco después. Había encontrado al hombre que amaba, y su vida iba a cambiar en un instante.

---

En aquellos primeros y ajetreados años de matrimonio, Berta y Raúl tuvieron dos hijos y se fueron a Europa. Poco después, Raúl aceptó becas de investigación en Harvard, Johns Hopkins, y finalmente, en la Universidad de Chicago. Científicos investigadores de todo el mundo habían empezado a enterarse de su trabajo y de sus ideas sobre el estudio del hueso temporal como una clave para restaurar la audición.

Mamá y Papá fueron los primeros de sus respectivas familias en salir de México, y aprendieron mucho juntos sobre el mundo. A mi papá siempre lo frustró el hecho de que para ser respetado y recibir los recursos que necesitaba para continuar con su investigación, debía abandonar su tierra natal. Le causaba una gran pena sentir que su propio país no lo apreciara tanto como otros lugares.

Para mantener a su esposa y ahora a cuatro hijos, Raúl daba clases para pagar la renta, además de atender a pacientes en una clínica (algo que ya no quería seguir haciendo) y después, ya cuando todo el mundo estaba dormido, manejaba hacia su laboratorio y allí pasaba horas hasta avanzada la noche, mirando a través de su microscopio y tomando notas. No podía echar a perder toda su capacidad, se repetía mientras iba manejando en las noches frescas y pasaba por debajo de las densas palmeras iluminadas por la luz de la luna de las colonias Roma y Narvarte. No podía agotarse aceptando trabajos aquí y allá, sólo para pagar la renta.

La frente de Raúl tenía cada vez más arrugas, como las ciruelas pasas que comía todas las noches. Todo el tiempo estaba preocupado por cómo pagar las cuentas. Fue Berta quien lo convenció de finalmente aceptar la propuesta de la Universidad de Chicago. Ella leía cada una de las cartas que tenían la estampilla de Chicago, y al hacerlo, se quedaba boquiabierta. Le ofrecían a Raúl un trabajo de tiempo completo en un laboratorio reconocido de otorrinolaringología con un muy buen salario, y ellos se encargarían de pagar los gastos de su traslado y el de su familia. Solo había un gran obstáculo con el que Raúl no había contado. Y era justamente ese por el que seguía diciendo que no.

Para poder aceptar el trabajo, la universidad explicaba, Raúl tendría que convertirse en un ciudadano estadounidense de inmediato. Por supuesto, tendría que aprobar el examen, pero por sus extraordinarias habilidades, el proceso sería acelerado. Para poder hacer esto, tendría que renunciar a su ciudadanía mexicana. Prácticamente era como si le hubieran pedido a Raúl que se arrancara el corazón y se lo entregara a los Estados Unidos como una retorcida muestra de gratitud.

Elige tu pasión y tu futuro, o tu país y el pasado. ¡Imagínenselo entregando su pasaporte verde mexicano a alguien de la embajada de los Estados Unidos!

Raúl no quería pasar por esa humillación.

"No, Berta", decía. "No voy a hacerlo. ¡Yo soy mexicano! ¿Cómo se les ocurre?".

Raúl pasaba muchas noches despierto con sus dolores de cabeza y le daba vueltas en la mente a esta propuesta durante sus largas caminatas por la ciudad que ahora consideraba su hogar: su loca, colorida, atormentada y, sin embargo, querida Ciudad de México. Tenía poco tiempo de sentirse pleno como citadino, ¿y ahora esta gente tenía la audacia de pedirle no sólo que dejara su país, sino que renunciara a su nacionalidad y patrimonio cultural?

En aquella época no existía un nombre para la fuga de cerebros, pero esto tenía toda la apariencia de serlo. Los Estados Unidos deseaban traer lo mejor al país desde cualquier parte. Emma Lazarus, cuyos versos adornan la base de la Estatua de la Libertad, se dirigía a las multitudes: pero este caso no tenía nada que ver con los fatigados y extenuados a quienes un país seguro daba la bienvenida. Esto era sobre un país ambicioso que apostaba al futuro, y otro país, México, que actuaba como si la modernidad y la competencia con el resto del mundo no fueran tan importantes.

Imagino a las decenas de miles de inmigrantes, así como mi papá, que también daban largos paseos por la noche para tomar la decisión de dejar su lugar de origen, algo que puede ser más aterrador que emocionante. En 1960, el año en que mi papá llegó, 265.398 personas inmigraron a los Estados Unidos y se convirtieron en residentes legales. Es decir, 265.398 personas que se desprendían de su pasado y trataban de plantar nuevas raíces en los Estados Unidos.

Por las mañanas, después de sus noches de insomnio, Berta podía jurar que Raúl había perdido más cabello de un día para otro. Era evidente que se estaba quedando completamente calvo por culpa del estrés. Su ansiedad constante por el futuro era su mayor defecto y desventaja emocional. Y no había cómo escapar de ella por culpa de su otro talón de Aquiles: su obstinación.

"No me voy. No voy a dejar México," le decía a Berta en un tono incluso más serio que de costumbre; no dejaría el país ni se convertiría en un estadounidense. A Berta le costaba trabajo combatir su decepción.

Ella exponía todos los argumentos de por qué irse era lo lógico. Él tenía la oportunidad de hacer aquello que le apasionaba y le pagarían por hacerlo. Podría mantener a su familia con un solo empleo, en lugar de tres. Y todos estaríamos juntos en una ciudad moderna y progresista, instalados en un hermoso vecindario llamado Hyde Park. Raúl tendría que adoptar la ciudadanía, pero los demás conseguiríamos tarjetas de residencia y podríamos conservar la ciudadanía mexicana. Cada año volveríamos a México.

Después de casi ocho meses de cortejo, el día en que el presidente Mateos confirmó que el hospital de investigación en donde Raúl soñaba con trabajar algún día no se iba a construir, Berta convenció a Raúl de darle el sí a la Universidad de Chicago. Era su trabajo soñado, aunque no en el país de sus sueños.

---

Volar era cosa de ricos. En lugar de hacerlo, Raúl tomó el autobús desde Tampico, a donde él y Berta se habían mudado para ahorrar dinero, y cruzó la frontera en Matamoros a pie con su pasaporte mexicano y un visa oficial de los Estados Unidos, sellado por la universidad. Después, en Brownsville, Texas, tomó un autobús directo y se dirigió a Chicago por medio de Texas.

En cuanto Raúl llegó a la parada del autobús de Brownsville, de inmediato subió y empezó el recorrido por las llanas y pardas carreteras del sur. Papá nunca había viajado así por los Estados Unidos, así que al principio estaba emocionado de ver el paisaje, pero después se aburrió por la monotonía de la vista. Horas después, el autobús hizo su primera parada en la frontera al lado de los Estados Unidos, en Texas todavía. Cuando Raúl bajó y se dirigió al baño que estaba a un lado de las bombas grises de gasolina, se enfrentó de golpe con el pecado original de este país.

Detrás de la pequeña estación de gasolina, había dos puertas para el baño, pero no se trataba de una para los hombres y la otra para las mujeres. Aquí, encima de cada una de las desvencijadas puertas, había un letrero pintado sobre un panel de madera que colgaba de un clavo oxidado. Un letrero decía BLANCOS. El otro decía DE COLOR.

Raúl suspiró. ¿Él era blanco o de color? Y si no era ninguno de los dos, ¿acaso existía en este país?

La pregunta lo humilló y le repugnó.

Sabía que no era blanco, lo que en la mente de mi papá significaba estadounidense: "gringo", rubio, de ojos azules.

Y nunca antes había oído esa expresión: *de color*. ¿Qué quería decir?

Obviamente, se refería a todo aquel que no fuera blanco.

Había escuchado que la gente usaba otra palabra que se pronunciaba "nigrou", pero "nigrou" en español quería decir "negro", y así como no era negro, tampoco era blanco.

Estaba confundido. Y molesto. Enojado.

En lugar de solo viajar para convertir en realidad sus sueños de investigación científica, se dio cuenta de que quizás también estaba en un viaje para borrar quien era y así, asimilar las normas de este extraño país. En México, a Raúl se lo respetaba y consideraba un hombre de honor y éxito. Pero en este país, ¿iba a quedar reducido al color de su piel cada vez que necesitaba usar el baño? ¿Qué tan degradante podía ser esta nación moderna?

Si se sentía invisible en este preciso momento como médico, ¿cómo se sentirían su esposa y sus hijos aquí? ¿Respetados? ¿O su hija más pequeña acabaría por interiorizar todas las inseguridades de su padre, que ahora corrían por su cuerpo como una descarga eléctrica? En la desolada estación de autobús, Papá se dio cuenta de que necesitaba tomar una decisión. Así que en un acto de supervivencia o complicidad o miedo, pero uno que también lo hizo sentirse profundamente deshonesto, mi padre eligió el privilegio y entró al baño de los "blancos".

En ese momento, se dio cuenta de que no encajaba en este país, y de que quizás nunca lo haría. Ser blanco se convirtió en un privilegio tácito que siempre sintió que nunca debió ser suyo ni de su familia. No éramos estadounidenses, pero si manteníamos la boca cerrada, quizás a veces podríamos pasar por serlo.

# Capítulo 2

---

# Cómo llegué a ser estadounidense

En Chicago, vivíamos en un departamento rentado de tres recámaras en un edificio sin elevador de Hyde Park que se convirtió en nuestro nido familiar. Hablábamos español, y la mayoría de las personas con las que mis padres convivían hablaban español también. Mientras nos adaptábamos a nuestra nueva vida en los Estados Unidos, nos aferramos a algunas tradiciones y al mismo tiempo, nos abrimos a otras nuevas.

A mis padres les caían bien nuestros vecinos de los departamentos que estaban junto al nuestro: de un lado, una familia judía en la que los chicos usaban kipás y seguían estrictamente el Shabat; al otro, psicólogos liberales de Sudáfrica que tenían copias de la revista *Playboy* sobre la mesa de la sala. Se llevaban bien con las dos familias y nosotros nos llevábamos bien con sus hijos. Eran raros, igual que nosotros: así lo veía yo a los seis años. Llevábamos apenas cinco años en el país, pero yo era la más "estadounidense" de toda mi familia. Los primeros años de mi vida transcurrieron no en la Ciudad de

México, con palmeras y el Popocatépetl, vendedores ambulantes y mis tías, mis tíos y mis primos, sino en Chicago con cielos grises, inviernos helados de cuevas y montañas de hielo, veranos húmedos y bochornosos, gente negra y Motown.

Yo era la más pequeña de cuatro hijos y era feliz. Tenía mi unidad familiar y tenía a mi mamá, para protegerme. Veía cómo sorteaba el hecho de ser mujer en un nuevo país. Como mis hermanos estaban en la escuela y yo no, a veces había esos momentos en los que solamente estábamos ella y yo, esforzándonos por entender este extraño lugar. El día en que le dispararon a John F. Kennedy, ella y yo vimos cómo transcurrió la tragedia en nuestra televisión de blanco y negro, ese armatoste con un contorno de madera. Vi a mi mamá llorar por primera vez frente a esa pantalla, en la que aparecían hombres que parecían importantes, hablando en un inglés perfecto. Ellos eran los narradores de nuestro nuevo país. Nunca olvidaré que el primer hombre al que vi llorar fue a Walter Cronkite mientras daba la trágica noticia.

Los seis disfrutábamos el tiempo que pasábamos juntos en casa. Los únicos amigos de nuestra familia eran otros inmigrantes: una familia de Chile y otra de México. Y eso era todo. Todas las noches los seis disfrutábamos una cena hecha en casa. Albóndigas o lengua o bistec empanizado o enchiladas de pollo, acompañados siempre por un frasco de cristal con chipotles. Estaba segura de que nadie fuera de nuestra casa sabía qué significaban las palabras *pollo, tortilla* o *chipotle*. Las palabras sabían deliciosas en mi boca. Cuando las pronunciaba, sentía una antigua conexión con México que no sabía explicar.

Mi hermana y mis hermanos mayores habían empezado a ir a la escuela en México. En los Estados Unidos estaban aprendiendo a perfeccionar su inglés día tras día; sus libros de texto de español fueron reemplazados por los de Dick y Jane. El día que mi mamá entró a la oficina del director con sus cuatro niños que hablaban español, el director, el subdirector y el secretario literalmente aplaudieron. "¡Son de México!", gritaron. "¡Qué emocionante! ¡Bienvenidos a nuestra escuela! ¡Ahora tenemos mexicanos en nuestra escuela! ¡Bienvenidos!".

En la escuela me sentía a gusto porque, aunque no había nadie que físicamente se pareciera a mí, mis compañeros venían de diferentes lugares y, por alguna razón, eso me hacía sentir segura. Había niños blancos y negros, además de una niña que se apellidaba Takeuchi y un niño que se llamaba Tahir. Para aquel entonces, yo ya hablaba inglés, pero eso no me ayudaba a encontrar el sentido de las cosas raras que teníamos que hacer, como por ejemplo hacer una fila para caminar hacia el sótano, poner las cabezas contra la pared y permanecer con los brazos cruzados para algo llamado un simulacro de ataque aéreo (una costumbre que les había quedado de la Segunda Guerra Mundial, pero ¿yo qué iba a saber?). Entendía las palabras individualmente, pero no lo que significaban juntas.

Nuestro vecindario de Hyde Park era un oasis multicultural (antes de que ese término fuera utilizado) en una ciudad que, por otra parte, vivía una segregación racial intensa. Sin embargo, cuando dejábamos nuestra comunidad, todo eso desaparecía. Ya no veía los rostros negros de mis vecinos y amigos de la escuela en ninguna parte al norte del centro de Chicago en Lake Shore Drive.

Cuando íbamos en coche, miraba por la ventanilla del lado derecho y veía el enorme lago Michigan, sus olas azules con tonos grises y las puntas blancas, y luego a través de mi ventanilla de la izquierda, mis ojos se detenían en las enormes torres de cemento color café, con veinte pisos de rejas en los balcones y las puertas. No había ventanas. Mis padres me dijeron que se llamaban *projects*. Me preguntaba por qué no tenían ventanas si las habían construido con una vista hacia este hermoso lago. Parecía ser un castigo deliberado.

Linda, una amiguita, solía caminar a casa conmigo desde la escuela cuando íbamos al primer grado. Un día, a finales del verano, esa deliciosa época del año en el Medio Oeste del país cuando el clima es tibio y fresco a la vez, esta niñita inmigrante mexicana y su amiga, una niñita judía, idearon un plan en el trayecto a casa. Linda llevaba su lonchera vacía en nuestro trayecto por la Calle 55. Yo llevaba mi suéter de conejo con botones perfectamente doblado en mis brazos.

Era 1968. Un hombre nombrado George Wallace, el popular gobernador de Alabama, se estaba postulando para presidente. Era un demócrata que apoyaba la segregación, pero abandonó el partido para postularse como candidato independiente. Cuando ganó su primera gubernatura en 1962, se hizo famoso al declarar, "segregación ahora, segregación mañana, segregación para siempre". El país lo conoció como el hombre que se paró a la entrada de la Universidad de Alabama para impedir que tres universitarios negros se registraran a sus cursos en 1963. Fue cuando su famosa cara con el ceño fruncido arribó a la primera plana de todos los periódicos. Fue una imagen inolvidable porque parecía un perro que gruñía, rabioso. También recuerdo haber visto perros de verdad; pastores alemanes que iban jaloneando a los policías blancos acosadores que llevaban sus correas. No necesitaba palabras para entender el odio que había en su cara.

En sus ojos vi las imágenes de negros, mis vecinos, sus cuerpos contra una pared. De unas mangueras salían chorros de agua que azotaban las espaldas de adolescentes que tenían la misma edad que mi hermana. Los aventaron contra la pared. Las mangueras nunca fallaron en dar con sus objetivos humanos, apuntaban con la precisión de cañones de agua. Había que ser un hombre lleno de odio para hacer eso a la gente solo porque tenía un aspecto diferente al suyo.

Tras el asesinato del presidente John F. Kennedy, el país se encontraba en una posición vulnerable. Los políticos aprovechaban el miedo de los votantes de que el país estuviera cayendo directamente en el caos, amenazando la estabilidad y seguridad de la clase media. Wallace nunca se declaró racista abiertamente, pero aderezaba sus discursos con mensajes indirectos que atraían a los votantes blancos sureños que sentían que los derechos civiles eran un ataque a su forma de vida: la consigna de su campaña presidencial fue "Ley y Orden". Douglas Kiker, el corresponsal de NBC News que estaba informando sobre la campaña de Wallace, observó, "Es como si... a George Wallace lo hubiera despertado una visión blanca y cegadora: todos odian a los negros, todos. Todos les tienen miedo, todos. ¡Santo Dios! ¡Eso es! ¡Todos son sureños! ¡Todos los Estados Unidos son sureños!".[1] Wallace había dejado muy clara su posición en un país que seguía luchando contra el desenlace de la Guerra Civil cien años después.

Ese día, mientras regresábamos a casa Linda y yo, hablábamos sobre dónde nos esconderíamos si a George Wallace lo eligieran como presidente.

—Mi sótano es más bonito, pero el de ustedes es mucho más grande —dijo Linda en un tono bastante objetivo para ser una niña de seis años. Linda vivía en uno de los edificios más altos de Hyde Park en aquella época; tendría alrededor de dieciocho pisos. Nuestro edificio de tres pisos sin elevador estaba a la sombra del suyo.

—Creo que deberíamos ir al mío. Si nos quedamos en el tuyo, habrá mucha gente. Y es más fácil salir y entrar al mío para ir por comida y cosas. —Las dos sabíamos eso porque habíamos jugado allá abajo: a las escondidas, a "enséñame las tuyas", al *kickball* de salón cuando llovía.

—Bueno —dijo Linda—. No hay que decirle a nadie. Todavía no.

—Espero que él no gane —contesté.

—También yo —dijo—. Lo detesto.

—Igual yo. No lo puedo ver ni en pintura —afirmé con mucha seguridad porque yo era la mayor.

No volvió a surgir el tema, y Wallace no ganó. Pero el daño ya estaba hecho. Obtuvo más votos de los que se esperaba y demostró así que la política divisoria podía funcionar; su campaña llevó a un gran número de demócratas conservadores a dejar el partido, aquellos que más tarde serían conocidos como Demócratas por Reagan.

Por supuesto, mami y papi ignoraban que yo tenía un plan secreto para mantener a mi familia a salvo. Tenía que cuidarlos porque yo era la que entendía este lugar por ser la más pequeña y la más estadounidense. Un lugar sobre el cual necesitaba aprender, con tal de protegerme.

---

Papá llevaba puesta su bata de laboratorio con mucho orgullo. En la parte izquierda, con un delicado bordado a mano en hilo rojo, estaba el nombre de mi padre: Dr. Raúl Hinojosa, MD. Hasta tenía el acento sobre la "u" de Raúl. Siendo una niña, sabía que la razón de que estuviera en este país tenía totalmente que ver con esa bata de laboratorio, esa bata blanca impecable almidonada, casi incómoda, que mi papá amaba porque lo definía.

De hecho, a mi papá le tocó ser parte de la apertura de este país hacia algunos inmigrantes. Quien lo quería era la Universidad de Chicago y por eso, como si fuera un jugador de básquetbol, fue seleccionado. Y fue la universidad la que solicitó e hizo todos los trámites para que obtuviéramos la tarjeta de residencia. Hicieron todo eso porque mi papá era un inmigrante altamente calificado. Era el tipo de peón que ellos querían.

Tan solo tres años después de mudarnos a los Estados Unidos, Lyndon B. Johnson logró que el Congreso aprobara la Ley de Inmigración y Nacionalidad (INA) de 1965, también conocida como la Ley Hart-Celler. Esta importante iniciativa de ley para reformar la inmigración, cuyas bases había sentado el presidente Kennedy, acabó con el sistema de cuotas por origen nacional que llevaba décadas en vigor y se había iniciado en 1924 con la Ley Johnson-Reed. Aquella cuota restrictiva —que solo otorgaba visas de inmigración al 2%

de la población total de cada nacionalidad presente en los Estados Unidos a partir del censo de 1890— favorecía a los migrantes del oeste y norte de Europa, y volvía casi imposible la emigración a los Estados Unidos en cantidades considerables a gente de Asia, África, Europa del Este, el Medio Oriente y Latinoamérica. Por ejemplo, en la década de 1950, más de la mitad de todos los inmigrantes eran europeos, mientras que solo el 6% provenía de Asia. Con la aprobación de la INA, el sistema de cuotas fue abolido y reemplazado por un sistema de preferencia basado en relaciones familiares, habilidades profesionales y nivel de educación.

La legislación marcó un antes y un después en los Estados Unidos e inició una época de apertura hacia los extranjeros. Mi familia desconocía que este cuento de hadas sobre la inmigración estadounidense era como la marea. No sabían nada sobre todas esas oleadas antichinas, antijudías, antitalianas, antirlandesas y antimexicanas en las que nos llamaban *wops* (*without papers*, sin papeles), *greasers* e "infiltrados malagradecidos". En este país, el sentimiento antinmigrante era y ha sido un fenómeno cíclico que ocurre como si fuera parte de la naturaleza. No es una cuestión republicana o demócrata; es una cuestión estadounidense (hasta que decidamos que ya no lo sea).

Por ejemplo, la migración hacia los Estados Unidos surgió de 1880 a 1914, con más de 20 millones de inmigrantes que llegaban a un país con una población de solo 75 millones.[2] La mayoría venía de Italia, Rusia o del Imperio Austrohúngaro y eran más pobres y menos educados que aquellos que habían llegado antes del norte y del occidente de Europa. Con el tiempo, esto generó una reacción negativa hacia los inmigrantes, además del sistema estricto de cuotas que se instauró en la década de 1920, el cual pondría en pausa la inmigración proveniente de cualquier parte del mundo, con la excepción de la Europa occidental.

Cuando la economía va en picada, la retórica y las políticas en contra de los inmigrantes por lo general no se quedan atrás. Durante la Gran Depresión, el presidente Herbert Hoover anunció un programa nacional llamado "empleos americanos para verdaderos americanos". Se aprobaron leyes locales que prohibían a las compañías contratar a descendientes de mexicanos, incluso siendo ciudadanos; los mexicoamericanos y los inmigrantes que no tenían la documentación adecuada fueron arrestados y deportados; las redadas públicas reforzaban un mensaje que motivaba a los demás a irse por su propia voluntad.[3]

Pero la Segunda Guerra Mundial mandó a todos los hombres estadounidenses sanos al extranjero y los Estados Unidos de nuevo necesitaban urgentemente la mano de obra inmigrante. En 1942, se lanzó el programa bracero y se reclutó a millones de "trabajadores invitados" mexicanos para realizar trabajos extenuantes con un salario bajo.[4] La narrativa del inmigrante bueno/inmigrante malo va y viene con la marea. Después de casi cuarenta años de cuotas restrictivas para la inmigración, un gran cambio se avecinaba en la década de 1960.

Sin embargo, los ánimos con respecto al INA se calmaron para mitigar el temor de que los extranjeros invadieran el país de golpe. El presidente Johnson trató de restarle importancia al cambio que esta situación produciría: "La iniciativa de ley que hoy firmamos no es una iniciativa revolucionaria", declaró. "No afecta las vidas de millones. No modificará la estructura de nuestra vida diaria".[5] En realidad, la ley tuvo un impacto inmediato y dramático sobre la inmigración. El número de titulares de tarjeta de residencia se elevó de 297.000 en 1965 a un promedio anual de un millón para la década de 1990. Mi familia simplemente había sido pionera cuando llegó al país en 1962.

En cuanto a mi papá, estaba encantado con todo lo que tenía que ver con su trabajo, salvo por el país en el que lo estaba realizando. Sonreía todo el tiempo en sus interacciones públicas y era muy amable con todos, aunque serio también, pero solamente se sentía a gusto, relajado y con humor más ligero en México. Aun así, aquí observaba las moléculas, aquellas partículas diminutas de los seres humanos, sin tener que entender mucho más acerca de ellos como personas y eso no hacía sentir no alegría, sino una euforia absoluta.

Si no estaba mirando a través del microscopio electrónico, rebanando huesos temporales, estaba en su oficina escribiendo propuestas para buscar fondos de institutos científicos que apoyaran su trabajo. Su investigación era tan vanguardista que el Instituto Nacional de Salud (NIH, por sus siglas en inglés) le otorgaba fondos de manera constante a mi papá, y por eso tuvo que convertirse en ciudadano estadounidense después de cinco años. Pero la incertidumbre de su puesto tuvo un costo muy alto. Cada tres años, casi se le formaba una úlcera de tanto preocuparse por la renovación de sus becas. Cada tres años, vivíamos una época de angustia mientras papi esperaba la noticia de que le habían aprobado la ayuda económica. Más de una vez hablamos sobre irnos de Chicago si no le otorgaban el financiamiento. La universidad lo había seducido para venir allí, pero ni una sola vez le hablaron de una plaza fija. Vivíamos de beca en beca.

Berta se preguntaba por qué la Universidad de Chicago no le ofrecía una plaza fija y seguridad. Pero si llegaba a abordar el tema con su esposo, no pasaría mucho tiempo antes de que él quizás dijera que debíamos dejar los Estados Unidos para siempre.

En México, todos fastidiaban a Papá por haberse convertido en ciudadano estadounidense. Le decían que le había dado la espalda a su país, que era un "vendepatrias", literalmente un hombre que vende a su país. Le decían gringo y gabacho.

Papi los comprendía. Entendía su amor/odio por este país. Desde aquel primer día en la estación de autobuses en Texas cuando tuvo que elegir un baño, había sido testigo de muchas otras versiones de lo mismo. Esa era la parte vergonzosa para él. Si era un ciudadano de Estados Unidos, tenía que cargar con lo malo y con lo bueno.

A pesar de lo poco que confiaba papi en los Estados Unidos, encontraba y adoptaba elementos acerca de su nuevo país que le encantaban. Durante nuestros primeros ocho años en los Estados Unidos, papi había ahorrado poco a poco el dinero suficiente para convertir en realidad uno de los sueños de toda su vida: comprarse un coche nuevo. Una camioneta verde marca Dodge, para ser precisos.

Ya era 1969. Saigón había caído, los soldados se estaban muriendo en Vietnam, los activistas rechazaban el sexismo y la guerra y todos los días sentíamos como si al país lo sacudieran para sacarlo del letargo del imperialismo y el racismo. En cuanto al clan Hinojosa muy pronto el coche nuevo empezó a cambiar muchas cosas. Significaba movilidad para nosotros pues manejábamos sin temor por todo Chicago a 60 kilómetros por hora y veíamos cómo se manifestaba la segregación por toda la ciudad.

Nos hicimos una idea de quiénes podríamos llegar a ser en este país recorriéndolo. Y así, durante muchos fines de semana, los seis subíamos a nuestra camioneta verde cocodrilo y paseábamos por las tranquilas carreteras hasta el arboreto, para admirar los árboles que cambiaban de color con las estaciones, o al Museo Field de Historia Natural, para contemplar asombrados los huesos de dinosaurio, o al Instituto Oriental, donde examinábamos textos de la cuna de la civilización.

Hacíamos viajes frecuentes a Pilsen, el barrio mexicano de la Calle 18, un lugar que se volvió tan familiar que era una extensión de nuestro nido en el tercer piso. Nos recibían al ritmo de canciones rancheras y con el tibio olor del chicharrón. Cuando Mamá entraba, los carniceros, los cajeros y los empleados se dirigían a ella de "usted" y, aunque yo no lo entendía, me gustaba. La llamaban Señora Berta y la recibían con un español cantado que me costaba mucho trabajo seguir. El coqueteo era discreto pero, incluso siendo una niña, me daba cuenta de las sonrisas, las miradas. Mami devolvía la sonrisa, sus ojos perfectamente delineados con el lápiz negro azabache de Maybelline.

Una vez, en otro viaje de compras, nos fuimos todavía más al oeste de Chicago a un suburbio llamado Cicero, en donde nadie era negro ni mexicano. Esto me pareció sumamente diferente. Mi mamá y mi papá, como si nada, paseaban tranquilamente como si fueran parte de este vecindario donde todo el mundo era blanco. Como de costumbre, hablaban español en el pasillo del mercado mientras empujaban el carrito, conversaban por encima de mí porque iba caminando entre los dos.

De repente, sentí como si estuviéramos en un circo y todo el mundo nos estuviera mirando. Estaba aterrorizada. ¿Por qué me sentía de esa manera? Les dije que se callaran. Mi mamá respondió dándome un pequeño manotazo en la cabeza.

"No seas tonta", dijo. Nunca me había dicho tonta y por eso, nunca lo olvidé. Hice una nota mental para nunca decir nada sobre sentirme avergonzada por hablar español.

También me fui dando cuenta poco a poco de que había más hablantes de español en Chicago. Puertorriqueños, colombianos, venezolanos, chilenos y argentinos. Y tantos mexicanos. También había ese otro grupo de personas de las que yo era parte. El grupo que tenía mamás y papás que hablaban con acentos marcados. Gente de todas partes del mundo que no hablaba inglés en casa y quienes, al igual que nosotros, habían nacido en algún lugar fuera de los Estados Unidos. Estaban por todo nuestro vecindario por su relación con la universidad. Eran colegas de papá de la India, Corea, Japón y España, y las mejores amigas de mi mamá, una que era de Uruguay y otra, Slava, que tenía un tatuaje en la parte interna del antebrazo, porque era sobreviviente de Auschwitz. Mi mamá me dijo que nunca me quedara viendo el tatuaje, pero sí lo veía. No podía evitarlo.

Con su acento marcado, Slava hablaba con mi mamá sobre lo afortunada que se sentía de que los Estados Unidos la hubieran dejado entrar. Le contó que veinticinco años antes, los Estados Unidos habían rechazado a muchos refugiados. En 1939, gente que conocía había estado en el S.S. St. Louis, un transatlántico de lujo que había zarpado de Hamburgo, Alemania, con novecientos pasajeros judíos, la mayoría gente adinerada. Fueron de los últimos en dejar el país, en parte porque iban a perder todos sus bienes si dejaban Alemania, y en parte porque nunca pensaron que los nazis iban a perseguirlos, a los judíos rubios, adinerados y asimilados. Pero vaya que sí lo hicieron. Habían pagado mucho dinero para comprar esos pasajes en el barco, pero después de haber cruzado el Atlántico, se les negó la entrada, primero en Cuba y luego en los Estados Unidos y Canadá. Después de haber estado en el mar durante varias semanas, a los pasajeros se los regresó a Europa, en donde gracias a la perseverante e incansable insistencia del capitán del barco, así como de los aliados judíos estadounidenses, fueron aceptados por algunas naciones, incluidas Bélgica, Gran Bretaña, Francia y Holanda. Para muchos de ellos el refugio fue muy breve; los nazis invadieron la mayoría de estos países y, finalmente, 250 de los 900 pasajeros murieron durante el holocausto.

Gente de todo el mundo formaba parte de mi vida estadounidense en el sur de Chicago, lo cual probablemente fue resultado de la reforma de inmigración. En 1965, el 84% de la población de los Estados Unidos era de origen europeo, mientras que los latinos solo conformaban el 4% y los asiáticos tan solo el 1%. En los siguientes años vimos nuevas olas de inmigrantes, a menudo con un alto nivel de educación y experiencia, que llegaron de China, México, la India, Filipinas, Vietnam, El Salvador, Cuba, Corea del Sur, República Dominicana, Guatemala y muchos otros países. Para 2015, los latinos constituían un enorme 18% de la población y los asiáticos, otro 6%. Ese cambio nunca habría sido posible sin la INA.

De hecho, la idea de "hispano", un pueblo unido por su origen hispanohablante, no se había concebido hasta mediados de la década de 1970, cuando el Consejo Nacional de La Raza y otros empezaron a presionar al Departamento del Censo para crear una categoría que diera cuenta con mayor precisión de la gente que provenía de Latinoamérica. El censo de 1980 fue el primero que incluyó el término *hispano*, con opciones para marcar otras subcategorías como mexicano, mexicoamericano, chicano, puertorriqueño, cubano, entre otras. Antes de eso, a los mexicanos y los puertorriqueños los contaban como blancos. Los activistas usaron los nuevos datos recopilados por el censo para abogar por el financiamiento de programas de capacitación laboral y servicios sociales, mientras que los medios de comunicación mostraron esos datos a las compañías de primera línea para demostrarles el poder adquisitivo de los hispanos como grupo consumidor. Para bien o para mal, ahora teníamos un nombre y eso significaba que el gobierno podía monitorearnos de muchas formas.

# Capítulo 3

## ¿Así se ve la democracia?

Durante mucho tiempo, a los mexicanos se los consideró extranjeros prescindibles. Según William D. Carrigan y Clive Webb, entre 1848 y 1928, al menos 597 mexicanos fueron linchados en los Estados Unidos. El odio contra los mexicanos tiene muchas raíces. Algunos dicen que comenzó en California durante la fiebre del oro porque los mineros mexicanos tenían más experiencia y más éxito que los mineros blancos. Entre 1910 y 1919, los Texas Rangers mataron potencialmente a miles de mexicanos y mexicoamericanos y se apoderaron de sus tierras, así nada más. Los disturbios de los *Zoot Suits* de 1943 atestiguaron cómo cientos de militares estadounidenses atacaron violentamente a jóvenes mexicanos, que no blancos, en las calles de Los Ángeles por vestirse como querían, con trajes de *pachuco*, "una ostentosa subversión del conservadurismo de clase media popularizado primero por los músicos de jazz negros".[1]

En los años cincuenta y sesenta aparecieron carteles. NO SE PERMITEN PERROS. NO SE PERMITEN MEXICANOS.

Habíamos sido invisibles. Ahora éramos animales.

La apertura de las leyes de inmigración había dado lugar a un aumento en la cantidad de personas que cruzaban sin papeles o un permiso oficial, lo que muchos consideraban un delito menor que rara vez se castigaba. Las industrias mandaban reclutadores a pueblos de todo México con el mensaje de que había trabajo en El Norte, y ayudaron a muchos a irse al otro lado.

El presidente Richard Nixon aprovechó este miedo hacia el otro y lo usó para justificar su "guerra contra el crimen". En 1968, lanzó la Operación Interceptar y envió a miles de agentes federales a la frontera sur para buscar a presuntos narcotraficantes que, según ellos, contribuían al aumento en el consumo de la marihuana. Los agentes se concentraban principalmente en los mexicanos, y el movimiento en la frontera entre los Estados Unidos y México se redujo casi hasta llegar a un punto muerto. Se llevaron a cabo redadas y deportaciones a gran escala en las comunidades mexicanas, lo que contribuyó a las 2.014.334 deportaciones durante el gobierno de Nixon, un aumento enorme en comparación con las 740.175 personas deportadas cuando Johnson era presidente. El 2 de enero de 1971, Nixon firmó la Ley General para el Control del Crimen de 1970, que oficialmente contribuyó a que hubiera una mayor vigilancia de las fronteras y de la inmigración hacia los Estados Unidos.

Ese mismo año, *Los Angeles Times* publicó un editorial que usaba la palabra "espalda mojada" en su titular. "Espalda mojada" era un término usado comúnmente en ese entonces; el presidente Dwight D. Eisenhower incluso había nombrado su campaña para deportar mexicanos en la década de 1950 "Operación Espalda Mojada". Pero un grupo de estudiantes de derecho chicanos en la Universidad de California en Los Angeles se opuso a lo que veían como un insulto racial y escribió al periódico para proponer la adopción del término "extranjero ilegal", *illegal alien*, en su lugar. El nuevo término se mantuvo y se escuchó cada vez más en los labios de los políticos y periodistas durante los años setenta.[2]

Había estado en la preparatoria cuando tomé conciencia de ese término por primera vez, pero me enfoqué en la parte que yo era. Era una *"alien"* de acuerdo con la definición del gobierno. Estaba acostumbrada a presentar mi tarjeta de residencia y pasaporte en la frontera para revisión siempre que íbamos en nuestro coche de regreso de México en nuestro viaje anual. Una vez me encontré examinando la tarjeta de residencia con más detenimiento, observando las tenues y onduladas líneas que tenía impresas para impedir que fuera falsificada, y leí las palabras *"resident alien"*, extranjero residente. Entrecerré los ojos y después me reí. *Qué ridículo*, pensé. *Quien haya escrito esto debe ser viejo y estar completamente fuera de la realidad.* *"Resident alien"* no era algo que me describiera en lo más mínimo. Nunca me pude haber imaginado que, ya como adulta, finalmente me daría cuenta de que la gente nos veía y todavía nos ve, a los inmigrantes, como extranjeros y *aliens*. En aquel entonces no sabía que la palabra *"alien"* puede remontarse al inicio de la historia de este país. La Ley de Naturalización de 1790, que el mismo presidente George Washington aprobó, declaraba que la ciudadanía estadounidense podía otorgarse solo a un *"alien"* que fuera una "persona blanca y libre". Cuando la gente de China y de otros países asiáticos empezó a venir a los Estados Unidos en la década de 1850, muchos los llamaban "celestiales": seres tan distintos que parecían de otro planeta. Somos extranjeros, *aliens* o celestiales.

———————

Un día, mi mamá dijo, "Raúl, hay un departamento en venta y quiero que vengas a verlo conmigo". Mami le estaba pidiendo a mi papá que se comprometiera con Chicago. Con los Estados Unidos.

A papi le preocupaba establecerse definitivamente. Mi mamá veía otra cosa.

Un hogar. Algo permanente. Mi papá se mostró escéptico durante toda la visita al departamento de cuatro recámaras que medía la enorme cantidad de 3.500 pies cuadrados, hasta que llegaron a la última habitación. El último cuarto era un estudio nuevo con estantes de madera en las cuatro paredes. Ni siquiera mami sabía que papi había querido un cuarto así toda su vida. En Tampico, cuando estaba solo en su recámara durante sus años de preparatoria, soñaba con un estudio como este, con estantes para todos sus libros. Miró a mi mamá y dijo que sí.

Mamá había convencido a Papá otra vez. No era un sueño. Era entender que ser dueños de algo no solo nos daba cimientos como familia, sino que mis papás estaban participando en la dinámica del poder económico en su nuevo país. Quedarse en América, echar raíces en este país, a pesar de la falta de respeto y el ligero, aunque constante, temor por nuestro estatus de segunda clase, significaba que siempre tendríamos más dinero para volver a casa, dinero que mi papá nunca podría haber ganado en México, además de que significaba hacer una inversión en los Estados Unidos.

La decisión de Berta demostraba un gran conocimiento empresarial, pero cuando estaba sola con sus pensamientos a mitad de la noche, pensaba en México. Las cosas se estaban poniendo feas en los Estados Unidos, pero estaban todavía más feas en México, pues tan solo dos años antes el gobierno había masacrado a los estudiantes universitarios que realizaban una protesta pacífica en lo que se conoció como la Noche de Tlatelolco, y luego trató de fingir que no había pasado nada. En esos momentos, Berta se sentía pequeña y sola pensando en México. Se sentía destrozada porque, en su nuevo país, estaban matando a líderes políticos. Pero después pensaba en sus hijos, en lo felices y bien establecidos que se encontraban, en su perfecto inglés, en sus muchos amigos de todo el mundo que vivían en Hyde Park.

Cuando le pregunté a mi mamá en 2019 sobre la decisión que tomó de comprar un departamento en medio de tanta incertidumbre política, social y económica, me contestó, "Bueno, en aquel entonces asesinaban a los políticos. Era violencia con un objetivo específico.

Era distinto a lo que sucede ahora, que es terrorismo contra los inmigrantes, los latinos y los mexicanos porque la amenaza está en todas partes y puede sucederle en cualquier momento a cualquiera de nosotros por solo cómo nos ven, o porque pronunciamos las palabras de manera diferente".

No teníamos dinero extra, así que compramos el departamento como estaba, recién remodelado por un doctor iraní y su esposa. Era un departamento moderno de los años setenta, con un toque kitsch de la gente rica de Medio Oriente. Las paredes de la sala llevaban un empapelado dorado y en el comedor había un extraño motivo de un dragón en verde claro brillante. Y la cocina era simplemente una locura.

Una mujer que visitó el lugar para comprarlo antes de nosotros entró a la cocina y salió corriendo con migraña. El empapelado era como entrar a un explosivo ramo de flores rojas, rosas, azules, verdes, moradas y amarillas que parecían como si las hubiera dibujado un niño de seis años, en muchos círculos alrededor de un círculo más grande. Era tan exagerado, que te dejaba mareado.

A mi mamá le encantaba el hecho de que teníamos una cocina con espacio para comer. ¡Al diablo con el empapelado! No íbamos a taparlo con pintura. Lo usaríamos como nuestra insignia de honor. Si no te sientes bien con esta explosión de color en las paredes, entonces tal vez no puedas sentirte bien con nosotros.

Fue en la cocina con su empapelado loco como nuestro telón de fondo en donde pasamos la mayor parte del tiempo juntos como familia, sentados a la mesa con espacio para seis. Y ahora que podíamos hacerlo, nos convertimos en aquello que tanto temíamos: una familia que veía la televisión mientras comía. Las familias mexicanas, *nuestra familia* en México, no tenían televisiones en la cocina, mucho menos en el comedor. ¿Qué podría ser más ofensivo y más gringo que eso?

Por la televisión, mi familia de clase media de inmigrantes mexicanos se enteró de un hombre mexicano llamado César Chávez, que se dedicaba a recoger cosechas al otro lado del país y ahora estaba organizando a los trabajadores y pedía a la gente que dejara de comprar uvas en Chicago para apoyar a los trabajadores del campo (y que tampoco comprara vinos Gallo) y eso fue lo que hicimos. Empezamos a boicotear las uvas de inmediato.

Había ocasiones en que me levantaba para ver la televisión y ponía la cara tan cerca de la pantalla de doce pulgadas que podía ver todas las pequeñas partículas de burbujas de luz que formaban la parte posterior de la pantalla. Las bombillas coloridas y los cables retorcidos me hipnotizaban.

Ver la tele se volvió en mi pequeño ritual privado. Antes de que nos sentáramos para cenar en familia, yo veía las noticias de la tarde. De niñita, veía los cuerpos ensangrentados y mutilados y las cabezas fracturadas de los soldados en Vietnam cuando los llevaban en camillas a través de la selva y los subían a helicópteros. Veía a la policía levantar sus macanas de madera y azotarlas con toda su furia sobre el cráneo de alguien que parecía mi propio hermano. Recuerdo haber estado allí en 1973, con mi cara pegada a la televisión, mirando cuando el Palacio de La Moneda en Santiago, Chile, se incendió con el presidente Salvador Allende adentro.

El programa *60 Minutes* cambió nuestras vidas. Los domingos a las seis de la tarde veíamos el noticiero mientras cenábamos. Era un momento familiar con inquietantes titulares sobre Vietnam, soldados heridos, la guerra en el Medio Oriente o los bombardeos en Belfast.

Había corrupción en el gobierno. Y estaban los periodistas Woodward, Bernstein, su fuente anónima "Deep Throat" y los Documentos del Pentágono. En nuestra mesa, hablábamos de política y de lo que llamábamos brutalidad policial, política local, el alcalde Richard Daley y su máquina de Chicago: las palabras *fascismo* y *racismo* aparecían mucho. Hablábamos de las noticias de todo el mundo y de Hyde Park, y de todos los lugares intermedios. En español y en inglés.

En *60 Minutes*, cada reportaje era más cautivador que el anterior. Verlos me hizo creer en este país y me hizo amar a los periodistas por su servicio, por desafiar a la gente en el poder. Nos convertimos en una familia consumidora de noticias y eso nos definió como una familia estadounidense. Estábamos despabilados e informados, y eso es lo que se hace en este país, según entendíamos. Porque para participar en la democracia, teníamos que saber qué estaba pasando.

Sin embargo, como familia inmigrante mexicana, éramos invisibles. Fuera de César Chávez y los United Farm Workers, nunca veíamos en la televisión a alguien que se pareciera a nosotros. Las salas de redacción que decidían qué emitir, de qué hablar y cómo hablar de ello en esa época de los turbulentos años sesenta y setenta en su mayoría estaban constituidas y dirigidas por hombres blancos con privilegios de clase y educación privada.

Me buscaba a mí misma en todas partes. Recuerdo que tenía doce años y veía *American Bandstand* todos los sábados al mediodía después de haber estado trabajando de niñera. Veía detenidamente a los adolescentes bailarines en la multitud, todos esos jóvenes *hippies* y las chicas *Brady Bunch*. El drama a la hora de máxima audiencia, *Julia*, protagonizado por Diahann Carroll, presentaba a una mujer negra que tenía el papel de enfermera, y por un minuto, las mujeres de color y su omnipresente poder se veían en las pantallas de televisión por todas partes. El programa terminó en 1971 después de solo tres temporadas, pero yo sentía como si Diahann fuera mi tía.

Le insistí a mi hermana para que me llevara con ella y su novio a ver el estreno de *West Side Story* (o como se llamó en español, *Amor sin barreras*) para televisión en horario estelar, con todos sus amigos. También podía ser su chaperona (para complacer a mi papá) y así ella no estaría sola con su novio toda la noche.

Estaba muy emocionada. Para mí, *West Side Story* mezclaba algo prohibido con el romance. Había escuchado que había muchos hombres que bailaban en forma provocativa, balanceando la cadera, aunque no tan bruscamente como lo hacía Elvis Presley. Los hombres que bailaban así hablaban español igual que yo. Cuando aparecían las mujeres, todas sonaban como mi mamá y tenían la apariencia de mis tías en México. Pero también fue un logro cultural que nunca se había visto: una historia sobre razas, violencia y amor interracial salía al aire en una cadena nacional ante millones de televidentes. Todos mis compañeros de clase la verían.

El vecindario, con escaleras exteriores de emergencia y ropa colgada para que se secara, me recordaba la Calle 18, pero nunca había escuchado a nadie hablar sobre pandillas en el barrio mexicano de Chicago. Ni en la carnicería, ni a la gente de la tortillería. Todavía no. Pero los personajes hablaban de la misma forma que mi familia, y la estrella de todo el asunto era Maria. Entonces sucedió lo más mágico: Tony, un chico blanco, se enamora de Maria.

"*Maria! / I've just kissed a girl named Maria / And suddenly I've found / How wonderful a sound / Can be!*". ¿Un muchacho blanco podía enamorarse y besar a una chica como yo, una chica de nombre María? ¿Era yo la María de la película?

"*Maria!*", repetía el chico mi nombre una y otra vez. "*I'll never stop saying Maria!*". Yo estaba fascinada. Finalmente, me veía reflejada y representada en los medios populares. Y todo el mundo también lo veía. No importaba que no tuviera otros modelos a seguir en el cine o la TV con los cuales me pudiera identificar ni que Natalie Wood no fuera en realidad latina (habían usado maquillaje compacto para que se viera más morena). Era inspirador y profundamente confuso a la vez. En realidad, una inmigrante mexicana de Chicago no tenía nada en común con una ciudadana puertorriqueña de Hell's Kitchen en Manhattan, salvo compartir el idioma español y el nombre.

## Capítulo 4

# Sin un lugar para esconderse

En cuanto llegué a la pubertad, me dominaron las hormonas. La música en la radio parecía estar condimentada con feromonas. Earth, Wind & Fire tenía su éxito "Reasons" con esa parte *a cappella* a media canción y en notas agudas, Marvin Gaye cantaba sobre "Sexual Healing" y los Rolling Stones gritaban "Let's Spend the Night Together".

Berta y Raúl no veían nada de esto ni lo escuchaban. De cualquier forma, nunca entendieron las letras de la música, y yo sabía que más allá de mencionar el nombre de un chico de repente, los besos y el coqueteo estaban prohibidos. Ni hablar de citas románticas. Me portaba bien y era cortés y amaba mucho a mi familia, ¡pero los muchachos! Eran un imán para mí. Eran lo más importante para mí. Mi nuevo chicle.

Tenía una lucha conmigo misma, un encuentro de boxeo entre mi corazón, mi cabeza y la explosión de calentura entre mis piernas. Para entonces, mi madre ya me había contado la parábola del pétalo de rosa arrugado: si tenías relaciones sexuales antes del matrimonio, sería una mancha permanente en tu honor, como las arrugas y los pedazos de una flor pisoteada (un tema que tiempo después sería el eje de un programa de televisión, *Jane the Virgin*). Mami también tenía otra metáfora para explicármelo: si respiras demasiado cerca de un espejo, quedará una mancha de vaho sobre él. Ser sexualmente activa, una golfa sin principios, una putita dejaría una mancha permanente en el honor de tu familia. Yo disfrutaba de esta nueva experiencia de cachondez, pero me pesaba la idea de decepcionar a mi padre por ser una gringa y a mi madre por ser una puta si dejaba una nube de bruma sobre toda la familia porque algún chico me tocara.

Sin embargo, casi todo lo que sabía acerca de ser una mujer venía de México. Veía cómo las mujeres de clase media se comportaban, se vestían y hablaban para cumplir con los estándares mexicanos sobre cómo debe ser una mujer adulta. Así que no es de sorprender que yo quisiera ser mi propia versión de mi mami, aquella que atrapaba las miradas durante las fiestas en la Ciudad de México cuando era joven. Yo quería captar esa atención. Quería que un chico se fijara en mí. Estaba convencida de que a ningún chico le gustaría una muchacha latina que no existiera en los medios populares estadounidenses: ni en la televisión, ni en los libros de historia, ni en las noticias o las novelas, y menos aún en las películas. Mi sentimiento de invisibilidad estaba enraizado, era una parte de mí, era algo que utilizaba para juzgarme en comparación con los demás. Si era una mala hija mexicana, y era una chica estadounidense invisible, ¿acaso yo importaba?

Toda mi vida me habían enseñado que ser una mujer significaba ser atractiva para los muchachos. Eso fue lo que aprendí de mis primas en México, mis primeros modelos a seguir. No jugaban a vestirse de manera elegante porque para ellas, no era juego. Se vestían elegantemente, pero de verdad. Yo veía sus fotos de la primera comunión, en las que a los siete años usaban velos como si se estuvieran casando. Yo también quería un velo. Quería las cosas que mis primas tenían:

vestidos blancos con volantes, guantes de encaje blanco, zapatos blancos de charol, pero también todo esto me causaba rechazo. Me representaban tantas cosas diferentes: gastar dinero en cosas frívolas como ropa y maquillaje; hacer el papel de novia desde una edad muy joven; recibir suficiente educación y tener una formación integral con tal de atraer a un marido, pero no como para tener una profesión y trabajar.

En México, veía a mis tías y primas arreglarse para salir en la noche de una forma en que nunca vi a mi propia madre hacerlo. Se depilaban y hacían la manicura en casa el día anterior. Luego venía la visita al salón de belleza el día de la fiesta, con un montón de laca en el pelo. Fueron las mujeres mexicanas quienes me enseñaron el arte de ser coqueta, de cómo coquetear con la vida, en realidad.

Había un mensaje inconfundible en todo esto. Las mujeres mexicanas eran hermosas y sus cuerpos se exhibían incluso más que en los Estados Unidos. Los enormes anuncios publicitarios sobre el Periférico (la vía interna que circunda la Ciudad de México) de sostenes y ropa interior de mujer nos hacían sonrojar a mí y a mi hermano Jorge. Las revistas de clasificación XXX en todos los puestos de periódicos estaban a la vista de todo el mundo, tetas y culos en todas las portadas. Por otra parte, las mujeres, en su mayoría mexicanas que no eran blancas, alimentaban a sus bebés y mostraban los senos en público. Las mujeres mexicanas eran listas, pero también tenían mucha vivacidad en sus cuerpos.

Allí las mujeres también demostraban un formidable poder femenino. Fue en México, no en Chicago, donde por primera vez vi a mujeres dar las noticias en la televisión. También escuchaba sus suaves voces en Radio Educación cuando leían los titulares u ocupaban la silla del presentador en el canal de televisión educativo conocido como Canal Once. Recibí otro mensaje: las mujeres mexicanas son pensadoras públicas, creadoras de cambios, seres que no temen ser visibles y hacerse de un espacio.

Mientras la parte de mi familia materna era ultratradicional, católica y políticamente conservadora, un pequeño grupo de mis parientes por parte de mi papá eran bohemios, de izquierda y artistas. Un tío era periodista y editor en jefe de una revista muy conocida, *Vanidades*; un primo sólo usaba huaraches mexicanos como una forma de resistencia y otro se esforzaba mucho para obtener un doctorado en Antropología. Eran radicales que fumaban marihuana y se vestían como *hippies*. Me enseñaron sobre Gandhi y Salvador Allende, sobre los comunistas y los socialistas y sobre Diego y Frida. Además de nuestras visitas anuales a la Ciudad de México, hacíamos viajes para ver las antiguas pirámides e incontables museos arqueológicos. Así aprendí sobre la otra cara de la identidad de México y descubrí una alternativa a la mexicana voluptuosa que vive para su hombre.

Las adelitas, también conocidas como soldaderas, eran mujeres que se enlistaban para apoyar los esfuerzos de Emiliano Zapata y Pancho Villa durante la Revolución Mexicana. Cocinaban para los hombres que peleaban en la guerra, hacían campamentos, transportaban víveres y curaban a los heridos, pero también desempeñaban papeles estratégicos como espías, propagandistas y combatientes armadas en el frente de batalla.[1] Su tremendo valor me impactó.

La historia de la Malinche complicó todavía más esta narrativa dual de las mujeres en México. Representada en numerosas ocasiones tanto como una heroína nativa como "la mayor traidora étnica", la Malinche fue una mujer azteca nacida en una familia noble, pero que después fue vendida como esclava (traficada…), y así acabó por "servir" al conquistador español Hernán Cortés.[2] Llegó a ser una de las consejeras en las que más confiaba Cortés; su habilidad para traducir lenguas indígenas y su brillante desempeño como estratega política se volvieron indispensables. Fue famoso el episodio en que la Malinche salvó a Cortés cuando le informó sobre los planes de los aztecas para destruir su ejército, lo cual lo ayudó a obtener su victoria en la toma de Tenochtitlán de 1519 a 1521. Sus detractores la acusaban de haber traicionado a su propio pueblo y ayudar al hombre blanco a masacrarlos; mucho más escandaloso fue el hecho de que tuvo un hijo de Cortés, el que quizás haya sido el primer mestizo.[3] Sin embargo, a la Malinche la había vendido su propio pueblo, ni más ni menos que su madre, para hacerla esclava y después entregarla al enemigo. ¿Acaso no utilizó simplemente su poder femenino e intelecto para sobrevivir a la adversidad?

Mi primo poeta me regaló un ejemplar del libro de Elena Poniatowska, *La noche de Tlatelolco*, un relato gráfico de la protesta estudiantil que tuvo lugar en la Ciudad de México un poco antes de los juegos olímpicos de 1968 que se convirtió en una masacre cuando apareció el ejército. El libro de Poniatowska contenía entrevistas con testigos del acontecimiento, e incluía fotos también entre las cuales muchas mostraban los rostros de los estudiantes ensangrentados. Yo nunca había leído un libro así. Me hizo cuestionar, ¿de dónde sacó el valor para revelar y escribir sobre algo así? ¿Y por qué su apariencia era la de una *estadounidense rubia?* (Su familia se conformaba de inmigrantes polacos). Estas heroínas mexicanas, periodistas y soldaderas también fueron mis primeros modelos a seguir.

Mientras que por una parte entendía que la belleza atraía a los muchachos y que si los chicos me veían y me hacían sentir valorada, entonces en mi mente, yo existía, también sabía que yo tenía una voz y el poder para controlar la forma en que me presentara a mí misma. Iba a asegurarme de que los chicos me vieran, tanto en México como en Chicago, pero a mi manera.

Ya para entonces mis primas de México se estaban comprometiendo con sus primeros novios. Me estremecía simplemente de pensarlo. ¿Matrimonio? ¡Ni por error! Mi parte estadounidense quería tener muchos novios, como Marcia de *The Brady Bunch*. Yo les demostraría a mis primas, a sabiendas de que me menospreciaban por ser gringa, que no solo estaba a la moda y al tanto de la cultura pop estadounidense, sino que también era libre sexualmente (aunque no fuera cierto) y que tenía aspiraciones. No necesitaba aferrarme a un novio a los trece años para casarme con él a los diecisiete. Esa chica gringa que había dentro de mí se estaba alejando de la chica tradicional mexicana tan rápido como podía.

————————

Cuando acabé la escuela primaria, surgió la pregunta de si entraría a la Kenwood Academy, una preparatoria pública que en su mayoría tenía alumnos negros, donde había estudiado mi hermana Bertha Elena, o si seguiría a mis hermanos a la University of Chicago Laboratory Schools, una escuela privada de élite afiliada a la universidad. Mis papás se preguntaban, ¿Era Kenwood el lugar donde María estaría segura y podría sobresalir como una de las mejores estudiantes? El acuerdo tácito en nuestra familia era que yo estaría más a salvo si iba a la Lab School con mis hermanos. No se puede culpar a mi papá por querer "proteger" a sus hijas, pero haber aprendido, y ahora también interiorizado, el rechazo a los negros alimentaba sus más grandes temores. Quienes podían darse el lujo de pagar una escuela privada habían abandonado Kenwood y yo formaba parte de esa gente. Era una cuestión que tenía que ver con raza, clase, patriarcado y el peligroso hábito que tienen los inmigrantes de comprar las narrativas creadas por los grupos dominantes.

Me sentía muy orgullosa de haber estado en una escuela pública sin haberme peleado a golpes con nadie y de haber participado en simulacros de ataques aéreos para los siguientes bombardeos B-2. Cuando salí de la escuela primaria Bret Harte, dejé atrás ocho años de experiencias formativas. Toda mi generación había vivido el trauma racial del país como una unidad. Estuvimos juntos cuando asesinaron a Martin Luther King Jr., un héroe al que habíamos visto hablar por televisión. Mis compañeros y yo nos abrazábamos cuando alguien a quien amábamos había muerto y la palabra *asesinato* era parte ahora de nuestro vocabulario colectivo. Estuvimos juntos cuando un hombre caminó sobre la luna y cuando mataron a Robert F. Kennedy. Estábamos mezclados, tanto los que aprendíamos rápido como aquellos a quienes les costaba más trabajo. Los niños que amenazaban con patearme el trasero, los niños pobres, eran negros y también blancos, así como los niños pudientes. Mis compañeros de clase también eran japoneses-estadounidenses, hijos de inmigrantes chinos y niños judíos.

Estaba encantada con la idea de asistir a la Lab School. Era parte del campus de la Universidad de Chicago y contaba con edificios impresionantes de estilo gótico. El cuerpo estudiantil era mucho más pequeño y estaba estrechamente unido, éramos menos de ochenta estudiantes por grado, y muchos niños habían estado en esa escuela juntos desde el kínder. Comprendía el estatus que significaba tener un lugar en la Lab School, para la que milagrosamente había presentado un examen (estaba convencida de que no lo aprobaría). También sabía que eso significaba dejar atrás a la niña que jugaba en la calle para convertirme en una de las chicas de escuela privada de las que antes me burlaba. En Bret Harte les hacíamos burla a los niños de escuelas privadas porque eran demasiado debiluchos como para sobrevivir en escuelas públicas y a la dura vida real de la parte sur de Chicago.

Yo había creído que solamente la gente superrica mandaba a sus hijos a escuelas privadas. Anteriormente, papi me había hecho ver que el dinero se traduce en influencia en este país. Él siempre estaba hablando sobre los ricos, un término que nunca nos incluyó. De lo que no me había dado cuenta era de que los hijos de los profesores, como mi papá, solo pagaban la mitad de la colegiatura, y por eso gente como nosotros podía estudiar allí. Pero a todos en la familia les quedaba muy claro que papi tendría que pagar tres colegiaturas para la Lab School. Eso quería decir que no quedaría nada en el presupuesto para nada especial. "No les vamos a comprar ropa nueva. Ese es el precio que hay que pagar".

Yo debía sentirme muy emocionada por estudiar en la Lab School, pero en lugar de eso, me sentía llena de pánico y ansiedad porque estaba convencida de que sería incapaz de mantenerme a la altura del resto. Mis nuevos compañeros de clase no solamente eran superricos, sino superlistos también.

Los primeros días en la escuela privada, me despertaba con noventa minutos de anticipación, a las 6:00 a.m., cuando todavía estaba oscuro. Me despertaba despacio, sacaba mi espejo portátil y así como lo hacía mi mamá, me "arreglaba la cara". Tenía catorce años, así que no estoy muy segura de qué mancha o arruga quería tapar exactamente, pero siempre me puse corrector primero, después sombra café, además de delinear ligeramente mis ojos con lápiz negro, más dos capas de rímel después de haberme rizado las pestañas con un artefacto extraño. La idea era hacer que mis rasgos resaltaran, no cambiarlos, o por lo menos eso es lo que mami decía y también es lo que yo había aprendido de ella. Que nunca debes mostrar la cara a menos que esté "arreglada". Las estadounidenses en nuestro vecindario salían sin haberse maquillado. No fue así con las mujeres de mi familia. Especialmente dado que nadie en mi escuela se veía como yo.

Fue en la preparatoria cuando mi síndrome del impostor apareció por primera vez. Todas las mañanas, ya completamente vestida, con mi pañoleta moderna atada al cuello, mis ajustados *jeans* acampanados abrazando mi trasero, me sentaba a comer un tazón de cereal Cap'n Crunch. Cinco minutos después, los nervios se apoderaban de mí y atacaban mi estómago. Sin que nadie se diera cuenta de que estaba sufriendo un ataque de pánico, mucho menos yo misma, tranquilamente iba al baño y vomitaba varias veces antes de salir.

Esto continuó durante dos meses más o menos. Todos los días antes de ir a la escuela me ponía tan ansiosa que no podía retener nada de alimento. No le conté a nadie. A menudo tenía demasiada hambre en las clases de la mañana como para poner atención. Sabía que tenía que hacer algo para detener eso que me estaba pasando. No sabía cómo pedir ayuda y contárselo a alguien, así que hice todo lo que pude para resolver yo misma mis propios problemas mentales. Sufrí en silencio de una ansiedad que me provocaba vómitos y un complejo de inferioridad severo hasta que logré superarlo y volver a la rutina normal comiendo Cheerios, pero no con leche: los cargaba en una bolsita. Aprendí que el estatus requería de sufrimiento. Asistir a la Lab School me daba ventajas, pero estaba demasiado enferma y paranoica como para disfrutarlas. Además, ese estatus solo se percibía desde afuera, porque dentro de la escuela prácticamente no tenía amigos.

En la primaria, había representado el papel de una de las tres brujas de *Macbeth*. Y desde que vi a Tony cantándole a Maria en *West Side Story*, la idea de actuar me rondaba por la cabeza. Me convencí de hacer el intento de participar en nuestra producción teatral de preparatoria y obtuve el papel principal en la obra de ese año, dirigida por los estudiantes, *Another Way Out*. Interpretaba a una francesa de la década de los veinte que quería tener una relación abierta con su esposo y durante toda la obra, llevaba puesta un pijama sexy. Encontré a mi clan entre los chicos del teatro, los artistas rebeldes, entre los cuales muchos eran gay o *queer*. No éramos los inadaptados de una escuela que celebra las artes, sino los artistas existenciales y chicos de la contracultura, sin lugar a dudas.

Papi vino al teatro y me vio sentarme en las piernas de un chico y besarlo en los labios. ¿Estaba pagando dinero para que su hija hiciera esto? Me daba cuenta de que Papá estaba orgulloso de mí —después de todo, había venido a ver la obra—, pero fue otro momento de emociones encontradas entre nosotros. Su orgullo tenía un tinte de vergüenza porque su hija estaba exhibiendo públicamente su sexualidad. Yo quería complacerlo, pero en el fondo también disfrutaba ser una iconoclasta. No era mi intención lastimar a papi, sino hacerlo saber que yo no era una chica mexicana buena. Aunque no estaba muy segura del porqué.

En casa, el rato para estar en familia todavía era durante la cena y el noticiario nocturno, y las noches de los domingos, con *60 Minutes*. En todos los canales de televisión veía que quienes daban las noticias eran hombres. Papi y yo veíamos juntos *Meet the Press*. Hablábamos durante la cena sobre política y discutíamos sobre los errores que cometían los demócratas o los republicanos.

Yo era una de las niñas que llevaban su almuerzo a la escuela para ahorrar dinero, pero en las raras ocasiones en que terminaba yendo a la cafetería, pasaba por la sala de redacción del premiado periódico escolar. Veía las columnas recortadas clavadas en tablones de anuncios como maquetas. Esperaba con ansias que cada semana que saliera nuestro ingenioso periódico de preparatoria, pero nunca sentí que fuera lo suficientemente buena como para colaborar allí. Ese trabajo era para hombres estadounidenses, me decía esa vocecita en mi interior.

Para mi familia, los periodistas eran más importantes que las estrellas de cine de Hollywood porque veíamos cómo cambiaban el curso de este país. Bob Woodward y Carl Bernstein eran jóvenes cuando yo estaba en la preparatoria. Habían contribuido a quitar a Nixon de la presidencia. Eran sobrehumanos, casi dioses. Mis compañeros en el periódico escolar no eran sobrehumanos, pero sí provenían de algunas de las familias más ricas, incluida una que era dueña de periódicos. Pasaba por la oficina del periódico y deseaba tener el valor para entrar.

Mi nueva escuela era en su mayor parte blanca y se enfocaba en hacer que los estudiantes entraran a la universidad, específicamente a algunas de las más prestigiosas, llamadas las Ivy League. Teníamos un gimnasio ultramoderno, una piscina, un teatro y muchas otras instalaciones, pero estas cosas solamente servían para reforzar todavía más la idea de que yo no pertenecía a ese lugar con compañeros

que usaban ropa de diseñador. Bueno, los chicos blancos usaban solamente los mejores Top-Siders, playeras Lacoste y pantalones color
caqui, mientras que los chicos negros iban vestidos con mucha elegan-
cia y ropa de diseñador. No era solamente que estuviera escondiendo
mi mexicanidad (estudiaba francés en lugar español, y ya no quería
escribir ensayos sobre los viajes familiares a México como cuando iba
a la primaria), sino que también estaba escondiendo el hecho de que
mi familia no era rica. Lo único que controlaba mi síndrome del impostor era agradecer todas las cosas que ahora tenía. Era yo, no mami,
quien decía: "Mira todo a tu alrededor y date cuenta de lo afortunada
que eres por estar aquí". Este sentimiento de endeudamiento debe
haberme venido por escuchar todo el tiempo a papi y a mami hablar sobre lo limitados que estábamos en nuestros gastos familiares.
Cuando sufría escribiendo ensayos sobre Joseph Conrad y Sartre para
mis clases de literatura, me decía que debería estar contenta de que se
me exigiera tanto intelectualmente. Es mejor que no aprender nada en
una preparatoria pública desatendida, en donde se podía considerar
que las personas como yo no tenían ningún valor intelectual.

La agradecida inmigrante mexicana, que de alguna forma había
logrado entrar a los salones de una institución de élite en donde no
había otros mexicanos, estaba viva y muy dentro de mí. Yo comprendía que para mis padres haberme mandado a la Lab School
había sido una elección. Eso podía acabar en cualquier momento.
Les agradecía que hubieran pagado para que estudiara allí aunque
había una escuela gratuita muy cerca de la casa. Pero este lugar también estaba cristalizando muchas contradicciones de clase para mí;
de hecho, eran tantas que empecé a entender el término *clase* y todo
lo que implicaba.

---

Parte de mi vida transcurrió en la biblioteca de mi papá. Ese rincón de nuestra casa me hacía sentir cerca de él, de su seriedad. Los

medios audiovisuales influían en las políticas de una forma que nunca antes se había visto. Un titular podía no cambiar el curso de la historia, pero una fotografía, sí. A pesar de todos los informes noticiosos sobre el uso del napalm, incluso cuando había imágenes del momento en que lo arrojaban y la tierra bajo las palmeras se incendiaba como fuegos artificiales invertidos, a pesar de que se sabía que había niños en esas aldeas, las cosas no cambiaron. No hasta que vimos la fotografía en la primera plana del *New York Times* de Phan Thi Kim Phúc, una niñita vietnamita que corría desnuda hacia la cámara, con la espalda destrozada y quemada, el napalm escurriendo de las puntas de sus delicados deditos. Siendo una adolescente, esa imagen me impresionó y avergonzó. Me parecía irrespetuoso mostrar a una niñita, no mucho más pequeña que yo, en ese estado; no me habría gustado que el mundo entero viera mi pecho plano y mi vagina sin vello. Pero ahora sabíamos cómo se veía y sentía el napalm. La conversación cambió dentro del Capitolio después de eso, y el fotógrafo, Nick Ut, ganó un premio Pulitzer por esa imagen.

Estaba sentada en la parte trasera de nuestra pizzería local en el verano de 1974, comiendo copas de helado con mi hermano y su mejor amigo, cuando Nixon renunció en vivo por la televisión y todo el lugar estalló en aplausos. Habíamos ido allí con el propósito de celebrar. La corrupción había quedado al descubierto para que la viéramos y Nixon la representaba toda. ¡Se había marchado! Y después, con el presidente Gerald Ford, dejaron de escucharse las horribles historias sobre el número de muertos en Vietnam y la guerra por fin terminó. Otras guerras continuaban en lugares lejanos como Belfast (entre irlandeses católicos y protestantes) y Palestina e Israel (entre los judíos y los árabes, palestinos e israelíes). Pero el descontento social y político que había caracterizado el final de los años sesenta y el principio de los setenta en Estados Unidos se había disipado. Habían desaparecido los soldados. Desaparecieron las Panteras Negras, en parte por el FBI y la infiltración del Programa de Contrainteligencia (COINTELPRO, por sus siglas en inglés). El boicot de Chávez contra las uvas terminó.

Las noticias por televisión ya no se enfocaban en las protestas realizadas por *hippies* y feministas. En cambio, noche tras noche, veíamos a vietnamitas. Aunque la historia era sobre ellos, siempre estaban en segundo plano. Alguien siempre hablaba por ellos o por encima de ellos. Era como si no tuvieran voz o si los ejecutivos de los noticiarios pensaran que no valía la pena traducir nada de lo que dijeran ellos. No tenían nombre, estaban enfadados, llorando. Durante años, las noticias de la noche contaron historias sobre una guerra que involucraba a gente que nunca conocimos. A veces se referían a ellos simplemente como "el enemigo". Las protestas estudiantiles contra la guerra no eran tanto para luchar por la humanidad del pueblo vietnamita, sino para que los soldados estadounidenses volvieran a casa.

Como persona joven que veía religiosamente el noticiario nocturno, las narrativas me parecían confusas. Según decían los medios, y para mucha gente así fue, todo este caos en los Estados Unidos había sido comenzado por los vietnamitas. ¿Y ahora querían venir aquí? De hecho, había quienes decían que tenían derecho a estar en los Estados Unidos. Primero fueron el enemigo. Ahora eran refugiados. Yo seguí escuchando que el país estaba "lleno", pero en realidad nunca habíamos escuchado nada de los mismos vietnamitas. ¿Realmente estaban llenos los Estados Unidos? ¿No había mucho espacio abierto en el medio del país, que había visto cuando viajábamos en coche de Chicago a México? Me preguntaba sobre las palabras que yo sabía que estaban en una estatua y que todavía no había visto con mis propios ojos: ¿no era exactamente ese el tema de la Dama de la Libertad? ¿No se supone que éramos una nación que daba la bienvenida a aquellos que buscaban refugio?

La entrada de los vietnamitas a Estados Unidos de forma masiva fue la primera crisis de refugiados televisada en la historia. Los medios habían desempeñado un papel fundamental al decirles a los estadounidenses cómo sentirse con respecto a la guerra y sus consecuencias. Periodistas como Morely Safer, Ed Bradley y Ted Koppel, hombres que habían hecho reportajes desde el frente con cascos y camuflaje, cubrieron la guerra de una forma belicosa. La gente podía estar cenando frente a la tele y ver en su sala cómo las explosiones hacían saltar por los aires a los soldados estadounidenses. Ahora las noticias por televisión tienen mucha más censura y advierten de material que puede afectar la sensibilidad del espectador. Lo que sabíamos de la guerra era aterrador y no se hizo ningún esfuerzo para humanizar a los vietnamitas.

Para cuando la guerra de Vietnam finalmente terminó en 1975 después de veinte años de combate, 58.000 soldados de los Estados Unidos habían muerto luchando en una guerra que apenas comprendían. Pero esa cantidad no se comparaba con el más de medio millón de vietnamitas, tanto militares como civiles, que murieron defendiendo su propio suelo. En esa época no había una política oficial en los Estados Unidos sobre los refugiados, pero en vista de la crisis (más de tres millones de personas fueron desplazadas por la guerra) y el papel que desempeñó el país en ella, los Estados Unidos acordaron evacuar y reubicar a 125.000 vietnamitas. Para 1980, esa cantidad había aumentado a 231.000. Otro medio millón de vietnamitas llegó a Australia, Canadá y Francia.

Con la caída de Saigón, llegaron imágenes de multitudes que abarrotaban las puertas de la embajada de los Estados Unidos, trepando por muros con alambre de púas, entregando sus bebés a extranjeros y haciendo todo lo posible por lograr subir a los últimos helicópteros que despegaban del techo de la embajada. Otros lo intentaron por mar, huyendo de la dominación del Vietcong en pequeños botes de pesca. Los periodistas estadounidenses etiquetaron a estos refugiados desesperados, familias inocentes desplazadas por la guerra, "la gente de los botes". "Llega la primera oleada de 'la gente de los botes' del sudeste asiático", informó el *New York Times* en septiembre de 1977.[4] Unos cuantos meses después, en las páginas de los artículos de opinión, el *Times* alabó a la administración de Carter por permitir que más vietnamitas entraran a los Estados Unidos, pero alegaban que " la gente de los montes" de Laos también necesitaba ser reubicada.[5] ¿Gente de los botes y gente de los montes? Como decir la gente de los camiones. O la gente de los coches. ¿Deberíamos llamar a las personas que están esperando en las aceras en la frontera del lado de México "la gente de concreto"? ¿Qué sigue después? ¿De qué otra manera podemos señalar la otredad de la gente que viene de lugares diferentes?

Los estadounidenses no querían a "la gente de los botes" en su país. En 1979, la cadena CBS y el *New York Times* realizaron encuestas que mostraban que el 62% del país no aprobaba el plan del gobierno para aumentar el número de refugiados admitido. El entonces gobernador de California, Jerry Brown (sí, el mismo gobernador Jerry Brown que declaró a California como "un estado-refugio" en 2018 y aprobó legislación que limitaba la cooperación de la policía con autoridades federales de inmigración) con toda vehemencia se oponía a permitir que los refugiados de Vietnam se quedaran en California, y trabajó arduamente, aunque sin éxito, para mantenerlos fuera del estado.[6]

Recuerdo haber visto imágenes en las noticias de seres humanos con neurosis de guerra amontonados en muelles de algún lugar de Asia. Sobrevivientes de la guerra y la tortura, ahora se encontraban, debido a políticas del gobierno en las que ellos no habían tenido nada que ver, viviendo uno encima del otro. Después las cámaras mostraban un bote destartalado al lado del otro en el muelle, una mujer amamantaba a su bebé mientras sostenía de la mano a un niño pequeño, una abuela con un mapa de arrugas en el rostro que llevaba un sombrero de paja. Había otras imágenes de personas en circunstancias humillantes, usando harapos y llorando: y estas eran las imágenes que veíamos día tras día con titulares que preguntaban "¿Son demasiados?". Todos los días, los periodistas hablaban sobre cuántas de "estas personas" habría que dejar entrar. Su objetividad nunca fue cuestionada.

---

Era un sábado por la tarde. En casa todo estaba tranquilo. Estaba en mi recámara quitando por fin el póster de tamaño real de Elton John que tenía desde el octavo grado y que no había descolgado por vagancia. Me bajé del tocador y con cuidado enrollé el póster, despidiéndome de otro momento en mi vida estadounidense preadolescente. Había tomado prestado el viejo radio que mi mami tenía en la cocina, uno de plástico café que tuvimos en nuestros primeros años en Chicago y que siempre se escuchó mal, sin importar a qué estación estuviera sintonizado. Y entonces, de repente, encontré una, seguramente fue la WBEZ 91.5 FM, y escuché una voz como aquellas de la radio pública en México. No era un conductor ni un *DJ*, sino un periodista. En lugar de gritar, me estaba hablando. De manera inteligente. Mi mente enloqueció. Quería gritar, pero necesitaba escuchar cada una de las palabras y me daba miedo que, si soltaba el botón de sintonía, la voz desapareciera como a veces las cosas desaparecían en la radio, con un ligero movimiento del pulgar y el índice, y adiós.

Acerqué mi oído despacio. Hablaban sobre Latinoamérica, un término que solo había escuchado en México en las noticias en español. Era como escuchar una estación con el estilo de Radio Educación en inglés en los Estados Unidos, y para mi sorpresa, hablaban sobre Latinoamérica. La experiencia fue una especie de revelación, quizás espiritual. Dos partes muy diferentes de mí de repente habían despertado y se encontraban entrelazadas y ahora yo sabía cuál era su sonido. Sabía que la WBEZ existía en el cuadrante, que por lo menos los sábados a las 2:00 p.m. podía sintonizar este lugar y escucharlo.

Y así lo hice.

Una semana después, me senté en mi cuarto y jugué otra vez con el cuadrante a la misma hora hasta que volví a encontrar la estación. Bien en el extremo izquierdo del cuadrante estaba mi nueva comunidad. Allí es donde querían vivir mis oídos, escuchando radio pública en inglés a solas en mi cuarto.

––––––––––

Cuando terminó mi primer año de preparatoria, me demostré a mí misma y a todas las chicas de mi grado que yo era "mejor" que todas. Mi competencia con ellas no era cuestión de calificaciones, sino de ver quién tenía novio primero. Así fue como acabé hablando una noche con mi primer novio de verdad, con el teléfono de cable rizado verde extendido siete metros desde la cocina hasta el comedor.

John estaba a punto de graduarse y era hijo de un respetado banquero de segunda generación. Era la estrella de la obra de teatro de fin de año y, en mi opinión, el más atractivo y por lo tanto el más inalcanzable chico de la escuela. Un muchacho guapo, blanco y rico que usaba camisas color salmón marca Izod, de cabello rubio color arena con una onda natural, con las comisuras de labios un poco hacia arriba por lo que parecía como si siempre estuviera sonriendo tímidamente… ¿por qué se fijaría en mí un chico así?

Fui capaz de tomar las náuseas de mis primeros días en la Laboratory School y transformarla en energía de combustión. Había aprendido que la sensualidad, el coqueteo y las bromitas eran muy efectivas con el sexo opuesto, observando a las mujeres en México. Para ellas, todo esto resultaba muy natural. La forma en que sonreían abiertamente, echando hacia atrás la cabeza para exponer su cuello, o cómo apretaban a los hombres en los bíceps o les daban un beso en la mejilla.

Yo también quería aprender a hacer todo eso. Después de algunas sesiones secretas de caricias atrevidas con otro chico de segundo año en las tardes de ese invierno, me sentía más segura de mí misma como adolescente estadounidense. Eso me llevó a mi novio, John, el del último año, y, sin embargo, sentía que mucho de eso parecía una actuación. Me demostré que podía ser más estadounidense que las chicas estadounidenses, ganar en un juego que ellas desconocían que estaban jugando conmigo, desafiar a mi padre y a mi madre, y alejarme del estatus de virgen inalcanzable que tenían mis primas.

Estaba interpretando el papel de una chica a la que le gustaba acostarse con muchachos, pero no me interesaba casarme. No me definía como a otras chicas de mi preparatoria, que estaban sexualmente maduras y en control, que tomaban decisiones por sí mismas. No iba a exhibir esa parte de mí de manera tan explícita para que me etiquetaran como "chica fácil". Pero tampoco quería que me consideraran como una frígida.

Cuando terminé mi primer año de preparatoria, John y yo empezamos a ser novios. Él se había graduado, y seguimos saliendo durante el verano y hasta principios del otoño, cuando tuvo que irse a la universidad. Una tarde helada de diciembre, en mi segundo año, John y yo estábamos hablando por teléfono, con la esperanza de hacer planes para vernos cuando él volviera de la universidad. Mientras jugueteaba con el cable del teléfono con mi dedo medio, la conversación en español entre mami, papi y mis hermanos en la cocina atrapó mi atención. En la sobremesa, mi familia estaba hablando sobre nuestro siguiente viaje anual a México. Los seis nos subiríamos a la camioneta, el coche iría tan lleno de cosas que el mofle rasparía cada bache en el camino. Este año el destino era Oaxaca. Nos sentaríamos en la plaza principal el 23 de diciembre y, en la Noche de los Rábanos, comeríamos buñuelos en platos de barro para después, como era la costumbre, arrojarlos contra el piso. Alrededor de nosotros, todo el mundo también rompería los platos en la plaza, con un sentido colectivo de conciencia por el espacio de los demás, de cuándo es tu turno para romper el tazón y cuándo debes esperar.

Eran fines de los años setenta, y la gente hablaba cada vez más sobre la frontera. El Comité del Consejo Nacional de Extranjeros Ilegales del presidente Gerald Ford, que se había creado en 1975 mediante una orden ejecutiva, acababa de presentar su informe sobre los efectos de los trabajadores indocumentados en los Estados Unidos. El informe revelaba que la población de inmigrantes indocumentados había crecido hasta casi duplicar el número de personas que habían inmigrado legalmente; en 1975, 386.194 inmigrantes entraron al país de forma legal, en comparación con las 679.252 personas que fueron detenidas o deportadas como "extranjeros ilegales". El Servicio de Inmigración y Naturalización estimó que había entre seis y ocho millones de inmigrantes indocumentados en el país y el informe indicaba que la mayoría de los no autorizados entraban al país por la frontera sur con México.

El consejo argumentaba que los estadounidenses de bajos ingresos se enfrentaban a una competencia cada vez mayor con los trabajadores indocumentados por los puestos de trabajo y que era probable que aumentara la presión sobre la asistencia social y otros servicios sociales. Pero al mismo tiempo, reconocían que "la deportación masiva de extranjeros ilegales es tanto inhumana como impráctica", lo que llevó al consejo a concluir que las medidas preventivas para bloquear y desalentar a los inmigrantes indocumentados de entrar al país serían el procedimiento más eficaz.

Ya llevaba años cruzando la frontera. Cada año íbamos en coche de Chicago a St. Louis y a Memphis o Texarkana y luego cruzábamos Texas. El viaje era una confirmación anual de que no éramos ciudadanos. Excepto por papi. Su estatus era irrefutable. Tenía un pasaporte estadounidense. Los demás todavía teníamos tarjetas de residencia. Aunque nunca tuvimos problemas con este hecho, también sabíamos que poder volver a los Estados Unidos cuando cruzáramos la frontera de Texas dependería del humor del agente de la Patrulla Fronteriza.

Un recordatorio de mi gran impotencia se daba cuando los agentes se alejaban con nuestras tarjetas de residencia mientras esperábamos en el coche. En aquel entonces, yo no sabía nada sobre cómo había sido mi llegada a los Estados Unidos. Los agentes de inmigración se veían altos y sonaban muy texanos para mí. Siempre me sentí vulnerable en la frontera, como si mi vida fuera a cambiar por una decisión al azar tomada por algún hombre que llevaba un informe y que me veía por primera vez.

Le estaba explicando a John los planes de mi familia para las vacaciones de invierno (resultaba que durante unos días no íbamos a poder vernos) y así fue como empecé a hablar sobre la frontera. Le conté que tenía que mostrar mi tarjeta de residencia a la Patrulla Fronteriza en Texas para volver a entrar a los Estados Unidos; que ellos podían decidir retenernos si les daba la gana.

—¡Pero tú eres estadounidense! —exclamó mi novio.

—No, en realidad no lo soy. Soy mexicana —respondí.

—¡No es verdad! ¡Realmente eres estadounidense! ¿Por qué no puedes decirlo? —insistió.

Ahora me estaba desafiando para demostrar mi mexicanidad. ¿Cómo podía mostrarle lo no estadounidense que con frecuencia me sentía por mi apariencia y por mi nombre? Ser binacional requería de una práctica constante de jiu-jitsu para sortear las expectativas de los demás, y era agotador. Parecía que mi vida existía desafiando, en relación con y en respuesta a ser ya sea mexicana o estadounidense, todo el tiempo. Poco después terminé con John.

En diciembre de 1977, un año después de que rompimos, ya tenía dieciséis años y medio, no tenía novio, y aunque tuve muchas experiencias con chicos, todavía no tenía relaciones sexuales. Iba a pasar la última parte del mes en México con mis padres porque, como era la hija menor de la familia, no podía decidir dónde pasar mis vacaciones. Sin embargo, a mis hermanos les habían dado el derecho a negarse a nuestros viajes anuales y les permitían no pasar tiempo en familia. Papi nunca habría dejado que su hija se quedara sola como ellos.

Para este viaje, mis padres y yo íbamos a hacer nuestro viaje tradicional en la camioneta y mi hermana Bertha Elena, que se había graduado de la Universidad Lawrence en Wisconsin, iba a viajar en avión y estaría una semana con nosotros.

Cuatro días de viaje. Cuatro días de estar solo mami, papi y yo en sus momentos más felices. En cuanto entrábamos a México, a veces papi se ponía más serio. Podía haber soldados a lo largo de las carreteras y teníamos que poner atención a las curvas. Además, los hombres se me quedaban viendo. Con frecuencia les regresaba la mirada en plan desafiante. Papi se enojaba y decía que yo los provocaba. Mami decía que solo era una muchachita, ¿así que cómo iba a entender lo que estaba haciendo?

Ese año cuando nos reunimos con mi tía la mojigata y sus hijas, sentí cómo se iban a complicar las cosas con mi familia mexicana católica que buscaba mejorar su estatus. Todos pasamos Navidad juntos en una zona turística poco conocida y prometedora de la costa de México. No había nada todavía, salvo por un club de playa *hippie* tropical a algunos kilómetros, una enorme discoteca al aire libre con techo de paja y un bar construido sobre postes en la playa rocosa. El área donde nos alojábamos tenía seis pequeños *bungalows* en un enorme jardín con una piscina, un área común para comer y cocina.

A cinco minutos de distancia, la música disco resonaba sobre el agua del océano Pacífico; la luz de la luna acentuaba el ritmo vibrante. Por las noches, mami y papi se quedaban con los adultos, pero todos los adolescentes íbamos a bailar al ritmo de Donna Summer y Gloria Gaynor.

Ninguno de los novios de mis primas estaba allí, así que ellas bailaban juntas. Me había hecho amiga de Pablo, el hijo de veinticuatro años de otra familia que también se estaba alojando en los *bungalows*. Me coqueteaba y yo sabía devolver el coqueteo.

Todas las noches nuestro grupo se amontonaba en dos coches, mis primas en uno, Pablo y su hermano en otro; siempre íbamos en coche separados. La mayoría de las noches, la pista de baile de madera estaba casi vacía. Yo bailaba descalza porque allí no tenía que usar tacones. Mi familia conocía mi verdadera estatura, así que no había nada que ocultar. Pedíamos ron y coca colas, y bailábamos en el aire salino al incesante ritmo de la música disco durante horas. Después de tres noches en las que no había adultos y de bailar hasta acabar sudando, Pablo me besó. Abrió la boca y dejó que su lengua encontrara la mía. Encontré la suya y entonces me sujetó de la cintura un poco más fuerte. Me gustó cómo se sentía eso, como si él fuera un hombre adulto y no un chico de mi edad.

A la noche siguiente, desafiando todas las normas sociales mexicanas, puse a mis padres en un aprieto y les pedí permiso para ir sola con Pablo a ver las nuevas cabañas que su familia estaba construyendo en la cima del cerro. Quería mostrarme la puesta de sol. Obligué a mis padres a confrontar a su hija gringa. Aprovechando la oportunidad de mostrar su hipocresía y usarla a mi favor, me preparé para atacar. Había observado cómo Mamá celebraba lo independiente que yo era, presumiéndome a las familias conservadoras de Guadalajara que estaban reunidas allí. No iba a estar presumiendo sobre las grandes cosas que yo hacía como una adolescente estadounidense independiente para no dejarme ser independiente. Aunque ya eran casi las 7:00 p.m., y estaba oscureciendo, les pedí permiso y mami me dejó ir.

Estaba completamente emocionada con este chico y este momento. Pensaba, qué manera de perder mi virginidad. La idea de acostarnos en un lugar tan romántico me emocionaba. Pablo era bastante lindo, guapo, pero definitivamente nada especial. Era el hijo de Mamá que todavía vivía con sus padres a los veinticuatro años y los acompañaba en sus vacaciones. No estoy segura de que trabajara. Pero era mexicano y, ¡Dios!, esa música disco realmente me subió la cachondez, con el océano de fondo, las sombras de los peñascos y ese cielo azul intenso con el reflejo de la luna. Gloria Gaynor tenía tanta razón, *I will survive*.

Pensé en cuántos momentos importantes de mi vida habían pasado en México y que ahora podría agregar a la lista tener relaciones sexuales. Hice mis cálculos y pensé que apenas tenía unos cuantos meses menos que mi mamá cuando ella perdió la virginidad. No consideré el hecho de que yo no sabía nada sobre este hombre. No habíamos intercambiado más de veinte palabras.

Nos subimos a su coche y se detuvo en una pequeña farmacia camino a la cima del monte. Cuando se bajó, por un momento me ubiqué en la realidad y pensé en lo que estaba sucediendo. Este chico no me había besado en el coche, y apenas me había dirigido la palabra en los últimos diez minutos. Me di cuenta de que él no había tenido ningún gesto romántico conmigo, ni un besito, ni una mirada soñadora, ni un cumplido, nada. Cuando volvió a subir al coche con una bolsa de papel café, nada otra vez.

Empecé a ponerme nerviosa. Creía que quería esto, pero parecía que él había decidido qué iba a pasar sin pedirme mi opinión. Estaba un poco molesta porque él pensara que podía decidir sobre lo que iba a hacer conmigo. Ahora empezaba a sentirme irritada y con miedo. Pensé que podía hablar para zafarme de la situación y calmarlo, pero definitivamente no quería acostarme con este muchacho esa noche, no en mi primera vez.

Cuando llegamos a la cima del monte, apagó las luces del coche. Afuera estaba totalmente oscuro, y me sentí desorientada. Escuché unas llaves que abrían una puerta. Las cosas poco a poco empezaron a verse más claras. Dentro de una de las casas modelo que su familia había construido para atraer compradores, no había electricidad ni muebles, pero curiosamente había un colchón nuevo todavía con la cubierta de plástico. Recuerdo que me sentó abruptamente en la cama. Entonces empezó a besarme. Me empujó y yo pensé por unos quince segundos que eso iba a ser divertido, pero entonces él se puso más agresivo. Empecé a decir que no. Y en mi cabeza, pensaba, ¿qué está *pasando?* No podía empujarlo.

Dejó de ser suave. Y yo dejé de tener ganas. Lo que debía haber sido un momento, una culminación de algo especial, se convirtió en estar allí a la fuerza, en un cuarto oscuro, en una cama sin sábanas, con mis labios sensualmente abiertos que ahora sentían una lengua clavada en mi boca. *¿No debería sentirme contenta de estar a punto de perder mi virginidad? ¿No se supone que es romántico eso? ¿Qué me pasa y por qué no me parece esto romántico? ¡¡¡No!!! ¡No quiero esto! ¿Acaso no estoy diciendo NO con suficiente fuerza? ¡Esto sí que duele ahora, no, no, no, no, no, y ay, detente, Santo Dios, me duele! ¡Me arde!* Y entonces se acabó.

Rodó y se quitó de encima de mí. No grité ni lo abofeteé. Trataba de pensar en lo padre que era ya no ser virgen. Pero también me dolía. Estaba enojada y en *shock.* Estaba asustada porque ya me había tardado mucho, y mami y papi iban a estar enojados. Estaba enojada porque había estado diciendo que no durante tanto tiempo que se me hizo una eternidad y esta persona no me hizo caso. *Todos los chicos son iguales*, pensé. *¿Pero le gusto?*

¿Cómo podía haber estado mal si yo me estaba preguntando si le gustaba?

————————

Después de las vacaciones, regresamos en coche a Chicago. Les conté a mis amigas que ya no era virgen, pero no exactamente qué había pasado. Sentía vergüenza, pero dudo que alguien se haya dado cuenta. No sabía describir en palabras lo que estaba sintiendo, así que no hablaba de ello. Y punto.

Mis amigos creían que tomaba clases de verano porque era una *nerd.* No sabían que las tomaba porque tenía mucho miedo de llevar cursos muy difíciles de Inglés y Política durante el año y reprobar. Creían que era una estudiante estrella, pero la verdad era que era una miedosa.

Para el verano de mi penúltimo año de preparatoria, había ahorrado suficiente dinero de mis trabajos como vendedora en una joyería y mesera en una pizzería local para irme a Europa. Dos amigas y yo dormimos en las calles de Edimburgo por pura diversión, bebimos cerveza de malta y comimos galletas integrales. Viajé a París, donde me alojé en el cuarto de servicio en la última planta de la casa de una viuda yogui uruguaya. Estaba perdida de tantas maneras. Me acosté con dos extraños. Uno en Londres y el otro en París, y aunque no fue precisamente divertido, por lo menos no dije constantemente que no. Eso para mí ya era un avance.

Cuando llegué al último año, todas esas clases aburridas de verano habían contado. Tenía suficientes créditos para graduarme de la preparatoria seis meses antes. Pude ahorrarle a mi papá el dinero de la colegiatura, y eso lo hizo feliz. Me graduaría en diciembre y pasaría los primeros seis meses del año estudiando teatro y danza en la Ciudad de México. Viviría con mi tío y mi tía que eran buena onda y por fin podría enfrentar un reto personal que me había fijado: esa era la ciudad donde había nacido y tenía que conquistarla.

Para las vacaciones de diciembre de 1978, mi hermano Raúl me había invitado a ir con él (mi padre confiaba en mi hermano mayor) a celebrar Año Nuevo a una playa en Oaxaca con algunos de sus amigos poetas mexicanos. Uno era un bailarín que se entrenó en el Ballet Folklórico de México nacional. Me estaba acercando a una imagen de mí misma como una joven mujer mexicana que no tenía nada que ver con mis primas puritanas y religiosas. La mujer mexicana en la que me estaba convirtiendo era una orgullosa mestiza, una poeta en ciernes y una bailarina que estaba fascinada con sus raíces indígenas y encontrando su propia definición de feminismo.

Tampoco tenía nada que ver con usar traje sastre y ser llamada "señorita".

El hecho de que mi hermano me pidiera a mí, su hermanita, que fuera con él a un viaje de adultos me confirmaba que iba por el camino correcto, dejando de lado los tacones altos, el maquillaje y a la adolescente que usaba desodorante para convertirme en una artista indígena totonaca con tintes de Diosa madre. A mis papás les gustaba que dos de sus hijos fueran unidos, a diferencia de los hijos de tantos amigos suyos en Chicago, que se enfrentaban entre hermanos.

Me llevé una libreta negra para marcar el inicio de mi larga estadía en mi tierra materna; sería el periodo más largo que habría estado en México desde que nací. Raúl y yo nos sentamos en la parte trasera de un autobús tipo carcacha que hizo un recorrido durante seis horas en la noche por las montañas para llegar a la solitaria costa al sur de Puerto Escondido, y finalmente otro autobús nos llevó a una playa *hippie* llamada Zipolite. Rentamos hamacas con vista a la costa y nos despertamos con la luz del sol.

Era la noche de Año Nuevo y la víspera del primer aniversario de mi "pérdida de la virginidad", que es como me refería a aquella noche de 1977. Ahora estaba aquí sin un hombre, en una playa iluminada por las estrellas, y no las luces de una discoteca. Un año antes, había estado con mexicanos ambiciosos de estatus que solamente se preocupaban por el dinero. Esta noche estaba con un grupo de almas gemelas que me estaban dando una muestra del tipo de adulto que yo quería ser. Estaba viviendo en el México que había imaginado, conviviendo con un grupo heterogéneo de antropólogos, bailarines folclóricos, poetas y un par de turistas de Bruselas. Queríamos ser libres esa noche de Año Nuevo y podíamos hacerlo en esta playa aislada, fumando marihuana y sentados alrededor de una fogata. Las mujeres se dejaron *topless* en la forma en que las europeas siempre lo hacen cuando están en la playa. Yo me sentía tan cómoda que me quité la parte superior del traje de baño también, y me recosté en la arena para observar el cielo nocturno. Creíamos que este era el lugar más seguro del mundo.

Mi mente vagaba a los siguientes seis meses de mi plan para ser más mexicana. Después de eso tal vez me iría a Nueva York, porque había mandado una solicitud a una escuela de allá, pero parecía tan lejano en el futuro, como algo que quizás nunca sucedería. Conforme mi mente con toques de mezcal flotaba, pensaba en cómo me había enamorado de Manhattan por la película de Woody Allen del mismo nombre, y cuánto me encantaba Gershwin. Estaba disfrutando la libre asociación y el cruce de fronteras que aparentemente siempre me permitía cuando estaba en mi estado de ánimo más feliz y relajado.

La burbuja de mis pensamientos explotó con el ¡pop! ¡pop! de una pistola y el brillo de la hoja de un machete cuando dos tipos con pañuelos atados sobre sus bocas se nos aproximaron en la playa. Los hombres patearon a mi hermano y nos arrojaron arena a la cara. Las turistas belgas gritaron. Rápidamente jalé la pañoleta que llevaba atada a la cabeza y envolví con ella mi pecho desnudo. En lugar de violarnos en esa playa desierta, los hombres nos exigieron que les diéramos nuestras bolsas y carteras y se echaron a correr con ellas.

Cuando llamamos a mis padres desde la estación de policía, sus palabras eran como una explosión de cohetes llena de rabia y conmoción. *¡Pum!* Habían confiado en su hijo para que cuidara a su niñita. En lugar de eso, casi había hecho que abusaran de ella. *¡Pas!* Papi nos gritó a los dos, usando cada palabra en la que podía pensar que dejara claro que pudieron haberme violado sin decir literalmente la palabra "violar".

—Esto pudo haber sido lo más horrible —dijo papi—, que abusaran de mi hija en México. Ningún hombre podrá tocar a mi hija aquí. ¡Ni se les ocurra!

Cerré los ojos y mi boca se frunció mientras pensaba, *Si supieras, papi. Si supieras que eso ya ha sucedido.*

Como resultado del fiasco de la Noche de Año Nuevo, ya no me permitieron quedarme en México durante seis meses. La decisión fue definitiva. El sueño de encontrar a mi "yo mexicana" murió en la playa esa noche en una matanza incruenta con una pistola y un machete.

No había conquistado nada de México. Una vez más, México me había conquistado a mí.

## Capítulo 5

# Cómo adopté una nueva identidad

Como me gradué de la preparatoria antes de tiempo y luego me vi obligada a regresar a Chicago después del ataque en la playa en México, había empezado a trabajar como mesera y a tomar clases de actuación, y pagué mi viaje para visitar Nueva York por primera vez. Y ahora aquí, en esta ciudad sucia y gobernada por el crimen, también me di cuenta de lo que quería ser: una artista que se presentara en Broadway y que luego tomara el metro todo lleno de *graffiti* para volver a casa. Esa era una carrera que requería de un gran ego para estar en el escenario, y humildad también para cuando los reflectores se apagaran.

Quería apropiarme de la ciudad de Nueva York. Y quería un escenario. A fuerzas.

Aunque realmente no había visto a actores latinos, tenía la falsa ilusión de alcanzar el éxito como actriz profesional. A pesar de ser insegura como artista, logré convencerme de que por lo menos debía hacer el intento. Además, había estado pagando clases de actuación en el Victory Gardens Theater. Eso tenía que servir de algo.

Cuando escuché que buscaban una actriz con mi descripción para un papel en una película, me preparé para mi primera audición importante. Me decía que, si obtenía el papel, lo consideraría como una señal y les diría a mis padres que renunciaría a la universidad para empezar mi carrera de actuación. Me había preparado hasta la obsesión para esta audición, pues estaba convencida de que iba a cambiar mi vida.

Me fue bien en la audición. No olvidé mis líneas y las tres personas que me observaron en el panel parecían interesadas. Entonces el director, un hombre de cuarenta y tantos años, quiso hablar conmigo.

—Gracias por tu buena audición. Hiciste un buen trabajo. Pero no estoy seguro de lograr captarte —me dijo mientras me miraba—. Verás, no eres tan blanca ni tan mexicana, no eres tan alta ni tan bajita, no tienes una apariencia tan callejera pero tampoco eres sofisticada, no eres lo suficientemente vivaz ni sombría. Lo siento, pero es que simplemente no te capto y tampoco estoy muy seguro de que la industria logre captarte. Pero gracias por haberlo intentado…

Sus palabras confirmaron todo lo que esa vocecita en mi cabeza siempre me había dicho: esta gringa realmente no es mexicana, simplemente actúa como si lo fuera. No tenía idea de quién era ese hombre o si realmente era alguien importante, pero como director blanco y varón, representaba el orden establecido de Hollywood. Le otorgué a este extraño un poder sobre mí por ese motivo. Creí que tenía razón. Yo no entraba en lo que se consideraba talentoso ni bello.

Además de Natalie Wood, que realmente no era una latina, había muy pocos ejemplos que pudiera admirar en los medios populares. Freddie Prinze, un joven y prometedor comediante, protagonizó *Chico and the Man* de 1974 a 1977; el programa fue un éxito, pero terminó abruptamente cuando Prinze se quitó la vida. Cheech y Chong también habían entrado a los medios tradicionales con su película de culto *Up in Smoke* (*Como humo se va*) en 1978, y Carlos

Santana se convirtió en un nombre conocido después de tocar con su banda en Woodstock. Pero todos eran hombres y no el tipo de figuras que yo quería imitar. Los latinos estaban muy encasillados y la mayoría de las veces eran representados como caricaturas, no como personas hechas y derechas, como los estadounidenses normales.

En ese momento de rechazo, mi sueño de convertirme en actriz comenzó a morir dentro de mí.

———

Cuando mi hermana, la mayor, estaba enviando solicitudes para entrar a la universidad, casi tuvo que desangrarse para que papi la dejara ir a Lawrence University en Appleton, Wisconsin, y vivir sola en una residencia de estudiantes, lejos de su familia, en una ciudad extraña. Desde el punto de vista de mi padre, no había ninguna razón para que no pudiera estudiar la carrera en Chicago o en la Ciudad de México, donde teníamos parientes.

Todas las noches había esos pleitos de familia por la universidad hasta que Mami por fin obligó a papi a ceder. Mi hermana y luego mi hermano Jorge se fueron. Mi otro hermano, Raúl, se quedó y se inscribió en la Universidad de Chicago, disfrutando de comida casera mientras estudiaba. Cuando fue mi turno, se daba por hecho que me iría de casa para estudiar una carrera.

La decisión más loca y rebelde fue mudarme a Nueva York, la ciudad más peligrosa del país y quizás del mundo, para asistir al Barnard College. El crimen estaba a punto de alcanzar un máximo histórico. Los asesinatos se multiplicaron a 1.733 homicidios en 1979 (comparen esa cantidad con los 292 en 2017) y los robos se habían disparado con respecto al récord anterior en 1976. "1980, el peor año del crimen en la historia de la ciudad", escribió el *New York Times* en 1981. En 1977 había habido un apagón nocturno seguido de un caos total, con gente que saqueaba tiendas en la avenida Madison, con ataques a mujeres y robos en departamentos.

No estoy segura de por qué este lugar ridículamente hostil me encantaba, pero no me asustaba. Me recordaba a la Ciudad de México. Las fotografías de los estudiantes de la Universidad de Columbia que tomaron Hamilton Hall y se enfrentaron a la policía durante las protestas de 1968 (lo cual también me recordaba a México) fueron una de las razones por las que elegí ir a Barnard, la universidad femenina afiliada a Columbia. Quería un campus que participara en la política del momento. Había investigado la definición de la palabra *radical* (significaba ir a la raíz de las cosas) y así es como me consideraba ahora. Era una joven con ambiciones, radical y por eso iba a entrar a la universidad en la ciudad de Nueva York.

Cuando mi sueño de ir a México, de mirar hacia el sur para definirme, desaparcció, empecé a mirar hacia el este. Nueva York era el punto más lejano al que podía llegar desde México, en donde había tenido identidades diferentes y los resultados fueron violentos. Iría a una ciudad que fuera parte de la contracultura, peligrosa y ruda como una mujer joven completamente sola. Podría vivir de acuerdo con mis propias condiciones. En el fondo, sabía que adoptar Nueva York era una jugada intencional para distanciarme de México, de las expectativas de la sociedad y de Papi.

Cuando terminó el verano de 1979, hice dos maletas con la ropa que me definiría durante los siguientes cuatro años. En agosto tomé un avión a Nueva York y luego me subí a un viejo taxi Checker amarillo y recorrimos lentamente la Calle 125 después de salir del aeropuerto LaGuardia. Todo se veía gris, vacío y tétrico aunque era mediodía. Casi todas las tiendas estaban tapiadas con tablas, y los lotes vacíos tenían montones de basura en una esquina, algunos prendidos fuego.

Harlem parecía una versión más intensa de la Calle 63 que estaba cerca de nuestra casa en Chicago. El barrio era predominantemente una comunidad negra. Aquí la energía de las calles era eléctrica, aunque por donde quiera que vieras había edificios abandonados, con las ventanas vacías que parecían rebanadas de una oscuridad interminable en una fachada de ladrillo. Había muchas licorerías y la tienda de abarrotes ocasional. Vi a niños jugar en la calle alrededor de una toma de agua, gritando de alegría, y después los inmediatamente reconocibles complejos de viviendas públicas, con un diseño arquitectónico que los hacía verse altos y amenazantes. Dimos vuelta a la izquierda en Broadway, pasamos por las puertas de Barnard y Columbia, y después nos detuvimos en mi residencia para mujeres en la Calle 116, ubicada en el corazón de la ciudad de Nueva York, tal como yo quería.

El taxi me dejó en el vestíbulo de un majestuoso edificio de ladrillo gris, mi nuevo hogar, que estaba lleno de estudiantes de primer año, todas mujeres, que llegaban a la semana de orientación. Mi cuarto era el más feo de toda la residencia. Estaba en el segundo piso y tenía una ventana que daba directamente al conducto de ventilación, así que oía todos los sonidos de los doce pisos que estaban arriba del mío: chicas que escuchaban la radio, que peleaban con sus compañeras de cuarto, que practicaban el violonchelo. Oía todo, pero no me daba el sol. Ni un rayito.

Había llegado a la suite que iba a compartir con otras cinco chicas al inicio de la tarde y estaba desempacando mi ropa cuando sonó el teléfono. La persona que estaba al otro extremo de la línea preguntó por Cecilia, mi despampanante compañera de cuarto que entraba al primer año y que presumía sus largas piernas bronceadas en unos *shorts* para jugar tenis. Su cabello rubio como la arena recordaba el de Raquel Welch. Era una belleza americana oficial, y en mis adentros, pensé que nunca podría competir con ella por la luz que irradiaba.

—¡Cecilia! ¡Te llaman por teléfono! ¡Cecilia!

Dejé el teléfono descolgado y seguí desempacando. Entonces escuché ese español hermoso, aunque de sonido extraño.

—¡Hola, mamá! ¡Sí, claro, che! ¿Vos vas a venir? ¡Shzyo estoy aquí feliz, mamá! —escuché decir a Cecilia por teléfono en el otro cuarto.

En cuanto terminó su llamada, abrí la puerta de par en par y grité con emoción:

—¿De dónde eres?

—¿Yo? Soy de Nueva Jersey —contestó tranquilamente Cecilia.

—Quiero decir, ¿de dónde eres en realidad?

—Ah, mis padres son de Argentina —respondió distante.

¡Esa era una señal! Ella no entendía mi emoción, pero para mí, su entrada a mi vida confirmaba que estaba en el camino correcto para entender mi identidad mexicana y latinoamericana. Y por fin tendría la oportunidad de mejorar mi español.

Tiempo después Ceci me contó que también había considerado nuestro encuentro como una señal. Su papá había muerto seis meses antes de que ella empezara la universidad, y Ceci era un zombi emocional. Pero yo vi su luz y eso me llevó a hacer cosas que nunca había hecho antes, como meterme a su cama una vez que la sentí sufriendo. Pronto nos volvimos hermanas con muchas cosas en común. Ella había nacido en Buenos Aires, yo nací en la Ciudad de México; ella creció en los suburbios de Nueva Jersey, y yo, en Chicago; ella tenía dos hermanos y una hermana igual que yo; sus papás hablaban con un acento marcado, mientras que ella y yo tratábamos de no perder nuestro español. Éramos chicas estadounidenses con alto desempeño académico y las hijas más jóvenes de familias de inmigrantes latinoamericanos en una de las escuelas denominadas Siete Hermanas en la que la mayoría de nuestras bromas tenían que ver con no encajar en estereotipos. Constantemente interactuábamos en múltiples mundos. Las dos pasábamos por chicas blancas en diferentes contextos y las dos veníamos de una posición privilegiada que se había ganado con mucho esfuerzo.

Estudiábamos a Gabriel García Márquez, Eduardo Galeano y a Julio Cortázar, así como a Theda Skocpol y su teoría de la revolución. Escuchábamos a Mercedes Sosa y Silvio Rodríguez, y Ceci se enamoró de un cantante de boleros gaucho de Argentina. Ella era la camarada revolucionaria y hermana gemela que conocí y a la que adoré cuando tenía dieciocho años. Ceci era mi nuevo chicle.

Cecilia también era actriz, y su entusiasmo no se había apachurrado como el mío. En el otoño del primer año, hizo audiciones, y yo en cambio fui a una reunión orientativa de la estación de radio WKCR de la Universidad de Columbia. La cantidad de chicos en Columbia, en donde no aceptaban a mujeres como estudiantes, salvo por la escuela de Ingeniería, era impactante. Tan solo tres días después de estar en el campus de Barnard me sentía a gusto en los espacios exclusivos para mujeres, en donde todas se relajaban y aflojaban un poco sus cinturones para sentirse más cómodas.

Cuando estaba saliendo de la reunión, un chico llamado Luis y otros cuantos más se presentaron conmigo y me dijeron que habían escuchado que tenía cierto interés por la música latina. Les dije que sí, pero que solo tenía los diez discos de música de protesta latinoamericana que mi hermano me había regalado. Y no eran de salsa, que era la música que se escuchaba en las calles de la ciudad de Nueva York.

Eso no les importó. Estaban muy emocionados de que al menos una persona interesada en algún tipo de música latina hubiera estado allí. Las tres horas que tenían las noches de los miércoles de 10:00 p.m. a 1:00 a.m. eran de horario estelar en radio. Me explicaron que los estudiantes puertorriqueños habían peleado por esas horas en sus luchas por la justicia social en el campus después de 1968.

Cuando uno de sus *DJ*s se mudó, Luis me llamó y me pidió que ocupara su lugar para que no perdieran su espacio en la radio.

—¡Pero solo tengo diez discos! —protesté.

—Diez son mejor que cero, que es lo que ahora tenemos en este horario. No tienes opción en realidad.

Luis hizo que me diera cuenta del rol que debía desempeñar. El privilegio implica responsabilidad. Quizás mi voz inspiraría a otra niña que, por casualidad, encontrara nuestro programa mientras estuviera jugando con el botón del radio. En un cuaderno desgastado, hice una lista con las canciones que pondría en mi primer programa de *Nueva Canción y Demás*.

———

WKCR básicamente estaba dirigida por hombres, pero ahora que yo estaba en una universidad para mujeres, había una vocecita en mi interior que me decía, *Si los chicos pueden hacer un festival de jazz de veinticuatro horas o veinticuatro horas de Bach al aire, entonces tú tienes que hacer un festival de música latinoamericana de veinticuatro horas.* La voz me imploraba que pidiera un festival de veinticuatro horas porque yo estaba convencida de que rechazarían a alguien que apenas tenía poco más de un año de experiencia transmitiendo al aire, pero me dijeron que sí. La universidad me mandó a Cuba con una visa de investigación, aunque viajar a Cuba estaba prohibido, y grabé el Festival de la Nueva Canción en Varadero en 1981.

Fidel acababa de iniciar el éxodo de Mariel, lo que permitió que 125.000 cubanos huyeran hacia los Estados Unidos, incluídas personas cuyos familiares ya se habían establecido allá y varios gays perseguidos, entre ellos, muchos que habían sido encarcelados por lo que el gobierno cubano consideraba "conducta peligrosa". El presidente Jimmy Carter, conocido como defensor de los derechos humanos, otorgó asilo a todo aquel que llegó al puerto Mariel en Key West, Florida. Aunque los Estados Unidos habían recibido a refugiados cubanos en grandes oleadas desde los años sesenta y setenta (los Vuelos por la Libertad del presidente Lyndon Johnson habían hecho viajes de Cuba a Miami dos veces al día, cinco días a la semana, durante ocho años, trayendo un total de 260.000 cubanos al país) siempre hemos tenido una relación amor-odio cuando se trata de refugiados. El gobierno de los Estados Unidos es selectivo y estratégico cuando decide a quién le permite entrar y le otorga asilo cuando eso resulta una ventaja política, como sucedió durante la Guerra Fría contra gobiernos comunistas como el de Fidel Castro. En este caso, los medios enfatizaron el hecho de que Fidel había liberado antiguos presos y gente internada en instituciones mentales para entregarlos a los brazos abiertos de los Estados Unidos, calificando a este grupo de refugiados como criminales y degenerados que desembarcaban en playas de la Unión Americana.

En mi primer viaje a Cuba, era una muchacha inexperta en un territorio políticamente peligroso. Me estaba involucrando con un país que los Estados Unidos consideraban su enemigo, y les permitía a los seguidores de Castro que se expresaran. Cuando mi reportaje salió al aire por WKCR, Omega 7, un grupo terrorista anti-Castro y de derecha compuesto por exiliados cubanos que vivían en Florida y Nueva York, se enteró y nos llamó dos veces. No tomamos la amenaza en serio. Ni siquiera la reportamos.

Cecilia y yo nos hicimos amigas de una pareja gay, dos afrocubanos que habían llegado durante el exilio de Mariel y que habían ocupado de manera ilegal un edificio vacío en la Calle 106. Robaban la electricidad y tenían una estufa improvisada y un calentador eléctrico en un edificio que no tenía puertas ni ventanas. No eran refugiados sin nombre. Eran nuestros vecinos que simplemente trataban de sobrevivir. Cocinábamos juntos y nos enseñaron a preparar el mejor arroz con pollo (¡échale una cerveza entera!).

Como respuesta a las amenazas, incluimos más información sobre Centroamérica en el programa de WKCR. Escuchamos noticias de la estación de radio rebelde que transmitía desde territorio controlado por la guerrilla en El Salvador. Los escuadrones de la muerte entrenados en los Estados Unidos estaban matando a rebeldes y activistas defensores de los derechos humanos; el arzobispo Óscar Romero, un crítico abierto de los escuadrones de la muerte, murió acribillado

mientras oficiaba misa; los Estados Unidos estaban mandando soldados y millones de dólares de ayuda militar día tras día. Cuatro monjas estadounidenses habían sido violadas y asesinadas y en el hecho
fueron implicados soldados entrenados en los Estados Unidos.[1]

Cecilia y yo comprábamos todos los días el *New York Times* y
buscábamos los reportajes sobre Latinoamérica. Devorábamos todo
lo que escribían Alma Guillermoprieto y Raymond Bonner en la
primera plana del periódico. Ellos humanizaban lo que se había
convertido en otra historia de guerra para la mayoría de los periodistas. Alma y Bonner realizaban el tipo de periodismo que Ceci y
yo soñábamos con ejercer algún día: narraciones testimoniales, pero
con un toque humano. Desaparecieron de la primera plana más o
menos al mismo tiempo en que empezamos a escuchar por parte de
salvadoreños refugiados en Nueva York informes sobre una masacre
en El Salvador.

El ejército salvadoreño tomó todo el pueblo de El Mozote como
rehén e interrogó a los habitantes sobre la ubicación de los guerrilleros, a los que conocían muy poco o con quienes no tenían ningún
tipo de conexión. En resumidas cuentas, las fuerzas salvadoreñas,
que habían sido financiadas y entrenadas por los Estados Unidos,
torturaron, violaron y asesinaron a más de mil personas. La sangre
escurrió hacia el río más cercano y tiñó el agua de rojo a lo largo de
kilómetros. Así es como la gente se enteró de que había habido una
masacre.

Bonner y Alma publicaron un relato sobre la masacre en el *New
York Times*, pero la Casa Blanca de Reagan desestimó el reportaje y
lo tachó de exagerado. La retórica oficial del gobierno de los Estados
Unidos señalaba que no había ocurrido ninguna masacre, y a Alma
y Bonner los castigó su propio periódico. Cecilia y yo nos sentimos
devastadas. Esto era censura en los Estados Unidos en el periódico
de referencia del país.

Como respuesta a ello, invitamos a las voces que no estaban siendo escuchadas en los medios de comunicación convencionales para que hablaran en mi programa de radio (ahora Ceci era una de mis co-productoras): personas a las que les habían asesinado a familiares en la masacre; mujeres que habían sido violadas en la cárcel y acusadas de ser simpatizantes de los guerrilleros porque trabajaban con grupos progresistas de la iglesia y querían tener derechos reproductivos. Una noche recibimos una llamada con muy mal sonido de la estación de radio controlada por los rebeldes en El Salvador. En otra ocasión, apareció Mercedes Sosa, la cantante de protesta argentina. Un día, apareció descalzo Mutabaruka, un músico-poeta rebelde de Jamaica. Siempre había buena música y risas, pero lo que tratábamos de lograr en nuestro pequeño programa de radio ahora era mucho más serio. Centroamérica se encontraba en un estado de guerra total y nosotras éramos de las pocas voces que desafiaban a la administración de Reagan y al *New York Times*.

En el segundo año de la universidad también me enamoré de un revolucionario salvadoreño de izquierda que se llamaba Alberto, a quien habían reclutado para jugar béisbol profesional y ahora traba-jaba en un sofisticado local de revelado de fotografía. Por la noche asistíamos a reuniones políticas, sesiones largas de crítica y auto-crítica, y nos enterábamos de la cantidad de gente a la que había disparado y matado el ejército salvadoreño apoyado por los Estados Unidos. Durante el día, yo visitaba grupos pequeños de refugiados salvadoreños, que estaban haciendo huelga de hambre de un mes en el Interchurch Center, a unos cuantos pasos de Barnard. Su protesta exigía que la administración de Reagan reconociera como refugia-dos a los centroamericanos que huían de la violencia, que dejara de enviar ayuda militar a la región y que ayudara en la negociación para que hubiera una solución pacífica al conflicto (¿les resulta familiar?).

En 1980, cuando el presidente Carter todavía estaba en su cargo, el Congreso aprobó la Ley de Refugiados para estandarizar la admi-sión y la realización de trámites a refugiados en los Estados Unidos.

El proyecto de ley, que surgió en gran medida en respuesta a las olas sucesivas de refugiados que provenían de Vietnam y Cuba, y ahora también de Latinoamérica, subió la tasa anual permitida para refugiados admitidos en los Estados Unidos a cincuenta mil. También redefinió el término *refugiado*, basándose en las convenciones de la ONU como un individuo con un "temor fundamentado de persecución".

Los chilenos que habían sobrevivido a la tortura en los años setenta y habían venido como refugiados a los Estados Unidos ahora ayudaban a los supervivientes de la tortura de El Salvador en los años ochenta y los apoyaban en su huelga de hambre. Después de leer la poesía de Pablo Neruda en clase, caminaba por el campus y me detenía delante de la huelga de hambre como un testigo que ofrecía su apoyo. A veces ayudaba como un enlace improvisado para la gente de la prensa que se presentaba para cubrir la historia, así que pude ver a periodistas realizando su trabajo. De todo el mundo venían a cubrir las huelgas de hambre en la Iglesia Riverside, incluido un reportero de Japón, pero tal parecía que a Ronald Reagan no le importaba. Mientras tanto, yo veía a los huelguistas forzar sonrisas mientras día tras día se debilitaban más. Por la noche me iba a casa y me consolaba mi amante guerrillero que traía el cabello estilo afro y lloraba mientras escuchaba boleros.

Hacia el final de mi segundo año, había ahorrado mil dólares de mis múltiples trabajos (como proyeccionista en una clase de Historia del Arte, como acomodadora de libros en la biblioteca, como niñera) para ir con mi hermano Jorge a sus viajes por Sudamérica durante el verano. También derroché dinero en algo que era la última moda: un Walkman marca Sony que usaba para escuchar radio y casetes. La letra de la canción "Lua de Sao Jorge" salía de la boca de Caetano Veloso como si caramelos de coco flotaran en una nube mientras yo recorría las calles de Río de Janeiro con Jorge. Habíamos decidido que haríamos nuestra esta parte del mundo. Jorge había estado viviendo en Río durante seis meses y yo tomé un vuelo para encontrarme con él y así poder viajar juntos por Brasil, Paraguay, Argentina, Bolivia y a donde nos llevara el viento.

En Salta y Jujuy le escribí cartas amorosas a Cecilia contándole cuánto entendía ahora su melancolía por Argentina y el estoicismo del *ethos* gaucho después de haber visto las montañas color púrpura de la Cordillera. Me enamoré del hombre latinoamericano más inesperado: un chico rubio de ojos azules de nombre Rubén que era hijo de un inmigrante ruso. El padre ahora era un general del ejército de Paraguay para el régimen fascista de Stroessner.

Jorge y yo cruzamos a Bolivia y viajamos toda la noche a las minas de plata en Potosí, una ciudad con una de las mayores elevaciones del mundo. Las mujeres tenían prohibido entrar a las minas, pero a veces hacían excepciones para los turistas y me permitieron descender a su claustrofóbico lugar de trabajo lleno de hollín, miedo y hambre.

Hablé con las esposas de los mineros para ver si alguna conocía a Domitila Barrios de Chungara, que había sido coautora de un manifiesto junto con las esposas de otros mineros en el que protestaban por la reducción de salarios que había determinado el gobierno. Domitila se convirtió en mi ídolo cuando leí su obra en mi clase de *Women's Studies*. Las mujeres, que llevaban puestos sus icónicos sombreros de bombín, se rieron de mí por interesarme en sus vidas. *Gringuita*, me decían con un afectuoso desdén.

Para mí esas mujeres eran heroínas. En Bolivia, a los mineros se los consideraba la escoria de la tierra porque muchos de ellos eran indígenas, con lo cual ya pueden imaginarse cómo eran consideradas las esposas de los mineros. Eran quienes tenían menos poder en la cadena alimenticia, lo que significaba que no tenían nada que perder. Y cuando uno no tiene nada que perder, se ve forzado a correr todo tipo de riesgos. Vi esto con mis propios ojos, cómo estas indígenas "impotentes" habían opuesto resistencia, habían llevado a cabo su propia huelga, habían originado cambios y peleado por la justicia básica en Bolivia y en toda Latinoamérica. Esta era otra manifestación de a lo que se refería la líder sindicalista estadounidense Dolores Huerta: el poder del pueblo. La lección fue que las personas más impotentes a veces pueden ser las primeras en motivar a los demás para unirse a una causa. Todo empieza cuando creen en el poder de sus propias voces.

Rubén nos alcanzó en Perú y viajamos a un pueblo socialista que se encontraba en el corazón del lago Titicaca, en donde los hombres todo el día tejían ropa y las mujeres pastoreaban ovejas. Era una utopía igualitaria en la vida real. Dormíamos en las casas de la gente, que estaban hechas de madera y barro y tenían los pisos de tierra. Esa noche me enfermé del estómago y tenía que usar el baño, pero no había ninguno. Todos estaban dormidos a las tres de la mañana en una isla en medio de un lago a 3.800 metros sobre el nivel del mar, mientras yo buscaba un lugar para ponerme en cuclillas apartado de la casa, pero no muy lejos. Esa fue mi primera comunión con la majestuosidad de las estrellas. En ese momento, sentí como si entendiera por qué los ancestros leían las estrellas y creaban historias. Todo el mundo estaba en silencio, pero sobre mí había millones de estrellas y me estaban hablando.

Después de Bolivia, Perú y Ecuador, viajé a México y después regresé a Chicago. Había estado demasiado tiempo fuera, así que no pude cursar el semestre de otoño en Barnard, por lo que decidí que viviría en casa y trabajaría como mesera para ahorrar y poder regresar a la escuela el siguiente año.

Cuando regresé a Nueva York en septiembre de 1982, retomé mi programa de radio. Frecuentaba las trovas y cafés latinoamericanos de todo Manhattan con revolucionarios salvadoreños, refugiados de guerra y supervivientes de violación y tortura. Me había mudado a Washington Heights con mi nueva amiga del alma Deyanira, una percusionista lesbiana afrodominicana que también anhelaba irse a vivir a Perú.

Nuestro departamento se volvió un espacio seguro para fiestas escandalosas con baile que se prolongaban hasta las 4:00 a.m. con un grupo heterogéneo de latinoamericanos que habían terminado su doctorado, estudiantes universitarios de la estación de radio, activistas de cada sector, independentistas feministas de Puerto Rico, intelectuales afropanameños, poetas radicales, percusiones en vivo y la música de Rubén Blades a todo volumen junto con Lionel Richie cantando *"We're going to party, karamu / Fiesta, forever!"*

Cuando no había fiestas, había reuniones de todo tipo en la casa. Hacíamos reuniones allí para *Nueva Canción* en WKCR, que ahora Deyanira conducía conmigo. El programa tenía su propia comunidad de aficionados que todas las semanas escuchaban desde Spanish Harlem y el Bronx hasta Connecticut y las cárceles en el norte del estado de Nueva York. Teníamos nuestra propia sección en la biblioteca musical y habíamos recopilado una colección de unos doscientos discos. La gente nos enviaba su música para que la tocáramos sin tener que pagar.

En nuestro espacio se aceptaba todo sin emitir juicios, desde nuestra compañera de departamento, que era la abuela de setenta y cinco años de Deyanira. Biemba había crecido en una humilde choza en Villa Mella, una de las partes más pobres de Santo Domingo. Ella había criado a Deyanira. Biemba era más bajita que yo, ahora estaba encorvada, tenía la piel oscura, ojos grises y el cabello ensortijado tipo afro con mechones de canas aquí y allá. Vivía con su bata puesta, siempre tenía arroz con pollo para calentar y hacía café con leche con algo que parecía un viejo calcetín delgado. Recibía a las amantes de Deyanira como si fueran sus propias hijas y se integraba a nuestras fiestas a ratos. Yo nunca había visto algo así. ¿Una familia que no era homofóbica y dejara que vivieras tu vida de manera abierta?

Nuestro espacio colectivo formaba parte de mi intento por crear un ambiente acogedor para la mujer en la me había convertido: una panlatinoamericana, feminista, artista, activista política, presentadora de radio, una figura que influía en la opinión de los demás, una creadora de comunidades, intelectual pero también antintelectual, con un creciente interés por hacer una exploración espiritual de la Santería. Durante una de las muchas noches en que hacíamos reuniones con mujeres en nuestro departamento, me di cuenta de que estaba cara a cara con mi tesis. Sería sobre las mujeres con las que vivía y de las que estaba aprendiendo: refugiadas salvadoreñas que vivían de acuerdo con sus propias reglas y, más que nunca, como una respuesta a todo lo que les acontecía.

La presidencia de Reagan había resultado una farsa al presentarse como "la ciudad luminosa sobre un monte"; el presidente se había involucrado en el negocio criminal de la venta de cocaína en Colombia y su distribución en barrios negros y latinos, y también en la venta de armas a Irán a través de un acuerdo encubierto para conseguir dinero para los contras en Nicaragua. El reverendo John Fife estaba siendo juzgado en una corte federal por apoyar el Movimiento Santuario y asilar a refugiados e inmigrantes indocumentados que huían de la violencia. Salvadoreños y guatemaltecos solicitaban con desesperación el estatus de refugiado tras haber escapado a lo que algunos llamaban genocidio a la hora de ser detenidos en los Estados Unidos. El gobierno estaba persiguiendo activistas otra vez, así como habían hecho con las Panteras Negras y los Young Lords. Y la epidemia del sida se estaba disparando junto con el activismo radical que había inspirado. El país estaba tenso y dividido.

Empecé mi tesis entrevistando a varias refugiadas salvadoreñas que no conocía personalmente para que la investigación no fuera subjetiva. Viajé a Long Island para realizar mi investigación de campo y documenté los muchos obstáculos que estas mujeres tuvieron que enfrentar cuando llegaron y trataron de integrarse a una nueva sociedad. Recogí historias de mujeres que habían sobrevivido a la cárcel en El Salvador, que habían escapado de pueblos incendiados y no sabían si sus padres seguían vivos o que habían sido guerrilleras que nunca abandonaron la idea de la revolución a pesar de tener que soportar los coqueteos indeseados de sus compañeros guerrilleros. Escribí acerca del trauma de la guerra y la reubicación en "el mejor país del mundo", cuando en realidad había sido la intervención de los Estados Unidos en sus países lo que los había orillado a venir aquí.

Cuando conocí a Teresa, su rostro me persiguió durante muchos días. Parecía un ángel enigmático y silencioso. Tenía cabello largo, lacio y negro y un lunar sobre la ceja izquierda y ojos almendrados. Rara vez la vi sonreír. La primera vez que se incorporó a nuestro grupo de amigas, hubo susurros de que había que tener cuidado porque se encontraba en un estado frágil. Durante muchos meses no me acerqué a ella. Un día hubo un momento en que estuvimos solas y me contó que la razón por la que había venido a los Estados Unidos era porque la habían encarcelado y torturado en El Salvador por ser una activista del sindicato de maestros. Yo tenía veintidós años y Teresa veintiocho. Era una niña que trataba de procesar cómo una persona que conocía, que no era mucho mayor que yo, había sido encarcelada por ser una organizadora sindical y había sido torturada y atacada sexualmente. Lo que la había hecho parecer misteriosa en realidad era su dolor.

El recién designado coordinador del Departamento de Estudios Latinoamericanos en Barnard, que era un crítico literario conservador, no logró ver el valor inherente de mi tesis. En su lugar, el director del Departamento de Ciencias Políticas, Peter Juviler, la leyó y se conmovió tanto que me calificó con una A.

Entretanto, conseguía fondos para mi programa de radio y el activismo trabajando como mesera. No tenía idea de lo que quería hacer después de la universidad, principalmente porque las profesiones en las que pensaba siempre me parecían poco prácticas. ¿Abogada internacional de derechos humanos? ¿Cómo iba a lograr cursar exitosamente una carrera en la escuela de Derecho? No era lo suficientemente inteligente como para leer esos mamotretos. ¿Bailarina o actriz? Había renunciado a eso hacía mucho tiempo y tenía que dejar de soñar con ello. ¿Mudarme a El Salvador y trabajar en la estación de radio de los rebeldes? Era una idea bonita, pero parecía más un sueño al estilo Che Guevara que una realidad. ¿Una académica o profesora intelectual? Eso era exactamente lo que no quería. Quería estar con la gente, en la tierra, no en una torre de marfil.

También tenía otra idea de la que no hablaba porque estaba convencida de que no era lo suficientemente lista o buena para ello. De manera empírica, sabía que tenía una voz. De hecho, la utilizaba cada semana por radio y les hablaba a decenas de miles de personas, aún si sentía que solamente una me estaba escuchando. Me había creado un nombre en la ciudad a la que vine a conquistar. Era una joven líder latina respetada y pronto me iba a graduar del Barnard College con honores *magna cum laude*. Todo indicaba que era un éxito. ¿Por qué estaba tan preocupada?

La verdad es que, mientras estudiaba, había trabajado como mesera para pagar mis gastos y eso había dificultado que consiguiera una pasantía en alguna empresa porque necesitaba el dinero para pagar la renta. Ahora me encontraba terminando la universidad y no había hecho ni una sola práctica. Tenía tanta vergüenza que me daba miedo ir a la oficina de pasantías. Como era rebelde, había rechazado la noción de tener que arreglarme y competir por una pasantía. Mis inseguridades me detenían. La verdad es que no podía permitirme trabajar sin sueldo y me daba demasiada vergüenza confesarlo. Ahora que iba a graduarme, tenía que añadir algo a mi currículum vitae. Me obligué a ir a la oficina.

Me temblaban las manos mientras hojeaba la enorme carpeta con opciones para prácticas profesionales en ABC News, el *New York Times* y *New York Magazine*. Lo único que me salía era *nope, nope, nope*. Me detuve en la carpeta transparente de la Radio Nacional Pública (NPR, por sus siglas en inglés). Era una opción de prácticas que se llamaba Susan Stamberg, que fue la presentadora del programa más importante de la cadena, *All Things Considered*. Las prácticas debían realizarse en Washington, D.C., pero una exalumna de Barnard ofrecía alojamiento gratuito.

*No, nunca podría conseguir eso,* me dije y di vuelta a la hoja.

Después de media hora, encontré dos opciones que me hacían ilusión y pensé que debería tratar de conseguirlas: el Comité Internacional de Abogados para los Derechos Humanos y el Instituto para Estudios de la Política, que era un centro de investigación progresista. Los dos estaban en D.C., pero no incluían alojamiento.

Estaba sentada con expresión un poco abrumada cuando una mujer que trabajaba en la oficina entró y se sentó conmigo. Era una persona tranquila y paciente y me preguntó qué me gustaba de la universidad. Le conté sobre mi tesis y el trabajo que realicé documentando la huelga de hambre. Le conté sobre WKCR y los festivales de música de veinticuatro horas que había producido. Le conté sobre los autores, músicos y periodistas que había entrevistado, mientras ella me escuchaba atentamente y con mucha curiosidad.

—Te falta una solicitud —señaló.

—¿Cuál? —pregunté.

—Debes presentar una solicitud para NPR. Tienes que hacerlo.

—¡No! Nunca la conseguiré. Es imposible.

Me vio directo a los ojos y dijo:

—Eres lo suficientemente buena. Eres maravillosa, pero no lo ves. Yo sí. —Respiró profundamente, volvió a verme directo a los ojos y dijo—: presenta la solicitud.

Y eso hice.

## Capítulo 6

# En búsqueda de mi voz

NPR me llamó cuando estaba trabajando en WKCR. En mi jugada final para demostrarles a las personas de la radio y a mí misma que era más que una *disc jockey*, había aceptado el cargo de directora de programación y ahora ayudaba a dirigir y administrar una estación de radio completamente equipada en la ciudad de Nueva York. Por esta razón, prácticamente vivía en la estación, por lo que puse ese número de teléfono en mis solicitudes de pasantías.

Uno de los *DJ*s de jazz, Phil Schaap, que estaba al aire, entró al estudio donde yo estaba registrando cintas y me dijo que alguien me llamaba por teléfono. Pensé que era una llamada de negocios normal o una queja de algún radioescucha. Pero era Ted Clark, el apacible productor ejecutivo de *All Things Considered*, que llamaba para ofrecerme la pasantía. Como estaba en un estudio insonorizado, empecé a gritar y a saltar de alegría. Schaap (nos llamábamos por nuestros apellidos) aplaudió detrás de la ventana de su estudio al otro lado de la sala.

¿Sería que NPR era para mí, después de todo?

No estoy segura de qué más necesitaba hacer para probarme a mí misma que sí era una persona con preparación y cualidades. Había presentado durante cinco años un programa en vivo de tres horas cada semana, había documentado eventos culturales y escrito reportajes, había producido festivales de música que duraban veinticuatro horas, había ayudado a dirigir la estación, había trabajado como mesera, mi promedio era de 4.0, y aun así no sentía que era una persona valiosa. ¿Por qué parecía mucho más fácil para los chicos?

Esta pasantía en NPR sería una prueba para ver si yo funcionaba fuera de la burbuja bohemia y la vida libre que me había organizado como activista estudiantil. Todos mis amigos eran provocadores de la contracultura y allí era donde me sentía como en casa: con radicales *queer* y feministas revolucionarias de todas las razas y mi familia de refugiados salvadoreños izquierdistas que eran teólogos de la liberación del Bronx, Los Chacón. Todo el mundo confiaba en mí y en que haría muy bien mis prácticas en NPR. Sentía el peso de este éxito porque no era nada más para mí.

Mis amigos del restaurante también fueron un gran apoyo. Todos contribuyeron y trabajaron durante mis turnos del mes siguiente en el nuevo lugar donde estaba trabajando que se llamaba Caramba, un restaurante Tex-Mex de tres pisos en la Calle 96 y Broadway.

El 2 de enero de 1985, salí de Washington Heights a las 7:00 a.m. en un taxi pirata que olía a ron y Coca-Cola de la noche anterior y tomé el Amtrak de las 8:00 a.m. a Washington D.C. Me dirigí de la vieja estación de trenes de D.C. al metro, que era sumamente tranquilo y limpio en comparación con el de la ciudad de Nueva York. Había alfombras en el metro, lo que me pareció una locura y algo incivilizado. Salí del metro en la ciudad aledaña de Arlington, donde vivía mi anfitriona también egresada de mi *alma mater* y sentí como si entrara a una película de ciencia ficción un domingo por la tarde. La ciudad estaba llena de edificios altos y elegantes en calles del centro que estaban vacías, sin números ni letreros. Di vueltas en círculos sintiéndome confundida y preguntándome si esto no sería un augurio de cómo iban a darse las cosas en NPR.

Parecía que, desde que la gente empezó a tener coche, nadie había caminado desde el metro hasta el edificio de departamentos de lujo. Cuando el portero me vio resoplando en la entrada al estacionamiento, corrió para darme el encuentro.

—Barbara Colby —le dije, un poco irritada, repitiendo el nombre de mi anfitriona, que se había graduado de Barnard en 1942.

La señora Colby era una amable ancianita con el cabello pintado de rubio y rizado al estilo de Rose Marie en el *Dick Van Dyke Show*. Era muy correcta y con tan buenos modales que podría haber estudiado en una academia de refinamiento para señoritas. Me preguntaba cómo podría entablar una amistad con la señora Colby, que era como le gustaba que la llamaran, según me di cuenta. Por su nombre apropiado.

Después de dejar mi maleta en el cuarto de invitados de su dúplex en el décimo piso, me disculpé para volver a la estación de tren y enterarme de los horarios de las salidas para el día siguiente, el lunes, que era mi primer día. Tenía que estar en NPR a las 9:00 a.m. y no quería llegar tarde o perderme, así que hice el recorrido de ida y vuelta para calcular el tiempo del trayecto.

Cuando regresé, entré a la enorme sala de mi anfitriona, que tenía ventanas de piso a techo y un balcón que daba hacia el río Potomac. La luna llena se elevaba sobre el río y el Capitolio se veía iluminado a la distancia, brillando como un sol blanco en la profunda negrura de la noche; el monumento a Lincoln partía la oscuridad con un rayo de luz que apuntaba hacia el cielo. Era impresionante. De repente, me sentí inundada de gratitud. Si no hubiera sido por una señora llamada Jane en la oficina de prácticas universitarias, que creyó en mí más que yo misma, no habría estado aquí. ¡Iba a vivir en D.C. gratis durante un mes y empezaría mi práctica en NPR al día siguiente! Sentí como si estuviera en un círculo de privilegio y gratitud que literalmente podía tocar.

Me di la vuelta y fui a la cocina, donde estaba la señora Colby, que estaba haciendo una ensalada simple de lechuga iceberg y pechuga de pollo horneada con un aderezo italiano prensavado y arroz instantáneo que solo había visto en comerciales de televisión (mami nunca habría usado eso). La señora Colby se sirvió una copa de vino blanco, o quizás ya sería su segunda copa, y me invitó a tomar una. Se escuchaba de fondo el programa *PBS News Hour* y la señora Colby empezó a platicar sobre la gente que salía en televisión como si los conociera —el vicepresidente, otro miembro del gabinete, el presentador del programa— y poco a poco me fui dando cuenta de que la distinguida señora Colby no era una persona cualquiera en esta ciudad.

Conocía a todo el mundo y me encantaba la manera en que hablaba de los hombres que aparecían en los titulares. Ella sabía muy bien quiénes eran. Entonces escuchamos a los reporteros de la televisión que hablaban sobre las monjas que habían sido asesinadas en El Salvador y vino el silencio. ¿Iba a revelar la señora Colby que apoyaba la intervención militar de los Estados Unidos en aquel país? Me preparé para lo peor.

—Esas pobres y decentes mujeres de la Iglesia no merecían morir de esa manera. Los soldados deberían avergonzarse, sabían lo que hacían... —agregó casi en un susurro—. Qué falta de respeto para esas mujeres. Eso debería haber bastado para interrumpir todas las relaciones con su gobierno. Pero no. ¡Siguen enviando dinero a ese ejército asesino! —Luego prosiguió—: Les gusta llamarse hombres honorables, pero no lo son. No son honorables. Igual que mi exmarido. ¿A eso le llamas honorable? ¿A lo que me hizo?

Meneó la cabeza y acercó la copa de cristal a sus labios mientras una lágrima le escurría de un ojo.

Traté de seguir la conversación, pero sus comentarios inconexos eran muy confusos. Ya me sentía ebria con solo una copa de vino. Quizás por eso, justo en ese momento, decidí que necesitaba empezar a ser una periodista y tomarme más en serio. Ya no iba a esperar para recibir aprobación. Sin titubeos le pregunté:

—Si no le importa, señora Colby, ¿quién es usted? ¿Quién es su exmarido?

—Mi exmarido me dejó por su joven secretaria —contestó sin rodeos—. Acaba de escribir un libro, *Honorable Men*. Mi exmarido dirigía la CIA. Se llama William E. Colby.

Mi cuerpo tembló durante un momento. ¿Realmente me encontraba en el departamento de la exesposa del exdirector de la CIA? ¿Yo, la que tenía libros de izquierda centroamericanos y teléfonos y direcciones de infinidad de activistas en mi recámara, a solo unos pasos?

Durante todo el mes pasé mucho tiempo con Barbara. Había visto su nombre en reportajes simplemente porque era la esposa del exjefe de la CIA. Pero ahora veía otra versión de la historia. Obviamente, ver a alguien en su bata de baño es incómodo, pero para la señora Colby eso acabó con su sentido de pudor y se sintió más relajada estando conmigo. Con mucha candidez me contaba cómo se sentía después de haber pasado toda su vida siendo "la esposa buena", viajando por todo el mundo y adaptándose a la agenda, la vida y la carrera del marido. Ahora buscaba ser feliz de maneras que no le habían enseñado.

---

En mi primer día en NPR, recuerdo haber caminado hacia la sala de redacción y ver el pizarrón dividido en tres secciones que representaban treinta minutos de tiempo al aire en *ATC (All Things Considered)* cada una, lo cual creaba una imagen visual de cómo sería el programa. En cada línea aparecía el título de la noticia, el apellido del reportero y la duración de la historia.

NPR no parecía la cadena de radio radical de izquierda que algunos creían que era. Básicamente eran hombres quienes dirigían las reuniones. No usaban trajes, más bien estaban en camisa, algunos con el nudo de la corbata aflojado. Había muchos mocasines y Top-Siders, unos cuantos pares de tenis. También había mujeres en las reuniones, pero ellas no dirigían los programas. Sin embargo, eran quienes producían muchas de las historias que se desarrollaban cada noche. Al final, estas mujeres no parecían interesarse en cuestionar las cosas desde una perspectiva femenina, sino más bien en probar que eran más inteligentes que los hombres en todos los aspectos, algo que yo conocía bastante bien. Ellas no querían cambiar el *status quo*. Querían ser el *status quo*.

Me asignaron para seguir a Ellen Weiss, que en aquel entonces era la mejor asistente de producción del programa, reconocida por su velocidad. Podía recortar una entrevista de quince minutos a cuatro minutos en menos de media hora. Me caía bien. Era fuerte y decidida. Llevaba puestos unos pantalones ajustados y botas vaqueras café con blanco, del tipo que puedes darte el lujo de comprar cuando tienes un empleo. Yo quería un verdadero empleo como ese.

Quería ser como ella y ser parte de un equipo de jóvenes periodistas que decidían juntos qué historias eran relevantes y luego las transmitían al mundo. Me agradaba la gente que trabajaba allí y me resultaban familiares por los años que viví en Hyde Park, Barnard y Columbia. Sabía que yo era diferente, pero a la vez comprendía a estas personas lo suficiente como para explicarles mi propia realidad. Aparentemente les gustaban las cosas diferentes, poco convencionales. Mi punto de vista era diferente. Me había convertido en una experta en ser "lo otro".

Durante las reuniones por la mañana, veía a los productores proponer historias de *USA Today* o del *Washington Post* que a mí me parecían bastante predecibles y poco interesantes, pero yo no levantaba la mano. Podía sentir la competencia dentro de la sala, espesa y opresiva como una nube de tormenta. Todo el tiempo descartaban las ideas de los demás. Sentía que era un grupo muy cerrado y me resultaba incómodo observarlos. Lo último que quería hacer era hablar en la reunión. De cualquier forma, nadie me había pedido mi opinión.

Después de dos semanas de estar siguiendo a Ellen y a otros productores y de sentir que dominaba lo básico, empecé a preocuparme porque necesitaba hacer algo drástico en las dos semanas que me quedaban. Como no hablaba en las reuniones, me estaba volviendo invisible. No podía permitir que eso sucediera.

Esta era mi oportunidad, pero no sabía cómo aprovecharla. No tenía la experiencia suficiente como para sacar una noticia en *ATC*. Y si no lanzaba mi idea en la reunión editorial, nunca iba a aparecer en el pizarrón.

Ronald Reagan estaba a punto de prestar juramento como presidente para su segundo mandato y *ATC* estaba planeando cubrir el evento oficial, pero yo sabía por mis contactos de activistas sobre las protestas no oficiales que se estaban organizando. Tenía una historia en mis manos que nadie más había sugerido.

Inhalé profundamente varias veces y dije para mis adentros que tenía la responsabilidad de hacer que estas prácticas profesionales valieran la pena. *No padeciste durante cuatro años de clases en una universidad de prestigio para no ser audaz, ¿verdad? Tienes que hacer que esto valga la pena, por ti y por tus papás.* Era como si el gen inmigrante hubiera asumido el control. *Tenía que* hacerlo. *Tenía que* intentarlo.

Los noticieros de cinco minutos de cada hora se producían en una zona separada de la sala de redacción donde los presentaba Lori Waffenschmidt en las tardes. Ella y el presentador diurno, Carl Kasell, parecían seres humanos dulces y normales, no como los hombres sumamente competitivos y nerviosos de *ATC*. Lori era una mujer que sí tenía poder. Decidía qué historias saldrían en su noticiero. Pude percibir que las otras mujeres trabajaban para hombres, que eran quienes tenían la última palabra. Decidí que necesitaba aprender a pedir la guía de otra mujer, como aprendí al haber estudiado en una universidad femenina. Eso era lo mínimo que podía hacer por mí.

Le hablé a Lori sobre la protesta anti-Reagan y le pregunté si quería que hiciera un reportaje sobre eso para la cobertura de la inauguración del presidente. Los organizadores querían hacer referencia a los bombardeos en El Salvador bajo el mandato de Reagan manifestándose en contra de la celebración de su segundo mandato. Sin pensarlo dos veces, me dijo que sí. Volví al dúplex lujoso de la señora Colby y le conté que tenía mi primera misión oficial. La exesposa del jefe de la CIA pensó que cubrir las protestas contra la inauguración de Reagan era un gran modo para empezar mi carrera en NPR.

Asistí a la protesta, de la que no se enteraron otros periodistas, y regresé con dos entrevistas cortas, además del sonido ambiental de la protesta. Tomé una hoja de papel carbón de tres capas, la coloqué en la máquina eléctrica de escribir, y así como había visto que hacían los asistentes de producción, escribí un guion que incluía el sonido natural de la protesta, así como un fragmento de la cinta con la participación de un manifestante.

Le entregué el libreto a Lori, que me trató como una colega, no como una pasante, y me dijo que lo grabara. Su confianza en mi habilidad para hacer el reportaje me hizo sentir como cualquier otra periodista profesional. Grabé el reportaje y lo cerré diciendo mi nombre con pronunciación en inglés. Mi voz acabó saliendo al aire esa noche durante el programa *ATC*.

Lori me dijo que lo había hecho muy bien y entonces le conté sobre otra protesta; esta vez serían activistas conservadores que se manifestaban en contra de la reforma a la inmigración en la sede del Servicio de Inmigración y Naturalización (INS, por sus siglas en inglés). A Reagan lo rechazaban los latinos de izquierda, pero también los académicos y centros de investigación conservadores que repudiaban a los inmigrantes y se burlaban de él por haber otorgado "amnistía a los ilegales".

A Lori le encantaba contar con material fresco para su noticiero. A la mayoría de los reporteros con experiencia en hacer notas de un minuto les resultaba la parte más tediosa de su trabajo. Para mí, presentar otro segmento me hacía sentir que ya iba bien encaminada para convertirme en una reportera de verdad. Gracias a mi activismo y trabajo académico y cultural, estaba enterada de personas y asuntos de los que nadie dentro de NPR había escuchado. Pero tomé la decisión de acabar con mi activismo pasado. Como reportera, la gente de mi entorno se convirtió en mis fuentes. Comencé a darme cuenta de que esas fuentes eran una de las partes más importantes de ser un buen periodista, y yo tenía muchas: artistas que iban camino al éxito, activistas que lideraban el cambio de las políticas, educadores que abogaban por mayor equidad en las aulas, intelectuales desde Nueva York hasta Uruguay, gente que trabajaba por los derechos humanos sin recibir reconocimiento alguno, organizaciones centroamericanas de vanguardia como Comité en Solidaridad con el Pueblo de El Salvador (CISPES, por sus siglas en inglés), Casa Nicaragua, el Taller Latinoamericano, NACLA (North American Congress on Latin America) y los propios refugiados.

La gente de NPR se había enterado de que la pasante silenciosa de Barnard había acabado haciendo una cápsula para el noticiero de la noche anterior y que había sonado tan bien como cualquier otro reportero profesional. El día que entré al estudio para grabar mi segundo reportaje, tenía que tomar una decisión muy importante: ¿quién iba a ser?

Para entonces, gran parte de mi vida en Nueva York la había hecho en español. Estudiaba y leía en español. Todos mis amigos de El Salvador hablaban español. Nuestras reuniones y mi propio programa de radio en WKCR era en español.

Entonces, ¿pronunciaría mi nombre en inglés o en español? Sabía que cualquier decisión que tomara iba a ser para toda la vida. Tenía que ser yo, y también sabía que no tendría ninguna opción para competir si no era alguien que se destacara. O perdía visibilidad por tratar forzadamente de encajar o iba a brillar siendo yo misma. Decidí pronunciar mi nombre en español. Ese era mi auténtico yo.

Para cuando terminé el mes de práctica profesional en *ATC*, todo el mundo sabía mi nombre y sabía quién era. Cuando hice la práctica, todo el tiempo tuve mi antena bien levantada. Sabía que estaba dentro de una institución poderosa y que de cada minuto que estuviera allí podía aprender algo. El *networking* era la palabra de moda en la boca de todo el mundo, así que es lo que intenté hacer. Había escuchado sobre lo terriblemente duro que era abrirse paso como reportero y salir al aire. Si llamabas a alguien de NPR, no te devolvía las llamadas y nadie aceptaba tus propuestas. Sonaba horrible, igualito al tipo de rechazo del que hui cuando quería ser actriz.

Durante esos largos viajes en metro desde Arlington a D.C. y de regreso, me convencí de que, si había salido al aire con dos reportajes breves durante mis prácticas, entonces era lo suficientemente lista como para poder preparar y presentar un reportaje completo. Decidí que tenía que dejar de subestimarme y empezar a pensar positivamente sobre mí.

Conforme se acercaba el final de mi pasantía, pensé en asumir el reto de proponer historias de Nueva York y lograr que el editor de la costa Este las aceptara. Le pedí a uno de los miembros del personal de *ATC* que me lo presentara. Fui educada, modesta e inteligente. Le dije al editor, que tenía aspecto de *nerd,* que estaría en contacto. Estoy segura de que nunca se imaginó que yo estaba eufórica de haberlo conocido, de que supiera mi nombre y que estuviera al pendiente de mi llamada.

Una semana después de que volví de D.C., escribí cinco ideas para historias diferentes y se las mandé al editor. Me sentí mucho más ansiosa durante el tiempo que esperé la llamada del editor que cuando estuve esperando la llamada de algún enamorado. Tanto anhelaba esto.

No hubo llamada. Absolutamente nada. Durante una semana… y media. No me devolvió las llamadas.

Después de dos semanas, fui a la oficina de NPR en Nueva York, que había visitado durante mi práctica. Allí usé una línea interna para llamar al editor, que por fin me contestó. Parecía muy sorprendido de escucharme al otro lado de la línea.

—¿Por qué me estás llamando desde allí? —Sonaba desconcertado, como si de alguna forma lo hubiera engañado.

—Estoy trabajando en mis historias. El productor ejecutivo de *ATC* me dijo que podía trabajar aquí de vez en cuando. —Me fajé bien mis pantalones de inmigrante valiente y le pregunté directamente sobre mis cinco historias. ¿Le gustaría que empezara a trabajar en alguna?

—Eh, no. Gracias. Es un buen trabajo, pero en realidad no estamos buscando nada que tenga que ver con lo que escribiste. Gracias de todos modos. Adiós.

*Estúpida*, me dije pensando en mí misma. *Te lo creíste. Te dijiste que eras suficientemente buena. Pues no lo eres.*

Esta se suponía que iba a ser mi gran oportunidad. Estaba devastada. Todas esas veces que me obligué a creer que sí podía hacerlo, diciéndome cosas positivas de mí misma, tratando de levantarme el ego, fueron una pérdida de tiempo. Nunca iba a lograr triunfar como periodista.

¿Pa' qué?

Esa noche salí a bailar con Deyanira hasta las 3:00 a.m. en una fiesta para el CISPES y Casa Nicaragua en un ático deteriorado en Chelsea cerca de la 7ª. Avenida. Había una banda que tocaba salsa en vivo y una esfera de discoteca. Era una especie de celebración. Literalmente estaban cayendo bombas sobre los familiares de algunas de las personas que estaban en la fiesta; sin embargo, todos sabíamos que lo único que teníamos era este momento. Llevaba el cabello largo, suelto y rizado sobre la espalda. La gente me conocía como la presentadora de radio en WKCR, pero también como la novia de uno de los personajes más importantes del movimiento. Casi todas las noches, era una bailarina apasionada que podía bailar desde las 10:00 p.m. hasta las 4:00 a.m. casi sin descansar. Pero esa noche, después del rechazo del editor de NPR, una nube se posaba sobre mi futuro y me sentía melancólica.

Estaba enojada con todo el mundo. Cansada de servir mesas y tener que verme linda y ser todavía más linda para recibir mejor propina. Cansada de Ronald Reagan en la Casa Blanca. Cansada de tener una cara de pendeja.

La melancolía era muy fuerte. Casi todos los días se me salían las lágrimas. Era demasiado tarde para tratar de entrar a la escuela de Derecho. *Todos esos años en la universidad y no puedes presentar ni una sola idea en NPR.* Lágrimas. *No tienes un trabajo real. Eres una absoluta y total fracasada.* Más lágrimas.

Era muy fácil caer en esa forma de pensar. Allí estaba, con las manos sosteniendo mi cabeza, cuando Deyanira dijo, "¡Teléfono, Malu!". Así me llamaba mi familia en México, Malulis, o "Malu" para abreviar. Ceci me puso ese nombre y solo mis amigos más cercanos me decían así.

Del otro lado de la línea estaba un productor veterano de NPR que había conocido durante mi práctica después de haberme presentado con todas las personas que podrían ayudarme: mi momento de hacer *networking*. Me había sentado a estudiar los distintos departamentos y después le pedí a Ted Clark que me presentara. Conocí a la gente que trabajaba en la sección de arte y de ciencia, la gente en el piso de arriba que producía programas de jazz y música clásica y al equipo del cuarto piso, en donde un chico con barba y una gran panza producía contenido para público especializado. Se llamaba José McMurray y me estaba llamando a mi casa.

—Hola, María —dijo, pronunciando mi nombre en español—. Quería saber si te gustaría hacer un documental de una hora para nuestra programación del Mes de la Herencia Hispana para mi equipo. También me encantaría conectarte con dos programas que quieren que les hagas reportajes, pero en español. Escucharon tus reportajes en *ATC* y quieren que colabores con ellos. ¿Les puedo dar tu teléfono?

¡Por fin! ¡Eso que tanto había esperado! Alguien que veía el valor de mi trabajo. Iba a trabajar en un pequeño proyecto para NPR, pero la única persona que quería trabajar conmigo era el único latino de la cadena que producía "programas para las minorías" en el cuarto piso. Él no estaba en la sala de redacción principal del segundo piso, en donde se encontraba todo el poder editorial. "Está bien, así va a ser entonces", dije en voz alta para mí. Es como ser un actor latino al que eligen para hacer el papel de narcotraficante o de sirvienta. *Es una fregadera*, pensé mientras movía la cabeza de lado a lado. Pero luego sonreí porque por lo menos ahora ya estaba *adentro*.

Decidí preparar la mejor hora en radio de la que fuera capaz, considerando que apenas tenía dos minutos al aire y ahora tenía que producir una hora. La protagonista de mi reportaje sería una puertorriqueña que tenía una pequeña florería en la sección Parkchester del Bronx. Era una historia que desafiaba las tantas narrativas creadas y sostenidas por los medios de comunicación de la cultura dominante: que las puertorriqueñas buscaban hombres ricachones, pero que no eran capaces de generar dinero; que el Bronx estaba en llamas; que los latinos no tenían dinero suficiente para gastar en flores y que las latinas no tenían negocios. Quería romper esos mitos. También había recibido varios encargos tras tan solo una llamada a *Enfoque Nacional* y otra a *Panorama Hispano*.

Por las noches trabajaba como mesera, donde a veces me escondía de los mismos corresponsales de NPR con los que trabajaba durante el día y que venían a comer al famoso restaurante Caramba. No tenían ni idea de que yo tenía que completar mis ingresos sirviendo mesas, y eso me hacía sentir vergüenza. Pensar que ellos me vieran con mi pequeño delantal de mesera, *jeans* negros ajustados y una camiseta sobre un sostén *push-up* era humillante. Me sentía orgullosa de mi ética laboral y de que podía ganar suficiente dinero como mesera para tener una vida regular. Sin embargo, no quería que me vieran. Sabía que si me veían atendiendo mesas, lo convertirían en algún extraño estereotipo sobre las latinas. Ahora era una periodista *freelance*, con misiones de trabajo reales y necesitaba que mis colegas de NPR me tomaran en serio.

A principios de la primavera, por las mañanas había tanta tranquilidad en el barrio de The Heights que los gorriones y los carboneros me despertaban. Por las ventanas abiertas de los departamentos brotaba el merengue, el staccato estilo rat-tat-tat del español dominicano viajaba sin rumbo por las calles, el aroma de café con leche surgía en cada esquina. Desde allí, me iba directamente hasta la oficina de NPR, justo enfrente de las Naciones Unidas en la Segunda Avenida y la Calle 42, en donde básicamente había gente trajeada, burócratas y hombres de negocios. Me movía entre dos mundos completamente diferentes que solo estaban a cinco kilómetros de distancia.

Decidí empezar a presentarme tan seguido como me fuera posible en la oficina de NPR para que la gente empezara a acostumbrarse a verme por allí. Nadie, salvo la extravagante Margot Adler, la corresponsal de ciencia de NPR que era conocida por ser una sacerdotisa de la Wicca, me hablaba mucho, así que era bastante doloroso e incómodo estar allí y sentirme como si estuviera robando espacio. Mis colegas *freelancers*, que también estaban en puja con los colaboradores del personal fijo, me veían a mí como una competencia; cada minuto que yo tuviera para presentar alguna de mis historias en la radio significaba menos tiempo al aire para sus historias. Era un ambiente despiadado. Cada vez que iba a la oficina, tenía que preguntar dónde podía sentarme, y cada vez me sentaba en el escritorio vacío de una persona diferente. Nadie me hablaba. Nadie me saludaba a menos que yo lo hiciera primero. Aún así, me miraban de reojo como si fuera una desconocida. A las 3:00 p.m., limpiaba mi área del escritorio en la oficina y me dirigía a la Calle 96 para empezar mi turno de mesera de ocho horas a las 4:00 p.m.

Mis primeros reportajes nacionales empezaron a salir en español en *Enfoque Nacional*, que producía KPBS en San Diego y era una versión mini de *ATC* con reporteros que presentaban noticias de tres a cuatro minutos de duración y reportajes de todo. También trabajaba para Vidal Guzmán, que conducía y producía un programa de radio pública en Madison, Wisconsin, llamado *Panorama Hispano*, un programa en español dedicado a la difusión de las artes.

Todos los conductores y productores hispanos habían escuchado mi nombre cuando presenté las dos cápsulas noticiosas en *ATC*. Se tardaron un poco, pero al final descubrieron quién era yo.

Esa jugada riesgosa, acercarme a Lori Waffenschmidt y preguntarle si podía hacerle esos reportajes, lo cambió todo. A pesar de que antes trató de cortarme las alas ese tipo, ahora ya estaba lista para emprender el vuelo. Como él no me dio la oportunidad de presentar mis reportajes, yo había ideado mi propio camino para hacerlo. Iba a trabajar con personas a las que no tenía que convencer sobre mi valor: ellos sí me veían.

———

—Hola, ¿María? Habla Scott Simon. ¿Cómo estás?

¿Acaso estaba soñando? No, realmente era Scott Simon, un reportero estrella y corresponsal internacional para NPR quien me estaba llamando *a mí*.

Años atrás, después de mis viajes por Sudamérica, mientras vivía con mi familia, añorando al paraguayo, y trabajando en un restaurante del centro de Chicago, había visto a Scott Simon en la portada del *Chicago Reader*, el periódico independiente y gratuito más leído de Chicago. Me enteré de que era un tipo duro de Chicago que se hizo corresponsal internacional para NPR y cuyos reportajes sobre la guerra en El Salvador fueron de los primeros que salieron por radio para humanizar los titulares que buscaban atrapar la atención.

En ese momento, yo estaba pasando por una crisis emocional porque el paraguayo había desaparecido de mi vida. Estaba de vuelta en Chicago, pasando por otra etapa de depresión cuando me atreví a levantar el teléfono y llamar a la oficina de NPR en Chicago. Pregunté por Scott Simon, y entonces, en un tono muy serio, le dije que yo conducía un programa en WKCR en la ciudad de Nueva York sobre Latinoamérica. ¿Podría ir para conocerlo? A lo que Scott contestó, "Claro que sí".

Conversamos durante media hora y yo estaba segura de que se olvidaría de mí al poco tiempo, pero en realidad no fue así. Me volvió a ver durante mi pasantía, me reconoció y pasó a saludarme. Ahora me encontraba de pie en la cocina mientras Biemba hablaba sobre preparar su sofrito para las alas de pollo que estaba por cocinar, uno de sus alimentos de rigor. El olor de la cocina era tan dominicano; y mientras, tenía a este hombre tan blanco de NPR al teléfono. Mi vida.

—Escuché grandes elogios sobre ti por parte de la gente de *ATC* después de que hiciste tu práctica —dijo Scott. En ese preciso momento, se me doblaron las piernas.

Scott me contó que Jay Kernis, el hombre que había creado *Morning Edition*, quería conocerme. A Jay le habían encargado la tarea de crear un programa nuevo y Scott sería el conductor. Scott me llamó para pedirme que solicitara el puesto de asistente de producción, y en unos cuantos días, ya iba en tren de regreso a D.C. a hacer una entrevista para el empleo con Jay Kernis, uno de los directores de noticias más importantes de NPR.

Jay y yo congeniamos de inmediato. No se parecía en nada a los ansiosos y estirados hombres de *ATC*. Jay se reía un montón, era muy distinguido y tenía un famoso cabello increíble. De hecho, me dijo que íbamos a romper con la tradición de NPR y hacer que el conductor se riera al aire con este nuevo programa. (No todo el mundo estaba muy contento con esa idea.) Jay y yo hablamos de todo —nuestra infancia, política, viajes, México, libros, teatro—. Y entonces dijo:

—¡Me encantas! ¡Por favor, quédate con nosotros! —Me ofreció el empleo en ese mismo momento—. ¡Nunca había conocido a una latina, egresada de la Ivy League, productora de radio, viajera internacional que ama el teatro, habla dos idiomas y tiene conciencia política! —exclamó—. ¡Dudo que haya otra como tú! Por favor di que sí y sé parte de los miembros fundadores de *Weekend Edition Saturday* con Scott Simon.

Por supuesto que había más gente como yo, pero el comentario de Jay, aunque me pareció totalmente alejado de la realidad, también era resultado de que la gente como yo había sido invisibilizada, durante toda mi vida. Había latinas con ambiciones, inteligentes y sofisticadas por todas partes menos en los medios noticiosos. Le dije que sí a Jay y acepté el trabajo, y ese fue el inicio de una de las relaciones profesionales más largas de toda mi vida, con Jay.

Scott Simon era una nueva especie de presentador de NPR. Era sensible y daba las noticias desde la parte humana. Era un escritor brillante que reía mucho y al que le encantaban las artes y los deportes. Todo lo referente a nuestro programa era fresco, moderno y diferente. Jay y Scott me alentaban para que no me limitara en la sala de redacción. Al equipo le encantaban mis ideas y me animaban. Me veían, me incluían, me compraban comida y hacían bromas conmigo, no a costa mía. De muchas maneras, eran como mi familia judía de Hyde Park, y eso me hacía sentir muy bien.

La mayor parte del tiempo.

Me valoraban porque era buena periodista y tenía ideas frescas para elegir historias, tenía perspectivas nuevas sobre los temas y era una persona confiable y rápida. Ahora entendía que el hecho de ser diferente contribuía a que fuera buena periodista. Era increíble formar parte de un equipo de seres humanos que reconocían que yo sabía cosas de las que nadie más hablaba y ellos veían esto como un valor adicional. Mientras hacía la práctica en *ATC*, sentía la presión de ajustarme a sus estándares. Ahora Jay y Scott querían que pensara en grande.

Encontré un pequeño reportaje en uno de los periódicos de Nueva York que trataba sobre una nueva droga que acababa de introducirse a las calles y se llamaba "crack". Mi equipo le dio luz verde a la historia. De hecho, quedaron fascinados porque nadie más era tan valiente como para hacer el reportaje desde el inseguro Times Square, que era donde el crack estaba prosperando. Pasé días en el teléfono y por fin logré organizar una entrevista con un hombre que se llamaba Hawk. Era un trabajador sexual que consumía crack. Una organización comunitaria local que trabajaba con gente sin hogar nos había puesto en contacto.

Aceptó hacer la entrevista en un banco de Bryant Park. Hawk era un negro guapísimo con ojos café claro y labios que parecían dos mitades de un delicioso chabacano. Se movía como mujer, con movimientos lentos de hombros y aleteo de pestañas. Su voz parecía miel espesa. Era una persona muy dulce y Scott sacó a relucir su parte humana, incluso después de que Hawk revelara que durante la entrevista estaba drogado porque había consumido crack.

Un adicto a las drogas, trabajador sexual y sin hogar se había convertido en más que una serie de etiquetas impuestas. Se mostró como alguien humano e inteligente por la cadena de televisión nacional. Hubo gente de toda la cadena que llamó a Jay y a Scott para felicitarlos. La corresponsal Nina Totenberg fue a conocerme y a felicitarme personalmente por haber hecho un buen trabajo.

Sola, en mi casa, me senté sobre el piso de mi departamento con una cerveza para celebrar todas esas felicitaciones. Mi historia había causado un impacto nacional porque había decidido que la mejor forma de entender el crack era estar allí, en las calles, sin temor, y Scott me había acompañado. Por otra parte, mi carrera personal iba a crecer de alguna forma debido a la angustia de otro hombre. Así como me sentía muy orgullosa de hacer visible algo invisible y contar una historia humana dramática, también me quedé pensando en el hecho de que acababa de sacar al aire por NPR a un hombre negro adicto a la droga.

Un día, mientras llevaba unos casetes a la central de grabación de la cadena (*record central*, en donde todo se grababa), vi las puntas de unas rastas muy bien arregladas que salían por la otra puerta. Las dos cosas no me cuadraban. ¿Rastas y la central de grabación de NPR?

Di un saltito hacia afuera de la puerta y me encontré justo al lado de una mujer afroamericana impresionante, alta, con rastas que le llegaban hasta el trasero. Lucía un conjunto en colores caramelo con una falda de gamuza haciendo juego y botas vaqueras. La mayoría de la gente de NPR era blanca, así que siempre que veía a una persona de color allí, me llamaba la atención. Yo era la primera y única latina en la sede de los noticieros de NPR en D.C.

—¡Hola! ¡Me encantaría conocerte! ¿Quién eres? —le dije, recordando que alguien me había dicho que tenía que conocer a una directora de noticias muy poderosa que se llamaba Sandra, y era negra.

—Me llamo Sandra Rattley —contestó, mirándome desde lo alto de sus 1,77 metros.

—¿Me permites invitarte a comer?

Anteriormente, Sandra dirigía toda la División de Noticias Nacionales en NPR y ahora era uno de los líderes con más experiencia de toda la cadena. A pesar de su impresionante cargo, aceptó comer conmigo, una simple asistente de producción.

Una semana después, durante la comida, me dijo que sus amigos más cercanos le decían Sandy. Nunca le pedí que fuera mi mentora oficial, pero ese día entre las dos se formó una hermandad. Era la primera mujer negra editora en NPR y ahora tenía un puesto de mando. Sentía que necesitaba estar a mi lado porque yo era la primera latina, pero también fue simplemente porque hubo una conexión entre nosotras, en un nivel espiritual.

Ese día en el almuerzo, le pregunté a Sandy cómo lo había logrado, cómo había conservado la paciencia siendo una de las pocas mujeres de color en ese lugar y siempre teniendo que traducir nuestra existencia y darle validez.

—Respira hondo y elige tus batallas —expresó Sandy, sonriendo tiernamente y poniendo su mano sobre la mía.

La verdad es que me impresionaban su escultural belleza, la paz interior que emanaba, su aroma tan personal y la forma en que se deslizaba por los pasillos poco ventilados de NPR, y también el hecho de que ella también me veía y prometió ser un apoyo para mí.

Sentimos un afecto inmediato, profundo y honesto una por la otra y entendimos que también necesitábamos hacer una alianza estratégica. En ese momento no lo sabíamos, pero nuestras vidas se entrelazarían para siempre.

---

Sesquicentenario

*¿Qué clase de palabra es esa?* Recuerdo que pensé. No dejaba de deslizarse por la lengua de Jay cuando la repetía emocionado. *¡El sesquicentenario de Texas!*

Jay me llamó a su oficina para decirme que estaban tan complacidos con mi trabajo que me iban a comisionar una serie de historias para el aniversario de los ciento cincuenta años de la fundación del estado de Texas.

Todo el equipo editorial quería que Scott fuera a un rodeo de Texas en vivo como parte del reportaje sobre el sesquicentenario, pero mi mente se enfocó en historias diferentes. Sabía que si les daba a Jay y a Scott el reportaje del rodeo que querían, tendría la posibilidad de manejar dos ideas muy radicales.

En lugar de concentrarme en una de las tradiciones más antiguas de Texas (que, de acuerdo con los historiadores, empezó con los vaqueros mexicanos), puse mi atención en algunos de los texanos más recientes. Corpus Christi había sido un lugar importante de reubicación para miles de refugiados vietnamitas después de la guerra de Vietnam. Eran las personas a las que durante toda mi vida escuché que los demás llamaban "la gente de los botes". Esos seres humanos que buscaban refugio se habían convertido en objetos deshumanizados. Los medios informativos usaban ese término sin ningún escrúpulo. Ahora yo tenía el poder de reunirme con ellos y por fin escuchar sus voces y dejar que hablaran por sí mismos. A Jay, Scott y al equipo les encantó la idea.

Entonces les dije que quería ver en dónde se albergaba a todos los refugiados centroamericanos que habían venido al norte para escapar de la guerra. ¿Se había convertido la frontera de Texas en un nuevo puerto de entrada acogedor como Ellis Island, o era todo lo contrario?

Primero fuimos a Houston, en donde contamos la hermosa y dramática historia de un joven y guapo *cowboy* texano que quería ganar el campeonato del rodeo, pero que en el último minuto perdió. Todo el estadio hizo un gemido colectivo cuando el chico cayó del toro tan rápido y tan cerca de la pezuña.

Posteriormente, subí por primera vez en la vida a una avioneta brincacharcos para ir de Houston a Harlingen. Todo el tiempo iba sudando y maldiciendo la decisión de tomar el avión en lugar de manejar, pero teníamos muy pocos días para cruzar todo el estado y hacer varios reportajes.

En el centro de trámites de inmigración y naturalización de Harlingen, el campo de detención más grande del país, la escena que vieron mis ojos era como la de un campamento de refugiados en la Segunda Guerra Mundial. Había hombres de varios tamaños, pero todos demacrados, parados bajo el sol quemante detrás de una valla de alambre de púas y vistiendo overoles color naranja. A veces se los obligaba a estar allá afuera durante ocho horas. Recuerdo ver sus dedos alrededor de la valla, entrecerrando los ojos bajo los pesados rayos de sol, con cara de anhelar estar del otro lado de la valla, de ser libres.

Pensé en la gente que conocí cuando iba a la universidad que había estado en huelga de hambre y que quizás algunos de estos hombres podían haber sido sus padres o sus tíos. Se veían tan desanimados. No eran criminales. Buscaban asilo, un lugar seguro para escapar de los bombardeos y los escuadrones de la muerte. ¿No eran los Estados Unidos el primer lugar del mundo donde uno pediría asilo?

En otra época, el gobierno estadounidense había intentado mantener bajo custodia a los inmigrantes indocumentados, hasta que la Corte Suprema lo declaró "confinamiento innecesario" a principios del siglo XX. Pero nuestra historia tiene una tendencia a la repetición. Cuando los cubanos, haitianos y latinoamericanos empezaron a venir a los Estados Unidos en la década de 1980 y solicitaban asilo, la detención, ese confinamiento innecesario, volvió a asomar su horrible cabeza.

En Harlingen, que los locales llamaban "el Corralón" o "el Corral", esos hombres estaban encerrados y retenidos hasta que el Servicio de Inmigración y Naturalización los deportara o les permitiera quedarse en el país. El detenido más joven tenía diecisiete años. Scott describió las instalaciones de forma clara y sucinta:

"Se ve y se escucha como si fuera una prisión. Largas viviendas y paredes de bloques de hormigón, los cuartos y los pasillos extrañamente oscuros en el sol incesante del sur de Texas porque no hay ventanas. Las puertas de hierro se cierran con llave ruidosamente sobre pisos de cemento con agujeros".

Ese fue el primer campo de detención para inmigrantes que vi en mi vida. Era 1986.

Terminamos nuestro viaje con una visita a Corpus Christi, en donde una mujer vietnamita local, refugiada y organizadora, accedió a mostrarnos su comunidad. Debido a la llegada de refugiados, el negocio del camarón en Corpus había crecido de manera exponencial. Los vietnamitas eran expertos en la pesca de camarón por arrastre, pero no todo el mundo estaba contento con su llegada. Un pescador local le contó a Scott que sentía que los recién llegados vietnamitas recibían un trato preferencial y que no los multaban tan seguido como a él.

"Amo mi país, quiero regresar", nos dijo nuestra guía. "Aquí no tengo que preocuparme por nada. No tengo que preocuparme por si pasaré hambre. No tengo que preocuparme de que en la noche las compañías de soldados toquen a mi puerta y me lleven a la cárcel otra vez para siempre. Aquí, no tengo que preocuparme por esas cosas, pero me siento *sola*. Estoy muy sola. Aunque tenga algún amigo local, aunque hable inglés y me comunique con las personas de aquí, me siento sola".

La mujer ahora era una orgullosa ciudadana estadounidense. En su diminuta recámara, nos mostró una fotografía de su familia allá en Vietnam. La gente que alguna vez había sido reducida a masas no identificables en las portadas de las revistas ahora recibía nombres cuando ella nos mostraba a cada uno de sus parientes. Lloró por haberlos dejado allá. No entendía por qué a ellos no les habían permitido entrar junto con ella. Empezó a llorar y se quedó callada un momento. Después respiró profundamente varias veces y empezó a cantar "The Star-Spangled Banner".

Ese era el nuevo rostro de la patriótica Texas.

Muy pocas personas habían visto esa parte de la historia de la inmigración hasta que la contamos por radio, porque la mayoría de los periodistas se enfocaban en la verdadera reforma histórica a la inmigración que Ronald Reagan, un presidente republicano, estaba a punto de convertir en ley. Los estadounidenses apoyaban la Ley de Control y Reforma a la Inmigración (IRCA, por sus siglas en inglés), que combinaba una mayor vigilancia a la inmigración con el primer proceso de legalización a gran escala para inmigrantes indocumentados que ya residían en los Estados Unidos. Aproximadamente a 2,7 millones de personas que habían estado viviendo sin documentos y que no tenían antecedentes penales se les concedería "la amnistía" y se harían los procedimientos para que se les otorgaran tarjetas de residencia. Los activistas se opusieron a la palabra *amnistía* porque querían asegurar que la gente entendiera que los migrantes no eran malhechores. Eran personas intrínsecamente estadounidenses, que sacrificarían todo para conseguir una vida mejor para ellos y sus familias. Los activistas querían que los medios de comunicación dejaran de utilizar la palabra *amnistía* y lo llamaran *legalización*.

Firmada en noviembre de 1986, la IRCA puso en orden una nueva era de forma de inmigración que no se había visto desde que se creó la INA en 1965. La legislación se redactó con base en las recomendaciones de una Comisión Selecta sobre Políticas de Refugiados e Inmigración bipartidista, formada por el Congreso bajo el mandato del presidente Carter, que proponía crear sanciones para los empleadores que contrataran a inmigrantes indocumentados, un pequeño aumento en el margen de inmigración legal y un programa que se aplicaría una sola vez para legalizar a inmigrantes indocumentados.

Como resultado de ello, la gente por fin podía vivir en los Estados Unidos por la vía legal, conseguir los documentos, comprar casas y coches, obtener licencias de conducir, abrir más negocios y mandar a sus hijos a la universidad. Y tan importante como todo esto era el hecho de que la gente ahora podía entrar al modelo económico tradicional de tener una cuenta en el banco y empezar a ahorrar.

La verdadera historia es que legalizar a inmigrantes indocumentados acabó ayudando, no dañando, la economía estadounidense. De acuerdo con la Oficina de Estadísticas Laborales, casi inmediatamente después de que la gente regularizó su estatus, hubo un aumento general del 20% en salarios para trabajadores indocumentados. Las estadísticas demuestran que estos recién legalizados inmigrantes empezaron a gastar un 200% más en su propia educación, incluidos el aprendizaje del inglés y la obtención de sus GED (un diploma de equivalencia de preparatoria), y esto acabó generando nuevas inversiones en negocios y, por lo tanto, más trabajos.

Esta ley al final ayudó a que la economía resistiera la recesión, un acto hermoso y sin precedentes que solidificó la historia de los Estados Unidos como un país de inmigrantes, un país que recibe con los brazos abiertos al otro. También fue un acto altamente político. Para ese entonces, el Partido Republicano había empezado a coquetear con votantes latinos y, de acuerdo con lo que me dijo un infiltrado republicano, iban a garantizar los votos de los latinos apoyando de manera proactiva un paquete enorme de reforma a la inmigración. Una frase que se hizo famosa de Ronald Reagan fue, "Los hispanos ya son Republicanos. Solo que todavía no lo saben".

La IRCA era el objeto recién estrenado que tenía muy agitados a los medios de comunicación y a los políticos. Por una parte, el gobierno de los Estados Unidos destacaba el éxito de la IRCA, mientras que, por otra parte, estaba ayudando a regímenes militares que aterrorizaban a los salvadoreños, guatemaltecos y hondureños. Las intervenciones militares anticomunistas de Reagan en estos países durante los últimos cinco años habían tenido un incremento absoluto con el desarrollo, financiamiento y provisión de armas a los Contras, soldados apoyados y entrenados por los Estados Unidos que combatían al gobierno legítimo sandinista en Nicaragua. Sin importar los obstáculos presentados por la Enmienda Boland, que desde 1982 hasta 1984 prohibía toda ayuda militar estadounidense para financiar la guerra contra los sandinistas, en total los Estados Unidos otorgaron a los Contras 322 millones de dólares de apoyo.[1]

Fue célebre la ocasión en que Reagan se dirigió al público estadounidense desde la Oficina Oval en un intento por obtener apoyo para los Contras y dijo, "Centroamérica es una región de mucha importancia para los Estados Unidos. Y está tan cerca: San Salvador está más cerca de Houston de lo que Houston está con respecto a Washington, D.C. Centroamérica es América, está a un paso de nuestra puerta. Y se ha convertido en el escenario de un atrevido intento por parte de la Unión Soviética, Cuba y Nicaragua para instalar el comunismo a la fuerza en todo el hemisferio". Continuó: "Lo que vemos en El Salvador es un intento por desestabilizar toda la región, y a la larga, hacer que el caos y la anarquía alcancen la frontera con los Estados Unidos".[2] Los comunistas de Centroamérica eran el nuevo monstruo, en comparación con los inmigrantes mexicanos buenos que estábamos legalizando.

Pongan a los inmigrantes malos detrás de las rejas para que solo los buenos consigan la amnistía. Un Congreso de mayoría blanca y un Partido Republicano conservador y con mayoría blanca hicieron que esto sucediera y cambiaron las vidas de millones de inmigrantes para siempre. Muchas familias mexicanas que vivían en los Estados Unidos en aquella época bautizaron a sus primogénitos "Nancy" y "Ronald" en señal de gratitud.

---

Desde que le "informé" a Jay que había otras latinas como yo, a los pocos meses el programa *ATC* contrató a Cecilia como asistente de producción. Su trabajo era pesadísimo en comparación con el mío. Le causaba mucha angustia cumplir con su hora de entrega límite diaria, pero su desempeño era brillante. Al poco tiempo, contrataron a Richard Gonzales y luego a Claudio Sanchez. En un año, en la cadena había cuatro latinos.

Había aprendido tanto en la calle con Scott. Él iba a buscar a la gente exactamente donde estaba. Yo lo veía hincarse sobre una rodilla para hablar con un niño y observé con cuánta amabilidad puso su brazo sobre el hombro de Hawk o cuando abrazó a la señora vietnamita texana. Ningún periodista que yo hubiera conocido o hubiera visto trabajar había hecho eso. Scott me enseñó lo importante que era el toque humano para hacer que el entrevistado se sintiera cómodo y seguro.

Ver a Scott trabajar hizo que me diera cuenta de que yo quería ser como él, lo que significaba que ya no quería trabajar con él. Era mi único punto de referencia, así que decidí ser la Scott Simon latina. Si él podía hacerlo, yo también. Pero sabía que la única forma en que podría salir al aire como reportera contando mis propias historias era si dejaba NPR. Una productora no puede salir al aire como reportera. Esa frontera es difícil de cruzar.

Así que compré un coche usado, aprendí a manejar, empaqué mi pequeño Honda Civic y manejé con David, uno de mis amigos más cercanos de la universidad, durante cinco días por todo el país hasta San Diego. Había aceptado un trabajo como la nueva productora para *Enfoque Nacional,* la versión latina y en español de *ATC* que se transmitía en algunas estaciones de NPR. El programa que me dio mi comienzo como reportera en español ahora estaría bajo mi dirección.

A Cecilia le dolió mucho que la dejara en D.C., y nadie en NPR podía creer que dejara un trabajo dentro de una cadena que rápidamente se estaba volviendo más competitiva. Supongo que la gente creyó que tenía un ego muy grande y que era un poco ingrata, pero otros sabían que era una decisión estratégica. Yo sabía qué quería ser de grande: una corresponsal para NPR con base en la ciudad de Nueva York. Por fin tenía una meta profesional clara.

Ahora que la gente me conocía bien dentro de la cadena, me dijeron que los buscara con mis ideas para reportajes en cuanto llegara a

San Diego, en donde se producía el programa. Podía hacer *Enfoque Nacional* durante la semana, y luego salir y hacer reportajes para NPR como una reportera *freelance* durante el fin de semana.

Una de las primeras historias que transmití fue mi intento para cambiar la narrativa sobre la inmigración entre México y los Estados Unidos. Me sorprendió saber que había una población bastante grande de estadounidenses que trabajaban y vivían en México sin papeles o sin permiso: los "extranjeros ilegales" estadounidenses que vivían en México.

Entrevisté a un hombre que se llamaba Robert que contó que había decidido dejar California para irse a Tijuana porque su calidad de vida era mucho mejor y más barata en México. Le encantaba ver familias por todas partes y le gustaba que la gente tuviera vida social. En San Diego, según comentó, se dormía a las 9:00 p.m.

"La economía no es la única razón por la que gente como Robert ha decidido mudarse hacia el sur, a Tijuana", informé. "México siempre ha sido visto como el lugar perfecto para jubilarse para miles de estadounidenses. De hecho, el número más grande de estadounidenses que viven fuera de los Estados Unidos están viviendo en México". Descubrí que 60.000 estadounidenses vivían entre Tijuana y Ensenada, Baja California, y que muchos de ellos habían emigrado sin los papeles indicados.

Me encantaba vivir en ambos lados de la frontera. Era estadounidense de las 9:00 a.m. a las 5:00 p.m. y luego cruzaba la frontera para ir a mi departamento en Tijuana y ser mexicana. Pero en el empleo que tenía en San Diego tuve problemas. Mis compañeros de trabajo varones eran los peores machos latinos. Me hicieron sentir como una sirvienta que no valía nada. Empecé a preguntarme si había tomado la decisión correcta al dejar NPR. Allá había sentido que me tenían en la banca, pero aquí había que confrontar un machismo descarado todos los días.

Fue justo en esa época de confusión, en la que empecé a sentirme otra vez sin rumbo en todos los aspectos, cuando recibí una llamada telefónica de una amiga de NPR. Me dijo que la cadena de CBS Radio estaba buscando a alguien temporalmente para sustituir a los productores que iban a tomar largas vacaciones de verano. Llamé a Norman Morris de la CBS de inmediato y él me hizo tomar un vuelo a Nueva York. Me reuní con él en un restaurante muy moderno que estaba en la Calle 56 Oeste, me ofreció el trabajo de productora de la cadena para el verano, y duplicó mi salario semanal.

Ahora ya tenía un trabajo en una cadena, algo que mi padre siempre quiso para mí. Mi trabajo nocturno en CBS News en la Calle 57 Oeste me estaba esperando, así que dejé mi vida en la frontera para regresar al ritmo que ya conocía de la ciudad de Nueva York.

# Capítulo 7

## Puedes cuidarme un poquito

Una noche escuché música ranchera en las calles de Spanish Harlem. Eran las 2:30 a.m. de un miércoles de julio de 1986. En ese mismo instante supe que la ciudad de Nueva York iba a cambiar para siempre.

Iba en coche para empezar el turno nocturno en CBS News, en donde registraba mi entrada a las 3:00 a.m. Frecuentemente trabajaba en segmentos para *The Osgood File* o *First Line Report* con Judy Muller. Tenía tres horas para preparar y escribir los guiones de los presentadores que entrarían a las 6:00 a.m. En cuanto terminaba de hacer eso, organizaba todo para los noticieros de las 8:00 y las 9:00 a.m. Después de hacer retransmisiones y algo de papeleo, mi jornada laboral terminaba.

Esa noche de julio fue una de aquellas noches: una típica noche de verano sumamente caliente en la ciudad de Nueva York, tan caliente que incluso aunque el sol ya tenía seis horas de haber desaparecido, el asfalto de las calles todavía humeaba. Estaba exhausta y me costaba mucho trabajo mantenerme despierta mientras el carro lentamente se dirigía hacia el oeste por la Calle 116, la avenida central de El Barrio.

Pasamos por una bodega de las que abren veinticuatro horas en la esquina de la Calle 116 y la Tercera Avenida. Las luces blancas brillaban sobre las cajas de fruta que estaban al frente y el ajetreo que había dentro de la bodega hacía que pareciera que eran las tres de la tarde, no las tres de la mañana. Podía ver los estantes de la tienda surtidos con todos los colores del arco iris en latas, chocolates y bebidas de fruta. Y allí, justo afuera de la tienda, bajo el brillo de la luna urbana, vi a un grupo de hombres sentados en cajas de plástico para la leche vacías limpiando y empacando frutas y verduras. Sus cuerpos se me hicieron familiares —esa forma de sentarse desgarbada, pero trabajando al mismo tiempo, sus manos haciendo movimientos rápidos mientras sus cuerpos se quedaban quietos— y esto me recordó a los hombres que veía en mi infancia cuando íbamos de compras a Pilsen.

Un momento. *¿Son mexicanos?* Me pregunté. *¿Inmigrantes mexicanos en Nueva York?*

Entonces escuché el dulce lamento de la música ranchera que salía de una grabadora a todo volumen, haciendo eco por toda la Calle 116, que normalmente a esta hora se llenaba de salsa y, cada vez más, de merengue. ¿Quién más iba a estar escuchando música ranchera? Le pedí al conductor que se detuviera y bajé completamente mi ventanilla para poder ver la escena en frente de mí con total asombro.

*¡Llegaron los mexicanos a Nuyol!* Y si había tres en la bodega, quería decir que había más por toda la ciudad. En ese entonces no lo sabía, pero estaba siendo testigo con mis propios ojos de la dinámica cambiante de los patrones de migración de los mexicanos. La crisis económica de México durante los años ochenta —la reducción del producto interno bruto, los bajos salarios, el alto índice de

desempleo— obligaron a millones de mexicanos a buscar trabajo en cualquier otro lugar.[1] Al mismo tiempo, muchos inmigrantes que antes eran indocumentados ahora habían adquirido estatus legal, y eso les dio la flexibilidad para transitar por todos los Estados Unidos. Como tantos mexicanos inmigrantes ya trabajaban en lugares como California y el suroeste, sobre todo después de que entró en vigor la legalización de Reagan, los recién llegados tenían que atreverse a llegar más lejos, hasta ciudades como Nueva York. Los neoyorquinos no tardaron mucho en darse cuenta del valor de los trabajadores mexicanos. Tenían toda la disposición para realizar trabajos que nadie más quería hacer durante jornadas más largas y por menos dinero. Muy pronto aumentó la demanda de mano de obra mexicana y las cifras de inmigrantes durante esos años ilustran esta explosión demográfica. En 1980, había menos de 25.000 mexicanos viviendo en Nueva York, y solo una diminuta parte de esa población había nacido en el extranjero. Para 1990, los mexicanos sumaban 56.000 y más de la mitad había llegado desde fuera de los Estados Unidos.[2] (El censo de 2010 contó más de 319.000 mexicanos en Nueva York).[3]

¿Sería posible que mi vida en la ciudad de Nueva York ahora pudiera ser más plena? Es cierto que había aprendido a amar la parte panlatinoamericana de mí misma, pero también extrañaba México. Extrañaba la humilde familiaridad de los mexicanos y el mordaz sarcasmo de los chilangos. Extrañaba el Día de Muertos, el cilantro, los aguacates, y tenía que recibir mis tortillas de maíz en una caja por correo desde Chicago. Extrañaba el chicanismo, aunque no había crecido con él (la cuna del movimiento no fue Chicago); ahora quería sentirlo, ese profundo orgullo por ser descendiente de mexicanos. Quería que la gente en Nueva York tuviera una referencia de los mexicanos porque allí éramos invisibles. No existíamos. Ver a estos paisanos significaba que México se iba acercando a la Gran Manzana.

Tal vez podría sentirme plena otra vez de este lado de la frontera. Tal vez podría reunir las dos cosas que más amaba: a México y a NYC. Entonces sabría que podía quedarme en los Estados Unidos para siempre.

———————

Los hombres de mi familia en México no lloraban. Mi papá tampoco. Los hombres en la televisión estadounidense tampoco lloraban. Cuando Walter Cronkite lloró mientras informaba sobre el asesinato del presidente John F. Kennedy, todo el mundo lo notó. Aunque él era el mayor y quizás el más adusto de todos los presentadores de noticias, parecía más humano porque había llorado en frente de todos nosotros.

Cuando ya casi terminaba mi contrato de verano en la CBS, mi jefe, Norman, me jaló a su oficina y me preguntó si me quería quedar más allá de septiembre. El trabajo consistiría en producir el famoso resumen de fin de año de Walter Cronkite llamado "And That's the Way It Was". Sonreí de oreja a oreja pues ahora iba a trabajar con Cronkite, el más estimado de los periodistas tradicionales. Había dejado de vivir en El Barrio y regresé a mi departamento en Washington Heights con Deyanira y su abuela Biemba. Esa noche abrimos unas cervezas dominicanas bien frías para celebrar mi reentrada oficial a la ciudad de Nueva York.

Había regresado para siempre y me lo tome más en serio ahora. Ya no salía de fiesta como había hecho durante el verano. Empecé a hacer ejercicio otra vez. Y ahora la prioridad de mi vida era yo misma.

Un día fui a trabajar con ropa que según yo era muy bonita: pantalones de cuero beige, un suéter de cuello de tortuga ajustado café claro y un collar de cuentas con doble vuelta que le había comprado a uno de los vendedores ambulantes africanos que habían aparecido en Harlem. La mayoría de estos vendedores eran senegaleses y hablaban francés. Algunos eran hijos de familias de clase media, hombres jóvenes aventureros que quisieron dejar su tierra para salir adelante por cuenta propia. Vender cosas en la calle era su versión de servir mesas. Yo llevaba este atuendo en el elevador, cuando de la nada una ejecutiva blanca se volvió hacia mí y me dijo: "Oh, qué tribal te ves". Y después desapareció.

Fui una de las primeras latinas que fueron contratadas en la división de noticias de la CBS. Ya había pasado por esto antes. Durante el día, cruzaba la frontera desde The Heights hasta el centro, a Columbus Circle, cerca de la CBS. Era un viaje en metro que tardaba veinte minutos. Cuando llegaba allí, llamaba a todos los corresponsales de CBS News más importantes como Lesley Stahl y Bill Plante, y agendaba entrevistas con cada uno para poder tener sus puntos de vista sobre las historias más importantes de 1987. Ellos ignoraban que yo me consideraba una periodista y productora sustituta novata, insegura y confundida de veintisiete años. Para ellos, yo era una colega productora de CBS News que trabajaba en la división de la radio. Había un respeto mutuo entre ambos departamentos. El tono serio con que se dirigían a mí hacía que me tomara a mí misma más seriamente como periodista. Si ellos me tomaban en serio, entonces yo también debía hacerlo.

Pero las noches de los miércoles, volvía a mi viejo programa de radio *Nueva Canción y Demás* en WKCR hasta la 1:00 a.m. En mi barrio, muchos de mis vecinos dominicanos nunca habían ido más allá de la Calle 145 o la 181, nunca habían ido más hacia el sur y llegado al centro de la ciudad. En The Heights, el único idioma que se hablaba era el español; a la vez, yo trabajaba en lo que se consideraba el emblema del periodismo nacional en inglés. Me acostaba en mi colchón sobre el suelo con su colcha mexicana y pensaba, *¿Cómo acabé en CBS News? ¿Cómo es posible que esté escribiendo para Walter Cronkite?*

Fue el año de Oliver North, un marino condecorado que reveló

en su testimonio de julio de 1987 ante el Congreso que anteriormente les había mentido a los investigadores del Congreso sobre
su participación en el asunto Irán-Contra —un plan que Reagan
aprobó para vender armas a Irán, un conocido patrocinador del
terror, por la bicoca de millones de dólares a cambio de la liberación de rehenes que retenía Hezbollah—. North había propuesto
usar una parte de las ganancias obtenidas con la venta de armas
para financiar a los Contras en Nicaragua, que estaban luchando
contra el gobierno sandinista revolucionario que había ganado las
elecciones. Todo el esquema era ilegal, por no decir contrario a los
valores más básicos de los Estados Unidos con respecto a la ley y la
transparencia, pero yo estaba descubriendo un patrón. ¿Primero fue
Nixon y ahora Reagan? Creía que vivíamos en la mayor democracia
del mundo, ¿pero, otra vez se habían violado las leyes en la Casa
Blanca? En su inmensa mayoría, los estadounidenses repudiaban el
apoyo a los Contras.[4] El hecho de que North hubiera violado la ley
conscientemente y que luego hubiera dicho una mentira descarada
para cubrir sus acciones fue un acontecimiento muy vergonzoso para
el país, el peor después de Watergate.

Durante días sufrí preparando el comentario de fin de año para
Cronkite. Los otros segmentos de noventa segundos que me habían
asignado eran más fáciles de escribir porque eran resúmenes de noticias del año de temas como los negocios o la ciencia, por ejemplo.
Caminé por mi habitación que daba a la avenida Fort Washington
y me detuve a mirar la calle, aterrada de escribir las palabras para
Cronkite, angustiada por mi síndrome del impostor. Después de un
rato, me obligué a sentarme con una pluma y un largo bloc de notas
amarillo, de los que había en todas partes en CBS, y empecé a hacer
un esquema para el comentario. *Solo será de noventa segundos*, me
decía. *Tienes que hacerlo. Solo escribe un borrador. Pon algo en papel.
No tienes opción. ¡Hazlo ya!*

Leí mis notas preliminares y empecé a escribir. El primer borrador era largo y estaba lleno de rabia. De inmediato empecé a dudar. ¿Estaba furiosa por lo de Oliver North porque me sentía muy conectada con Centroamérica? Empecé a dudar de mí misma, creyendo que no tenía derecho a escribir para Cronkite.

Cuanto más lo pensaba —¿una red de criminales secretos que trabajaba en la Casa Blanca y recaudaba dinero para asesinar a centroamericanos en Nicaragua?— más me daba cuenta de que mi rabia no era simplemente porque yo era latina, aunque eso fue lo que inicialmente me empujó a saber qué estaba sucediendo. Estaba enojada porque vivía en los Estados Unidos de América y mis expectativas de esta democracia y del gobierno "de leyes" eran más altas.

Reescribí el libreto varias veces, aligerando la rabia, pero manteniendo el trasfondo de indignación y consternación hacia nuestro gobierno. Estaba orgullosa de mi trabajo, orgullosa de que me hubiera forzado a creer en mis propias capacidades. Se lo llevé a Norman, mi jefe, solo para que me dijera:

—¡Es imposible que Walter lea esto! Se nota que lo escribiste tú —continuó—. Pero un hombre como Walter, no. ¡No lo va a leer!

Ese resumen había implicado mucho trabajo de mi parte y se lo había leído a muchas personas, incluida Sandy. Tuve la precaución de asegurarme de que no sonara a comentario de "latina furiosa". Era el comentario de una periodista estadounidense sobre el año 1987.

Norman quería que lo volviera a escribir, pero Cronkite vendría al día siguiente. Walter venía solo por un día para hacer su grabación. Sería imposible llegar con algo nuevo a tiempo, principalmente porque yo tenía que preparar todo para la sesión de grabación.

Yo misma me sorprendí cuando dije:

—Vamos a llevárselo al editor de CBS *Evening News* para que lo lea. Pero no le digas quién lo escribió.

Yo había escuchado decir a Margot Adler, la corresponsal de ciencia de NPR, que Paul Fischer era simpático. Si a Paul le caía bien

Margot, que también era una sacerdotisa de la Wicca, pensé que sería buena onda. Norman conocía mi trabajo y confiaba en mi instinto de periodista. Pero en este caso, no confiaba en que yo pudiera separarme lo suficiente de la historia como para escribir un comentario "objetivo". Yo no estaba luchando nada más por este texto. Estaba luchando por creer en mi propia voz como periodista.

Seguí a Norman, como si yo estuviera observándome a mí misma desde arriba en una especie de experiencia extracorpórea. Antes de que me diera cuenta, estaba en un elevador para ir al primer piso y luego iba caminando detrás de Norman hacia la famosa *Fishbowl*, "la pecera", en donde los presentadores se sentaban rodeados por cubículos de cristal que formaban un medio círculo, de allí el nombre de pecera. Norman se dirigió directamente a Paul y le entregó mi comentario.

—¿Crees que Cronkite lea esto para su comentario de fin de año? —preguntó.

Me empezaron a temblar las piernas. ¡Estaba en la pecera! Podía ver el lugar en el que Dan Rather se iba a sentar en unas cuantas horas. Durante años había visto este foro en televisión y ahora estaba dentro de él. Observé a Paul estudiar mi trabajo y sentí náuseas de inmediato. Quería gritar de alegría y vomitar al mismo tiempo. *Resiste*, me repetía. *Resiste. No pierdas el control aquí enfrente de todo el mundo.*

Un segundo después Paul sacó su pluma roja, encerró en un círculo una palabra, reemplazó otra, se lo regresó a Norman con toda tranquilidad, y dijo:

—Sí, lo va a leer. Es bueno.

Norman me miró y yo sonreí. Nos despedimos de Paul, con quien nunca me presentaron porque era un hombre demasiado ocupado e importante. De todos modos, ¿quién era yo? Al día siguiente Walter Cronkite llegó con su asistente y leyó los quince libretos que yo había preparado para él.

—Estuvo muy bien el comentario —me dijo mientras se ponía

su abrigo, sus hombros anchos un poco más estrechos a sus setenta y ún años. Me quedé de pie impactada. Un ícono de los noticieros acababa de leer las palabras que escribí. Como si fueran suyas.

Más o menos en esa época, Jay Kernis, el hombre que me dio mi primer trabajo de periodismo por radio y que me había regañado y rogado para que no me fuera de NPR, ahora era una de las personas que la televisión le había robado a la radio. NPR por fin era considerada parte de los principales medios de comunicación; ya no era una cadena independiente alternativa de la manera en que los conservadores la habían caracterizado. Ahora querían llevar a su gente talentosa a la televisión.

A Jay lo habían llevado con un nuevo grupo de presentadores para tratar de hacer que la CBS tuviera más audiencia en el horario matutino, que siempre había estado acaparado por el programa *Today*. Harry Smith y Kathleen Sullivan dirigían *CBS This Morning*. Los dos tenían mucha experiencia como presentadores, pero cada uno tenía sus problemas para entablar una conexión con sus espectadores. Harry era sobrio, pero no se le consideraba serio, y Kathleen era una mujer hermosa de cabello castaño un poco fría para la cámara.

Mi periodo de trabajo con el equipo de radio se estaba terminando y, aunque había trabajado con cada sección de CBS radio, incluidos los departamentos de documentales y reportes financieros, no había un puesto fijo para mí. Sin embargo, había una oferta como asistente de producción en el programa matutino, así que Jay me animó a solicitarlo, y David Corvo me contrató.

Mi salario era muy bueno para una mujer soltera en Manhattan. La seguridad económica de una chamba de tiempo completo en la CBS era bastante tentadora. Me atraía también que nuestra jornada a menudo empezaba a las 4:00 a.m. y nuestra hora para almorzar era después de la reunión de las 10:00 a.m. Mi día terminaba a la 1:00 de la tarde.

Mi vida era miel sobre hojuelas, salvo por el hecho de que estaba trabajando como encargada de buscar entrevistados para el turno matutino en la televisión, lo cual en el mundo del periodismo no era muy bien visto. La mayor parte del tiempo estaba peleando con otros productores para ver quién podía conseguir primero a un invitado. Ganar la competencia incluso por un minuto de diferencia podía significar todo, y yo siempre perdía porque éramos el tercer programa en audiencia. Mis colegas no me tomaban en serio y otros productores con años de experiencia me ridiculizaban. Se reían de mis esfuerzos para competir en su medio.

Uno de los peores momentos fue cuando me mandaron a Winnetka, Illinois, un suburbio cerca de Chicago en donde les habían disparado a tres personas, y en ese entonces eso era una gran noticia.[5] Tenía que competir con otro programa para conseguir que uno de los supervivientes hablara con nosotros. Yo esperaba lograr la entrevista para complacer a mis jefes, que presumirían que nosotros la habíamos conseguido primero. Pero mi corazón de periodista se estaba muriendo dentro de mí. Después de hablar con la familia en esos momentos de dolor y de mostrarme muy compasiva, ellos concedieron la entrevista a otra cadena primero. Me indignó que eso le importara a alguien en un momento de tragedia.

Una vez conseguí una entrevista con alguien que había recibido un disparo de la Patrulla Fronteriza. Fue un gran logro y nadie en el país tenía la historia. Pero esa fue la única historia de la que me sentía orgullosa después de seis meses de trabajar allí. Mis amigos me decían que me quedara. *Piensa en qué lugar estás y a qué público tienes acceso. Piensa en tu responsabilidad. Mira lo lejos que has llegado.* Tenía éxito, pero no me sentía orgullosa.

Si renunciaba a mi sueño de ser una reportera para NPR, tal vez tendría una oportunidad en CBS News. Podía enfocarme en lograr tener un gran impacto periodístico en CBS en algún momento, subir poco a poco los peldaños y algún día trabajar en la pecera como productora. Ya sabía que nunca podría salir al aire. No había ninguna corresponsal latina en las cadenas, así que ¿por qué iba a pensar siquiera en esa opción?

Necesitaba destacarme si quería ascender en la compañía, así que tuve la idea de que Kathleen Sullivan entrevistara a Fidel Castro. Él solo había concedido una entrevista y fue a Bárbara Walters. Unas fuentes mías me contaron que Fidel pensaba que Kathleen era atractiva. Para ser honesta, esa estrategia me pareció grotesca: lograr algo "grande" para probarme a mí misma; utilizar la belleza de una mujer como anzuelo para lograr la entrevista; complacer a mis jefes de una forma que se sentía antinatural.

Cuando le pregunté a Kathleen qué opinaba sobre la idea, su respuesta fue: "¿Qué tiene eso de interesante?". Ofrecí una entrevista con uno de los líderes más enigmáticos del mundo y famoso por no conceder entrevistas y, en respuesta, ¿me preguntaban qué tenía de interesante? Mi cerebro de periodista sentía que se estaba encogiendo hasta el tamaño de un chícharo, pero me había vuelto muy dependiente de todas las comodidades que ofrecía el trabajar en los principales medios de comunicación. Una mujer quizá siete años mayor que yo me dijo que tuviera cuidado en este lugar. "Piensa qué quieres hacer. De otra forma, acabarás con esposas de oro. Te gustará tanto el dinero que después, aunque empieces a sentirte encarcelada, no podrás dejarlo".

Tenía mucho trabajo en la CBS y en WKCR, cada uno en los extremos opuestos del espectro de los medios de comunicación. No había nada como hacer radio en vivo en la ciudad de Nueva York durante la noche en los años ochenta. Era una época loca y la gente solía llamar por teléfono a los programas como una forma de desahogarse, algo así como un Twitter rudimentario. Hacer radio en vivo con un formato libre era lo que debía hacer alguien radical que era parte de la contracultura. En este nuevo medio, WBAI, WFUV y WKCR eran consideradas lo máximo. En mi programa, no me reprimía. Era una periodista con un trabajo y salario seguros, y esto me permitía sentirme más arraigada y estable como una mujer adulta, y eso me hacía sentir que necesitaba darme más crédito por el lugar al que había llegado. Cuando estaba al aire, me expresaba abiertamente, haciendo críticas puntuales al patriarcado o al capitalismo o al imperialismo, ya fuera cultural o militar. El programa llevaba siete años y tenía sus seguidores. Estaba más relajada y no estaba trabajando como reportera para nadie. Me veía como una periodista corporativa de día y una transgresora de la cultura por la noche.

Me sentía orgullosa de la persona en la que me estaba convirtiendo. Una periodista sagaz nacida en México, pequeña pero fuerte, que llamaba a la ciudad de Nueva York su hogar.

También era una estupenda bailarina de salsa y merengue porque mi compañera de departamento dominicana, Deyanira, había hecho hasta lo imposible para asegurarse de que yo no pareciera una latina sin sentido del ritmo. Muchas mañanas de domingo nos curábamos la cruda bailando salsa y merengue hasta que nuestro sudor era salado y abundante.

Deyanira era una trabajadora social en el sistema de acogida y para entonces las dos ya habíamos dejado nuestro departamento de Washington Heights. El ambiente se estaba volviendo más peligroso y a mí ya me habían asaltado amenazándome con una navaja. Su abuela había regresado a Villa Mella, Deyanira se había ido a vivir con su novia, que era una trabajadora de la construcción, y yo cambié nuestro contrato de arrendamiento en la parte alta de la ciudad a un departamento de una sola recámara en la Calle 107, cerca de la avenida Ámsterdam, en donde me sentía más segura como mujer estando sola en la noche. Había tratado de alejarme de la venta de drogas en las calles que había en las esquinas de la parte norte de The Heights, pero aquí también había, por toda la avenida Ámsterdam. Me acostumbré a ver los rostros demacrados de la gente que hacía cola para comprar crack a toda hora sobre la acera.

Una vez que fui a bailar hasta la 1:00 a.m. en un evento de "Salsa

Meets Jazz" en el famoso club nocturno Village Gate, Agustín, un estudiante de doctorado y activista puertorriqueño que había conocido en WKCR, se me acercó y me dijo que un artista dominicano famoso de nombre Gérman Perez me había visto bailar y me consideraba hermosa. ¿Quería conocerlo? ¿Quizás entrevistarlo?

Me acerqué y junto a Agustín había un hombre alto delgado con cabello corto estilo afro, anteojos oscuros, aunque era de noche, y labios gruesos arqueados en una sonrisa seductora.

—Este es el pintor Gérman Perez —dijo Agustín—. Él te quería conocer... ¿Quizás lo quieres entrevistar?

¡Gérman era guapísimo! Sentí un ligero hormigueo eléctrico por todo mi cuerpo cuando me dio la mano y luego inclinó su figura de 1,88 metros para darme un suave beso en la mejilla. Olía a panadería caribeña y coco. Su voz era profunda y misteriosa. Moría por ver cómo eran sus ojos detrás de esos lentes.

—Me dicen que eres periodista y me gustaría que vieras mi trabajo —expresó Gérman—. ¿Me puedes dar tu teléfono y yo me comunico?

Escribí el número de teléfono de mi casa en una servilleta con un bolígrafo azul. Ahora tenía un pretendiente real, alguien que me consideraba hermosa e intrigante. Era dominicano, había nacido y crecido allá, no era un latino de los Estados Unidos, lo que implicaba que le daba vida a una sensibilidad latinoamericana. Gérman Perez, el pintor, era latinoamericano y caribeño, negro, taíno, sensual.

Por aquella época, renuncié a la CBS y hui de la comodidad de las esposas de oro. El cheque fijo y el fondo de retiro no eran la razón de haberme convertido en periodista. No sería capaz de lograr mi misión en la mediocridad de la televisión matutina. Había tantas cosas que estaban sucediendo en el mundo. ¿Estaba preparada para abrirme paso en los medios convencionales y poco a poco ir ascendiendo? ¿O iba a lograrlo por mi cuenta?

No podía abandonar mi sueño de convertirme en reportera para

NPR con base en Nueva York. Si realmente lo quería, si en serio lo quería, tendría que luchar por eso y demostrarme que era capaz de conseguirlo. Obtuve un contrato para escribir historias para un nuevo programa nacional llamado *Crossroads* por quinientos dólares al mes, lo cual casi cubría mi renta de $750. Mientras tuviera la renta cubierta, encontraría la forma de salir adelante porque, la verdad, ¿quién necesita comer?

¿Pero por qué le di mi teléfono a ese hombre tan guapo? Me hablaba con frecuencia para preguntarme si quería ir a su estudio a ver sus pinturas. Finalmente logré reunir el valor y le devolví la llamada a Gérman.

Unos cuantos días después, iba caminando por la Calle 135, al norte de Harlem, en donde se escuchaba merengue que salía de todas las ventanas abiertas y había gansos atados a una escalera de incendios. Escuché cantar a un gallo a lo lejos. Había traficantes en la esquina de Broadway, así que puse cara recia y me apresuré a pasar frente a ellos. Llegué al edificio de Gérman, que parecía un multifamiliar, subí hasta el cuarto piso por los escalones rotos que olían a orina, y toqué a la puerta.

Cuando abrió con su camiseta recortada y sus enormes y bien definidos bíceps y tríceps a la vista, no sentí un hormigueo eléctrico, sino más bien un rayo que recorrió todo mi cuerpo. Traté de mostrarme indiferente cuando nos saludamos con un beso en la mejilla, pero mi corazón se estaba tiñendo de rosa. El edificio habría sido parte de un bloque de viviendas desastroso y aterrador, pero Gérman había transformado su departamento en *art deco pop*. Era como si lo hubieran traído por aire directamente desde Santo Domingo: no solo había paredes pintadas en colores pastel, sino que él había cubierto las ventanas que daban a un conducto de aire con enormes fotos de niños pescando en el mar Caribe.

Me pasó a su estudio principal y allí vi una pintura de lo más cautivante: indios taínos místicos con palmeras que salían de sus cabezas haciendo una danza de luna y estrellas en un círculo. Al verla, sentí deseos de estar allí, bailando con ellos.

—¿Tú la pintaste? —volteé a mirarlo y le pregunté.

—Sí —contestó al mismo tiempo que su mirada se volvía sensual y excitante, y me acercó hacia él. Más chispas eléctricas. Empecé a preocuparme. Tenía años de no tener ese sentimiento romántico-sexy-cursi. No esperaba tener esa sensación. Cuanto más veía sus obras, más me preocupaba que con cada pintura me fuera a enamorar lentamente de él.

Finalmente, rompió el silencio y dijo que se iba a preparar algo para comer, ¿quería acompañarlo a la cocina? ¿Qué? *¿También se hace de comer?*

Se sentó y yo me sentía tán desconcertada, pero él estaba perfectamente relajado, un hombre adulto a gusto en su propia piel. Después de que terminó de comer, me pidió que me fuera a sentar en sus piernas, porque yo había estado sentada en una alacena empotrada de madera de la vivienda original de principios del siglo XX.

—No —contesté sorprendida—. ¿Por qué haría eso?

—¿Por qué no? Tú me caes bien. Y nada más es sentarte aquí un segundo. No es gran cosa —insistió con suavidad.

Dudé hasta que la atracción de su tranquila belleza y brazos fuertes fue demasiado. Me acerqué y me senté en sus piernas. No dije nada y él tampoco. Gérman parecía satisfecho con solo estar allí, pero yo tenía tanta conciencia de mi energía eléctrica interna que me empecé a asustar de tener un cortocircuito y quedarme pegada a este señor. Salté como si alguien hubiera encendido un cerillo debajo de mí.

—No estoy segura de qué estoy haciendo aquí, pero me tengo que ir —dije caminando hacia la puerta—. Gracias por enseñarme tus obras —grité mientras salía corriendo de su departamento.

No podía entregarme y volver a confiar en un hombre, y arriesgarme a perder mi foco, así que en lugar de eso me lancé al mundo de los *freelancers* con gusto. Cada investigación que me aprobaban, cada edición que salía bien, cada conexión que hacía dentro del medio era una causa para celebrar, lo cual por lo general significaba que bailaba sola en ropa interior al ritmo de Earth, Wind & Fire o Rubén Blades. Todos esos pequeños pasos eran una confirmación de que quizás lograra triunfar como periodista, que tal vez mi trabajo pudiera distinguirse por su calidad.

Para mí, ser reportera significaba ver la humanidad en todas las personas, especialmente en aquellas que son percibidas como invisibles, para después hacerlas hipervisibles a los ojos de los demás. Las personas y las historias que quería hacer se enfocaban en los olvidados, los otros, aquellas personas que eran consideradas diferentes. Al mismo tiempo, mi objetivo era evocar temas universales para que cualquiera, sin importar quién era, se viera reflejado en mis historias. Así fue como aprendí a escribir un reportaje. Hay que escribirlo como si le estuvieras contando a tu mamá lo que sucedió. Conectar el corazón de la historia al corazón de otra persona.

Con mucho orgullo mostraba una apariencia dura, una combinación de estilo callejero y sofisticación. Tenía mi propio pase de prensa para la Policía de la ciudad de Nueva York en el cuello como si fuera un trofeo, era color verde limón para que fuera visible a los oficiales del Departamento de Policía. Me estaba convirtiendo en el tipo de persona que solo había visto como modelo a seguir en México gracias a mis amigas periodistas Blanche Petrich y Guadalupe Pineda del periódico *La Jornada*. Eran mujeres independientes que sabían muy en el fondo que esto del periodismo es un mosquito que no puedes matar. Se partían el lomo como reporteras, pero también tenían vidas plenas, mas no una relación de pareja de tiempo completo. Eso era parte del reto: encontrar una pareja que se sintiera a gusto con mujeres que fueran las primeras en dar una noticia o estuvieran viajando todo el tiempo, a menudo solas o con otros hombres. Ninguna de ellas lo había logrado. Porque, bueno, ¿qué tipo de hombre puede vivir con eso?

Lo que nadie me había dicho sobre trabajar de manera independiente es que uno acaba trabajando todo el tiempo. Siempre aceptas un trabajo porque siempre necesitas el dinero. No hay días libres. Como había muy pocas latinas *freelancers* en la radio pública, empecé a considerar como uno de mis superpoderes hacer reportajes sobre la comunidad. ¿Cómo fue que las piraguas, los raspados de hielo puertorriqueños, terminaron en Spanish Harlem? ¿Cómo afecta la gentrificación a los pequeños negocios cuyos dueños son inmigrantes? ¿Cuál es la historia detrás de los músicos que tocan la zampoña en la estación más concurrida del metro de la ciudad de Nueva York? ¿Quiénes son los artistas latinx de vanguardia en Nueva York? ¿Por qué el área de Nueva York que colinda con tres estados solo tiene una estación de radio multilingüe?

Aun así, ninguna de mis propuestas recibió luz verde por parte de NPR para salir al aire en alguno de los programas más exitosos que se transmitían entre semana como *All Things Considered* y *Morning Edition*, que eran los que contaban con mayores audiencias. De no haber sido por *Crossroads*, que Elisabeth Perez-Luna, una periodista latina, diseñó y creó y que estaba dedicado a contar historias sobre la "nueva" América multicultural, habría renunciado al mundo de la producción independiente. A ella le encantaban todas mis historias, y eso me permitió seguir enamorándome del periodismo.

Ceci había dejado *All Things Considered* y ahora trabajaba con Scott Simon en *Weekend Edition*, que era el programa consentido de la cadena. Tenían el presupuesto para viajar a cualquier parte y ella realizaba su innovador trabajo cubriendo noticias en Latinoamérica con Scott. La habilidad de Ceci para producir momentos impactantes hizo que Scott se impregnara de ternura y curiosidad genuina. Ella lograba hacer que Scott sonara fantástico.

Cada vez más, Ceci estaba creando esta otra posibilidad de vida que ella y yo habíamos empezado a considerar: ¿qué tal si me convirtiera en una corresponsal extranjera y viajara por todo el mundo? Conocíamos a muchos hombres que lo estaban haciendo, no muchas mujeres, pero podíamos intentarlo. Ella acababa de regresar de Cuba con Scott y los reportajes que había hecho Ceci eran fascinantes. Los productores tienen mucho control sobre su trabajo y Ceci era la mejor en eso. Hizo que extrañara NPR, su alcance y sus recursos.

Pero la cadena estaba cambiando y se enfocaba cada vez más en noticias de última hora. Rara vez los reportajes duraban más de tres minutos cuando antes un reportaje de seis o siete minutos era lo normal, y estaban utilizando menos sonido ambiental para enriquecer las historias. A NPR ahora la llamaban el *New York Times* de la radio, pero la gente mayor añoraba los días en que la organización era más combativa, corría más riesgos y era más entretenida.

Surgieron muchos competidores que hacían distintos tipos de audios de producción independiente. Uno de los primeros fue una serie de documentales de nombre *Soundprint* que mostraba, entre otros temas, el trabajo de productores que habían ganado premios y que habían dejado NPR por problemas editoriales y de creatividad. *Soundprint* hacía documentales de audio que duraban una hora, un viaje sónico hasta el fondo de las historias, con elementos de gran producción que en aquel momento eran pioneros y fueron precursores de los *podcasts*. Como una mujer dirigía la plataforma y otra, que era ingeniera de sonido, llevaba el timón, les dieron a muchas mujeres una oportunidad para producir. Un día me llamaron para unirme a sus rangos. Era como si me hubieran llamado para producir para National Geographic en lugar del noticiero local.

La tarea era acompañar al famoso escritor de la revista *Rolling Stone* Peter Cohen a Medellín, Colombia, y adentrarnos al oscuro corazón del territorio controlado por Pablo Escobar para producir un documental que acompañara el artículo que iba a escribir Cohen para la revista. Él escribiría los dos reportajes, pero yo sería la responsable de hacer el reportaje de campo y de producir la historia en audio.

Por fin había logrado abrirme paso. Esta era una gran tarea para un gran programa, y yo tendría la oportunidad de trabajar con *Rolling Stone*. Empecé a organizar el viaje a Colombia. Ceci me ayudó a comprender los retos específicos de hacer reportajes internacionales y de mantenerse a salvo. Me dijo que necesitaría pensar rápido y ser cordial antes de entablar una pelea con alguien. Me conocía bastante bien.

En el centro de Medellín había explosiones de bombas, así como se veían en los episodios de *Narcos*, el programa de televisión de Netflix que se produjo décadas después. El pleito entre los cárteles de Cali y Medellín, que estaban destruyendo sus negocios mutuamente, significaba que uno tenía que hacerse responsable de su vida en el momento en que fuera al centro de la ciudad. Pasamos la mayor parte del tiempo en un área controlada por Escobar, tan solo manejando para percibir el ambiente en la calle. Más tarde, nos vimos con algunas fuentes en cuartos de hotel para entrevistarlas sobre sus empleos de tiempo completo como sicarios, una palabra nueva que significaba "asesino a sueldo en motocicleta". Fuimos a hospitales para entrevistar a doctores de emergencias que salvaban las vidas de las víctimas heridas de bala solo para que después fueran asesinadas por hombres armados que entraban al quirófano para dispararles, y que luego amenazaban con matar a los doctores y a las enfermeras. Todo el tiempo nos estuvieron observando los hombres de Escobar. Yo no tenía idea, pero después me enteré por su sicario más importante, Popeye, que habían decidido no lastimarnos porque eso habría sido más publicidad negativa que positiva para su reputación.

Medellín es una de las ciudades más hermosas del mundo, conocida como la Ciudad de la Eterna Primavera. También es reconocida como una de las ciudades más corteses de Latinoamérica, en donde incluso los taxistas llevan traje y corbata y hablan con la formalidad del pronombre "usted". El nerviosismo de nuestro conductor/

contacto fue lo que nos sacó de quicio. Constantemente estaba sudando y moviéndose. Parecía estar sumamente conflictuado; quería tener la oportunidad de demostrar que podía trabajar con periodistas internacionales, pero este tipo de trabajo también podía costarle la vida.

Lo que se decía por la calle era que la gente de Escobar no estaba contenta con nuestra visita y nuestras preguntas. Yo no lo creí. El colmo fue cuando regresamos a Bogotá y alguien había irrumpido en el cuarto de hotel de Peter. Él se marchó de inmediato y yo fui a quedarme con algunos amigos para estar más segura. Lo último que hice antes de dirigirnos a Cartagena para desestresarnos fue acompañar a la policía de Bogotá cuando irrumpió en una casa de basuco, es decir, una casa donde se vendía y consumía crack. La policía quería exhibirse para la periodista estadounidense. Entraron a un edificio abandonado, corriendo con sus armas desenfundadas al estilo de los extras de las películas y apuntando a gente que no estaba haciendo nada más que consumirse en droga. No arrestaron a un solo traficante en esa redada. Me sentí utilizada y enferma a la vez. Una persona se escondió detrás de un montículo de excrementos. El policía se aseguró de que yo viera eso.

—Son animales —dijo el oficial mientras apuntaba su linterna a los ojos aterrorizados del hombre y a su rostro cubierto de mierda.

Regresé a los Estados Unidos y durante varias semanas estuve en Baltimore, en donde estaba la oficina principal de *Soundprint*. Empecé a ordenar las grabaciones y a hacer un esbozo para Peter para que pudiera empezar a redactar. Tenía menos de dos semanas para producir este monstruo en el estudio. Lo máximo que había producido eran dieciocho minutos y Scott escribía todos sus libretos. Ahora tenía que producir una hora con un escritor que nunca había escrito para la radio y era mi primer trabajo internacional. Si demostraba que podía hacer esto, quizás hacer reportajes internacionales era lo mío.

Los días pasaban y las promesas de un libreto iban y venían. Me quedaban solo tres días. ¿Cómo era posible que yo, la productora novata, tuviera que llamar a un reportero experto para solicitarle su guion? No podía creerlo. Lo peor fue cuando lo llamé un poco exasperada y me contestó que estaba muy ocupado trabajando en el reportaje para la revista y simplemente no tenía tiempo para escribir los dos.

—Además —expresó—, yo nunca he escrito para la radio.

Ese era exactamente mi mayor temor. Que me dejara tirada con todo el trabajo. Sandy había hecho planes para llevarme a cenar esa misma noche, así que fui a D.C. desde Baltimore. Pasó por mí a la estación de trenes en su impecable Mazda deportivo y acabé soltándome a llorar cuando le conté que tenía que entregar mi guion en tres días y aquel tipo me había dejado colgada.

—Malulis —dijo Sandy, como siempre con esa voz que parecía una pastilla de miel para la garganta: fácil de escuchar, gruesa y suave, pero sin tonterías—. Cariño, vas a tener que escribirlo. Tú puedes hacerlo. Sé que puedes hacerlo.

Mi miedo a escribir me estaba haciendo añicos. Primero fuimos a un restaurante chino y mientras estábamos ordenando nuestra comida, tuve que correr al baño a vomitar. Salimos de allí y fuimos a un lugar japonés; vomité en el mismo momento en que íbamos entrando. Al final acabamos en una cafetería, y logré comer galletas saladas y sopa de pollo. Después vomité de nuevo.

Sandy me llevó de regreso a Baltimore por la pésima condición en que me encontraba. Me dio un sermón de una hora sobre el amor propio. Me contó con su suave voz cómo, cuando estaba en sus inicios como presentadora de programas en vivo, alguien la criticó, entonces se sintió tan insegura que perdió la voz. Me dijo que no podemos permitir que nuestro temor se apodere de nosotras y que me fijara en lo lejos que había llegado por mi cuenta, que confiara en mí. Ella creía en mí. En verdad lo hacía. Y ahora me estaba cuidando. Me sentía agradecida de que no me hubiera dejado en la calle con mi llanto, mi vómito y mi histeria.

No me había dado cuenta de que estaba en pleno ataque de pánico, y ese fue el primero. En aquella época no teníamos una palabra para este tipo de situación. Me fui a dormir y después desperté, y me enfoqué nada más en el trabajo durante los siguientes dos días. Me desconecté de todo, sobre todo de mi baja autoestima. En lugar de eso, escuchaba la voz de Sandy en mi oído. Recuerdo cómo yo animaba a Ceci cuando se sentía impotente frente a un guion. Me repetí a mí misma que podía hacerlo.

Y lo estaba haciendo. Estaba escribiendo esta complicada historia como si estuviera contándosela a mi madre: todo lo que vi, escena a escena. Peter la leyó y la firmó, después me preguntó si yo podía grabarla en lugar de él porque yo la había escrito. Ese sería el primer reportaje internacional con mi crédito. Él no me había dejado colgada. Me dio un regalo.

El título de mi reportaje para *Soundprint* fue "Plata o Plomo" y a los productores les encantó.

Al poco tiempo de que el reportaje salió al aire, volvió a sonar el teléfono y esta vez fue la oficina internacional de NPR que me preguntaba si acompañaría a Richard González, el corresponsal del Departamento de Estado, en un viaje a Perú. Me encargaron realizar una serie de historias sobre drogas y violencia y el grupo radical armado Sendero Luminoso. Me estaba convirtiendo en esa persona. ¡Esa podía ser mi nueva vida!

---

En diciembre de 1989, las fuerzas coordinadas de varias bandas ideológicas de guerrilleros que había en El Salvador se unieron para declarar el fin de la guerra y su ofensiva final para tomar la capital de San Salvador. La llamaron La Ofensiva del 89. En cuanto quedó claro que esta revolución de izquierda que llevaba tanto tiempo y progresaba tan lentamente de repente se aceleró, recibí otra llamada de NPR. Me mandaron a San Salvador con Scott Simon y un ingeniero para realizar varios reportajes a fondo desde el frente de esta guerra de guerrillas urbanas que ahora iba hasta el tope.

Por la noche podía escuchar cómo caían las bombas en Apopa, una ciudad que estaba junto a la capital, el lugar en donde mi antiguo novio salvadoreño de la universidad todavía tenía familia. Los bombazos eran como cráteres poderosos de sonido que creaban golpes amortiguados en bolas de algodón. En la primera planta del hotel, los periodistas internacionales transmitían sus reportajes antes de las 6:00 p.m. y después empezaba la fiesta: bebidas, música en vivo, meseros por todas partes, gente nadando en la alberca mientras se estaba llevando a cabo una guerra real. Muchos de ellos habían pasado tanto tiempo allí que ya estaban insensibilizados.

Pensé en los refugiados y la gente que había hecho huelga de hambre que conocí en mis días de universidad. La situación en El Salvador había empeorado y ahora era todavía más mortal. El ejército que estaba apoyado por los Estados Unidos estaba jugando sucio. Habían bombardeado un hospital, violando las reglas básicas de combate. Fuimos a ese lugar y vimos a una niña de ocho años a la que había alcanzado la metralla. A la parte posterior de su muslo, a donde había recibido el impacto cuando trataba de huir, le faltaba un pedazo del tamaño de una bola de helado, algo que jamás había imaginado que verían mis ojos. Scott abrazó a la niñita en cierto momento y como siempre, me permitió hacer algunas preguntas finales, así que le pregunté a la niña por su madre.

—Está en los Estados Unidos. Si puedes, mándale este mensaje —me contestó—. Yo quiero que venga a buscarme. Tengo miedo. —Me empezaron a correr lágrimas por las mejillas, y a la niñita también.

Nuestros ojos no habían visto nada de esto antes, pero muchos otros periodistas habían estado cubriendo esta historia durante años. Para ellos, era una cuestión de cifras: cuántas bombas habían caído, cuántos guerrilleros habían muerto, cuántos dólares estaban llegando, los nombres de los consejeros estadounidenses, los generales, etc. Era frío y carente de sensibilidad.

Exactamente afuera de nuestro hotel, media docena de niñitos con maquillaje de payasos se reunían todos los días en medio de una intersección con mucho movimiento y trataban de divertir a los transeúntes por unas cuantas monedas. Comían fuego y hacían maromas mientras los semáforos estaban en rojo. *¿Quiénes son? ¿Cuál es su historia? ¿A alguien se le había ocurrido preguntarles?*

Llevé a Scott donde estaban los niños y nos sentamos con ellos a un lado de la calle. Los niños eran tan tiernos y, sin embargo, estaban solos para defenderse en medio de una guerra. Cada día estaban afuera del hotel porque así sobrevivían, y a pesar de eso, parecía que nadie los veía o que a nadie le importaban. Ellos no tenían tiempo para la autocompasión.

—¿Cómo hacen para comer? —les preguntó Scott y yo traduje.

—Conseguimos comida dirigiendo el tráfico… El poco dinero que juntamos lo usamos para comprar comida y luego nos la repartimos —contestó uno de los niños. Exactamente frente a nosotros, a través del humo de los bombardeos de la noche anterior que todavía se elevaba de las montañas, había un enorme y moderno McDonald's. Scott les preguntó:

—¿Hoy ya desayunaron?

Antes de lo que canta un gallo, entramos con seis niños vestidos como payasitos. Normalmente no les permitían entrar porque McDonald's solo era para salvadoreños ricos y a estos niños los consideraban basura callejera. "Parecía que los niños disfrutaban del hecho de que hoy los guardias solamente podían verlos comer hamburguesas", Scott narró en la pieza final.

—Sí, muchos de los guardias, como esos que están aquí, a veces aunque solo tratemos de entrar, nos encierran —explicó otro niño—. Nos encierran, como en tiendas y lugares así, y no nos dejan salir.

Un niño que se llamaba Carlos decidió guardar el resto de su hamburguesa para más tarde, para mostrarle a su madre. En cierto momento, bajó la voz y dijo:

—Mi padre era un guerrillero. Era guerrillero y lo único que sabemos es que lo encontraron. Supongo que tal vez fue la policía o las Fuerzas Armadas. Probablemente lo torturaron y lo dejaron morir.

Los grabamos hablando de sus sueños mientras comían. De todas las historias que produje en El Salvador, esta fue la que más le gustó a la gente. Fue una historia que había estado exactamente enfrente de las caras de los periodistas durante años y sin embargo para ellos y, por lo tanto, para el resto de nosotros, estos niños eran invisibles. Sus historias no importaban.

Logré regresar de El Salvador y de lo que acabó siendo una ofensiva sangrienta, aunque fallida, justo a tiempo para alzar mi mano derecha y jurar levantarme en armas por los Estados Unidos de América. Ojalá pudiera decir que me convertí en una ciudadana por un sentido de deber patriótico, pero no fue así. Me convertí en ciudadana por miedo. Para entonces, había viajado a Cuba y Nicaragua, y había estado en Europa y en múltiples países de Sudamérica. Cada vez que entraba y salía de México, el lugar a donde viajaba más, aumentaba más mi preocupación de que algún día los agentes fronterizos de Estados Unidos me quitaran mi tarjeta de residencia y no me dejaran entrar. Así nada más.

La antigua sala de madera en el juzgado de distrito del centro de Manhattan, donde se llevó a cabo la ceremonia de naturalización, era enorme y tenía capacidad para cientos de personas. Había gente de todas partes del mundo felices de que por fin habían llegado a este punto. Para algunos, el proceso pudo haber durado años. Yo tuve que renunciar a mi ciudadanía mexicana y devolver mi pasaporte mexicano en un acto de humildad y vergüenza porque en aquella época no se podía tener dos ciudadanías. Me sentí aliviada de haberlo hecho, pero no tenía idea de que mi ciudadanía algún día iba a cambiar la forma en que yo entendía mi rol en este país. Para siempre.

----------

Unos días después, estaba acostada en cama con gripe y fiebre alta y nadie que me cuidara. Estuve tan cerca como nunca de estar clínicamente deprimida, pero en aquel entonces nadie usaba esos términos. Sonó el teléfono y saltó la contestadora. Puse atención cuando la persona empezó a dejar un mensaje. Cuando reconocí la voz, me derretí, pero no por la fiebre de 38°. Era Gérman que me decía que había vuelto a la ciudad y me preguntaba si quería ir a cenar y a bailar a "Salsa Meets Jazz", el primer lugar donde nuestros ojos se habían encontrado. La última vez que lo había visto había sido casi un año antes.

Mi cuerpo se sobresaltó como si hubiera recibido un impulso eléctrico, atraído irresistiblemente a este hombre. Corrí al teléfono y lo descolgué. Tan solo escuchar su voz me atraía hacia él, como un imán. Como un chicle.

—¿Hola? ¿Gérman? ¿Ya estás de regreso?

—Sí, apenas terminé de grabar una serie para la televisión por todo el mundo, pero tomé una decisión muy importante en mi vida. Vendí todo el equipo de mi compañía productora y me estoy dedicando completamente a mi arte.

Me derretí todavía más. Este hombre tenía ganas. Cortó de tajo con lo que tenía seguro por su anhelo para pintar y ser un artista. Ese era el tipo de hombre que yo quería, alguien que supiera quién era y que no tuviera que depender de una mujer para nada que no fuera amor.

Me invitó a una cena que iba a organizar en su casa, y luego a ir con él y sus amigos esa noche a bailar a Village Gate. Le dije que sí. Me preguntó si podía visitarme y le dije que estaba enferma en cama.

—¿Está alguien contigo? —preguntó. Contesté que no—. Entonces déjame ir y cuidarte —dijo, con su duro acento dominicano ahora transformado en la suave voz de un poeta. Ni un solo hombre jamás se había ofrecido a hacer eso por mí. Le dije que no, gracias, y colgué aterrada.

En un acto de autodestrucción y por mi incapacidad de confiar en un hombre, decidí no presentarme en casa de Gérman. Más tarde esa noche, fui con Deyanira a "Salsa Meets Jazz" en Village Gate. Pronto apareció en el club y tuve que voltear por segunda vez para verlo. Ahora llevaba su cabello negro en una cola de caballo. Traía un *piercing* en la oreja y llevaba puesta una camisa color hueso y *jeans*. Se veía discreto, pero sexy. Su mejor amigo, Isidro, caminó directamente a la pista y estaba a punto de separarnos a mí y a Deyanira a mitad de la canción, lo que significaba que estaba a punto de recibir un golpe.

Isidro puso una mano en el hombro de Deyanira y cuando ella lo vio, se le iluminó la cara. Resultó que habían sido compañeros de escuela. Se pusieron a bailar y me dejaron parada en plena pista, sin bailar y sintiéndome perdida. Fue cuando Gérman de repente se apareció enfrente de mí, con la mano estirada, listo para acercarme a él y empezar a bailar salsa, como si hubiera estado esperando toda la vida para invitarme a hacerlo.

Sentí que me fusionaba con él. Con cada pasito, mi cuerpo se adaptaba al suyo, mi diminuta talla cabía perfectamente en la suya, mi rostro a la altura de su pecho, mis mejillas contra su camisa de lino, su mano sobre mi espalda baja, haciendo conexión conmigo como debe hacer un buen bailarín, a su ritmo interno. Nos quedamos hasta que cerró el club y caminamos por Bleecker para tomar el tren N°. 1 e ir a casa a las dos de la mañana, agarrados de la mano como si siempre hubiéramos sido pareja. Ni siquiera lo había besado.

En mi departamento, le invité a tomar un té y se sentó en mi sofá. En lugar de intentar algo, Gérman simplemente recostó su cabeza en mis piernas. Estuvimos así un rato: tranquilos, respirando en sincronía. Entonces ya no pude aguantar más y acerqué mis labios a los suyos; esos labios que yo había imaginado y en los que había estado pensando ahora estaban tocando los míos. Mis labios se fundieron en los suyos y mi cuerpo hizo lo propio.

Esa misma noche, sin que ninguno lo supiera, nuestro amigo mutuo Ernest, de la banda haitiana Tabou Combo, murió asesinado por un disparo. Habían pasado dos noches desde nuestro encuentro y cuando Gérman se enteró de la muerte y se dio cuenta de la conexión que teníamos los dos con Ernest, volvió a decirme:

—Deja que te cuide un poco.

Y así fue. Al día siguiente, después de terminar de trabajar, me fui en bicicleta a la Calle 135 y cargué mi bici por los cuatro tramos de escaleras, las que tenían el mármol roto y basura apestosa. Toqué a la puerta de Gérman y cuando abrió, le dije:

—Me puedes cuidar un poco.

# Capítulo 8

## Una probadita de la acción

Vivía el amor de una forma muy simple y llena de confianza con Gérman. Antes solamente había confiado así una vez, aquella noche en la cima del cerro en México; sin embargo, esa persona que, según yo, me amaba, me lastimó física, emocional y espiritualmente. En cambio, podría decir que Gérman amaba cada parte de mi ser: mi cuerpo bajito; mis pechos diminutos, casi planos; mi pequeño, pero bien formado trasero y mis muslos; mi cabello rebelde de sirena; y mis chistosos y disparejos pulgares. Este guapísimo hombre pensaba que yo era hermosa, aunque él estaba rodeado por las mujeres más impresionantes del mundo: las dominicanas.

A él le encantaba que yo fuera periodista, tanto como a mí me encantaban sus pinturas. Él comprendía que los dos contábamos historias, éramos narradores de nuestra generación, los que teníamos algo que decir y no temíamos hacer el trabajo duro en un mundo en donde lo que dices importa. Su obra me mostraba lo que realmente era la creatividad desbocada y el auténtico espíritu artístico. Yo quería vivir en los mundos que él imaginaba, llenos de mitos antiguos, historias, colores, personajes y... esperanza. Gérman quería vivir del mismo modo, en un mundo en donde la mujer que él amaba, me confesó con lágrimas en los ojos, "desafiara a la vida para contar la verdad".

Gérman tuvo que regresar de repente a Santo Domingo para atender asuntos de familia y yo lo alcancé en la República Dominicana unas semanas después. En uno de nuestros últimos días allá, nos detuvimos en el tianguis del centro de Santo Domingo, donde se puede comprar de todo, desde pollos vivos hasta velas hechizadas y bendecidas con perfume y diamantina. Estas eran para los seguidores de la Santería o Yoruba, la tradición espiritual afrocubana que tiene siete Orishas, o deidades, que representan a la naturaleza. Yemayá es el océano y la Diosa Madre de todas las cosas. En un puesto, Gérman compró un hilo con cuentas azules y blancas para Yemayá y, después, mientras descansaba en una hamaca color rosa intenso en aquel departamento suyo que daba al malecón, me lo enredó en el tobillo izquierdo. Me besó y me dijo que me amaba y, aunque nunca lo hablamos seriamente, los dos entendimos por intuición que nos acabábamos de comprometer. Volé de regreso a la ciudad de Nueva York, pero seguía en las nubes de mi amor.

WNYC, la estación más conocida de la radio pública de la ciudad de Nueva York, me llamó cuando volví y me dijeron que había obtenido el empleo de reportera que tenían vacante. Tener los ovarios bien puestos para "desafiar a la vida" me estaba ayudando mucho en mi carrera y ahora sería mi voz la que estaría al aire en una importante estación de la radio pública. Las producciones que había hecho en Colombia, Perú y El Salvador habían contribuido a que ellos se fijaran en mí. Saldría al aire por WNYC casi a diario, reporteando sobre la política de la ciudad, el crimen, la educación, la vivienda, Wall Street, las relaciones interraciales y el Departamento de Policía de Nueva York. El hecho de que me contrataran en un programa de noticias del momento que exigían un tiempo de respuesta rápido era un *big deal* y un nuevo reto. Solo había cuatro personas en la sala de redacción: el presentador de la mañana, el director de noticias, otro reportero y yo, la reportera de la calle.

Pasé muchos días en el Salón Azul del Ayuntamiento poniendo todos los reflectores sobre el recién electo y primer alcalde negro de la ciudad, David Dinkins, preguntándole sobre los recortes al presupuesto y los pobres desde la primera fila de la prensa. A Dinkins se lo conocía por dar respuestas mordaces a los reporteros, pero podía darme cuenta de que, hasta cierto punto, a él le agradaba verme allí, una de las pocas latinas que cubrían la información del Ayuntamiento. Entrar a esa sala llena de reporteros experimentados como reportera novata, una "periodista bebé", era aterrador. Siempre tenía que luchar contra el nervioso retortijón de mi estómago, el ritmo acelerado de mis palpitaciones y mi sudor excesivo. Mi síndrome del impostor era mi compañero de todos los días.

Empecé a ver a colegas periodistas latinas aquí y allá. Elaine Rivera, Rose Arce, Evelyn Hernandez y Edna Negrón escribían para *Newsday*; Sandra Guzmán y Rossana Rosado estaban en *El Diario*; Blanca Rosa Vilchez trabajaba para la cadena Univision; y Miriam Ayala para la estación local en español. Maria Newman junto con Mireya Navarro trabajaban para el *New York Times*. Comenzamos a identificarnos porque todas éramos latinas, sí, pero también había una forma particular de desenvolvernos en este mundo del reportaje gracias a las comunidades de las que proveníamos o sobre las que informábamos. Nuestro modesto espíritu valiente, una mezcla de mujer dizque chingona-afro-taína-princesa-guerrera combinada con humildad, solo se lo mostrábamos a algunas personas. Si nos quitábamos la cara de guerreras y dejábamos descubierta nuestra vulnerabilidad ante todo el mundo, podíamos perder nuestro superpoder para sobrevivir. Éramos justo las suficientes para mostrar un fiel reflejo a nosotras mismas. Yo estaba decidida a aprender de estas periodistas latinas. De lo que no me daba cuenta era de que ellas me veían con el mismo respeto y cariño que yo sentía hacia ellas. Era demasiado insegura para ver eso en aquella época porque el asunto ese del impostor puede seguirnos a donde vayamos como una pinche sombra.

---

George H. Walker Bush, el vicepresidente de Reagan, ganó la elección presidencial en 1990. Se hizo famoso por chocar contra las cosas, como las múltiples veces que se golpeó en la cabeza con la puerta del Air Force One, o su peor momento, cuando vomitó sobre las piernas del primer ministro Kiichi Miyazawa en una cena de Estado oficial en Japón. Pero era más que un simple torpe. De hecho, estas meteduras de pata quizás le habían ganado la simpatía del público porque era un halcón de la Guerra Fría, un anticomunista y un hombre de mano dura que anteriormente había dirigido la CIA. Para él, el enemigo estaba potencialmente en todas partes, desde Moscú hasta Managua y en los millones de estadounidenses radicales y progresistas que la CIA sospechaba que eran simpatizantes comunistas o socialistas.

Sin embargo, en el tema de la inmigración, el Partido Republicano legado por Ronald Reagan autorizó traer más inmigrantes al país. Esto en parte fue resultado de la agenda del partido durante la Guerra Fría; era conveniente para sus intereses estratégicos permitir que los inmigrantes que huían de los regímenes comunistas en Vietnam, Nicaragua, China y Cuba desembarcaran en las playas de los Estados Unidos e hicieran proselitismo con un mensaje de "libertad" para sus familiares y amigos en su antiguo país. Mientras tanto, los inmigrantes que venían de México, algunos de los cuales eran pobres y trabajaban en el campo, otros eran de la clase media, trajeron consigo sus valores católicos conservadores. Era como si los republicanos hubieran visto el mensaje claro y hubieran respondido a las tendencias demográficas apoyando a los inmigrantes que podrían formar una base sólida de simpatizantes para su partido.

Bush padre afirmó que amaba a los "hispanos". Tiempo después, en un video de su fallida campaña para la reelección, con su ligero acento texano (aunque había nacido en Connecticut), prometió que tenía buenas razones para "ayudar a los hispanos de todas partes" porque también estaría "respondiendo a sus nietos morenitos", los niños mitad mexicanos de su hijo Jeb y su esposa mexicana.

En 1990, Bush se basó en la IRCA de Reagan y expandió todavía más la reforma inmigratoria. Los republicanos querían que la reforma fuera suya. La iniciativa de ley fue llamada IMMACT 90 y admitía una cantidad mayor de inmigrantes patrocinados por su familia o respaldados por su empleador, y otros inmigrantes "diversos" en el país cada año, elevando el tope anual de 530.000 a 700.000 durante los dos primeros años, y a 675.000 después. También marcó el inicio del Estatus Temporal de Protegido, que en aquella época benefició especialmente a los salvadoreños. La IMMACT 90 fue aprobada por un congreso dividido en partes casi iguales, aunque con una mayoría demócrata, y fue verdaderamente bipartidista. Ambos partidos continuaron apoyando públicamente el permitir que más inmigrantes llegaran a los Estados Unidos. Francamente, los humanizaron y de verdad sí hicieron algo para honrar la promesa que representa la Estatua de la Libertad.

La ley marcó un punto de inflexión en la inmigración a los Estados Unidos desde los años de aprobación de la política basada en la escasez y las cuotas para controlar la raza y la población. Esto también significó un jaque mate para los demócratas. Su discurso e imágenes como partido giraban en torno a la inclusión, pero sus políticas con respecto a la inmigración, de hecho, eran regresivas, en ese momento e históricamente. A fines del siglo XX, sería el Partido Republicano, dirigido por un antiguo director de la CIA, el que establecería una política de inmigración de brazos abiertos, y no los demócratas "liberales".

Ronald Reagan había llegado a la presidencia con un equipo que entendía la demografía, pero también las necesidades de los grandes negocios. Apoyaron lo que los medios de comunicación establecidos llamaron la mayor y más progresista respuesta que jamás haya habido hacia los inmigrantes. Grupos que defendían los derechos de los inmigrantes eran sumamente críticos hacia la IRCA y decían que había dejado a muchos fuera y que había sido el inicio de la criminalización de los inmigrantes por haberles concedido algo llamado "amnistía". Los activistas por los derechos de los inmigrantes no consideraban para nada que eso fuera una amnistía, sino más bien la manera de responsabilizarse ante la gente que había estado trabajando en nuestro país durante años o décadas. La IRCA solidificó esta narrativa de "o nos das seguridad en la frontera o no nos des nada" que no corresponde con la realidad. Aun así, los republicanos habían encontrado una forma para apropiarse del tema de la inmigración, mientras que los demócratas parecían no hacer de los inmigrantes su prioridad.

Por supuesto, aunque los republicanos parecían manejarse de manera inteligente en el tema de la inmigración en 1990, en parte fueron responsables de crear el caos que tenemos hoy en día. Por el esfuerzo bélico de Reagan para impedir que el comunismo se extendiera por Centroamérica, una campaña que había durado décadas e incluyó la intervención de los marines estadounidenses para impedir que Sandino dirigiera una revuelta campesina en Nicaragua en 1932, el Partido Republicano alimentó problemas que probablemente jamás aceptarán haber contribuido a crear.

La mayoría de las personas no quieren dejar su tierra natal; circunstancias desesperadas y cada vez más peligrosas por lo general son las que las empuja a embarcarse en riesgosas travesías hacia otros países como el nuestro, países que dicen aceptar a quienes buscan asilo. Muchos inmigrantes se dicen entre sí: "Estamos aquí porque ellos estuvieron allá primero". La responsabilidad por las intervenciones, el imperialismo y el racismo ha pertenecido al ámbito no de uno, sino de ambos partidos durante siglos.

Al mismo tiempo, a lo largo de todo el país, activistas latinos y latinas se enfocaron en obtener más influencia sobre los medios públicos de su localidad, ya fuera la radio o la televisión. Siguieron la tradición radical de los afroamericanos que exigía inclusión y la capacidad de contar sus propias historias en los medios de comunicación públicos desde Los Ángeles a Washington, D.C. Históricamente, los periodistas de color han entendido que los medios independientes, públicos y enfocados en la comunidad son esenciales para nuestra supervivencia. Las comunidades afroamericanas han sido pioneras en ello, desde el periódico abolicionista de Frederick Douglass, el *North Star*, hasta el tremendo trabajo de Ida. B. Wells como editora y propietaria del *Memphis Free Speech*, y el valiente uso que hizo Mamie Till del *Chicago Defender* para amplificar su denuncia sobre la injusticia que fue el asesinato de su hijo, Emmett Till.

Miembros del Congreso, que habían escuchado a sus representados, hicieron saber a la Corporación para la Radiodifusión Pública (CPB, por sus siglas en inglés) que estaban molestos por la falta de progreso en los medios de comunicación públicos en cuanto a ser más representativos. Los latinos conformaban casi el 9% de la población y, sin embargo, ningún reportero o editor latino había sido contratado en NPR desde que yo había trabajado allí como asistente de producción en 1985. Richard Gonzales y Claudio Sanchez seguían siendo los únicos reporteros latinos en NPR. (La cadena debía tomar esta crítica seriamente). Entonces la CPB ayudó a financiar un par de puestos en NPR: uno para un editor que se especializara en temas latinos en la sección nacional y otro para un cargo de un año como reportero. Justo cuando yo estaba por cumplir mi primer aniversario en WNYC, me invitaron a unirme a NPR como reportera de temas generales en la oficina de Nueva York. Me enfocaría en cubrir a las comunidades latinx. Por fin había conseguido el trabajo con el que soñaba, después de cinco años de haber dejado por primera vez NPR como asistente de producción y que todo el mundo me dijera que estaba loca.

Si no hubiera sido por la larga lista de mujeres que me habían precedido y habían empujado aquellas puertas para abrirlas, a mí no me habrían ofrecido ese empleo. Maria Emilia Martin y Flo Hernandez-Ramos estaban entre las mujeres que habían allanado el camino, y varias décadas antes estuvo Ida B. Wells. Así como mis amigos de WKCR me habían contado cómo estudiantes latinos lucharon por esos espacios de tres horas, entendí que yo era parte de un legado de periodistas de color que habían luchado para abrirse paso y sobrevivir como periodistas estadounidenses.

Como Sandy me decía, no tenía tiempo para jugar. Ahora estaba en las grandes ligas. Tendría que aprender a transformar mis inseguridades y fobias de impostor en trabajo arduo, largas horas y nuevas estrategias para ahogar las voces de duda que había en mi cabeza. Y aún más importante… me enfrentaría al reto personal y profesional más grande de mi vida hasta ese momento. Ahora que era una periodista de alcance nacional, ¿cómo me definiría yo misma?

---

Berta, mi mamá, rara vez venía a visitarme a la ciudad de Nueva York, pero por el teléfono podía reconocer en mi voz que había algo diferente con respecto al nuevo hombre en mi vida, así que viajó para conocerlo. A nadie le había contado nada sobre nuestro compromiso en privado porque Gérman y yo habíamos decidido desde antes que, a diferencia de nuestras relaciones previas, no íbamos a incluir a más gente en esto con chismes y cuentos. Planeamos no compartir nada con personas ajenas, y eso marcó el inicio de nuestro clan.

Fue una sorpresa total para mi mamá que Gérman fuera a recogerla al aeropuerto LaGuardia con un pequeño letrero con su nombre. Brincando por las calles llenas de baches de la ciudad de Nueva York, Gérman le dijo, en la parte trasera del Yellow Cab, que estaba planeando casarse con su hija y que esperaba que ella estuviera de acuerdo. Mi mamá medio se enamoró de él en ese mismo instante, de mi príncipe afrotaíno, tal y como me pasó a mí. Él le mostró respeto.

Celebramos nuestra boda el 20 de julio de 1991. Estábamos a 40° centígrados al exterior y habíamos planeado que a mi grupo de invitados, de aproximadamente veinte personas, y a nosotros nos recogieran unos impresionantes Volkis *low-rider* tuneados para que nos llevaran a la costa de Mount Vernon, a unos veinticinco minutos al norte de Manhattan. Sandy llevaba su tocado africano. Mi papá traía su guayabera blanca, al igual que mis hermanos Raúl y Jorge, y el esposo de Bertha Elena, Dennis, y su hijo, Scott. Mi mamá traía puesto un huipil yucateco multicolor bordado a mano, igual que mi hermana, Bertha Elena, y su hija, Christen. Deyanira e Ismael, otro amigo dominicano, tocaban las congas. Teníamos palomas blancas en cajas, listas para ser liberadas y todo el mundo llevaba velas. Éramos todo un evento en el día más caluroso en Nueva York en más de diez años. Esperamos una hora, pero los Volkis nunca llegaron.

Teníamos a toda una comitiva de boda vestida y lista sin ningún lugar adonde ir. Caminamos unas cuantas calles hacia el este y fuimos en procesión al Great Hill en la Calle 106 en Central Park. La gente que estaba allí, que estaba más acostumbrada a ver adictos al crack y trabajadores sexuales, nos miró asombrada y sacó sus cámaras *Instamatic* para sacar fotos de nuestra alocada procesión.

*¿Serán manifestantes, artistas o amantes?*, se preguntaban.

Colocamos a nuestros amigos en un círculo y asignamos un par de padrinos para cada elemento: el aire, la tierra, el viento y el fuego. Cada par de padrinos nos dio su bendición encendiendo las velas, plantando una semilla, tocando nuestras frentes con agua bendecida por la luna, liberando a dos palomas blancas, mientras declarábamos nuestro amor el uno por el otro.

Mamá y Papá entraron al círculo (los papás de Gérman ya habían fallecido) para colocar el lazo de seda y encaje alrededor de nosotros dos, una antigua tradición mexicana, y cuando mi papá me "entregó" a mi nuevo compañero, le empezaron a rodar lágrimas por las mejillas. Pude darme cuenta de que Papá quería a Gérman y me quería a mí también. Sabía que ahora ya éramos adultos. Tendría que dejar de preocuparse por su hijita.

Mi tío Gordo, que asistió a la ceremonia, más tarde me preguntó:

—¿Y dónde estaba Dios? Nunca mencionaste a Jesucristo durante toda la ceremonia.

—Pero, tío —le dije—. Abre los ojos. Dios estaba hoy con nosotros en cada rincón del parque.

———————

Ni Gérman ni yo le vimos sentido a gastar nuestro dinero en una fiesta cuando nos casamos. Para nuestra boda, usamos manteles de papel y solo servimos picadera y poca bebida en el sótano de una iglesia en la Calle 10 y la avenida A. Fue la boda más auténticamente rascuache que se puedan imaginar, pero tuvimos un grupo cubano en vivo y la gente bailó hasta la una de la mañana. Claro que nos robaron algunos regalos y algunas personas de la calle se colaron, pero aún así fue una gran fiesta mientras duró.

Con el dinero que no gastamos en una fiesta elegante, Gérman encontró un edificio recién renovado en la Calle 106 y la avenida Columbus, una cuadra con muchos edificios abandonados alrededor. Invertimos nuestro dinero en el último piso de un edificio de cinco niveles sin elevador y obtuvimos los derechos para el uso de la azotea. Era del tamaño perfecto para nosotros, con una recámara extra, aunque era diminuta, y lo más importante, accesible porque era parte de un proyecto de renovación urbana apoyado por el gobierno de la ciudad.

La ciudad estaba dolorosamente dividida mientras Gérman y yo estábamos en el periodo idílico de construcción de nuestro nido. Yo veía a Gérman derribar las paredes y pintarlas de azul, amarillo y naranja. Instaló su estudio en nuestro departamento para ahorrar dinero y yo lo veía trabajar en sus pinturas todos los días. Nuestro departamento parecía un *loft* con paredes de doce pies de ladrillo expuesto, por lo que sus pinturas eran incluso más grandes y más intensas que antes.

La alegría de Gérman se reflejaba en sus pinturas; creaba una serie nueva tras otra. La serie de los *Diablitos* presentaba diminutos diablillos migrantes en *yolas*, las pequeñas embarcaciones que se usaban para dejar la República Dominicana cuando uno no tenía dinero. Gérman tuvo una exposición en el Museo de Arte Moderno de Santo Domingo y la gente compraba sus obras como pan caliente. Fue la primera vez en su existencia, me contó, que se sentía amado y apoyado en su arte y en su vida.

Yo siempre había imaginado diseñar un espacio bohemio en el que personas de todos los orígenes pudieran juntarse en una fiesta. Quería regresar a mis días de reventones universitarios que duraban toda la noche en Washington Heights con Deyanira, pero armando ahora las fiestas en nuestro departamento y la azotea. Eso también obligaría a que la gente fuera a un vecindario que por lo general evitaba (el sobrenombre de nuestra calle era el Callejón del Crack), y así verían otra cara de Manhattan. Una noche, Scott Simon y Juan Luis Guerra llegaron a una fiesta en nuestro departamento. Ninguno de ellos sabía quién era el otro y eso me fascinó.

Me fue muy bien en mis reportajes de noticias del momento y a mis editores les encantaba que mis historias revelaran la parte humana de los titulares, mientras que tantas otras historias se enfocaban en las cifras de gente herida o arrestada, en los presupuestos de la policía y temas así. Ellos sentían que los reportajes que yo hacía ayudaban a que la cadena se distinguiera de las demás.

Sin embargo, el trabajo empezaba a interrumpir lo que debería haber sido más tiempo de anidación. Aunque Gérman entendía que yo tenía que cubrir noticias de última hora (no había cómo evitarlo porque yo era una reportera nacional que estaba haciendo sus pininos), eso empezaba a afectar nuestro tiempo juntos. Tener que estar preparada para hacer reportajes en cualquier momento para probar mi capacidad era agotador.

Gérman se definía a sí mismo como feminista y se esforzó en serlo, así que trataba de no exigirme nada. Yo luchaba con la feminista dentro de mí. A veces sentía que era una estadounidense gringa cabrona que esperaba que su hombre se cuidara a sí mismo para dejarme a mí hacer lo que yo quería, enfocarme exclusivamente en mi carrera y en el maldito trabajo de tiempo completo. Yo llegaba tarde a casa, no hacía la cena y a veces seguía trabajando. Aunque él nunca dijo nada, yo me preguntaba si a Gérman le habría gustado otro tipo de mujer. Una mujer para la que él fuera lo primero. Yo no entendía por qué no podía ser la mujer mexicana que camina por el mundo abnegada, afectuosa, siempre positiva y cariñosa, la compañera atenta con todos, la que nunca pide nada, así como mi mamá.

Gérman nunca me pidió nada de eso. Su estoicismo era notable, pero eso era porque provenía de una familia en la que no podía tener expectativas emocionales. Yo era la que tenía broncas. Tenía una lucha interna entre la latina feminista y la latina amorosa y afectuosa, como mi mamá, que encarnaba el altruismo, pero eso era demasiado. ¿Acaso dudaba de ser más entregada porque estaba huyendo de la posibilidad de convertirme en una mujer tradicional?

Mis inseguridades seguían allí. Cada dos semanas me reunía con Andaye, mi terapeuta, para tratar de encontrar la raíz de mis inseguridades, esas que me seguían como un perrito necesitado. Pero estos pensamientos sobre mi relación giraban en un huracán ansioso dentro de mi cabeza. También había otro tema que surgía con frecuencia: ¿por qué no disfrutaba del sexo tanto como creía que tenía que hacerlo? ¿Por qué el sexo no es tan importante en mi vida? ¿Por qué a veces me cuesta trabajo sentir deseo? Amaba a mi marido y él era increíblemente sexy. ¿Cuál era el problema conmigo?

———————

Otra tarea de noticias de última hora me llevó de vuelta a Cuba. Ahí estaba, en la playa Cojimar para entrevistar a un hombre que estaba a punto de tomar una decisión de vida o muerte. La playita era famosa porque Ernest Hemingway había vivido allí alguna vez, pero ahora estaba llena de gente; se había convertido en un muelle comunitario para todo aquel que quería dejar la Cuba de Fidel Castro.

Se había formado un círculo de gente alrededor de nosotros mientras yo sostenía mi micrófono cerca de la cara de aquel hombre. Él se limpiaba las lágrimas que llenaban sus ojos y hablaba sobre su decisión de dejar su amada Cuba para siempre. Yo lo había observado mientras construía su balsa, un artilugio improvisado que usaría para irse: era algo más que una balsa, pero menos que un bote. No sabía nadar. Luego, en otro momento surrealista, me hizo una insinuación y dijo que si yo le pedía que no se fuera y me quedaba con él, lo haría. ¡Solo en Cuba…!

Fidel Castro había abierto su país para que la gente lo abandonara, algo que anteriormente había sido ilegal, después de que centenares de personas que se sentían asfixiadas por el gobierno autoritario de Castro empezaron a irse espontáneamente construyendo sus propias balsas. Con frecuencia estas no eran más que un par de llantas amarradas. La escena era surrealista. Había directores de documentales italianos captando estas escenas al estilo Bertolucci con sus cámaras. Barbara Walters pasó por allí con un traje de lino blanco y una bolsa Chanel con cadena dorada. Había niños llorando, despidiéndose de sus abuelos, temblando mientras caminaban dentro del agua, no porque estuviera fría, sino porque no sabían nadar y se estaban subiendo a una balsa soñando con un nuevo país.

Cuando era estudiante universitaria, creía que Cuba era un intento genuino para crear una sociedad justa y educada con El Nuevo Hombre. Pero en este viaje, el hombre que me sirvió el desayuno en la Habana me dijo, "No, chica, eso del nuevo hombre se acabó hace mucho tiempo". Esa visión esperanzadora de Cuba que tenía en mi juventud murió cuando escuché a una niña de diez años decir que quería ser una extranjera o una "jinetera" (lo que significa "una jinete de caballos", pero en realidad se refería a ser una trabajadora sexual) cuando fuera grande. La isla de la música de protesta y el ron se había corrompido tristemente con gente embriagada en su propio poder y la maquinaria del partido. ¿Cómo era posible que la gente más rica del país fuera comunista?

Una de las historias más horripilantes y conmovedoras sobre la que haya reporteado sucedió en la Habana. La desinformación sobre las acciones del gobierno en Cuba era tan extensa que, a principios de los años noventa, muchos cubanos estaban convencidos de que Fidel dedicaba todo su tiempo a tratar de encontrar una cura para el sida. La gente realmente creía esto porque era lo que informaban los medios de comunicación del Estado. Las políticas de Cuba con respecto al sida obligaban a que cualquier persona que estuviera infectada fuera trasladada a una comunidad especial. Muchos decían que esto era ostracismo o una cuarentena forzada, pero muchos otros, sobre todo la gente infectada, agradecían que el gobierno hubiera asumido sus cuidados. Vivían en sanatorios con aire acondicionado en donde recibían alimentos y alojamiento, todo gratis. Una vez que estabas adentro, el gobierno te dejaba en paz. Por ejemplo, si eras gay, por fin podías salir del clóset y la policía no podía hacer nada.

En esa época, el Partido Comunista castigaba duramente lo que ellos llamaban "actividades antisociales", como la práctica de la Santería, Yoruba o Palo Santo; ser católico, protestante o judío; identificarse como gay, trans, lesbiana o, simplemente, andar en patineta y ser aficionado al *rock 'n' roll*. Se sabía que la policía cubana arrestaba a adolescentes cuyo único crimen era andar en patineta. Para ellos y sus familias, vivir bajo el comunismo era un infierno constante. Simplemente eran roqueros a los que les gustaba Led Zeppelin (igual que a mí), se hacían tatuajes y se vestían completamente de negro, pero los trataban como si fueran los principales enemigos del Estado.

También eran adolescentes ingenuos. Cuando estos chicos se enteraron del compromiso de Fidel para encontrar la cura para el sida en un plazo de cinco años, y de los sanatorios en donde podías vivir libremente sin tener a la policía encima de ti, se les ocurrió una idea para sacar el máximo provecho de un gobierno opresivo que los hacía sentir irremediablemente acorralados. Encontraban a alguien que tuviera sida, le sacaban sangre y se la inyectaban. Se infectaban a sí mismos de sida para poder vivir en los sanatorios "acondicionados" mientras Fidel encontraba la cura. La novia del roquero que entrevisté, que se llamaba Papo, me dijo que las agujas le daban miedo. Así que a propósito se infectó teniendo relaciones sexuales con él sin protección. Niurka todavía vive y sigue en Cuba, aunque Papo murió seis meses después de que yo lo conocí.

Como me dijo con total desdén la psicóloga cubana que entrevisté: "Los adolescentes en su país se matan a balazos. Esto es lo que hacen algunos chicos cubanos. No es ni mejor ni peor que lo que hacen ustedes". Fue horrible, pero tenía razón.

El sentimiento que había hacia los inmigrantes en los Estados Unidos en esa época estaba lleno de contradicciones. De muchas formas, el flujo continuo de gente y refugiados, primero de las guerras sucias patrocinadas por la CIA en Argentina, Chile y luego en Centroamérica, Nicaragua, El Salvador y Guatemala, era un resultado directo de las políticas de los Estados Unidos y su papel en la desestabilización de toda aquella región. Los Estados Unidos habían entrenado y financiado a los contras (contrarrevolucionarios) y habían contribuido a incitar una guerra en donde antes no la había. Los salvadoreños y los guatemaltecos abandonaban sus países porque ahora estaban inundados de equipo militar, espías, mercenarios y de lo que quedaba de los muy activos escuadrones de la muerte de la derecha, todo bajo la estricta vigilancia de los Estados Unidos.

Sin ninguna fanfarria o lucha política importante en el Congreso, se otorgaba protección a los refugiados de Cuba y otros países por medio de la Ley de Ajuste Nicaragüense y Alivio Centroamericano (NACARA, por sus siglas en inglés). Esta ley otorgó el estatus de residente permanente a los refugiados de Nicaragua, Cuba, El Salvador, Guatemala y otros nacionales de países de la antigua Unión Soviética que hubieran estado en los Estados Unidos durante al menos cinco años consecutivos antes de 1995.

Los inmigrantes, los refugiados, la gente desplazada por desastres naturales como terremotos y huracanes y la gente indocumentada tuvo un lugar donde estar. No tenían que hacer cola o dormir en las aceras de México. A estas personas no se las consideraba malhechores o una amenaza. Eran refugiados, y conocieron un lugar que les dio la bienvenida, los dejó entrar y los dejó en paz. Ese lugar se llamaba los Estados Unidos.

Pero no duró mucho tiempo.

————

El 26 de febrero de 1993, un camión Ryder cargado con explosivos y estacionado en el garaje debajo del World Trade Center detonó poco después de mediodía. Murieron seis personas en la explosión y más de 1000 resultaron heridas, lo que llevó a la evacuación de 50.000 personas. Fue un acto terrorista perpetrado por siete hombres. El líder afirmó que la explosión era para vengar la opresión de Israel sobre los palestinos, que había sido respaldada con la asistencia de los Estados Unidos. Después de este ataque, la seguridad empezó a revisar cada vehículo que entraba al estacionamiento del WTC, y ese fue el cambio más obvio. Pero un cambio significativo y menos obvio en la forma en que vemos la seguridad nacional también ocurrió como resultado de la explosión. Como los terroristas también eran inmigrantes, y algunos de ellos habían entrado al país buscando asilo, ahora el terrorismo se había vinculado para siempre con la inmigración.[1]

Titulares como el del *Washington Post*: "Reglas laxas para obtener la visa permiten que los terroristas entren a los Estados Unidos", comenzaron a cuestionar las políticas inmigratorias y las políticas para refugiados. Los solicitantes de asilo eran vistos como terroristas potenciales o, al menos, como explotadores de un sistema "liberal", gente a la que no se podía considerar inocente.[2] Un residente de Brooklyn escribió una carta al editor del *Times* advirtiendo, "Ahora que los Estados Unidos han entrado a la Edad Media, es momento de que reconozcamos nuestra incapacidad para seguir absorbiendo un flujo interminable de inmigrantes... El ataque al World Trade Center manifiesta otra razón para no tolerar un sistema de inmigración laxo: la entrada sin control de individuos peligrosos que ocultan agendas peligrosamente antiamericanas".[3]

*Sospechosos, refugiados, árabes, musulmanes, inmigrantes, terroristas...* estas eran el tipo de palabras que se usaban en la cobertura de la noticia. En 1995, después de que los involucrados en la explosión fueron juzgados, el *New York Times* publicó un artículo que anunciaba el veredicto simplemente como "Diez militantes musulmanes culpables de conspiración terrorista".[4]

En junio de 1993, varios meses después de la explosión, un barco llamado Golden Venture con 286 nacionales chinos que buscaban entrar a los Estados Unidos encalló en la costa de Queens.[5] Los neoyorquinos despertaron con imágenes de gente que luchaba por salir del agua helada en las costas de Rockaway Beach al amanecer. Las condiciones en el barco eran terribles; los pasajeros habían estado viajando durante ciento veinte días en un espacio pequeño, atiborrado, sin ventanas y sin alimento suficiente. Diez de los inmigrantes que habían saltado del barco encallado hacia el agua murieron, ahogados o por hipotermia.[6]

Se cristalizó una nueva narrativa como respuesta a estos aconte-cimientos. Los extranjeros de todas las partes del mundo con inten-ciones desconocidas estaban "manipulando el sistema" para entrar al país de cualquier forma. Ya no se podía confiar en los refugiados. Personas que no habían cometido otro crimen más que el de llegar a los Estados Unidos sin una visa, ahora eran considerados y tratados como criminales. Fue el presidente demócrata Bill Clinton quien ordenó que los sobrevivientes del Golden Venture fueran detenidos en prisiones mientras esperaban las audiencias para tramitar su asilo; algunos estuvieron detenidos por casi cuatro años.[7] En aquel enton-ces, la detención de inmigrantes no era todavía una práctica común; de hecho, en 1994, la capacidad total en los campamentos de deten-ción de inmigrantes de todo el país era apenas de 7000 personas.

¿Por qué la gente no protestó y dijo que no merecía estar en pri-sión? Eran inocentes. ¿Por qué nadie dijo nada? ¿Sería el tono de los titulares? "Traídos de contrabando a Nueva York". "Chinos a bordo del barco son detenidos por entrada ilegal".[8] "El Golden Venture, más otros 100.000".[9]

Quienes en realidad recibieron muy poca cobertura fueron las personas que apoyaban a estos inmigrantes, los verdaderos patrio-tas estadounidenses. Un grupo de ciudadanos en York, Pensilvania, donde 154 hombres chinos del Golden Venture estaban detenidos en la prisión del condado mientras esperaban las audiencias para so-licitar su asilo, se convirtieron en los partidarios más apasionados de estos inmigrantes. Su dedicada coalición incluía a un abogado local, un veterano de la guerra de Vietnam, obreros, maestros y feligreses que se reunían para hacer mítines, presentar demandas, presionar al Congreso y hablar con los medios en representación de los inmigrantes detenidos. Incluso ayudaban a recaudar dinero para estos hombres vendiendo las ingeniosas obras de arte que hacían tras las rejas: intrincadas esculturas hechas nada más que de papel de baño, blocs de notas, pegamento y agua.[10]

Pero la narrativa de los medios de comunicación establecida por los hombres blancos que dirigían y aún dirigen nuestras salas de redacción había cambiado. Restringir el flujo de extranjeros y refugiados hacia los Estados Unidos, los dizque bárbaros en nuestras puertas, ahora era una cuestión de seguridad nacional. La inmigración nunca volvería a ser vista del mismo modo.

———————

Cuando trabajaba para Scott Simon veía cómo se acercaba físicamente a las personas que entrevistaba, la forma en que los miraba a los ojos y, en muchas ocasiones, los tocaba. Rompía todas las barreras entre él y ellos; para el final de la entrevista, la gente se había relajado y hablaba con Scott como si realmente fuera un confidente y amigo. Yo todavía tenía que aprender a manejar mis relaciones con las fuentes. Había escuchado rumores en NPR… algunos colegas decían que me involucraba demasiado en las historias.

—Sé todo acerca de ti y tu agenda —me dijo uno de mis editores, un tipo simpático, blanco, de mediana edad.

—¿Agenda? —le dije—. ¿De qué estás hablando?

—Ay, María, por favor. Tú y tu agenda latina.

Me enfurecí.

—Supongo que eso quiere decir que entonces tú tienes una agenda de hombre blanco —protesté.

—¡Ay, por favor! No es lo mismo —dijo.

—¿En serio?

Eso me hizo pensar en si realmente tenía o no una agenda. Estuve muchos días pensando en lo que esa palabra significaba para mí en la posición de poder que ocupaba como periodista. Entonces me di cuenta de que efectivamente tenía una agenda... quería hacer que la gente sintiera.

Quería que tuvieran algún tipo de emoción profunda cuando escucharan alguno de mis reportajes. Quería que la gente que conocían a través de mis historias fuera inolvidable. Quería que la gente se viera y escuchara a sí misma en los personajes que conocían por medio de mis reportajes. Quería que sintieran lo mismo que yo cuando conocía a la gente: que como seres humanos todos estamos conectados, que cuando nuestros caminos se cruzan, tú puedes ver tu sufrimiento en el mío y yo puedo ver un poco de esperanza en el tuyo.

Siempre he pensado en mi mami en estos momentos. La manera en que le hablaba a la señora del mercado o al sacerdote o a la vecina, a un juez o a un policía; a todos les hablaba de la misma forma, con respeto, pero también con conciencia de sí misma, de ego. Ego en el sentido de que se necesita a alguien que tenga conciencia de su propio poder para ser esa persona que cree que puede hablarle a cualquiera, en cualquier lugar y sobre cualquier tema. Esa era mi mamá. Pero no puedes hablar con la gente a menos que muestres humildad, a menos que los veas en donde están, a menos que seas amable en tus palabras y en todos sus tus actos también. Hablar con gente de todas las banderas como reportera requiere de la misma danza delicada entre el ego y la humildad.

———————

El sueño de Maria Emilia Martin de crear un programa en la radio pública para hablar de los latinos se estaba volviendo realidad. Ella, Mandalit del Barco, Gérman y yo estábamos en un cuarto de hotel en D.C. riéndonos como niños, aunque estábamos vestidos con nuestras mejores galas. Nos habían contado que la gente decía que nuestra fiesta del Cinco de Mayo, que iba a ser esa noche y sería para inaugurar *Latino USA,* iba a ser la fiesta más a toda madre de la ciudad. Yo llevaba puesto algo negro y brillante; Maria se había recogido el pelo y llevaba un huipil colorido; Mandalit hizo destacar sus rizos rebeldes; y Gérman estaba vestido de negro y llevaba puesto un *kufi* africano morado, además de sus lentes oscuros. Esa noche era un momento singular en nuestras vidas: la noche en que conoceríamos al presidente de los Estados Unidos, que iba a dar la bienvenida oficial a *Latino USA*, un programa nuevo distribuido por NPR. A Maria Martin le habían dado la misión de crearlo y Gil Cárdenas, del Centro de Estudios Mexicoamericanos de la Universidad de Texas, lo llevaría a cabo en Austin.

*Latino USA* sería una voz de vanguardia periodísticamente sólida y estaría respaldada por la integridad de NPR. El programa fue concebido para responder de manera definitiva a la falta de voces e historias latinas en la radio pública y para servir como plataforma para las historias que no tuvieran cabida en otros programas de la cadena de radio pública. Su intención era educar al público a través del periodismo y humanizar a una "minoría crítica". El programa estaba financiado por la Fundación Ford y la Corporación para la Radiodifusión Pública. Maria Martin había tomado la decisión de nombrarme la presentadora. NPR aceptó distribuirla y prestarme cada semana para que pudiera leer los guiones que Maria iba a mandarme por fax desde Texas.

Bill Clinton acababa de ganar las elecciones de 1992 con el 61% de votantes latinos.[11] En cierto nivel, conectaba bien con los latinos, pero también se había definido como alguien de mano dura con respecto a la inmigración no autorizada. Un par de años después, cuando buscaba la reelección, la campaña de Clinton presumía en un anuncio que su gobierno había deportado a 160.000 inmigrantes "ilegales" y que había duplicado el número de agentes que trabajaban para la Patrulla Fronteriza. El anuncio también criticaba a su oponente republicano, Bob Dole, por haber votado en contra de una ley que reembolsaría a California el costo de haber encarcelado a los inmigrantes.[12] Los votantes latinos lo amaban a pesar de sus políticas de inmigración. Lo cual para mí era una clara señal de la mayor complejidad del votante latino y la votante latina, el grupo de inmigrantes con derecho a voto más nuevo y con el crecimiento más rápido.

La juventud de Clinton lo distinguía de Reagan y Bush, y la gente se dejó llevar en parte por esto. Era atractivo, tocaba el saxofón, practicaba *jogging* y consumía comida rápida en McDonald's como el resto de los Estados Unidos. Fue esa noche, en el lanzamiento de *Latino USA* cuando Clinton dijo, "Yo soy adicto a NPR", con lo que cautivó todavía más a los *yuppies*.

Esa declaración y su presencia en el evento fueron muy importantes. Ahora era oficial: nuestro nuevo y moderno presidente escuchaba NPR, la pequeña emisora a la izquierda del cuadrante. Estábamos tan orgullosos de que Maria Martin lo hubiera logrado. Finalmente, NPR tendría que respetar la gran capacidad de convocatoria de sus periodistas latinos y tomarse en serio un programa llamado *Latino USA*. Sin embargo, al día siguiente, cuando el comunicado de prensa oficial de NPR salió con la cita de Clinton, apenas mencionó a *Latino USA* en el último párrafo.

Mientras que *Time* y *Newsweek* tenían portadas que celebraban la década de los latinos y los hispanos, y aplaudían que Bill Clinton comiera burritos y enchiladas, el nuevo presidente aplicaba medidas duras sobre la inmigración.[13] Aumentó los recursos destinados a las redadas de inmigrantes, la detención y deportación de inmigrantes y el fortalecimiento de la seguridad en la frontera, lo cual fue el inicio de la militarización de la región. Creó programas de seguridad masivos en la frontera con nombres de estilo militar como Operación Bloque (Hold the Line) y la Operación Guardián (Gatekeeper), con los que colocó a cientos de oficiales de la Patrulla Fronteriza a lo largo de los puntos de entrada más populares para bloquearlos.[14] Clinton estaba comprometido a dar la impresión de que su gobierno no estaba dirigido por un montón de liberales con corazón blando, sino por demócratas moderados que serían duros con el crimen. Es lo que el estadounidense blanco quería escuchar: que él sería duro con el crimen y encerraría a los criminales, y que los inmigrantes indocumentados eran prescindibles. De todos modos, esos inmigrantes no podían votar.

En *Latino USA,* cada semana hacíamos reportajes sobre esos acontecimientos. Nos tomamos nuestro papel muy en serio porque éramos el único noticiero semanal nacional en inglés que se dedicaba a informar sobre los latinos. Aunque los políticos apenas estaban haciendo un esbozo de estas disposiciones antinmigrantes para convertirlas en ley, en muchos aspectos, a los latinos también se los cortejaba como una fuerza cultural, económica y política en crecimiento. Se nombró una cifra récord de latinos y latinas para ocupar altos cargos en el gobierno: Federico Peña fue nombrado secretario de Transporte; Henry Cisneros, como secretario de Vivienda y Desarrollo Urbano; Norma Cantú ocupó el cargo de secretaria adjunta para los Derechos Humanos en el Departamento de Educación; y Ellen Ochoa se convirtió en la primera latina en ir al espacio a bordo del transbordador espacial Discovery.[15] Corría el año 1994, el año de Selena, la cantante mexicoamericana de Corpus Christi, Texas, que cantaba en español y catapultó a la música texana, un género dominado por hombres, hasta los primeros lugares de las listas de popularidad. Lanzó su álbum *Amor Prohibido* y este se convirtió en uno de los álbumes latinos más vendidos en todo el país. Ese mismo año, México, Canadá y los Estados Unidos llegaron a un acuerdo para garantizar el libre comercio entre los tres países mediante la firma del Tratado de Libre Comercio de América del Norte (NAFTA, por sus siglas en inglés).

Aún así, las contradicciones en la administración de Bill Clinton surgían por todas partes; a menudo la gente se refería a él como el primer presidente "negro" por su aparente buena onda y, sin embargo, firmó la horrible Ley sobre el Control de Delitos Violentos y Aplicación de la Ley, a la que a menudo se hace referencia como la ley criminal de 1994. Esta legislación intensificó el tránsito de la escuela a la cárcel y devoró a muchos niños y adolescentes negros. Esa ley dictaba sentencias más severas en prisiones federales y destinó fondos para construir más cárceles, contratar a cien mil policías más y alentó a los cuerpos de seguridad a aumentar el número de arrestos relacionados con las drogas.[16] Para algunos, Clinton también era un presidente "feminista", aunque la conducta sexual inapropiada y una acusación de violación lo persiguieron durante mucho tiempo.

Todo el país era una contradicción viviente también. Era el final de los días de represión social y mano dura de Reagan y Bush padre, y comenzó una era más abierta y "liberal". Pero todo estaba dividido. Los suburbios estaban creciendo muy rápido, pero los niños en las escuelas de la ciudad de Nueva York se disparaban entre sí con armas ilegales que venían desde el sur y ahora había detectores de metal en las preparatorias. La economía crecía, pero la pobreza estaba muy arraigada. Hombres y mujeres negros y de color estaban siendo asesinados y atacados por el Departamento de Policía de Nueva York, como en el caso de Anthony Baez, que murió cuando un policía le hizo una llave al cuello y lo asfixió, y Abner Louima, que fue sodomizado.

California, al igual que el resto del país, era su propia contradicción. Era el estado con la diversidad poblacional de crecimiento más acelerado, pero también tenía un movimiento reaccionario que crecía rápidamente en contra de esos cambios poblacionales. California también era el hogar de Hollywood, el *surfing*, los *Deadheads* y los cultivos de marihuana, pero estaba gobernada por un republicano conservador de nombre Pete Wilson. Sus principales problemas fueron limitar el presupuesto del Estado, eliminar la regulación sobre industrias como la energética para aumentar la inversión y reducir el financiamiento estatal para la asistencia pública, lo cual justificó con el célebre lenguaje de la época: imputaciones por "irresponsabilidad" y "promiscuidad".[17] También quería echar a los inmigrantes fuera de su estado haciéndoles casi imposible sobrevivir allí.

En 1994, fue presentada una medida conocida como la Iniciativa 187 para las votaciones de noviembre en California, y Pete Wilson se convirtió en su mayor promotor. Era una ley abiertamente hostil dirigida a los inmigrantes indocumentados, diseñada sobre el legado de la Ley de Exclusión de Chinos. En todo el país la gente hablaba de esta nueva ley radical en California que haría ilegal que los inmigrantes indocumentados recibieran beneficios públicos como atención médica de emergencia o educación, y que obligaba a todos los empleados del Estado a reportar ante el INS a quienes sospecharan de ser inmigrantes indocumentados.[18] [19]

Los inmigrantes latinos y asiáticos indocumentados en California de repente empezaron a vivir con miedo: "Crece el sentimiento antiextranjeros tras las medidas de California".[20] Los inmigrantes en todo el país empezaron a preocuparse de que su estado fuera el siguiente en adoptar esas medidas. La conversación nacional estaba dominada por una ley restrictiva que desde el inicio mostraba a los inmigrantes como aprovechados y gorrones sin tomar en cuenta la información real.

La ley fue aprobada en las elecciones generales del 8 de noviembre de 1994, con el apoyo del 59% de los votantes,[21] pero fue inmediatamente impugnada en los tribunales. El 11 de noviembre, una orden judicial temporal impidió que se aplicara, y luego fue seguida de una orden judicial permanente, por lo que la ley nunca entró en vigor. Las peticiones del estado de California para que se desestimara la orden judicial fueron denegadas.[22] Algunos dicen que fue esta ley la que creó una generación de activistas "latinx", y la que, a la larga, ayudó a que el estado se pintara de azul, el color del Partido Demócrata.

---

Muchos meses después de que "La hombría encarcelada" —una nota mía sobre un hombre llamado Suave y su encarcelamiento como un rito de iniciación—, saliera en *All Things Considered*, sonó mi teléfono una mañana a eso de las 11:00 a.m. Estaba sentada en mi oficina preparándome para una entrevista. ¡Era Ethel Kennedy! Me llamó para decirme que había ganado el premio Robert F. Kennedy por los Derechos Humanos para Periodismo por mi reportaje. La historia se consideró revolucionaria y humana a la vez.

Yo había conocido a Suave en 1993, cuando di un discurso en la Correccional Estatal de Graterford, una prisión de máxima seguridad en Pensilvania. Había sido sentenciado a cadena perpetua sin libertad condicional por su participación en el homicidio de una persona de quince años. En un mar de maleza seca, Suave, que tenía veintisiete años y que había estado en la cárcel desde los diecisiete y seguiría allí por el resto de su vida, me preguntó qué podía hacer.

Le contesté que podía ser la voz de quienes no tienen voz y convertirse en mi fuente. Esas pocas palabras cambiaron su vida y comenzamos a comunicarnos por medio de cartas y llamadas telefónicas. Lo entrevisté para saber por qué ir a prisión en la calle se consideraba una forma de "ponerle más rayas al tigre", o ganarse el respeto en las calles, una forma de volverse más hombre, y no como algo a lo que habría que temer.

Fui a recoger el premio a D.C. y asistí a la elegante ceremonia de premiación, lo que me hizo sentir que yo era aquello que aparecía en los titulares. ¡Un *alien*! Aquí estaba yo, ¡rozándome con los Kennedy! ¿Cómo no iba a sentirme como una persona ajena? Estaba codo con codo con la familia que mi familia solía ver por televisión y en las fotos de la revista *Time*.

Mientras yo estaba celebrando mi premio en D.C., tomando fotos en la noche desde la terraza con mi corriente cámara Instamatic y la cúpula del Capitolio se encendía como una media luna de luz blanca y pura, Bill Clinton, los demócratas y los republicanos promulgaban leyes de inmigración más retrógradas y punitivas.

Nadie protestaba contra los inmigrantes. No había programas de televisión por cable en donde se despotricara contra ellos. No había marchas antinmigrantes. La economía estaba en pleno auge. Aparentemente por decisión propia, Bill Clinton firmó la Ley de Reforma de la Inmigración Ilegal y de Responsabilidad del Inmigrante (IIRIRA, por sus siglas en inglés) en 1996. Esta ley empezó a militarizar la frontera y a construir partes del muro fronterizo. La ley pretendía impedir que los inmigrantes indocumentados solicitáran prestaciones públicas y sociales, y criminalizó a los inmigrantes con base en su estatus. Creó tipos penales y categorías especiales de delitos denominados "delitos agravados", que permitían que los inmigrantes sin tarjeta de residencia, e incluso aquellos que contaban con una, fueran recluidos en campos de detención; introdujo plazos para la presentación de solicitudes de asilo; inició procesos expeditos de expulsión; hizo casi imposible que los inmigrantes indocumentados solicitaran la naturalización; y convirtió en delito grave el reingreso no autorizado a los Estados Unidos. Este último era especialmente aborrecible porque muchos de los que regresaban eran detenidos cuando volvían para ver a sus hijos. Estos cambios básicamente criminalizaron a los inmigrantes tan solo por su migración, y socavaron la idea del debido proceso.[23] La inmigración indocumentada ahora estaba siendo oficialmente criminalizada.

Durante su discurso sobre el Estado de la Unión de 1996, Bill Clinton compartió con orgullo sus planes para ampliar la aplicación de la ley de inmigración: "Hay algunas áreas que el gobierno federal no debería ignorar y que debería atender y hacerlo con firmeza. Una de estas áreas es el problema de la inmigración ilegal. Después de años de indiferencia, esta administración ha tomado una postura firme para fortalecer la protección de nuestras fronteras".[24]

¿Tenía alguna idea del infierno que estaba creando? ¿Previó lo que venía y estuvo de acuerdo con ello? ¿Nunca imaginó lo que vendría después?

¿O disfrutaba traicionando a los inmigrantes, una vez más, mientras nadie parecía estar mirando o poniendo atención?

¿O pensó, *Bueno, son solo inmigrantes. De todos modos, ¿a quién*

*le importan realmente? Y de cualquier forma, no se merecen nada esos*
*"ilegales", ¿verdad?*

Nadie se indignó. Y a quienes sí lo hicimos, todos aquellos latinx activistas, académicos, abogados, historiadores y periodistas, nos dijeron que nos calmáramos, porque estábamos alertando a los demás.

## Capítulo 9

# Una mamá trabajadora

Una noche a principios de la primavera, miré la luna llena que iluminaba nuestra casita de campo en Connecticut, a la que habíamos llamado Boca Chica, y sentí un hormigueo en la panza. Sabía que, por fin, estaba embarazada. Unas semanas después, la misma máquina horrible y gris de ultrasonido que dos veces antes no había detectado ni un latido de corazón cuando se suponía que estaba embarazada, descubrió una estrellita que latía a un ritmo perfecto en medio de mi panza.

Sin embargo, unos cuantos meses después desarrollé placenta previa, una situación peligrosa en la que la placenta bloquea el camino de salida del bebé. Podía morir de una hemorragia si mi bebé trataba de salir. Por eso, el nacimiento de mi hijo fue todo menos espontáneo. Decidimos el día y la hora en que llegaría a este mundo por medio de una cesárea.

Raúl nació el 2 de enero de 1996. Le pusimos el nombre de mi abuelo y de mi padre, que lloró a moco suelto cuando mi marido le entregó a nuestro bebito que apenas tenía minutos de haber nacido para que lo cargara. Por fin había sido la buena hija mexicana que honraba a su padre poniéndole su nombre a su primer bebé.

Decidimos hablarle solamente en español a Raúl Ariel. Su nombre completo es Raúl Ariel Jesús de Todos los Santos Pérez Hinojosa. Mi intención fue hacer que lo que antes odiaba, mi nombre tan largo y en español, fuera algo que mi hijo llegara a amar con los años. Para la ceremonia en la que le pusimos el nombre, que planeamos en lugar de hacer un bautizo (porque ni Gérman ni yo seguíamos siendo católicos practicantes), tuvimos que hacer dentro de nuestro departamento lo que íbamos a hacer afuera mientras el huracán Bertha destrozaba la costa este y causaba un diluvio en Manhattan. Mi mamá trató de descifrar el simbolismo de todo eso, porque por pura coincidencia, ella y el huracán se llamaban igual.

Raúl era ahora el centro de nuestra vida. Yo no estaba trabajando y Gérman se mantenía leal a su promesa de ser el mejor papá posible, todo lo contrario a su padre, que había sido sumamente violento y siempre estaba de mal humor, así que cuidaba mucho al bebé. Gérman cargaba a Raúl en su portabebé y tocaba el *djembe*; en cambio, yo llevaba a Raúl a la zona de juegos para niños en Central Park como una verdadera neoyorquina.

Todos los libros para padres que leí hablaban maravillas de darle el pecho al bebé, pero a mí me encantaba hacerlo por otra razón: amamantar a Raúl Ariel era lo único que me obligaba a detenerme y relajarme. Lo único que podía hacer era enfocarme en mi bebé y, para mí, eso ya era un beneficio. La naturaleza me hacía frenarme. Él y yo teníamos esas sesiones íntimas de contemplación en público porque a mí no me daba miedo darle el pecho delante de la gente. Él me miraba directo a los ojos y yo, a los suyos, y nada existía más que mi cuerpo que estaba alimentando el suyo. Estábamos conectados de la forma más amorosa y vulnerable en que dos seres humanos pueden estarlo. Era algo de puras miradas: Raúl Ariel nunca dejaba de mirarme. Este ritual me alimentaba y me hacía poner los pies en la tierra varias veces al día.

En México se dice que los bebés traen la torta bajo el brazo. Para mí, Raúl Ariel trajo abundancia. Un día sonó el teléfono y esta vez no fue la esposa de un Kennedy la que llamaba, sino un buscador de talentos ya veterano que trabajaba para CNN y me invitó a comer. CNN me preguntó si haría un reportaje de prueba para ellos, así que me ofrecí a preparar una historia que había trabajado para NPR antes de pedir mi licencia de maternidad.

Tanta gente inocente quedaba atrapada en los fuegos cruzados entre traficantes de drogas o pandillas en el Bronx que por todas partes aparecían murales conmemorativos. Los *graffiteros* hacían enormes retratos de los caídos usando pinturas en aerosol para reproducir sus rostros en colores vibrantes y detalles muy elaborados sobre el cemento viejo. Los murales eran tan emotivos como cualquiera de las bellas artes. El último mural que habían pintado era el de un niño pequeño al lado de su casa.

Por su naturaleza visual, la historia era un relato perfecto para la televisión. Los artistas, que pertenecían a la Tats Cru, eran tres puertorriqueños chistosísimos y amistosos. Se habían convertido en artistas comunitarios documentando momentos de tragedia para la memoria colectiva. Los chicos de Tats Cru empezaban a ser reconocidos por su arte. Al poco tiempo de que hice el reportaje sobre ellos, Coca-Cola les encargó un mural y viajaron a Tokio.

Este reportaje de prueba para la televisión representaba el tipo de periodismo que yo quería hacer en CNN: un formato largo para contar una historia basada en las calles y la comunidad, enfocándome en las personas que no eran blancas. Si iba a dejar NPR, sería para hacer esto, ya no para perseguir noticias de última hora.

A los ejecutivos les encantó lo que vieron, pero cuando CNN me preguntó si podía viajar a Atlanta para entrevistarme con ellos, me llené de ansiedad. Estaba convencida de que iba a fracasar, pero lo que no lograba reconocer era que habían sido ellos quienes me habían llamado a mí. Yo no estaba buscando un trabajo nuevo. Ellos buscaban a alguien a quien contratar y me querían a mí. Yo era incapaz de ver cuánto valía. Gérman fue quien me dijo que tenía que aprender a comerme mis miedos. Él había sobrevivido a la invasión de 42.000 marines de los Estados Unidos en su isla, la República Dominicana, en 1965, cuando apenas tenía nueve años.[1] Decía que el miedo está en la boca, que podemos distinguir su sabor, pero que si simplemente lo tragamos, desaparece. No queda ningún sabor después. El miedo desaparece de un trago y así podemos quitárnoslo de encima, hacerlo invisible.

Había una guerra afuera de su casita en Santo Domingo porque los Estados Unidos habían llegado para apoyar la junta militar que había derrocado al presidente dominicano Juan Bosch, el primer Jefe de Estado que había sido electo libremente en treinta años. Gérman, su abuelita y su mamá se encerraban en un clóset durante el día; en la noche se dormían abajo de la cama para evitar las balas perdidas.

La situación se puso tan fea que tuvieron que comerse el pollo que Gérman tenía de mascota y que él se negó a comer. ¿Cómo iba a comerse a su querida mascota? A partir de ese día, se declaró vegetariano, una decisión ridícula para la familia, pero fue la experiencia que le enseñó a comerse el miedo.

Me preparé para la entrevista de trabajo y fue Gérman el que ayudó a reconstruir a la mujer dentro de mí que había estado sin trabajar durante cinco meses y se estaba sintiendo empolvada.

—Pregúntales por qué tendrías que dejar NPR —me dijo.

—Eso suena muy prepotente —le contesté dudosa.

—Porque lo es —contestó—. Te quieren porque eres buena. Acéptalo, Malú. Ya acéptalo.

Fui a Atlanta con el primer traje sastre que me había comprado en la vida y me tragué mi miedo. Les pregunté a todas las personas con las que me entrevisté, que ya llevaban mucho tiempo en la empresa, por qué debía dejar NPR para trabajar con ellos; en otras palabras ¿qué hacía a CNN tan especial? Todos al principio se sacaban de onda y luego parecía que les daba gusto que yo tuviera los pantalones para hacerles a personas poderosas ese tipo de preguntas y me viera muy segura de mí misma.

Me ofrecieron el empleo y negocié una semana laboral de cuatro días y un aumento a mi salario.

Cuando conté la noticia en NPR, escuché a un colega que hizo un comentario sobre mi llamativo trabajo en CNN: "Esa María siempre se daba esos aires. Esos aires de que merece todo". Otros menospreciaron mi nuevo empleo porque pensaban que CNN estaba haciendo una contratación por un tema de acción afirmativa. Mucha gente se alegró por mí, pero muchos otros siguieron descalificando mi trabajo. Como dejé la radio para irme a la televisión, el medio menos sofisticado, ahora era una traidora a nuestro oficio.

El día que entré a la oficina de CNN en Nueva York, sentí como si todo el mundo me viera como una especie de pez raro, un *alien*. En esa época, CNN era una institución noticiosa de la vieja escuela, muy unida, llena de periodistas sencillos. Se decía que mi contratación era parte de una iniciativa para reinventar a CNN, por lo que mis nuevos colegas me miraban con desconfianza e incluso con desprecio. ¿Era parte del cambio de imagen de CNN? Era bastante obvio que yo era un tipo de corresponsal diferente. Mis primeros reportajes eran de cuatro o cinco minutos y trataban temas como el impresionante aumento en los índices de suicidio entre los jóvenes negros, un circo con puros artistas negros que se habían establecido en un lote abandonado de Harlem y el creciente poder de los votantes latinos.

La gente se burlaba de mis historias a mis espaldas, pero aprendí a poner oídos sordos. NPR era pan comido en comparación con esto. Estaba acostumbrada a trabajar sola y ahora a donde quiera que fuera estaba con un equipo que casi siempre incluía a dos hombres:

un camarógrafo y un operador de sonido. Con frecuencia, mi productor también era un hombre. Si en NPR no entendía las bromas, aquí en CNN tenía que fingir estar sorda para que las bromas no me afectaran. Llegué a escuchar a algunos compañeros que hacían bromas sobre mí diciendo que era la nueva "jefa de la oficina del Bronx"; en otra ocasión me preguntaron si me habían contratado para trabajar en CNN en español. Me imaginaba que era la típica novatada y que simplemente tenía que acostumbrarme a ese ambiente pesado entre varones. Sin embargo, algo había en eso que me gustaba. Estaba trabajando con gente de diferentes clases sociales. No todos los que me rodeaban tenían un título universitario ni todos vivían en el Upper West Side o en Westchester o tenían suscripción al *New Yorker*.

Se burlaban de mí. Si no era la gente del equipo, entonces era la mayoría de los ejecutivos. Había días en que volvía a casa y lloraba con Gérman, y él me decía, "Ninguno de los hombres que ahora te están jodiendo te va a importar en cinco años. No van a ser importantes en tu vida a largo plazo". De todos modos, lloraba por frustración. Cada vez tenía que vencer obstáculos más altos. ¿Qué nadie se daba cuenta de que yo solo medía metro y medio? No podía seguir saltando tan alto.

Uno de los editores de avanzada en Atlanta quería que explorara un formato de historia que fuera más largo y aceptó mi propuesta para un reportaje sobre algo conocido como Las Casitas en la ciudad de Nueva York. Esas casas eran réplicas de las cabañas de madera llenas de color que había en pueblitos de todo Puerto Rico. Imagínense ir caminando por una calle llena de basura en Spanish Harlem o en el Bronx, ver una pared sin chiste de los conjuntos habitacionales del gobierno y luego, en un lote vacío, solo a una cuadra de distancia, descubrir una casita rosa, azul o verde con un jardín estilo caribeño, abierta para que toda la comunidad pudiera disfrutarla.

Raúl y Berta en
Tampico, 1953

Fotografía del pasaporte,
tomada en México antes de
venir por primera vez a los
Estados Unidos. *Fila de arriba,
de izquierda a derecha:* Bertha
Elena y Mamá. *Fila de abajo,
de izquierda a derecha:* Raúl,
Jorge y yo de bebé, unas cuantas
semanas antes de que el agente
de inmigración tratara de
separarme de mi mamá, 1962.

Mamá y yo en 1964 en
el sur de Chicago (*Cortesía
de Berta Hinojosa*)

El MARIA DE LOURDES HINOJOSA
OJEDA,
con domicilio en 5316 Hyde Pa
Park Blvd., Chicago Ill.
quedó registrado en este Con-
sulado en donde comprobó fe-
hacientemente su nacionalidad
mexicana.

Para constancia se le extien-
de el presente CERTIFICADO,
válido por dos años, a partir
de esta fecha,

Huella

P. O. DEL CONSUL GENERAL

HECTOR A. AGUILAR M.
Firma funcionario

D.S.4.00

PRIMER REFRENDO
Núm. 5840 Derechos.- $50.00
Por DOS AÑOS a partir de es-
ta fecha,

Sello

Firma funcionario

SEGUNDO REFRENDO
Núm. 6211 Derechos.- $50.00
Por DOS AÑOS a partir de es-
ta fecha, NOV 29 1977

Sello

Firma funcionario

CANCILLER

Certificado consular mexicano que demostraba que yo, de once años, era mexicana. La última fecha validada en 1977 fue un mes exacto antes de que me violaran en México.

ABAJO: Presumiendo mi atuendo en mi fase disco en 1976. Fíjense bien en la cobija. (*Cortesía de Berta Hinojosa*)

Mi novio de aquellos años, Gene Fama, y yo durante nuestra fase punk, 1979. Ese era el empapelado loco de la cocina. (*Cortesía de Berta Hinojosa*)

Vestida de negro para mi fiesta de graduación en 1979. Todo era de segunda mano, menos los zapatos. (*Cortesía de Berta Hinojosa*)

Ceci y yo en nuestro segundo año de amistad visitando Manzanillo, México, en 1981. Esta era nuestra fotografía favorita de toda la vida. (*Cortesía de Raúl Hinojosa*)

Mi estilo *funky* cuando me despedí de Washington, D.C., y manejé hasta San Diego, 1986 (*Fotografía de Cecilia Vaisman*)

# Los Angeles Tim

Sunday        Friday, October 3, 1986      CCt/ 1.

## KPBS LATINO NEWS SHOW GETS NEW BOSS

By HILLIARD HARPER,
*San Diego County Arts Writer*

DAVID McNEW

SAN DIEGO—Born in Mexico City, raised in Chicago and educated in New York, Maria Hinojosa brings a sharp news sense, along with a cosmopolitan background, to her job as the new producer of National Public Radio's "Enfoque Nacional."

The only NPR program to emanate from San Diego, "Enfoque Nacional" is produced each week at the KPBS (89.5 FM) studios and beamed by satellite to about 80 radio stations around the country. The 30-minute news program, in Spanish, focuses on national issues of concern to Latinos. Its name translates as "National Focus."

**SAN DIEGO COUNTY**

Hinojosa, 25, is still amazed at being tapped to produce "Enfoque," which made a big impression on her as a teen-ager. She first heard the program over a Chicago radio station while she was a high school senior.

"I was glad to hear non-commercial Latino news, seriously and professionally done—not 'And here comes the latest news from Mexico City!'" Hinojosa said, mimicking a juiced-up Latino disc jockey. "Hearing about Latinos nationally in Texas and California and the issues—I'll never forget it. I never thought I would be working here."

Hinojosa gives an impression of endless energy held under tight control. She came to San Diego last month, fresh from a year's stint in Washington as a field producer on NPR's "Weekend Edition." There she earned a reputation as a producer with a nose for the important story and the skill to make it a human story as well.

Working with "Weekend" host Scott Simon, Hinojosa chose and produced the kind of touching and incisive news features that have become "Week-

end's" trademark. Among them: a segment on a 22-year-old New York City "crack" addict named Hawk; a series about detainees in a holding facility for illegal immigrants in Harlingen, Tex., and a profile of the Vietnamese community that is struggling to adapt to life in Corpus Christi, Tex.

At "Enfoque," which airs locally at 9:30 p.m. Thursdays and is repeated at the same time Fridays, moves from producing segments to producing the entire 30-minute program.

One of three NPR programs produced in Spanish, "Enfoque" was born in 1979. It is the brainchild of three men: Jose Mireles, Hector Molina and Jose McMurray, who once lobbied NPR to produce programs in Spanish.

"We saw a need for a nati—-l bilingual program and the need

*Producer Maria Hinojosa at the KPBS radio studio in San Diego.*

NPR to take a leadership role," said McMurray, now NPR's producer of bilingual programs. "We have such a growing Spanish-speaking population in the United States, and the Latinos—surveys have shown—are the people who listen to the radio the most."

Of the 14 million to 15 million people in the United States who speak Spanish—20 million if Puerto Rico is included, McMurray said. "We listen to radio a lot. When we get information in Spanish, we tend to believe it more."

Designed to inform the Spanish-speaking population in the United States of matters that affect them, "Enfoque" homes in not only on obvious issues, such as the Simpson-Rodino immigration bill but puts the news in

Salí en *Los Angeles Times* cuando me mudé a San Diego para producir *Enfoque Nacional* en KPBS Radio, 1986 (*"KPBS Latino News Show con nueva jefa" de Hilliard Harper se reimprimió con la autorización de* Los Angeles Times; *foto de María Hinojosa cortesía de David McNew*)

Mi foto de bodas con Gérman en el Great Hill en Central Park, 1991. ¡*Él* es quien va vestido de blanco! (*Cortesía de Raúl Hinojosa*)

Con Celia Cruz y su esposo, Pedro Knight, en la Universidad de Columbia, 1994

En la escalera de entrada de nuestro primer apartamento en la Calle 106, 1995. Ahí está mi grabadora junto a mí y el micrófono en mi mano. (*Cortesía de Gérman Perez*)

Esto fue unos días después del 9/11. Estaba trabajando. (*Cortesía de CNN*)

ABAJO: La Jueza de la Corte Suprema Sonia Sotomayor y yo entre bastidores en El Museo del Barrio antes de nuestra entrevista frente a una audiencia en vivo, 2013. La exeditora de *Latino USA*, Nadia Reiman, grabó el evento. Sonia estaba impactante con su traje morado.

Informando desde Nueva Orleans semanas después del huracán Katrina, 2005. Estábamos protegiendo la identidad de este hombre porque era indocumentado y trabajaba para reconstruir la ciudad. (*Cortesía de William Brangham*)

Caminando por el Centro de Detención Willacy, 2011. Fue para mi investigación para *Frontline "Lost in Detention"*. Fue la primera vez que se permitió la entrada de cámaras al recinto. (*Cortesía de Catherine Rentz*)

Definitivamente soy amante de las tarjetas de Navidad, 2018 (*Cortesía de Bienvenida Beltre*)

HOLIDAY ❄ WISHES

WITH LOTS OF LOVE Y MUCHA PAZ PARA 2019. LOS PEREZ-HINOJOSA
Walter, Raul, Maria, German y Yurema

ABAJO: Con mi equipo de Futuro, 2019

Enfrentando a Steve Cortes cuando usó el término *ilegal* como sustantivo en un momento que se hizo viral poco después, 2016 (*Cortesía de MSNBC*)

Bobby a los cuatro años de edad. Puede ver un poquito del mundo si se esfuerza mucho, 2019. Su sanación, amor y risa me inspiran. (*Cortesía de Virginia Child*)

Era un reportaje que había hecho años antes con Scott Simon, pero era mucho mejor para la televisión porque mostraba un aspecto diferente de los latinos y los puertorriqueños. Ellos fueron los creadores de sus propias historias cuando se apropiaron del espacio y lo llenaron con arte, narraciones y música pública colectiva, rumbas. Esto era algo tan puertorriqueño, pero era una historia que muy pocas veces se contaba en los espacios convencionales de los medios de comunicación, y era precisamente por eso que yo quería contarla.

Mi camarógrafo comentó entre dientes mientras estábamos grabando que era una historia tonta y una señal del trabajo mediocre que los nuevos contratados como yo estaban llevando a CNN, una cadena noticiosa confiable. Él no podía darse cuenta de que contar desde cero la verdadera narrativa de una comunidad, con respeto y la capacidad para escuchar a un tipo diferente de líder comunitario, era una noticia: que realmente estábamos haciendo algo novedoso al contar esta historia.

Otras personas en la oficina parecían estar de acuerdo con él. Aunque Atlanta había encargado la historia, la oficina de Nueva York no programó su transmisión al aire. Se quedó en un cajón durante semanas hasta que yo le pedí a Atlanta que la transmitieran. Estaba aprendiendo lo elemental del politiqueo en los noticieros de televisión. Consigue que transmitan tu historia en el mejor horario posible y logra que vuelvan a sacar el reportaje en toda la cadena, cada hora, y de ser posible en CNN International, y eso les daba a los corresponsales acceso a un público en todo el mundo por cable, algo tan importante como el periodismo en sí.

Pronto descubrí que los cambios en CNN de los que todo el mundo murmuraba se estaban volviendo realidad. A los pocos meses de que empecé a trabajar ahí, CNN fue vendida a Time Warner como parte de su fusión de $7.500 millones con la empresa matriz de CNN, Turner Broadcasting System. La cadena que muchos periodistas menospreciaban como la Chicken Noodle Network (la cadena de fideos con pollo) ahora estaba jugando en el nivel más alto del despiadado y competitivo mercado de los medios de comunicación.

En casa, Gérman y yo vivíamos muy felices rompiendo la estructura familiar tradicional. Él era el que cargaba a Raúl Ariel con un portabebé en el pecho o la espalda. Los tipos que jugaban dominó en la Calle 106 le hacían burlas en español sobre quién llevaba los pantalones en la casa. *El hombre de la casa nunca carga a su bebé en la espalda.*

Gérman nada más contestaba levantando el puño y gritando "¡Váyanse al carajo!". Era la única respuesta que ese tipo de tarados merecía, según me contó tiempo después muerto de la risa. Raúl se dormía rápido, su cabecita se apoyaba en la espalda de su papá y sus brazos colgaban del portabebés azul. Se quedaba profundamente dormido, incluso durante esas "confrontaciones" callejeras.

Gérman pintaba todos los días en lienzos cada vez más grandes y se dedicaba a buscar opciones para exponer solo. A veces dejaba que Raúl también diera algunas pinceladas. Raúl observaba las pinturas como si viera todo un mundo que le hablaba a través de los colores del mar Caribe. Gérman a veces añadía arena a la pintura para crear texturas en sus obras.

Para que Gérman pudiera dedicarse a su trabajo igual que yo me dedicaba al mío, contratamos a una niñera de medio tiempo llamada Gabby, una chica recién graduada del *community college* que siempre iba cargando una novela supergruesa a donde fuera. Era una mexicana neoyorquina con un mechón de cabello morado y usaba botas toscas de plataforma. Exactamente mi tipo de niñera.

Un día, cuando volvía del trabajo, Raúl Ariel no quería dejar los brazos de Gabby y no quería dejarla ir sin hacer berrinche y ponerse a llorar. ¿Quería más a su nana que a mí? ¿Y esa vez que me dijo *ma-pa* en lugar de *mamá*? ¿Quería más a su padre que a mí? ¿Sería mi reacción a los berrinches y el llanto normal de un niño pequeño lo que me hizo sentir ansiedad y ponerme a sudar? Era una mala madre. Lo que es peor, una mala madre mexicana.

Seguí batallando con mi nuevo papel en CNN y con cómo tratar de lograr el equilibrio adecuado como una mamá trabajadora con metas. La carrera de Gérman como pintor también estaba teniendo más éxito. Raúl pasó una semana con mis padres cuando tomé un vuelo nocturno desde el aeropuerto JFK a Río de Janeiro. En menos de veinticuatro horas, Gérman estaría inaugurando su primera exposición como artista único en el famoso Centro Cultural Correios, que en aquella época era una oficina central de correos de setenta años que habían renovado y estaba en el centro de Río.

Nuestras vidas estaban llenas de dicha y felicidad, pero no de mucho sexo porque nuestro primogénito ocupaba mucho espacio emocional. Como siempre, el enigma de por qué parecía que el sexo a mí no me hacía tanta falta me daba vueltas en la cabeza. No parecía normal. Pensé en escribir una carta anónima a alguno de los columnistas que escribían sobre sexo, o quizás a E. Jean Carroll de la revista *Elle*. Sentía mucha vergüenza.

El viaje al sexy Río fue la oportunidad para reconectar con nuestra pasión, esta vez no solo con Oshun, la diosa de la sensualidad, sino, como íbamos a estar cerca del océano, con la madre de todos los Orishas, Yemayá. Hice mi maleta solo con la ropa que sabía que a Gérman le gustaría: faldas amplias, blusas tipo campesina con los hombros descubiertos, *tops* estilo *halter*, muchas mascadas, mis aretes de aro de oro, ropa interior linda y sensual.

No me sorprendió que el cuarto del hotel estuviera bastante rascuache, junto a un conducto de aire, porque así es el ambiente en todo Río: una fachada. De todos modos, si uno va a Río no es para pasar los días y las noches dentro de un cuarto chiquito y oscuro en Botafogo. Es para salir y caminar por los adoquines negros y blancos que parecen olas sobre las banquetas de las playas de Copacabana e Ipanema, tomar un suco de fruta en alguno de los enormes cafés que hay en las esquinas y bares de jugos en donde también venden traguitos de cafeína o enormes vasos de jugo frío de fresa y mango recién hecho y ponerse a mirar a todos los impresionantes cariocas que parecen ser hermosos por naturaleza. Por cierto, Río es una de las capitales mundiales de la cirugía plástica. Pero aun así, la gente es guapísima.

Una tarde, la droga sexual natural que es Río nos pegó muy fuerte a mi esposo y a mí. Así como sucedió con mi hijo, cuando al final nos quedamos exhaustos y sudorosos abrazándonos, estuve casi segura de que me había embarazado.

Antes de acostarnos y perderme en los placeres del amor, había estado tan preocupada por demostrar mi valía en CNN que se me había ocurrido una idea para hacer un reportaje mientras estaba en Brasil. Me llevé a un camarógrafo a Minas Gerais para conocer a la mujer más viejita del mundo, que en aquel entonces tenía 126 años. Había nacido en la época de la esclavitud, y por eso su nacimiento solamente se había registrado en la iglesia, no en el registro civil de la ciudad porque no había sido considerada un ser humano pleno. Por esta razón, los Récords Mundiales Guinness no la reconocieron ni la incluyeron en el récord mundial oficial. Con este reportaje la gente de todo el mundo se enteró de su existencia. Estaba jorobadita y apenas medía más de un metro. Me enseñó las marcas que tenía en la espalda por los latigazos que le daban, mientras pasaba sus manos sobre esas cicatrices abultadas que tenían cien años.

Ya de regreso en NYC, el pequeño signo "+" de la prueba de embarazo se puso azul y grité de alegría tan fuerte que Raúl Ariel empezó a llorar y a preguntar, "¿Qué le pasa a Mamá?".

Un mes después, el aparato de ultrasonido que antes me daba miedo confirmó que había un latido de corazón. Después de dos abortos (cuando estaba en la universidad y usaba métodos anticonceptivos), dos abortos espontáneos ya casada, y ahora dos embarazos, yo era la prueba de que las mujeres no tienen que sentir culpa o vergüenza por las decisiones que tomaron en el pasado o por problemas de salud.

Me sentía tan agradecida de que la lujuria, la pasión y Oshun hubieran logrado entrar a mi corazón y de que mi cabeza hubiera entendido que a veces tienes que dejarte llevar por los sentidos y la naturaleza, que es justamente lo que esta deidad representa.

De cualquier forma, pensar en el trabajo de inmediato me llenaba de agitación. Tenía que cambiar la forma en que hacía las cosas si no quería perder este bebé en el primer trimestre, que es tan delicado. Ya no podía pararme encima de los camiones que hacían transmisiones por satélite y hacer grabaciones en vivo como antes; ya no podía dormir cuatro horas y trabajar de pie durante otras diez para dar las noticias. Al menos no durante el primer trimestre.

¿Cómo les iba a decir a mis nuevos jefes de mi todavía nuevo trabajo que estaba embarazada? Me sentía tremendamente feliz y, al mismo tiempo, sentía mucha vergüenza cuando imaginaba qué iba a pasar. La gente de por sí pensaba que me habían contratado por el tema de la acción afirmativa y que era una diva del formato extenso en NPR. ¿Qué iban a pensar cuando supieran que estaba otra vez embarazada? Todo el mundo iba a odiarme. No había nadie en CNN que me apoyara. No tenía asignado a ningún productor y empezaba a vérmelas negras. En la televisión, si no tienes un plan para salir constantemente al aire, no eres nadie.

Iba a salir al aire estando embarazada. Ni siquiera lo había pensado. ¿Cómo iba a verme? Blanca Rosa Vilchez, una de mis amigas de LIPS (siglas de su nombre en inglés, Latinas in Power, Sort Of, una organización de mujeres extraordinarias, casi todas periodistas, y que habían sido mis salvavidas a lo largo de los años), una vez me contó sobre esta horrible realidad: el director de la cadena, que es quien toma decisiones sobre mantenerte o no al aire, tiene una pared cubierta de televisiones encendidas y en silencio, por lo que su decisión se basará no en lo que dices sino en cómo te ves. Sólo eres una de las caras de los doce televisores que está viendo simultáneamente. El mensaje fue claro: tienes que verte bien todo el tiempo. Y joven.

Pedí una cita con Nancy, la jefa de edición de la oficina de Nueva York, y tuve que aguantarme las lágrimas cuando entré. ¿Cómo podía haberme embarazado si apenas había entrado a un nuevo trabajo? Era obvio que había preferido la pasión y no lo práctico, y mi debilidad ahora se estaba dejando ver en una pancita.

Respiré hondo y dije:

—Me embaracé en Brasil... lo lamento. —Sentí mucha pena cuando dije esas palabras, sin saber por qué había compartido esa información tan íntima.

—¡¿Cómo?! —dijo mientras se le iluminaba la cara—. ¡No tienes por qué lamentarlo! ¡Felicidades, María! ¡Me alegro muchísimo por ti! ¡Felicidades!

La reacción de Nancy me dejó enamorarme de mi embarazo. Sabía que si alguna vez llegaba a tener un puesto de jefa, reaccionaría de la misma manera cada vez que una empleada me dijera que estaba esperando un bebé.

En cierta forma, el embarazo hizo que la gente con la que trabajaba me cuidara más, lo cual se sentía raro, pero también me gustaba. Llegué a querer a CNN y a mis compañeros de trabajo, y después de los primeros meses de novatadas, también llegaron a tenerme cariño. Yo agradecía el ambiente familiar que habían creado para mí y me llegué a preocupar tanto como mis colegas sobre cómo esta cadena, que era una empresa familiar, iba a cambiar, y de manera drástica. Los chicos McKinsey que Time Warner había contratado ya habían llegado y se paseaban por la oficina como si fueran los dueños del lugar. La pequeña cadena que logró sus objetivos ahora era parte de una compañía de medios de comunicación muy importante. Ya no había vuelta atrás sobre la que Ted Turner tiempo después llamaría la peor decisión que había tomado en su vida. Todo el mundo en CNN empezaba a sentir que las cosas se estaban tambaleando.

Años atrás, cuando Ceci y yo viajamos juntas a Brasil, íbamos tomando tragos por la colina de Corcovado, haciendo escala en todos los bares que había en el barrio Santa Catarina. Acabamos en un bar en Lepas, la zona roja, a las 4:00 a.m. Yo estaba tomando una cerveza fría en la terraza de un bar. Una mujer alta, voluptuosa con unas cejas arqueadas impresionantes y labios perfectamente pintados de rojo se sentó junto a mí. Cuando le pregunté su nombre, me contestó "Yurema". ZZZHHuu-reh-mah. En ese momento supe que así le pondría a mi hija. Tuvieron que pasar muchos años para darme cuenta de que la Yurema de esa noche era una mujer trans y de que el nombre Yurema era de una planta afrodisiaca y una diosa.

Parí a esta pequeña revolucionaria en el cinco de mayo de 1998. Yurema se acomodaba contra mi pecho y se quedaba dormidita así todas las noches que yo estaba en casa. ¿Cómo iba a quitarle a mi bebita este momento entre mamá e hija tan exquisito? Pegaba su boquita a mi piel y no se soltaba, jugueteaba con mis orejas, mi nariz, mi frente y mis cachetes como si necesitara que cada uno de sus deditos tocara cada centímetro de mi cara para confirmar que no me iba a ir a ningún lugar. Era una demostración de la confianza total que este ser humano pequeñito me tenía. Ella no tenía miedo, ni era exigente, solo estaba llena de amor. Como esos tontos Teletubbies con soles que brillaban desde sus mamelucos, Yurema era luz pura, femenina, fuerte y amorosa.

Regresé como presentadora a *Latino USA* un mes después de que nació mi hija porque sólo tenía que estar allí medio día a la semana. Tenía que salir de la casa lo más pronto posible porque todavía tenía que terminar mi segundo libro, que ahora era sobre la maternidad. Cuando me encontré con la que era entonces rectora de Barnard, Judith Shapiro, estaba tan desesperada por encontrar un lugar donde pudiera darle de comer a mi bebé y escribir al mismo tiempo que me la jugué y le pregunté si me dejaría usar un dormitorio vacío durante el verano. De milagro me dijo que sí. Casi inmediatamente me puse a trabajar, tratando de terminar de escribir mi memoria *Raising Raúl*. Todos los días iba a trabajar al dormitorio en Barnard, donde mi vida independiente había empezado, con mi bebita junto a mí.

---

Después de mi permiso de maternidad de seis meses, regresé a CNN tratando de averiguar cómo sobrevivir con el nuevo presidente de la cadena, Rick Kaplan. Era tan famoso que las revistas de chismes habían sacado reseñas sobre él. Para los antiguos empleados de CNN, contratar a Rick Kaplan sacándolo de ABC News era la señal más clara de que las cosas no iban a seguir igual. Kaplan era famoso por hacer limpieza de personal, convertir en estrellas a los presentadores de noticias, inyectar al mundo de las noticias con glamur, grandes personalidades y mucha influencia.

Le pedí a tanta gente como pude que me diera referencias de Kaplan para estar bien preparada cuando lo conociera. Muchos pensaban que Kaplan quizás me ayudaría mucho en mi carrera porque le encantaban los reportajes que se basaban en personajes y ese era mi fuerte. También era muy impredecible, según me contaron. Lo más importante era nunca toparme con su lado oscuro. Pensé que al menos eso lo podía hacer. Él iba a estar trabajando en Atlanta, y yo estaba en NYC. Mis reportajes eran muy buenos, pero yo no era una corresponsal de televisión sofisticada. Era una reportera medio *hippie* que trabajaba en la *Chicken Noodle Network*.

El estrés en CNN me siguió hasta mi casa. Para Gérman, mis quejas eran una lista interminable de nombres de los hombres que estaban convirtiendo mi vida como periodista en un infierno. A veces me daba cuenta de que ponía la mente en blanco cuando yo le llenaba la cabeza con mis dramas del trabajo al final de un día pesado. CNN ya no era una cadena familiar de cable. La gente veía las caras brillantes y maquilladas de los corresponsales en la televisión, pero en realidad, yo empezaba mi jornada laboral preguntando si a alguien lo habían despedido la noche anterior. CNN ahora se estaba convirtiendo en un pequeño monstruo de los medios de comunicación.

Darle pecho a Yurema ahora también empezaba a ser doloroso; no me quería soltar. Esta actividad que supuestamente me calmaba, me tranquilizaba y me conectaba con mi hija, ahora me dejaba frustrada y llena de ansiedad. A Raúl le di pecho hasta que cumplió dieciséis meses, pero la presión de poder viajar de un momento a otro me estaba pesando más que la salud de mi niña. Un año tendría que ser suficiente para mi bebita, porque siendo el único miembro de la familia que recibía un cheque quincenal, no podía perder este trabajo.

Creía que me iban a correr en cualquier momento. Pero lo que no podía ver era que mi esposo era el que quería arrancar a CNN de mi vida.

———

Fui al congreso anual de la Asociación Nacional de Periodistas Hispanos (NAHJ, por sus siglas en inglés), en el que el presidente de México, Vicente Fox, había sido elegido para dar un discurso. El hecho de que hubiera colaborado con la NAHJ se consideró una prueba de que el poder y el prestigio de los periodistas latinos estaban creciendo. Fox habló esa tarde a cientos de profesionales latinos comprometidos con la causa, solicitando que la gran reforma a la inmigración siguiera adelante con el nuevo presidente, George W. Bush. Siguiendo las huellas de Ronald Reagan, México se convertiría en un socio para hacer que la inmigración fuera una cuestión de concesión y colaboración y no de controversia y caos entre los dos países. Se sintió como si los periodistas latinos otra vez estuvieran ganando fuerza y obteniendo una respuesta. Fue la primera vez que un presidente asistía a la conferencia cuando todavía ocupaba su cargo.

Cuando George W. Bush asumió la presidencia, él y el presidente Fox pronto se hicieron amigos. Parecía que entre ellos había nacido una amistad geocultural instantánea: los dos compartían valores al estilo *cowboy* de independencia y conservadurismo. Se reunieron tres veces durante los primeros meses del mandato de Bush, y Fox y su esposa fueron los primeros invitados a una cena de Estado organizada por los Bush en la Casa Blanca el 5 de septiembre de 2001.[2] Los dos presidentes hablaron sobre planes que darían un estatus legal a más de tres millones de mexicanos indocumentados en los Estados Unidos; también tenían la idea de extender los programas de trabajadores invitados a los Estados Unidos.[3]

Los analistas, académicos y activistas parecían dudar de que este presidente mexicano tan conservador y un presidente republicano lograran llegar a un acuerdo sobre la inmigración. ¿Cuáles eran sus verdaderos intereses para buscar esta reforma a la inmigración? ¿El acceso a mano de obra barata para los empresarios republicanos de mucho dinero? ¿O era algo totalmente diferente?

# Capítulo 10

## El fin del mundo saldrá por televisión

Siendo mamá de dos niños pequeños, mi rutina empezaba levantándome temprano. Tenía que salir de puntitas y dejar la puerta del frente sin seguro para no hacer ruido. Así lograba irme a hacer ejercicio y regresar a tiempo para llevar a Raúl a la escuela. Esta mañana de septiembre hacía calorcito, pero no demasiado, y mi Yurema, que ya tenía tres años y medio, iba a ir por primera vez a un nuevo centro preescolar que estaba en el sótano de la antigua catedral St. John the Divine.

Yurema, mi bebita, y yo no teníamos la misma conexión que tuve con Raúl; nosotros estuvimos juntos sin interrupción casi durante año y medio antes de que tuviera que volver a trabajar. Estaba de gira promocionando mi libro cuando Yurema apenas tenía un año. Compensé eso despertándome a las 5:45 a.m. para llegar al gimnasio a las 6:00 y regresar a las 7:00, cuando Gérman y los niños se estaban levantando. Generalmente estaban viendo el programa de Elmo y desayunando Cheerios o un mango entero, uno de sus alimentos

195

favoritos, rodeados de explosiones de color y arte en cada rincón del departamento, con enormes pinturas que colgaban de cada pared.

El día de las elecciones para el alcalde de NYC, un martes de septiembre, me habían asignado a la oficina central de Bloomberg. Esta era una oportunidad increíble porque significaba que podía estar con el potencial ganador, Michael Bloomberg, el controvertido multimillonario que quería ser alcalde. Yo estaba contenta porque esta tarea demostraba que la gente de mi oficina todavía creía en mí. Sentía que mi ego estaba por las nubes mientras salía del gimnasio hacia mi casa apenas pasaditas las 8:45 a.m.

Puse la radio en FM en mi Walkman viejito para estar pendiente del inicio del Día de las Elecciones en NYC. Encontré la estación de salsa en español. Estaba el programa *El Vacilón de la Mañana* —el programa original de bromas muy pesadas— y escuché a una señora angustiada que hablaba por teléfono diciendo que se acababa de estrellar un avión contra el World Trade Center. Los presentadores se reían de su intento por tomarles el pelo, como si algo tan loco como eso pudiera suceder. Ella levantó el teléfono y gritó, "¿Qué no oyen las sirenas? ¡Estoy hablando en serio!".

*¡Ah, qué la chingada!* Me acaban de echar a perder el día, pensé. *¿Cómo podría alguien ser tan estúpido como para estrellar su avión en la torre más alta de la ciudad?* Seguramente era un muchacho ricachón que estaba jugando con el avión de su papá.

Corrí dos cuadras hacia mi casa desde Broadway a Columbus y cuando abrí la puerta, Gérman me dijo:

—Te acaban de llamar. Los jefes dicen que vayas al WTC como puedas. El equipo te va a esperar allá y Rose ya está transmitiendo y también va hacia allá.

Me metí rápido a la ducha y, mientras me estaba secando, vi un segundo la televisión. Fue cuando me di cuenta de que no era un avión para dos pasajeros. Este era enorme.

Me acerqué al centro hasta la Calle 23 en el East Side cuando los trenes dejaron de circular. Para entonces, hasta la gente que iba bajo tierra se había enterado de que se había estrellado otro avión. Gente desconocida se miraba entre sí en el vagón del metro angustiada y en silencio. Nos estaban atacando. Pero nosotros solo éramos neoyorquinos. ¿Por qué a nosotros?

En cuanto subí a la calle, busqué desesperada un teléfono público porque las torres de telefonía celular estaban destruidas. La fila era muy larga y todo el mundo se veía desesperado y angustiado. Con mucha cortesía les dije que era corresponsal de CNN y que solo me iba a tardar treinta segundos, y para mi sorpresa (después se convirtió en una norma que la gente se ayudara aunque no se conociera), estas personas desesperadas dejaron que me saltara la fila.

Los de la oficina me dijeron que fuera al hospital St. Vincent en la Calle 13 y que mi equipo me vería allí. Ahora tendría que trabajar sin productora porque Rose ya estaba en el WTC. Llegué a la Quinta Avenida y fue cuando por fin lo vi con mis propios ojos: las dos torres estaban en llamas. Mi pecho empezó a subir y bajar como si mi cuerpo fuera una máquina para hacer olas. No podía controlarlo. Mi respiración se agitó. La escena que tenía delante de mí parecía sacada de una película. *No puede ser real, pero sé que estoy viva y acabo de despedirme de mi esposo y de mis niños.*

Los habitantes de Nueva York habían bajado desde sus departamentos y chocaban en las aceras en donde sus vecinos neoyorquinos, que tal vez habían estado en las torres, ahora iban corriendo hacia el norte y pasaban junto a ellos tan rápido como podían: tenían el horror grabado en la cara como una máscara, y no se detenían para mirar atrás. En esa masa de gente, vi a una de mis amigas de LIPS, Neyda, que trabajaba en el centro. Era una de esas personas que tenían el terror clavado en los ojos, una mirada que no recuerdo haber visto en los ojos de nadie, no este tipo de terror desesperado.

Hacer el reportaje sobre los ataques al WTC cambió mi vida de maneras que no lo había hecho ningún otro reportaje. Había estado en zonas de guerra, pero siempre eran lugares alejados a los que podía viajar para hacer los reportajes y luego volvía a casa. Ahora mi casa se había convertido en una zona de guerra. Constantemente iba a la Zona Cero, o a la Zona Cero del dolor en las casas de las personas que habían perdido a un ser querido en el 9/11. Después, tomaba el metro hacia mi comunidad, que estaba a millas del centro; todo el mundo allá hacía lo posible para que la vida pareciera normal: no para los adultos, sino para los pequeños neoyorkinos que eran niños como los míos. "Normal" significaba fingir, por ellos, no estar aterrorizado.

En el centro había soldados con equipos antidisturbios y ametralladoras listas para usar, bomberos que caminaban entre los escombros llorando; había destrucción por todas partes. El ataque significó muchas cosas, pero era claro que la conversación sobre la inmigración iba a echarse para atrás.

Todo el trabajo colectivo que habíamos hecho —yo en CNN y en *Latino USA* y también otros periodistas— para humanizar las historias sobre inmigrantes y refugiados tratándolas con complejidad y cuidado, no sirvió para nada. La sangre antinmigrante, contenida, a un constante fuego lento, empezó a hervir otra vez.

———

Me di cuenta de que me identificaba mucho con la gente a través de su dolor. Esto no tenía nada que ver con que yo fuera latina, inmigrante o mujer. Abría mi corazón y dejaba que entrara la gente que había perdido a alguien. La mayoría eran personas con las que no tenía nada en común, que de hecho, no podían ser más diferentes a mí: los padres de los banqueros de Wall Street, las familias de los bomberos que vivían en Long Island, viudas que no tenían ni treinta años de edad, una mujer afroamericana de Misisipi a la que habían transferido aquí y estuvo contestando las llamadas al 911 ese día, escuchando a las personas que le decían a ella sus últimas palabras. Todos ellos se metieron hasta el fondo de mi corazón. Ese *shock* que tuve me hizo menos dura, me hizo juzgar menos a la gente y me ayudó a conectarme con mis temas en un nivel más profundo, y eso se veía en mis textos y en mis reportajes. Y también en el hecho de que me reflejaba en ellos y encontraba esperanza en eso que nos une como humanos, en las calles, en el metro, cuando compraba una taza de café y de repente veía a algún desconocido que había perdido a alguien y nuestras miradas se unían en solidaridad.

Veinticuatro horas después de los ataques, salieron los pósters. Fotos de personas en sus momentos más felices, fotos sonrientes de pasaportes y fotos de extraños con sus adoradas mascotas, abrazando a sus niños: esas fotografías íntimas empezaron a aparecer por todas partes de la ciudad. De alguna forma, los pósters eran una respuesta en tiempo real al intento de George W. Bush de tratar de pintar el ataque con tonos nacionalistas. Los neoyorquinos decían, *Esto es lo que somos. Estos son nuestros seres queridos. Míralos. Míranos. Somos lo que tú eres: inmigrantes, gays, heterosexuales, judíos, católicos,* queer, *musulmanes, jasídicos.* Los pósters y las fotos tenían la misma palabra: DESAPARECIDO. "*Desaparecido*", una palabra que la gente aprendió de los desaparecidos de Argentina y Chile durante las dictaduras en los dos países.

Sabía que tenía que haber gente indocumentada entre los desaparecidos y los muertos. Llamé a la Asociación Tepeyac y me dieron el teléfono de una mujer que estaba casada con un señor que trabajaba en Windows on the World, un restaurante muy elegante para turistas del piso 107 del World Trade Center, al que alguna vez la revista *New York* había alabado por ser "el restaurante más espectacular del mundo".[1]

El 13 de septiembre, conocí a Julia Hernández y a sus hijos. La visitamos en su departamento, que era de solo una recámara y donde todo estaba amontonado, en el Bronx.

—Estábamos a punto de cambiarnos de casa —me contó. Sus cuatro niños estaban llorando y durante dos días enteros estuvieron llorando y calmándose un poco y volviendo a llorar. Lo único que sabían era que Papá estaba desaparecido.

Antonio Meléndez era un ayudante de cocina nacido en Puebla, México. Él y su pareja habían decidido dar el gran paso e irse a vivir a NYC, en donde él tenía un amigo con una oportunidad de trabajo que lo estaba esperando en el edificio más alto del mundo. Antonio no podía creerlo (¡un restaurante que estaba sobre cien pisos!), pero él tenía este lema: *No dejes que te lo cuenten; hazlo tú mismo.*

Antonio se mudó a la ciudad de Nueva York y vio que era verdad. Había un edificio con una cocina entre las nubes y muy pronto se hizo uno de los ayudantes de cocinero favoritos. Julia lo siguió a los Estados Unidos y tuvieron más niños. Antonio y Julia tenían una buena vida en el Bronx: su bebito estaba por cumplir un año, tenían dos niñas en medio y su niño mayor tenía nueve años. Y estaban por mudarse, finalmente, a un departamento de tres recámaras.

Pero ahora Papá ya no estaba. Rosa y yo, el camarógrafo y un técnico de sonido terminamos llorando, algo que nunca pensé que vería con mis propios ojos, pero estar con Julia Hernández y sus niños nos pegó muy duro. El reportaje de tres minutos que Rosa y yo produjimos hizo llorar a la gente en todo el país. Los espectadores le mandaron cartas a Julia de todas partes y le decían que era una patriota.

De todos modos, Julia estaba sola y era una indocumentada. Ni siquiera sabía si era seguro para ella solicitar la ayuda por el 9/11 y revelar su estatus. Su marido era un héroe invisible y ella era la viuda invisible de un hombre al que ahora llamaban patriota estadounidense.

Como éramos un país que estaba sufriendo un ataque, las protecciones básicas de nuestra democracia de repente se cuestionaron. Todo era una amenaza potencial. El alcalde que teníamos en esa época, Rudy Giuliani, quería suspender las elecciones para el cargo de alcalde de manera indefinida o por varios meses. El presidente Bush declaró emergencia nacional y afirmó que el país estaba en estado de guerra y eso quería decir que su administración podía tomar acciones drásticas que ignoraran el sistema de frenos y contrapesos. El congreso aprobó la Ley Patriótica. Se hablaba de la ley marcial.

En *Latino USA*, hablamos con un experto militar que explicó que, debido a la declaración de guerra, la guerra contra el terrorismo, se podía enlistar a gente indocumentada y hacerse sus trámites para recibir tarjetas de residencia expeditas. La emergencia nacional significaba que a la gente indocumentada que ya estuviera sirviendo en el ejército se le daría la amnistía y se le otorgaría la ciudadanía. De hecho, resulta que eso es lo que dice la ley. La Ley de Servicio Militar Selectivo, que se aprobó por primera vez en 1948, dice que en tiempos de guerra cualquier hombre de dieciocho años en adelante, tenga o no permiso para estar en los Estados Unidos, puede ser llamado para servir en el ejército si se reabre el reclutamiento.[2] "Casi todos los hombres de 18 a 25 años que sean ciudadanos o inmigrantes que vivan en los Estados Unidos deben registrarse en el Servicio Selectivo. La ley de los Estados Unidos exige que los ciudadanos se registren en un lapso máximo de 30 días después de cumplir los 18 años, y los inmigrantes, dentro de los 30 días después de llegar a los Estados Unidos."[3]

Los Estados Unidos han sabido desde que la nación se creó que siempre habría soldados indocumentados en el servicio militar estadounidense. Es como un chiste de mal gusto. ¿Por qué a los indocumentados no se los aplaude por servir a un país que ni siquiera es el suyo? Al contrario, los humillan y los vuelven invisibles cuando portan las armas.

Era un motivo más para estar triste. Tratar de ser mamá y esposa mientras vivíamos todo esto se convirtió en un reto diario. En casa siempre aparentaba estar contenta. Cualquier cosa horrible que hubiera visto haciendo mis reportajes durante el día (una mujer con el 70% de su cuerpo quemado, un padre que lloraba por su hija, un bombero en estado de *shock*), se iba a una parte oscura de mi cerebro y cuando las imágenes trataban de volver a salir, las volvía a empujar hacia abajo, como en ese juego en el que le pegas al topo cuando asoma la cabeza.

A veces ni Gérman aguantaba mi tristeza.

—Casi toda la gente se salva de la muerte y vive feliz. Tú escapas de la muerte y en lugar de estar contenta, te preguntas, ¿por qué no me morí? ¡Ya pasaron meses de eso! —decía, todo desesperado.

Empecé a enfermarme físicamente por todo esto, y por el estrés, la ansiedad y la culpa. Emocionalmente, estaba dormida. Llorar era fácil, pero hasta ahí. No sentía alegría y tenía unos retortijones terribles siempre que comía. El doctor de la panza me dijo que necesitaba medicina para el síndrome de colon irritable, y eso ya fue el colmo. Esta tragedia no iba a ponerme enferma por el resto de mis días.

Nuestro pediatra naturópata me puso en contacto con un médico acupunturista que me dijo que iba a hacerme un tratamiento con agujas y con una limpieza total para desintoxicarme.

Pero no te puedo curar la tristeza —me dijo abiertamente. Si quería curarme del trauma emocional y el trastorno de estrés postraumático, me sugirió que viera a Fiona, la compañera que curaba con *reiki* y que iba a su consultorio una vez al mes—. Apúntate pronto porque tiene una lista de espera de meses —me comentó.

Ahí estaba tres meses después, acostada en una mesa con los ojos cerrados y con una mujer bajita y rubia, más chaparrita que yo, haciéndome mi primera sesión curativa de *reiki* en silencio. Casi me dormí, pero me quedé tranquila y respirando despacio.

Después de casi una hora, cuando Fiona terminó, me dijo:

—Estás cargando muchos espíritus y mucha pena. Estás envuelta en dolor. Hoy ya sacamos un poco, pero tienes un montón de capas de esto, así que regresa en cuanto puedas. Vas a estar bien. Pero tu alma está cargando mucho peso.

Fui a pagar, pero me dijeron que Fiona hacía este trabajo gratis.

Recordé que mi acupunturista me había dicho algo de que Fiona estaba casada con un hombre muy noble que ayudaba a mucha gente en Harlem y que tenía un nombre curioso. Recordé un reportaje de *60 Minutes* que había visto sobre Stanley Druckenmiller y cómo había fundado la Harlem Children's Zone. Investigué sobre él y vi que había sido un banquero y ahora era un multimillonario, y su esposa, mi sanadora, era una maestra de *reiki* y una verdadera filántropa.

---

Se preparó un ataque militar y luego hubo un ataque en casa. En el ambiente confuso de amenazas, reales e imaginarias, que hubo después del 9/11, el presidente Bush y el Congreso aprobaron la draconiana Ley de Seguridad Nacional en 2002 como una forma de hacer frente al peligroso nuevo mundo en el que nos encontrábamos. Por ese proyecto de ley se creó el Departamento de Seguridad Nacional (DHS, por sus siglas en inglés), que trasladó los asuntos de inmigración del Departamento de Justicia al Departamento de Seguridad Nacional. La inmigración ahora se había convertido en un tema de seguridad y para eso se tenían que "aplicar" las leyes. Nunca hubo un organismo que cuidara de "la patria" porque muchos presidentes en sus discursos del Estado de la Unión siempre habían declarado que nuestra patria estaba segura. Mantener a la "patria" segura ahora tenía que ver directamente con impedir que otros vinieran aquí.

Estábamos en un estado de guerra contra una idea —el terrorismo— con niveles de amenaza codificados por colores que parpadeaban en las pantallas de televisión las veinticuatro horas del día, los siete días de la semana. En el Congreso se hablaba sobre el Departamento de Seguridad Nacional y sobre a cuántas libertades estábamos dispuestos a renunciar. El Líder de la Mayoría en el Senado Tom Daschle al principio apoyó la Ley Patriótica, como la mayoría de los miembros del Congreso en cuanto pasó lo del 9/11, pero en febrero de 2002 comenzó a cuestionar la efectividad de las políticas antiterroristas de los Estados Unidos. El representante Tom Davis, un republicano de Virginia, se aprovechó de las dudas de Daschle y lo criticó, afirmando que sus "comentarios divisorios tienen el efecto de ayudar y consolar a nuestros enemigos porque les permiten aprovechar las divisiones en nuestro país".[4]

La misión del DHS era oficialmente "prevenir el terrorismo y fortalecer la seguridad; asegurar y controlar las fronteras de los Estados Unidos; hacer cumplir y administrar las leyes de inmigración de los Estados Unidos; salvaguardar y asegurar el ciberespacio; y asegurar la resiliencia ante los desastres". Esto llevó en 2003 a lo que algunos podrían haber considerado simplemente como una reorganización burocrática del gobierno. Pero, de hecho, este cambio modificó todo en términos de cómo se categoriza y se discute la inmigración en los Estados Unidos. El INS, o Servicio de Inmigración y Naturalización, se transformó en Inmigración y Control de Aduanas, o ICE (por sus siglas en inglés).[5] La forma en que el gobierno de los Estados Unidos maneja la inmigración pasó de atender a las personas que nos da gusto recibir en este país a aplicar leyes que iban a excluir, vigilar, discriminar y castigar a un grupo específico de personas simplemente porque no nacieron en los Estados Unidos. Pasó de "Servicio" a "Control" y, sin tener que trabajar mucho en ello, los centros de investigación antinmigrantes y los grupos conservadores acababan de ganar una batalla muy importante. Casi nadie se dio cuenta de eso.

Nuestra forma de entender a los inmigrantes cambió drásticamente; ya no teníamos el sentimiento acogedor del que hablaba Emma Lazarus en su poema, sino que nos estaban diciendo que viéramos a los inmigrantes como amenazas externas.

Una de las primeras campañas de ICE se llamó Operación Fin del Juego y su objetivo fue alcanzar una tasa del 100% de deportación de todos los "extranjeros deportables". Obviamente, esto no fueron palabras nada más. En los barrios de inmigrantes, el bajo nivel de temor hacia los agentes de inmigración se disparó y ahora la gente decía que tenía miedo de salir de su casa. Pero en ese entonces, ICE todavía no tenía infraestructura. Contaba solamente con 2.700 oficiales y, en comparación con los recursos que el organismo tiene ahora —20.000 oficiales y un presupuesto de 7.100 millones de dólares en 2018— en aquellos años era una organización que apenas se estaba formando.[6][7][8]

En marzo de 2003, Bush declaró la guerra a Irak y ordenó a 200.000 elementos de las fuerzas armadas quitarle las armas a aquel país y destituir a su líder, Saddam Hussein. La gente tomó las calles de la ciudad de Nueva York a las nueve en punto de esa misma noche, y corrió por toda la Segunda Avenida hacia la ONU. Eran personas furiosas y desesperadas que sabían que los casi tres mil neoyorquinos que habían muerto el 9/11 no serían nada en comparación con lo que estaba por suceder en Irak.

El gobierno llamó a esta estrategia militar "Conmoción y Pavor" y lo mismo hicieron todos los medios informativos, de forma inconsciente o consciente, y se dedicaron a hacer propaganda en tiempos de guerra. Ya no había dos caras de la misma historia y la cadena para la que yo trabajaba eligió su bando poniendo una imagen de la bandera estadounidense ondeando al viento durante la cobertura de la guerra de Irak. Cuestionar eso quería decir que tu patriotismo también podía ser cuestionado.

———

Dentro de la masiva AOL Time Warner, CNN era un pececito en un enorme océano corporativo. Yo era una parte chiquitita de un pececito y, sin embargo, todavía tenía que encontrar cómo sobrevivir. Pero tenía que hacerme una pregunta: ¿Estaba haciendo un buen trabajo de periodismo? ¿Yo ayudaba o lastimaba? ¿Estaba representando y enseñando con humildad o estaba alimentando a la bestia que era mi ego? ¿O a la bestia de los principales medios de comunicación estadounidenses? ¿O a la bestia de CNN para que sobreviviera?

Cuando los Estados Unidos invadieron Irak el 19 de marzo de 2003, eso marcó el inicio de las que llegarían a ser 460.000 muertes.[9] Muchas de las personas que murieron no tenían nada que ver con los grupos terroristas.

Desde que empecé a trabajar en CNN, ya habían desfilado cuatro o cinco presidentes del canal, así que más o menos cada año todos los corresponsales tenían que pararse de manos para el nuevo director de turno. Nuestros trabajos dependían de eso. Si les gustaba lo que veían, te iba mejor que si no les gustabas. Yo ya había pasado por las dos situaciones. Ahora el pequeño grupo de reporteros de la oficina de Nueva York estaba todo el tiempo compitiendo entre sí para tener espacios en los programas en horario estelar. El ambiente familiar y amigable de CNN había desaparecido, pero la guerra era una forma segura para atraer a los televidentes. Lo que importaba era atrapar las miradas.

# Capítulo 11

---

# Confrontaciones

L ou Dobbs, que había estado en CNN desde que la cadena se creó y regresó en 2001 para presentar su programa *Lou Dobbs Tonight*, era el reflejo del típico presentador y director de una cadena de medios de comunicación. Aunque Dobbs tenía mal humor y era conocido por ser regañón y mandón con el personal; aunque sus *ratings* no eran ni buenos ni malos; aunque había dejado CNN en el mejor momento de su carrera para lanzar Space.com; en 2001 lo volvieron a contratar como presentador en horario estelar de *Moneyline*, el programa nocturno sobre información financiera, que después se llamó *Lou Dobbs Tonight* en 2003. Era un tipo mediocre y todo el mundo lo sabía.

Un año después del luto nacional que había unificado al país, se creó un nuevo logo para el espectáculo de Dobbs. En la pantalla aparecía una imagen llamativa y tosca en rojo, blanco y azul, con un aire de los años ochenta. En ella se veía a varios hombres escalando un muro: las primeras barreras físicas se habían construido en 1990 y luego la administración de Clinton en 1996 había aprobado un muro fronterizo de catorce millas, pero la construcción de esta valla secundaria se había estancado.[1] Cada noche, en el horario estelar el logo introducía un segmento llamado "Broken Borders" (fronteras rotas), dedicado a informar sobre las cosas horribles que hacían los inmigrantes. Cada. Pinche. Noche.

Él afirmaba que los inmigrantes, especialmente los indocumentados, hacían que los salarios de los obreros estadounidenses disminuyeran por miles de millones de dólares y eran una carga para nuestra economía, que traían enfermedades contagiosas como la tuberculosis y la lepra y que cometían tasas más altas de delitos, por lo que representaban "un tercio de la población en nuestras cárceles".[2] Poco importaba que estas afirmaciones fueran falsas: mentiras rotundas o, al menos, datos engañosos. Los mexicanos se habían convertido en el enemigo. Estaban mucho más cerca que Al Qaeda, y estaban por todas partes.

Aquel momento tan singular de esperanza, ese momento tangible de confluencia en que dos líderes, Bush y Fox, podrían haber aprobado una legislación a la reforma integral de la inmigración, desapareció por completo por los eventos del 9/11 y para siempre.

La Ley Patriótica autorizó a la Agencia Nacional de Seguridad (NSA, por sus siglas en inglés) a empezar a vigilar a los ciudadanos sin ningún tipo de control o supervisión de lo que hacía, exceptuando a los tercos periodistas que estuvieron tras la noticia así como los perros les gruñen a los huesos durante días. El gobierno le exigió a James Risen, un reportero del *New York Times* que había estado escribiendo reportajes sobre la CIA y la guerra contra el terrorismo, que revelara sus fuentes porque habían filtrado información sobre la seguridad nacional. Risen, ganador en dos ocasiones del premio Pulitzer, pasó años en esta disputa y la llevó hasta el Tribunal Supremo.[3]

Los medios informativos nos enseñan a definir perfiles basados en la raza y señalar a la gente basándonos en su origen nacional. Es como si la historia se siguiera repitiendo porque ya habíamos pasado por todo esto. Durante la Segunda Guerra Mundial, a los ciudadanos estadounidenses de ascendencia japonesa se los encarceló en los llamados "campos de internamiento para japoneses". ¡Qué nombre más inadecuado! No eran japoneses y tampoco estaban internados. Eran ciudadanos estadounidenses inocentes de ascendencia japonesa a los que encarcelaron en campos y sus propios líderes racistas, a quienes habían elegido por convicción, les dijeron que era por su propio bien.

El gobierno estaba vigilando a sus propios ciudadanos, el FBI les decía a hombres de determinados países que se reportaran y se "registraran" y los programas de noticias por cable ahora estaban sacando constantemente imágenes de otro tipo de personas que debíamos odiar: los inmigrantes latinos. Me hervía la sangre, aunque los periodistas a los que veía todos los días no se sentían así. No se sentían atacados. Busqué la historia que nadie más estaba contando: los jóvenes musulmanes, árabes estadounidenses y jóvenes del Medio Oriente que, en lugar de registrarse en el FBI para seguramente ser detenidos o deportados y perder todo, ahora estaban haciendo sus maletas y tomando los autobuses de medianoche para ir a la frontera con Canadá y pedir asilo.

Convencimos a CNN para que nos dejara grabar este reportaje. Fui a Plattsburgh, en el norte del estado de Nueva York, y Rose fue a la estación de autobuses Port Authority, cerca de Times Square, a la medianoche. Como era de esperar, Rose detectó a una pareja joven nerviosa que llevaba dos maletas, como si hubieran empacado de prisa. Grabó cuando se subieron al autobús y luego se presentó y les preguntó si podríamos reunirnos con ellos en Plattsburgh antes de que entraran a Canadá. No dijeron nada, actuaron como si no supieran ni una sola palabra de inglés. Se veían asustados. Si una periodista los había detectado, ¿entonces quién más lo había hecho?

Esa mañana, cuando todavía estaba oscuro a las seis, mi equipo y yo estábamos esperando en la estación de autobuses a una pareja parecida a la que Rose había descrito. Vimos a un montón de chicos morenos que bajaban del autobús entre neoyorquinos y estudiantes del norte del estado. Por alguna razón, la pareja que estábamos buscando no bajaba. Después me di cuenta de que a propósito se estaban tardando, con la esperanza de que nos fuéramos. Finalmente llegaron a los escalones del frente del autobús, pero antes de que yo pudiera acercarme a ellos, se metieron de volada a un taxi y arrancaron superrápido por la calle, que casi estaba congelada. Antes de que arrancaran, logré gritarles que éramos periodistas de CNN y que no queríamos perjudicarlos. Regresamos a nuestro coche y yo manejé para que el camarógrafo pudiera grabar por la autopista mientras los seguíamos.

Esta gente huía desesperada para que la Policía Federal no los agarrara, los metiera en un campo de detención, los encadenara y los deportara por la fuerza, pero claro, iban a detenerse para hablar con una reportera de televisión y su equipo a la mitad de la carretera que atraviesa la tierra de nadie: ni el territorio de los Estados Unidos ni el de Canadá. Fue justo allí donde el taxi se detuvo de repente a la mitad de la autopista vacía, ni siquiera en la cuneta. La pareja salió del taxi, agarró sus maletas y se echó a correr contra el viento helado a -20° centígrados hacia la tierra prometida de Canadá. Esta imagen se me quedó grabada en la memoria: tenían que verla con sus propios ojos para creerla. Nuestro camarógrafo sólo pudo grabar algunas tomas. Iban corriendo tan rápido que yo no sabía ni dónde estacionarme, así que me orillé hacia el espacio vacío en medio de la autopista, no muy lejos de la frontera con Canadá. Éramos de CNN. Íbamos a estar bien.

Sí, cómo no.

Mi camarógrafo se bajó y se echó a correr detrás de la pareja mientras ellos iban a toda velocidad hacia el puesto de control en la frontera canadiense. El técnico de sonido y yo nos sentamos en el coche con las intermitentes encendidas, cuando de repente vi a un agente de la Patrulla Fronteriza caminando hacia nosotros con mucha firmeza y determinación. Me asusté tanto que puse las manos en el volante y empecé a concentrarme en respirar hondo. El camarógrafo volvió y subió rápidamente al coche. El agente se acercó, golpeó la ventana y dijo:

—Denme sus pasaportes, PERO YA. —Bajé la ventanilla despacio y se los entregué. Y entonces se alejó.

Después de varios minutos larguísimos, tiempo en el que los tres nos sentamos en el coche sin decir una sola palabra y sin movernos ni un solo centímetro, el agente regresó furioso y me aventó los pasaportes.

—Tienen que avanzar y quitarse del medio de la carretera. Den vuelta en U y vayan al norte —gruñó—. ¿En qué estaban pensando para hacer algo así? Qué locura. Nunca más vuelvan a hacerlo. ¡Avancen!

Me encogí en mi asiento. Nos acomodamos en nuestros asientos y empezamos a grabar cuando cruzamos la frontera hacia Canadá para tener esa parte de la historia y ver si acaso podíamos encontrar a la pareja. Por supuesto, los canadienses nos reconocieron y nos mandaron a su oficina de prensa. Nos dijeron que iban a confiscar nuestra cinta. Todo era un lío burocrático y necesitábamos pensar rápido en todo, incluyendo nuestro camarógrafo, que sacó lo que grabó y metió una cinta en blanco para dársela.

Después de ser acosados en los dos lados de la frontera, logramos llegar al YMCA de Montreal, que se había convertido en un lugar para recibir a los recién llegados, algunos de los cuales ya tenían familia que vivía en Canadá y otros que no conocían a nadie. Nosotros perdimos y ellos ganaron, así fue como vi este éxodo porque muchas de las personas que estaban huyendo eran estudiantes, hombres y mujeres de negocios o los hijos e hijas de profesionales que ahora se llevaban todo el talento y las habilidades que habían adquirido en los Estados Unidos y se mudaban a Canadá. Su recuerdo de los Estados Unidos siempre estaría empañado por el miedo que los obligó a huir del país más libre del mundo.

Un día después de que nuestro reportaje salió al aire en CNN y fue visto en todo el mundo, Canadá cerró oficialmente sus fronteras a los refugiados que llegaban de los Estados Unidos. A la gente ya no se le iba a permitir solicitar asilo desde dentro de Canadá. Después de todo lo que mostramos en el reportaje, nuestra historia acabó empeorando esa política para los seres humanos. No la mejoró. Fue un episodio oscuro en mi carrera. Estaba haciendo lo opuesto a lo que se espera de un buen periodista.

---

Estaba sentada en el escritorio planeando a quiénes llamar para nuestro siguiente reportaje cuando mi asistente vino por mí.

—Quieren que vayas a la sala de redacción ahorita —me explicó—. Y dicen que deberías preparar tu maleta. Vas a viajar en cuanto veas el video que te quieren mostrar.

¡Ah, qué la fregada! Otro reportaje de un día para el otro. Otra llamada para decepcionar a Gérman y decirle que iba a estar fuera por lo menos un día, quizás dos. Mis hijos se iban a enojar. Más culpa. *Por favor, Hinojosa*, me dije, *aguántate.* Cuando iba hacia la sala de redacción, me repetía estas palabras en la mente: *Tu trabajo implica viajar y tu familia lo sabe. Así que ya déjate de culpas.*

En la sala de redacción, un pequeño grupo de productores sénior y editores de asignación estaba alrededor de una computadora y tenía una expresión bastante sombría.

—Acaban de publicar un vídeo de Al Qaeda de un joven estadounidense llamado Nicholas Evan Berg, que es de una ciudad pequeña de Pensilvania. Es un judío que se fue de voluntario, pero lo secuestraron —dijo Chris Kokenes, nuestro imperturbable editor de

asignaciones. Las cejas se me hicieron nudo—. Vas a dirigir la cobertura de esta historia desde el frente de la casa de su familia. Ya
va hacia allá un camión para encontrar un sitio y transmitir en vivo.

—¡Está bien! ¿Pero qué es lo que está pasando realmente? —pregunté confundida—. ¿Por qué sigo aquí en lugar de ir corriendo hacia
el coche?

—Siéntate —dijo Chris—. Tienes que ver esto porque es una parte
de la historia. Van a decapitarlo.

¿Qué? ¡NO! ¡No puedo! Empecé a gritar en mi cabeza. *¡NOOOOO!*
Sabía que no podía salvarme de esto. No iba a levantarme y dejar
allí a todo el equipo editorial de altos cargos de la oficina de Nueva
York. Estaba literalmente atrapada.

—Está bien, pónganlo —dije. Miré hasta que ya no pude más,
que fue justo después de que Nick empezó a pelear y le pusieron el
cuchillo en el cuello. Cerré los ojos y escuché los jadeos. Por dentro estaba gritando, pero no me moví ni una pulgada. Todo lo que
necesitaba saber era que Nick Berg luchó por su vida hasta que le
arrebataron el último aliento.

Cuando llegamos a la casa de los padres de Nick en los suburbios de Pensilvania, ya había una docena de camiones con señal de
satélite y periodistas cubriendo la noticia en vivo. Se me revolvió
el estómago con la escena: camiones de televisión a lo largo de dos
cuadras con el escándalo de los generadores toda la noche; extraños
que de repente viven en frente de tu casa; gente que se ríe y se reúne,
come, se maquilla mientras una familia llora a su hijo muerto.

Como reportera líder de una noticia de última hora de enverga-
dura internacional, iba a estar allí unos días, tal vez hasta una semana entera. Acababa de ver algo tan horrible que quería olvidarlo
de inmediato. Había presenciado cómo el deseo de vivir es algo que
llevamos muy adentro de nosotros y pensaba en cómo Nick quiso
salvarse, luchar o huir hasta el final. De alguna forma, en su voluntad
encontré algo en lo que podía creer. Su voluntad para ayudar.

Se fue a Irak como un técnico confundido y soñador que quería ayudar a reconstruir el país. Pero se llamaba Nick Berg. Era judío. Al Qaeda creyó que era un espía. Y, además, era judío. Así que lo mataron. La primera decapitación del frente de guerra digital. El video se hizo viral, antes de que existiera ese nombre, de inmediato.

Yo salía al aire cada hora, a veces dos o tres veces dentro de la misma hora para diferentes cadenas como Headline News, CNN Español y CNN International. Estaba rodeada por la competencia y la cadena entera, el mundo entero, estaba mirando. Si pudiera hacer algo diferente en esta noticia, si pudiera conseguir una exclusiva, sería algo increíble para mí. Qué horror. Para mí.

Yo sabía que el padre de Nick era progresista. La única entrevista que había otorgado fue a Amy Goodman de *Democracy Now*.[4] Pensé que quizás él conocía mi trabajo y agradecería que lo contactara. Ya había sucedido en el pasado durante el 9/11; hubo gente que sabía quién era yo, les gustaba mi forma de informar y agradecieron que hubiera hablado con ellos. ¿Sería que el papá de Nick también querría eso?

En mi afán competitivo por demostrar cuánto valía, hice algo que sacó de mi interior a la *booker* para programas de televisión matutinos. Era el peor tipo de periodismo invasivo. Entre una transmisión en vivo y la siguiente, me entró la vena competitiva a mi sistema y me llevó a romper el protocolo y a entrar a la propiedad de la familia. Nadie lo había hecho. Caminé hacia la puerta trasera, que estaba entreabierta, y vi la puerta mosquitera de la cocina. Temblando dije:

—¿Hola? Me llamo María Hinojosa y trabajo para CNN. Lamento mucho lo de Nick. ¿Sería posible que…?

La puerta trasera se azotó en mi cara y casi me fui de espaldas por la escalera. Me eché a correr tan rápido como pude y volví directo al tráiler, en donde me oprimí los lagrimales porque no podía llorar, no ahora. Estaba a punto de salir al aire y tenía que verme bien porque era una profesional. Las emociones son secundarias.

Sabía cómo hablarles a los presentadores sin tener que memorizar mi libreto; tenía una presencia al aire discreta, pero al mismo tiempo seria; les estaba demostrando a todos los directivos y a cada uno de los productores de programas que yo podía hacer esto, que después de estar cinco años haciendo audiciones constantemente para el papel de periodista de noticias de última hora, podía decir que lo era. Había cubierto el 9/11, la explosión del transbordador Columbia y ahora esto.

Cuando por fin regresé a casa después de una semana de estar fuera, Gérman me había preparado la tina para un baño. Me abrazó y besó tiernamente. Estaba orgulloso de mí. Por mucho que él criticara a CNN, cuando me veía hacer mi trabajo, se sentía orgulloso de mí. Me lo confesaba.

La cadena de televisión estaba feliz con mi trabajo, la gente de mi oficina y mis jefes estaban contentos, mi esposo estaba feliz, hasta mis niños estaban felices. Llegué justo a tiempo para ir a la fiesta en el parque de *Double Dutch*, que yo había organizado con la escuela primaria de mis niños. Era una escuela progresista privada. Por eso yo quería crear una forma orgánica para que las familias de color se relacionaran y para que las familias de blancos se integraran, y así entre todos formar un sentido de comunidad. Brincando la reata en un parque en Harlem.

Mientras saltábamos con las cuerdas dobles y escuchábamos en la grabadora R&B de la vieja escuela, mi corazón se remontó a aquellos días durante el recreo en el patio de la escuela en Chicago, cuando saltar la cuerda hacía que me sintiera orgullosa de mí misma. Era buena en eso y me encantaba. Saltando la cuerda, ya no era la niñita mexicana que venía de fuera. Para mí, saltar la cuerda en el patio de la escuela era algo completamente estadounidense y yo podía saltar en *Double Dutch* con las mejores. Éramos hermanas de *Double Dutch*.

Esos recuerdos que ya tenían varias décadas me hicieron sonreír en Morningside Park en Harlem esa tarde. Pero los recuerdos de la semana anterior todavía estaban frescos —la decapitación, la acampada, la procesión del funeral— y eran como anclas que me hundían en la tristeza.

Estaba angustiada no solo por la muerte de un joven, sino por la forma en que estaba actuando como periodista, las decisiones que estaba tomando y, lo que es más importante, ¿por qué y para complacer a quién? Seguir el juego en CNN, ¿qué me estaba arrebatando del alma? Sentía como si una parte de mi identidad de periodista estuviera muriéndose de poquito en poquito todos los días.

Ya no bastaba con hacer reportajes profundos como había demostrado que podía hacer y para los que tenía tanta resistencia. No, la cadena quería que nos "involucráramos" en la historia. Los reporteros de MSNBC, una competidora muy fuerte de CNN, estaban haciendo un nuevo estilo de tomas desde un punto de vista particular y tomas en vivo con mucho movimiento de cámara y de trayectos para cubrir la historia. Los ejecutivos de CNN también querían que hiciéramos eso. Hay muchos ejecutivos que simplemente son grandes imitadores.

Cuando un corresponsal recién contratado dejó que le dispararan con una pistola paralizante para la cámara, ¡los ejecutivos estaban encantados! Yo estaba horrorizada. Era un colega latino. ¿Así que *esto* es lo que tendría que hacer? El mensaje de los altos mandos era: lleven las cosas a un nivel más alto y piensen en cómo meterse más en la historia para atraer a más audiencia. ¿Dejando que nos paralizaran con una pistola?

Los corresponsales se sentían humillados. Gérman no estaba contento.

—Ahora lo que va a pasar es que te van a obligar a hacer algo tonto al aire y vas a perder toda tu credibilidad —afirmó—. ¿Vas a permitir que esta cadena te haga ver como tonta?

La gente empezaba a reírse de CNN, sobre todo de los programas de televisión nocturnos. Y eso quería decir que podían estarse riendo también de mí. Mis colegas latinos y latinas no se estaban riendo; ellos, al igual que académicos, activistas, incluso telespectadores frecuentes, estaban molestos con CNN por haberle dado una plataforma en las noches a Lou Dobbs. Varios activistas decían que las palabras que salían de la boca de Dobbs no eran periodismo, sino palabras y un discurso de odio.

Después de que Rose, mi productora, escribió una carta de parte de los empleados latinos y latinas de CNN, los ejecutivos sénior aceptaron reunirse con nosotros. Cuando les dije que Lou Dobbs iba a provocar boicots —no hacia el mismo Dobbs, sino a toda la cadena— me miraron y exclamaron a coro que eso nunca pasaría, claro que no.

Cuando terminó la reunión, me acerqué al presidente de CNN USA y le dije que, por lo menos, nos deberían permitir contar el otro lado de la historia, uno basado en hechos. Le pregunté si podía hacer un documental de una hora con la colaboración de la unidad de documentales de CNN. Me echó una mirada como diciendo, *Está bien, pero si te lo doy, ¿me vas a dejar en paz?* Y entonces dijo:

—Sí. Puedo hacer que eso pase.

———

La primera vez que visité Atlanta fue para la conferencia de Unity 1994 que fue organizada como una colaboración de las cuatro asociaciones principales de periodistas de color.[5] Reunió a miles de periodistas estadounidenses, todos de color o *queer*: latinos, asiáticos, nativos de Norteamérica, negros y la asociación de periodistas gay. La NAHJ me había pedido que hiciera un programa de capacitación para la radio y John, un joven de Queens y miembro de mi equipo, de quien había hecho un reportaje, había solicitado un lugar en el taller de capacitación para periodistas novatos y lo obtuvo. Se le asignó que hiciera un reportaje tratando de ubicar "el barrio" en

Atlanta. La mayoría de la gente no tenía ni idea de a qué se refería John. "¿Barrio?", le preguntaba la gente con un acento sureño bien marcado.

Pero eso había sido en 1994. Como empecé a viajar a Atlanta para CNN en 1997, había estado observando cómo estaban cambiando las cosas. Yo soy la inmigrante mexicana que siempre busca a otras personas similares a mí por todas partes, que busca su visibilidad en los otros.

Desde aquella noche, años atrás, en que escuché música ranchera que salía a todo volumen de una bodega en una esquina en Spanish Harlem y acerté al predecir que los inmigrantes iban a llegar a la ciudad de Nueva York, abría bien los ojos para hacer más "descubrimientos" en todo el país. Comprendí que los latinos iban a empezar a distribuirse por todo el país, y no solo en las grandes ciudades. Mucha gente se sorprendía cuando se enteraba de que los latinos llevaban décadas en el Medio Oeste de los Estados Unidos, pero yo sí lo sabía porque era una de ellos, así que era consciente de estas comunidades latinx que para los demás eran invisibles. Como periodista, mi trabajo es tener los ojos bien abiertos, siempre buscando tendencias.

Durante una década, estuve viendo cómo iba cambiando Atlanta. Cada año veía más letreros en español y a más latinos por todas partes. Primero en las cocinas de los restaurantes. Después vi tiendas de abarrotes y empecé a escuchar que había mexicanos que iban a Georgia para trabajar en las plantas de procesamiento de pollo y de fabricación de alfombras. Veía a latinos en sus coches, mujeres con bebés, hombres que llevaban en sus vehículos equipo para hacer trabajos de jardinería y arreglo de tejados. En Georgia hubo un aumento silencioso pero considerable de latinos y latinas, y nadie hablaba de eso a nivel nacional. Sobre esto iba a hacer mi documental: los inmigrantes indocumentados en Atlanta.

Por desgracia, la unidad de documentales en CNN era un club

exclusivo y a Rose no le permitían ser parte de él. En cambio, el productor ejecutivo me asignó a la productora más nueva y con menos experiencia de su equipo.

Kimberly y yo no podíamos ser más diferentes. Ella era chaparrita, usaba tacones más altos que yo, tenía el cabello rubio, largo y lacio, y tenía unos ojos enormes con pestañas postizas. Era una atractiva sureña con *jeans* ajustados.

Las dos entendíamos muy bien qué estaba sucediendo. El presidente había obligado al productor ejecutivo a trabajar conmigo. No fue que él quisiera que yo me uniera a su exclusivo club. Por cuestiones de política interna, le impusieron que trabajara conmigo y estaba muy indignado de que le dijeran qué hacer, mucho menos con el tema de la inmigración. Por eso asignó a la persona de su equipo menos valiosa para manejar mi proyecto.

Pero Kimberly y yo nos flechamos como periodistas. Nos pusimos el apodo "Ébano y Marfil". Sabíamos que estábamos destinadas a fracasar, la rubia y la mexicana, así que decidimos hacer el mejor documental y demostrarles lo mucho que se habían equivocado con nosotras.

Estuvimos haciendo mucha investigación, pero no podíamos encontrar a nadie que quisiera salir en cámara y contarnos sus historias como indocumentados en el sur de los Estados Unidos. Los inmigrantes tenían miedo.

Pero un día entramos a un lugarcito en donde vendían tacos, buscando a personas con las que pudiéramos hablar, y empecé a platicar con la mesera, que era hermosa, inteligente y muy simpática. Rosa tenía dos hijos en México y era indocumentada. Había venido a los Estados Unidos un año antes porque quería encontrar la forma de darles a sus hijos una mejor educación y una mejor vida. En su pueblito, no quedaba nadie más que mujeres, niños y los viejitos. Todos los demás ya se habían ido pa'l norte. Lo único que quería era traer a sus hijos también y así poder estar juntos otra vez.

Rosa quería ser la mejor mamá y para ella eso significó dejar su hogar y ganar dinero. Comprendía bien el riesgo de salir en cámara, pero también sabía que no había hecho nada malo.

—Quiero que la gente entienda que sus vecinos y la gente que está viniendo aquí es como yo. No somos criminales y no somos ninguna amenaza. Quiero que me vean. Amo a este país.

Había otros dos protagonistas en el documental. Uno era un hombre blanco que estaba casado con una inmigrante coreana, tenía una hija, y de repente se volvió un activista antinmigrante. Otro era D. A. King, un exmarine que supuestamente era un activista y disfrutaba acercándose a los inmigrantes y pidiéndoles sus papeles de inmigración. Me parecía que se divertía usando una forma muy boba, pero real, de intimidación.

Rosa había hecho un plan para hacer que sus hijos viajaran a los Estados Unidos. Le preguntamos si podíamos conocer a los niños en México antes de que vinieran. Conocimos al hijo de Rosa de once años y a la niña de doce en su pueblito, que apenas tendría unos cuantos cientos de habitantes en el interior de Veracruz. Estaban increíblemente tristes y tenían una expresión en sus caritas que parecía como si estuvieran con el ceño fruncido todo el tiempo. Durante un año, Rosa los había estado llamando y les había mandado regalos, pero no había regresado y tampoco había hecho que le mandaran a sus hijos. Estaban llenos de nostalgia y desesperanza, pero más que nada, estaban llenos de coraje porque su mamá los había dejado.

Varias semanas después recibimos por fin la llamada que habíamos estado esperando. Los hijos de Rosa iban a estar en la frontera en unos cuantos días con sus abuelos, a quienes les habían instruido que entregaran los niños a un *coyote*, la persona que los cruzaría hacia los Estados Unidos y los llevaría hasta Houston, en donde Rosa los iba a esperar.

Rosa nos había dicho que podíamos esperar a los niños en Houston junto con ella. A la última hora, cambió de opinión y dijo que nos permitiría presenciar cuando cruzaran a los niños hacia los Estados Unidos. Kimberly y yo nos pusimos a gritar cuando colgamos el teléfono. ¡Esto valía oro para un reportero!

Una semana más tarde, nos encontramos con los niños y sus abuelos en Matamoros, México. Los niños estaban asustados. Lo único que sabían era que muy pronto estarían con Mamá. Intentamos calmarlos. Estaban contentos de vernos a Kimberley, a mí y a nuestro equipo porque, a esta altura, éramos caras conocidas.

La noche siguiente nos reunimos en el estacionamiento de un supermercado para conocer a una de las dos mujeres que iban a transportar a los niños. La mujer tendría unos cincuenta años y era mexicana; más parecía una mujer de mediana edad que un miembro de una organización criminal de tráfico de seres humanos. Eso me sorprendió. Para los periodistas, los traficantes son unas de las personas más difíciles de conocer. Por precaución, nos presentamos con ella como una pareja estadounidense que conocía a los niños y que los seguiría a una distancia de varios coches para asegurarnos de que llegaran al otro lado sanos y salvos.

Un minuto después, los niños se despidieron rápido de sus abuelos. Apenas les dieron tiempo para un abrazo. Ese no era momento para ponerse sensibles, eso fue lo que pensé de la actitud de la traficante. Ella ya había pasado por esto.

Rápidamente subió a los niños a su camioneta y arrancó. La seguimos hasta que se detuvo al lado del camino, sacó a los niños y los metió a otro coche con una mujer mexicana más joven, que ya llevaba a dos o tres niños en el carro con ella. Se fueron. Y nosotros detrás de ellos.

Yo iba manejando para que mi camarógrafo pudiera grabar tanto como fuera posible sin que lo viera la policía o la segunda traficante, que ni siquiera sabía que la estábamos siguiendo. Manejó hacia el puesto de control para entrar a los Estados Unidos.

Volví a pensar en las palabras de la otra traficante. "A esta mujer nunca la han detenido", había dicho en el estacionamiento. "Tiene un historial increíble. Es mamá. Todos los niños que le he dado siempre llegan al otro lado".

*Nunca la han detenido.* Seguí repitiéndome mientras la observaba, dos coches adelante de mí. Entonces, en lugar de que la dejaran pasar, vi que el agente la mandó con todos los niños que estaban en el coche, incluidos los dos hijos de Rosa, que nunca habían dejado su pueblo hasta ese momento, al edificio de la Patrulla Fronteriza. Los cacharon.

Nos presentamos en la estación de la Patrulla Fronteriza en Brownsville a las 11:15 p.m., más o menos veinte minutos después de que los mandaran a la segunda inspección. Si el agente latino de la Patrulla Fronteriza nos hubiera podido gritar, lo habría hecho. Estaba a punto de cerrar la oficina por el resto de la noche y ahora tenía a una mujer y cinco niños detenidos y a una reportera de CNN, una productora y dos tipos con cámaras en sus manos. Le arruinamos la noche.

—Sé por qué está aquí —me dijo—. Sé quién es.

—Si sabe quién soy, entonces conoce mis reportajes, y ahorita lo único que quiero es saber qué les va a pasar a estos niños que acaba de detener. Es todo lo que queremos saber y nos marcharemos.

Nos amenazó con hacer que nos sacaran porque estábamos en propiedad federal y su oficina ya estaba cerrada. Volvimos a México, en donde la abuela destrozada y desconsolada ya había recibido una llamada en la que le dijeron que a los niños los iban a regresar esa noche a Matamoros y los llevarían al servicio infantil, tal vez algo que los agentes decidieron de repente por nuestra presencia. A las 3:30 a.m., cuando nos íbamos a acostar, recibimos una llamada y salimos corriendo otra vez para grabar a los abuelos en el momento en que se volvieron a encontrar con los niños en México.

A la mañana siguiente, cuando llamamos a nuestros editores sénior para contarles nuestros avances, nos ordenaron volver a casa.

Nuestro productor ejecutivo había dicho que ya había sido suficiente y que le preocupaba nuestra seguridad. Al otro día, un sitio web de una estación de televisión local de Brownsville puso un titular que decía algo como "CNN paga a traficante para transportar niños". Según la noticia, yo le había pagado cinco mil dólares a la traficante para que llevara a los niños al otro lado de la frontera para hacer un reportaje. Actuamos rápidamente. Los abogados de CNN de inmediato contactaron a la estación en Brownsville (¡que era una filial de CNN!) y los pusieron como lazo de cochino. ¿Cómo se atrevían a publicar esas afirmaciones sin siquiera haber llamado primero a alguien en CNN? La historia estuvo publicada menos de noventa minutos antes de que la quitaran, pero el daño ya estaba hecho.

Y entonces recibí una llamada. El presidente de CNN estaba en la línea. Después de un par de frivolidades, me preguntó si lo había hecho.

—Tengo que preguntártelo. ¿Le pagaste a la traficante?

—¡Claro que no! —respondí toda sorprendida—. Yo nunca haría algo así. Soy una periodista. —Una pausa. Silencio—. Y si no me crees, te voy a mandar los estados de cuenta de mis tarjetas de crédito y mis cuentas del banco para que veas que no hay forma de que haya dispuesto de cinco mil dólares extra. No los tengo.

Tuve que defenderme ante CNN. Me humillaron.

---

Ese verano tuve una pasante en CNN que era una mormona nicaragüense-estadounidense de Salt Lake City. Hizo un montón de llamadas a las organizaciones de todo el país relacionadas con la inmigración para que supieran que mi documental *Immigrant Nation, Divided Country* iba a salir al aire y las invitó a que lo vieran.

El documental terminó siendo un programa de televisión dramático. Uno de los empleadores que participo en él, que tenía un restaurante familiar y un hotel en el norte de Georgia, dijo que el

gobierno tendría que vérselas con él si querían llevarse a sus trabajadores inmigrantes mexicanos. Otro personaje, una mamá indocumentada que trabajaba en ese sitio, estaba muriendo de cáncer.
Mientras tanto, D. A. King, el activista que estaba en contra de la
inmigración, fue acusado de ser miembro de un grupo de odio, y el
matrimonio de otro de los personajes terminó porque el esposo era
un activista antinmigrantes. Rosa había ido a México y encontró
otra forma de traer a sus niños a los Estados Unidos. Ahora todos
estaban juntos y felices en Atlanta.

Las grabaciones eran crudas y descarnadas, y mostraban todos
los ángulos de la historia de inmigración que ocurría en un lugar en
donde uno no se habría imaginado que esto ocurriera: Georgia. Me
sentía orgullosa de mi trabajo, aunque tuve que estarme peleando
todo el tiempo con mi productor ejecutivo. Me dijo que el Departamento de Seguridad Nacional había recomendado que aclarara
en el documental la acusación de haberle pagado a la traficante. Me
negué. ¿Me estaba amenazando el gobierno? Al final, agregué esa información al documental ya terminado, pero en contra de mi voluntad y porque me lo exigieron. Este documental me llevaría al triunfo
o me destruiría, es lo que yo le había dicho a Gérman.

Cuando se transmitió, *Immigrant Nation* alcanzó el segundo
lugar en los niveles de audiencia entre los documentales de CNN de
aquella época. Un mes después, un día antes del Día de Acción de
Gracias, Kimberly me llamó. Los agentes de inmigración se habían
presentado en casa del novio de Rosa y se la habían llevado junto
con sus hijos. El gobierno había ido tras mis fuentes, así de simple.
La vieja regla de no perseguir a inmigrantes indocumentados que
hablaran con los medios había sido violada. Cuando les grité tan
fuerte como pude a los ejecutivos sénior, diciéndoles que esto había
sido una parodia obscena de la ética en el periodismo estadounidense, me dijeron que me callara. Me dijeron que nunca hablara de
esto con nadie. Jamás.

Rosa y su novio me culparon, me odiaron y me dijeron que no me les volviera a acercar.

Al final, vi que yo tenía razón. El documental me había destrozado.

Cuando pasó todo esto, Gérman no podía entender por qué yo quería seguir en un lugar que me trataba así. Era una mujer de cuarenta y tantos años. Me daba miedo que me consideraran una persona difícil y que por eso ya no pudiera encontrar otro trabajo.

CNN ahora era el enemigo en mi casa. Cada vez que tenía que trabajar hasta tarde o viajar, mi esposo ponía mala cara cuando se lo decía. Antes le contaba todo sobre las políticas en la oficina y él casi siempre escuchaba y asentía, pero las cosas ya no eran así.

Estaba luchando para sobrevivir y mantenerme a flote en el remolino que era CNN. Incluso las estrellas de la cadena habían fracasado. Aaron Brown se quedó fuera. Anderson Cooper se quedó adentro. Yo había estado allí desde 1997. Me consideraban muy chapada a la antigua y en unos cuantos meses vendría la renovación de mi contrato. Yo no tenía mentor ni protector.

Aunque mi forma de contar las historias era única, me las rechazaban. Les proponía ideas a todos los productores para poder salir al aire y era muy difícil. La gente ya no pensaba que mis propuestas fueran algo especial. Pero, aun así, no me daba por vencida. Seguía buscando la otra versión de la historia, lo que no se contaba, eso que estaba exactamente frente a tu cara, pero nadie lo veía.

Por frustración y, la verdad, en un intento desesperado de salvar mi trabajo y demostrarle a la cadena cuánto valía yo, me senté a escribir tres páginas de ideas para reportajes. Escribí propuestas sobre investigación, música, cuestiones urbanas y todo tipo de ideas para que nadie dijera que mi horizonte era muy limitado. Hasta tuve una idea sobre deportes. Era mi último esfuerzo desesperado antes de tener que renegociar mi contrato. Ya me habían dicho que solo querían renovarme un año más. Una señal segura de que ya no iba a seguir allí.

De las tres páginas de propuestas, la que escogió el nuevo presidente de noticias fue una que había escrito casi en plan de broma. Mia Navarro, una amiga mía de LIPS del *New York Times*, había hecho un reportaje en Texas acerca de las mujeres del Bible Belt que venden juguetes sexuales en reuniones como en las que se vende Tupperware. Habíamos encontrado a una pareja en Carolina del Sur dispuesta a dejarnos entrar y grabar a la esposa en su reunión de venta de juguetes sexuales, en donde había un montón de mujeres fieles a Jesús que pasaban junto a los consoladores de diez pulgadas como si fueran galletas con chispas de chocolate. El jefe dijo que quería ese reportaje porque atraparía muchas miradas. A eso se había reducido mi trabajo como periodista.

# Capítulo 12

## Una periodista ciudadana

Gérman se quitó los lentes oscuros que usaba todos los días del año. Me miró a los ojos y me dijo que creía que CNN me había chupado el alma. Me hice para atrás y enojada dije: "¿Qué dices?". Pero me quedé pensando en mi silenciosa adicción a salir en la tele y me pregunté si él se daba cuenta de que yo estaba desesperada por mi droga.

—Pasaste de ser una *hippie* a una diva. Te has transformado totalmente. Ya no usas los aretes largos en la tele y ahora te alisas el pelo en los salones de belleza dominicanos. Hasta te pusiste crema alisadora. Antes te ponías bisutería africana y ahora pareces una ejecutiva —exclamó, frustrado porque yo no podía ver lo que él veía: su esposa, su luchadora, ahora luchaba para encajar en el molde.

Ya no encajaba en una cadena cuya nueva misión era "atrapar las miradas".

Estaba furiosa con Gérman. No tenía derecho a presionarme para que dejara mi trabajo porque no le gustaba lo que veía en la cadena o por el estilo del peinado y la ropa que yo usaba con tal de sobrevivir. Todas las cosas pequeñas y grandes de nuestro matrimonio se habían acumulado y ahora estábamos pagando las consecuencias. A Gérman se le había colmado el plato.

Fue a hablar con mi terapeuta, Andaye, que era amiga de los dos. La primera vez que habíamos ido a verla antes de casarnos fue cuando Gérman quería que yo entendiera que, como mi compañero de vida, era mi prioridad: no mis amigos ni mi trabajo. Y al mismo tiempo, él me hizo su prioridad número uno. Las relaciones son como calles de doble sentido. Pero mi alma feminista inherentemente resintió esa idea. A la larga, Andaye logró hacerme ver que en una pareja sí tienes que poner en primer lugar a tu amado. Mi pareja tenía que ser mi prioridad y eso tenía que ser por amor, no por un compromiso impuesto, ni por resentimiento.

Yo seguía rechazando la idea de que un hombre me dijera lo que tenía que hacer. Me resistía a tener cualquier tipo de relación que se pareciera a la de mi mamá y mi papá en el sentido de que mi papá no podía hacer nada sin mi mamá, que hacía todo para él, incluidos cocinar cada noche del año y escoger la ropa que él se iba a poner cada mañana. Yo no podía ver que mi marido autosuficiente no quería una relación como la de mis padres. Él cocinaba para él y para los niños y su clóset estaba mejor organizado que el mío.

No, su deseo era que yo viera que esta cadena estaba cambiando mi esencia, mi alma como persona y como periodista. Yo nunca pude ver eso porque en cuanto Gérman se ponía a criticar a CNN, yo sentía la necesidad de defenderla. Tenía mucho miedo de que, si empezaba a odiar a CNN tanto como mi esposo, no fuera a sobrevivir.

Cuando Gérman habló con Andaye, le dijo que pensaba darme un ultimátum: o dejaba CNN o él y los niños se iban a vivir a Punta Cana. La vida era tranquila y segura allá y acababan de abrir una nueva escuela.

—Ella podrá venir a visitarnos cuando quiera —Gérman le dijo totalmente serio a Andaye.

Recuerdo que pensé, *Solo puedes odiar aquello que amas*, porque en ese momento odiaba todo, a mi marido y mi vida. ¿Cómo podía hacerme eso?

*No puedes tener todo en la vida*, me repetía yo sola. Las mujeres, mis colegas latinas, me veían como un ejemplo de alguien que podía tener todo y sí lo tenía. Sin embargo, estaba a punto de perder a mi marido, a mis hijos y mi trabajo al mismo tiempo. También sentía que estaba perdiendo la razón.

---

—¿Hola, María?

—¿Sí? —contesté cuando sonó mi teléfono celular.

—Habla John Siceloff —me explicó—. Soy el productor ejecutivo de *NOW* de PBS con Bill Moyers. David Brancaccio, tu antiguo colega de NPR, ahora es el presentador del programa que Moyers creó. Nos encantaría hablar contigo para proponerte que te incorpores a nuestro equipo de investigación de gran formato para TV. Somos una versión pequeña de *60 Minutes*.

*Santo Dios. Si consigo este empleo, tal vez todavía pueda salvar mi matrimonio y mantener intacta a mi familia. Quizás hasta sea un puente que me acerque a* 60 Minutes.

Había conocido a Bill Moyers cuando otro de sus equipos había pensado en mí el año anterior como su posible copresentadora. Cuando lo conocí, me convertí en la niña de doce años que lo había visto en su escritorio de presentador en CBS News y leía comentarios atrevidos que no eran ni de izquierda ni derecha, sino más bien desde el punto de vista de la justicia. *NOW* era parte del legado de Moyers y había sido creado en respuesta al 9/11, un programa que presentaría reportajes tipo documental de investigación semanalmente. Era periodismo con una misión hecho para la televisión pública, una institución que se definía a sí misma por dedicarse a darles voz a los menos representados en el país y lo hacía sin ningún interés o beneficio comercial.

Mis dos mundos (los años que estuve en los medios públicos como reportera para NPR y mi experiencia en televisión en CNN) se estaban uniendo de forma orgánica. Sentía que por fin las elecciones que había hecho en mi profesión tenían sentido y que, aunque yo no me hubiera dado cuenta, me habían llevado hasta este momento.

Me entrevisté con el equipo sénior de *NOW*, que era una pequeña compañía de producción independiente con un personal de menos de veinticinco empleados, entre los que había productores que antes habían trabajado en cadenas o en ABC, en donde Siceloff había trabajado como productor ejecutivo. Una semana después me mandaron una oferta. Iba a recibir un salario bastante más bajo y volvería a trabajar cinco días a la semana en lugar de cuatro, pero estaría haciendo reportajes importantes. Y aceptaron darme el título de corresponsal sénior.

CNN todavía me atraía con la "carnada" del contrato de un año y un aumentito insignificante a mi salario. Luchaba con la idea de irme de ahí. ¿Y si las cosas esta vez salían mejor? ¿Y si a los nuevos ejecutivos yo les parecía interesante y me perdía mi gran oportunidad?

Le tenía terror al cambio. Pero tampoco quería que me vieran como una fracasada. Esta primera corresponsal latina tenía que salir con la frente bien en alto y tronando los dedos porque yo sería quien decidía que era hora de marcharse. No ellos.

Me sentía devastada. ¿Qué iba a hacer?

Cuando le conté a Germán mi decisión, me abrazó tan fuerte que me di cuenta de que ya había olvidado lo que se sentía. Estaba eufórico y me lo demostró quitándose los anteojos oscuros, mirándome con sus ojos aceitunados, y besándome suavemente. Me despedí y, como siempre, tomé un avión, esta vez hacia Austin, Texas, para asistir a la conferencia anual de NAHJ.

Cuando entré al enorme centro de convenciones, en donde iba a presentar en varios paneles (la gente me consideraba una periodista "exitosa" de alto perfil, sin importar lo que yo pensaba de mí misma), mis colegas periodistas latinx me felicitaron por mi trabajo en CNN, especialmente por mi documental *Immigrant Nation*, que había salido al aire apenas unos meses antes. Me agradecieron por humanizar por fin a los inmigrantes en una cadena que era famosa por atacarlos cada noche, sin falla. Se me acercaron periodistas jóvenes y me abrazaron por *Latino USA*, diciéndome que les encantaba el programa porque los hacía visibles en este mundo y los hacía sentir que tenían esperanza. Me felicitaron por mi libro, *Raising Raúl*, y me preguntaron cómo hacía para "tenerlo todo". *Qué relación más maravillosa tienes con Gérman, gracias por hacerla pública.* No sabían lo cerca que estuve de perder todo apenas un día o dos antes. Ah, y nunca se habrían imaginado que mi cuenta en el banco estaba a punto de estar en números rojos.

A pesar del miedo que tenía, había tomado la decisión de dejar el lugar que había llegado a amar y apreciar; que me había enseñado la inyección de adrenalina que daba la televisión en vivo; en donde había vivido tragedias junto con mis compañeros; que había juntado a diferentes tipos de personas para hacer periodismo (no solo a la élite); en donde los muchachos camarógrafos (y dos mujeres), los editores y los productores venían de diferentes contextos sociales, una forma de diversidad que me encantaba.

Pero estaba lista para despedirme del monstruo en que se había convertido para mí y mi familia. Quería ser yo quien anunciara su decisión, primero al personal y después hacerla pública, pero en una jugada final de la empresa, el departamento de relaciones públicas de CNN mandó un correo electrónico a toda la compañía junto con un comunicado de prensa en que anunciaban mi salida sin habérmelo dicho antes a mí. El mensaje estaba redactado de tal manera que parecía que mi salida no había sido por mi propia decisión. Las despedidas empezaron a acumularse: Wolf Blitzer, Miles O'Brien, Soledad O'Brien, y docenas de otras personas.

---

La bajada del mundo corporativo a los medios públicos fue tan marcada que parecía que "los dioses de las noticias" me lo estuvieran restregando en la cara. Ya me había acostumbrado a mi brillante oficina en el recién estrenado Time Warner Center, que en aquella época era el edificio con la cotización más alta en el mercado inmobiliario de Manhattan.[1]

Mi nueva oficina estaba ubicada en lo que mucha gente consideraba el edificio más feo en la ciudad de Nueva York, un enorme bloque que ocupaba un cuarto de manzana y estaba construido justo encima de las vías del tren en la Calle 33 y la Décima Avenida.[2] Esta zona era una tierra de nadie en Manhattan, pero para mí era como la olla de oro que está al final del arco iris. Mi nuevo trabajo lo cambiaría todo.

Lo celebramos con un picnic en el parque, una de las cosas favoritas de Yurema para hacer en verano. El martes después del Día del Trabajo, fui a mi nueva oficina cuando el huracán Katrina azotó Nueva Orleans y Gulfport. Mientras veíamos algunas de las imágenes iniciales, pensé en que CNN me habría enviado ese mismo día. Ahora estaba ansiosa por ir. Tenía que calmar mi necesidad de subirme a un avión en cuanto hubiera noticias de última hora. Fue recién cuando salieron las imágenes de la gente atrapada en el Superdome, a principios de septiembre, cuando decidieron enviarme con un productor. *NOW* no tenía un departamento de viajes que nos reservara los vuelos y habitaciones en un hotel. Nosotros mismos tuvimos que reservar un vuelo a Memphis y luego alquilamos una camioneta para llegar cruzando Misisipi. Nos surtimos de todo lo que necesitábamos: mucha agua, comida deshidratada y enlatada, impermeables, una lona y bolsas de dormir para los cuatro, mi equipo, tres hombres blancos de mediana edad, y yo.

Nos detuvimos en Greenwood, que está a mitad de camino en Misisipi, porque Brian, nuestro productor, quería que descansáramos bien una última noche antes de empezar a reportar durante varios días en sabía Dios qué condiciones. Como muchos productores de noticias, era un poco estrafalario. Había encontrado un hotel boutique precioso que tenía muebles decorativos y antigüedades en un ambiente moderno. Todo era exagerado y surrealista. Llevó a todo el equipo a comer a un restaurante de aquellos días en los que cada mesa tenía su espacio privado con una cortina para que nadie pudiera ver quiénes estaban cenando. La entrada a este lugar secreto había estado prohibida para los negros.

Me fui a dormir en una cama cómoda que tenía sábanas de varios cientos de hilos, pero apenas pude cerrar los ojos porque estaba muy perturbada por lo que había visto durante la cena. Gente adinerada disfrutando la vida, celebrando cumpleaños y bebiendo en finas copas de cristal mientras que, a solo cuatro horas de allí, la gente estaba hambrienta, sedienta y muchos no tenían ni dónde dormir.

Salimos de ahí en la profunda oscuridad de una noche calurosa de verano a las cuatro de la mañana. Me dormí en la camioneta hasta que el sol me estaba dando en los ojos y la baba ya se me había secado en la barbilla. Me sentía mortificada, pero giré la cabeza para ver por la ventana y vi largas filas de coches que trataban de conseguir gasolina. Las colas eran tan largas que me imaginé que tardarían un día esperando bajo el sol para que los atendieran. Recordé la escasez de gasolina que hubo en los años setenta, y ahora otra vez esta situación estaba ante mis ojos. Un país avanzado ahora estaba de rodillas.

Los letreros de la carretera se habían arrancado y a varias casas les faltaba el techo. Seguimos manejando hasta que llegamos a Gulfport, que está justo en el Golfo de México y fue el lugar en donde

Katrina tocó tierra, como si esta pequeña ciudad hubiera tenido encima una diana para el tiro al blanco, igual que el WTC.

No sabía con qué comparar lo que estaba viendo porque era la primera vez que estaba allí. En el 9/11, Lower Manhattan había quedado cubierto con escombros: montañas de acero, concreto y papel de miles de oficinas. En Gulfport, había pedazos de madera por todas partes.

De repente me vi en el centro de otra zona cero, solo que esta no fue por un ataque terrorista o la explosión de un transbordador espacial. Ya había sido testigo de otras dos tragedias; sin embargo, un desastre natural como este era algo que nunca había visto con mis propios ojos. Estaba caminando sobre los escombros no de torres financieras, sino de barcos turísticos, carretas de caballos, hoteles y casinos.

Durante todo el día, estuvimos haciendo entrevistas y fuimos a las partes más pobres de la ciudad, en donde vimos a los más vulnerables y olvidados de este país, gente que no tenía coche o, si lo tenía, no juntaba el dinero para ponerle gasolina. Eran las mismas personas que no tenían la despensa comprada porque vivían al día. Tenían niños con necesidades especiales como otros estadounidenses, pero como eran negros y pobres, no salían en la versión televisiva de los Estados Unidos a la que le gustan las historias con gente "bonita", que por lo general es blanca y de dinero.

Entrevisté a una mujer negra llamada Patricia Clayton, una residente local que se estaba quedando en casa de su cuñado y haciendo su mayor esfuerzo para cuidar a su hijo autista después del destructivo paso del huracán. Me pidió el favor de ayudarla a estar bien peinada porque sabía que iba a salir en televisión. Mi productor no quiso que perdiera tiempo buscando un espejo para que ella se pudiera peinar, pero hice todo lo posible para que supiera que sí tome en cuenta lo que me estaba pidiendo y necesitaba, para que así pudiera verme y contarme su verdad en ese momento. Se le rodaban las lágrimas mientras tocaba con cuidado su cabello alisado.

—Ya no es por mí. Es por él —Patricia se refirió a su hijo, que estaba aplaudiendo y cantando "If You're Happy and You Know It, Clap Your Hands" para pasar el tiempo mientras esperaban a que llegara la ayuda—. Le voy a decir la verdad. Deberíamos recibir más ayuda de la que nos dan.[3]

La gente nos contó que nadie había venido a ayudarlos. Uno de los camiones de la Cruz Roja ni siquiera se detuvo; mientras iba avanzando por las calles, los voluntarios aventaban pizzas por la puerta trasera. Tenían demasiado miedo para detenerse porque era un vecindario negro. Eso fue lo que me contaron los vecinos.

Nadie estaba haciendo periodismo sobre los trabajadores inmigrantes, siendo que muchos habían sido reclutados desde México y lugares más lejanos y estaban llegando todos los días para ayudar a reconstruir la ciudad. Ya lo había visto con mis propios ojos. Regresamos a Nueva Orleans para hacer un reportaje sobre el abuso a los trabajadores de las empresas de limpieza.

Varias semanas después de Katrina, seguimos uno de los autobuses que llevaban a trabajadores migrantes a los lugares donde iban a hacer limpieza y los recogían. Habíamos oído hablar de estos campamentos de trabajo en los bosques que estaban vinculados a BE&K, una empresa que había sido contratada por Halliburton, la cual alguna vez dirigió el vicepresidente Dick Cheney.

En el campamento había un guardia armado y un foso con lagartos que rodeaba las filas y filas de contenedores de carga que alojaban a los hombres en literas de tres pisos. Esos eran los alojamientos de los trabajadores. Imaginen un compartimiento para dormir lleno en un tren, con cuarenta y dos hombres por remolque. Tenían eso además de tres sándwiches de salchichas al día y una miseria de salario.

Conocí a un hombre de Nicaragua que se llamaba Pedro y al que habían reclutado para trabajar en el norte. Había dejado a su esposa y a sus hijos allá porque el banco lo estaba amenazando con quitarle sus tierras; lo único que había traído con él de su casa era una Biblia toda maltratada. En su primer trabajo, estuvo una semana reparando techos, pero el contratista desapareció el día de pago y él y otros trece trabajadores nunca recibieron su dinero.

—No podíamos hacer nada. Nos sentimos indefensos. No podemos actuar porque... Sí, es cierto, somos indocumentados —me contó Pablo—. No nos pagaron. ¿Pero qué puedes hacer? Quejarte de la mala suerte y ya.[4]

La historia de latinos y latinas que venían para ayudar a reconstruir Nueva Orleans era demasiado grande como para ignorarla. El presidente Bush incluso había suspendido la disposición que exigía a los empleadores que confirmaran el estatus de inmigración de los trabajadores contratados, así como varias leyes laborales, como la del salario mínimo. Entonces, en un foro con líderes de negocios locales, el alcalde de Nueva Orleans Ray Nagin dijo, "¿Cómo puedo asegurar que Nueva Orleans no está llena de trabajadores mexicanos?"[5] Sus comentarios de inmediato fueron denunciados por organizaciones defensoras de latinos y de afroamericanos, aunque eran una muestra de las tensiones que había en esa época.[6]

Descubrimos que había una historia compleja detrás de estos trabajadores y su presencia persistente y perenne en el sur. Tampoco eran los primeros hablantes de español que llegaban aquí: los exploradores españoles en tiempos de la Colonia fueron los que llegaron primero a la costa de lo que ahora es Nueva Orleans en 1542, y después, unos doscientos años más tarde, Francia cedió el control de Luisiana a España hasta 1800.[7] A principios de la década de 1920, Nola era el lugar en donde mexicanos adinerados mandaban a sus hijos a estudiar. Para los ricos que vivían en Yucatán, Nueva Orleans estaba más cerca que la Ciudad de México y le daba más caché a las fiestas en Mérida decir que tu hijo estaba en un internado en Nueva Orleans que en el D.F.

Durante siglos han existido trabajadores invitados, como los que vi esa mañana en Gulfport, por no decir que desde el principio de los tiempos. Si esta fuerza laboral ha sido forzada, como en tiempos de la esclavitud, o conseguida a través de las poblaciones de inmigrantes, ha sido una fuerza que ha impulsado a este país y su economía capitalista. Pero esto es algo que no aparece en los libros de historia convencionales.

Nos enseñan sobre los padres fundadores, el "valiente" movimiento hacia el Oeste para lograr el Destino Manifiesto, y los rascacielos construidos por hombres blancos, cuando en realidad el Primer Ferrocarril Transcontinental fue construido con el sudor de los inmigrantes: trabajadores chinos e irlandeses. Los primeros constituyeron el 90% de la mano de obra de la compañía Central Pacific en el tramo occidental del ferrocarril, ganaban la mitad del salario que recibían sus colegas irlandeses y con frecuencia recibían azotes de los capataces blancos.[8]

En la década de 1930, y especialmente en 1931, el gobierno de Hoover instituyó un programa al que eufemísticamente llamaron la Gran Repatriación, un éxodo masivo y forzado de 1,8 millones de personas de ascendencia mexicana, entre quienes el 60% en realidad eran ciudadanos estadounidenses.[9]

Eso para nada fue una repatriación. Tenían que haberla llamado la Gran Deportación. El gobierno federal, junto con organismos y empresas locales en todo el país, juntaron a cientos de miles de personas por medio de redadas imprevistas en parques públicos, sus hogares y lugares de trabajo, y los mandaron a México.[10]

Hay que tener mucho cuidado con lo que uno desea. Durante la Segunda Guerra Mundial, tantos hombres y mujeres jóvenes fueron llamados a prestar sus servicios a las Fuerzas Armadas que la economía de los Estados Unidos se estancó porque necesitaba más trabajadores. El Programa Bracero empezó en 1942 y se concibió como una solución temporal para la falta de mano de obra, que había empeorado porque a hombres japoneses-estadounidenses sanos se los obligó a entrar a campos. Los gobiernos de los Estados Unidos y de México llegaron a un acuerdo en el que mexicanos, que al final fueron 4,6 millones, entrarían legalmente a los Estados Unidos para trabajar con contratos de corto plazo que básicamente eran para realizar labores en el campo.[11] La vendieron como la solución perfecta. Básicamente a los mexicanos se les iba a permitir entrar a los Estados Unidos con visas de trabajo para laborar en ciertas fábricas y granjas. Podrían regresar a casa, en donde supuestamente iban a recibir el 10% del salario que se les había retenido, que la mayoría nunca recibió, o se les iba a renovar el contrato. Nunca hubo una promesa de que esto llegara a ser algo más que la entrega de México a los Estados Unidos de sus trabajadores más productivos, para que los Estados Unidos explotaran su trabajo, les pagara apenas un salario decente y luego los regresara después de haberles exprimido toda su productividad sin otorgarles una pensión o atención médica. *¿A poco no fue un acuerdo a toda madre para los dos?*

La verdad, al gobierno mexicano, siendo un negociador tan pobre y con tanto odio hacia sí mismo, le importó un rábano haberse aprovechado de esos migrantes. Permitieron esa explotación de los trabajadores porque ellos también eran racistas. En todo caso, no consideraban que los trabajadores "prietos", los que tenían más sangre indígena que española, fueran verdaderos mexicanos. Solo los mexicanos de piel más clara podían decidir quién valía y quién no.

Los braceros siguieron viniendo hasta 1964, cuando la explotación aparente y las violaciones laborales que el mismo programa favoreció se volvieron insostenibles, especialmente durante la era de los derechos civiles, cuando la gente puso mucha más atención a este tipo de injusticias.[12] Con este programa, se firmaron 4,6 millones de contratos laborales.[13] Los braceros ayudaron a mantener a flote la economía de los Estados Unidos y a hacer que progresara la productividad agrícola durante aquellos años. Sin embargo, a la fecha casi no hay registro ni reconocimiento a su contribución. Después de un juicio de siete años, que terminó en 2008, los braceros o sus descendientes directos, por fin pudieron recibir los beneficios que se les debían por un monto de 3.500 dólares cada uno, que el gobierno mexicano les devolvió por los salarios que les retuvo a los trabajadores entre 1942 y 1946.[14]

En algún momento, Tom Lea Sr., el alcalde de El Paso, inició una campaña en 1916 para desinfectar a los inmigrantes que cruzaban la frontera todos los días, y así les puso a los mexicanos la etiqueta de que eran sucios. Exigió que el gobierno federal construyera una instalación de fumigación, la cual se abrió en 1917 y obligaba a los mexicanos a pasar por una revisión para ver si tenían piojos o alguna enfermedad. A todos los mexicanos que cruzaban la frontera se les hacían revisiones en las cavidades, además de baños de gasolina y otros químicos para "quitar los piojos" y esto fue durante cuarenta años.[15] A los agentes de inmigración en Texas se les indicó que revisaran los cuerpos de los mexicanos y descartaran a los que fueran indeseables.

En 2005, el tema de conversación entre blancos y negros en Nueva Orleans era qué significaba la llegada a la ciudad de estos nuevos hispanohablantes. ¿Eran "deseables"? ¿La gente local le daría la bienvenida a la gente que venía para ayudarlos cuando el gobierno no hacía nada? ¿O los iban a juzgar y condenarlos al ostracismo? En 2010, el censo registró 91.922 latinos en Nola, un 57% más en comparación con el registro que se obtuvo diez años antes.

Cada vez que volvía a Nueva York desde Nueva Orleans, las imágenes se repetían en mi cabeza. El sheriff chino-estadounidense Harry Lee y su desbordante personalidad, que nos llevó en su lancha y nos iba contando con su voz estruendosa, acompañada del ruido del motor, acerca de los cuerpos que flotaban en el agua la primera noche, que fue cuando se rompieron los diques. En CNN, MSNBC y en el *New York Times*, los ejecutivos sénior se quejaban públicamente y expresaban su coraje porque la administración de Bush estaba mintiendo tan descaradamente a los periodistas. En mi cerebro, había una escena que se repetía sin parar de Bush volando sobre Nola y mirando por la ventana del Air Force One, dizque preocupado por la gente de Nueva Orleans y Gulfport.

Cada vez que me topaba con periodistas de color, poníamos los ojos en blanco. *Ah, ¿los ejecutivos de la cadena por fin entendieron que el gobierno miente? ¿Durante cuánto tiempo les va a preocupar una ciudad que en su mayoría está habitada por gente de color, casi todos negros? ¿Será otra fase?*

Otra vez estaba haciendo el ritual de llegar a la puerta delantera de mi casa y frotarme el cuerpo para sacarme la tristeza y el trauma y después sacudir las manos antes de entrar. Tenía que borrar todas las voces y las historias que había escuchado en el día. Era mi limpieza espiritual instantánea.

No hablaba de lo que veía, porque si lo hacía, sería imposible detenerme. No podía creer que aquí estábamos en Nueva York, con todo al alcance de nuestras manos, mientras que había gente en nuestro propio país que estaba muriendo de deshidratación porque parecía que el gobierno era incapaz de llevarles ayuda. Todo eso me lo tragaba y lo guardaba en algún lugar cuando estaba en casa. El resto del tiempo, me quedaba pensando en cómo la crisis realmente era por el racismo y la raza, y a pesar de eso, se hablaba de ella de una manera superficial. Los reporteros blancos se quedaban impresionados de ver ese racismo tan descarado. Eso también era parte del problema.

Gérman otra vez estaba enojado, primero con W por ser tan abierto en su desprecio por los pobres, que en este caso eran negros, y luego estaba enojado conmigo. La razón de tener un nuevo empleo había sido que ya no tendría que viajar tanto y allí estaba otra vez, lejos de casa y hasta más días que antes. Teníamos que grabar durante cuatro días para sacar un reportaje de veinte minutos. Yo volvía a casa muerta de cansancio para tener que irme otra vez en dos semanas. En CNN, por lo general era estar una noche fuera en cada viaje. El empleo nuevo que supuestamente iba a mejorar todas las cosas estaba empeorando todo.

Otra vez estaba haciendo periodismo crítico. Aunque estaba exhausta, hacer ese tipo de periodismo era algo que amaba con todo el corazón. ¿Mi marido? Él no tanto.

———————

En 2005, la mayoría de la gente ya había "dejado atrás" la tragedia del 9/11. Si eras musulmán o del Medio Oriente y estabas en los Estados Unidos, la vida de ninguna manera había vuelto a la normalidad todavía. Se extrañaban de verdad aquellos días en que los estereotipos de los árabes-estadounidenses básicamente implicaban ser inteligente y trabajador. En los años sesenta, una encuesta había señalado a los árabes-estadounidenses como el grupo inmigrante más digno de confianza. Se los obligó a registrarse ante el gobierno. Pero ahora todo el país parecía mirar hacia otro lado cuando los derechos de estos inmigrantes estaban siendo violados.

Después del 9/11, la islamofobia y el temor por los árabes-estadounidenses provocó un aumento de 1.600% de casos documentados de crímenes de odio, ¿y cómo no iba a ser así?[16] Si el gobierno les solicitaba a los niños y hombres inmigrantes que se reportaran con el DHS, ¿no era porque ya eran sospechosos de ser criminales? Como resultado del Sistema de Seguridad Nacional de Registro de Entradas y Salidas (NSEERS, por sus siglas en inglés), también conocido como el "Registro de Musulmanes" (precursor de la Prohibición de Musulmanes), 138.000 hombres de 151 países se registraron ante el gobierno.[17] Si uno no se registraba, podía ser acusado de delitos penales o civiles. De esos hombres que se registraron, 13.700 fueron llevados a audiencias de deportación. Este fue el grupo más grande de personas identificadas para su deportación desde que los mexicanos estuvieron en la mira y, en menor medida, los centroamericanos.

El concepto de deportación, que ahora oficialmente se denomina "*removal*" (expulsión), se remonta a la Ley de Amigos Extranjeros (Alien Friends Act) aprobada en 1798 bajo el mandato del presidente John Adams. La ley le otorgaba al presidente el poder para deportar a no ciudadanos que fueran considerados "peligrosos para la paz y la seguridad de los Estados Unidos". La deportación fue concebida como una herramienta política; el presidente Adams quería deportar a todos aquellos que eran críticos de su gobierno, principalmente a los inmigrantes irlandeses y franceses. Sin embargo, en realidad nadie fue deportado por la aplicación de esta ley, que expiró en 1800. La idea de la deportación no volvió a surgir sino hasta 1891, noventa años después, cuando se aprobó una nueva ley que autorizaba la deportación de cualquier "extranjero que entrara al país violando las leyes de inmigración".[18]

Como consecuencia, nuestro gobierno tiene registros de deportaciones que datan de 1892. Ese año, 2.801 personas fueron expulsadas del país y las deportaciones han incrementado lentamente, pero de forma constante desde entonces. En el peor momento de la reacción contra los inmigrantes en 1924, fueron deportadas 36.693 personas. En 2014, bajo el mandato del presidente Barack Obama, los "*removals*" llegaron hasta 414.481.[19] Cualquier hombre de negocios inteligente observaría esa tendencia, vería ese enorme crecimiento, y pensaría en sacar provecho de este mercado "cautivo".

Y entonces, en algún momento de los años noventa, se enciende la señal de alerta y se produce un cambio monumental: surge un monstruo que deja décadas de destrucción a su paso. Las prisiones privadas entran al juego a lo grande y el complejo industrial de prisiones, viendo la oportunidad de sacar dinero de más gente tras las rejas, comienza a extender sus tentáculos en el complejo industrial de detención y deportación masiva. Esta vez se trata de inmigrantes, y parece que a nadie le importa si los meten a la cárcel. NPR documentó cómo el grupo que presionó por la creación de prisiones privadas ayudó a escribir la ley antinmigración en Arizona para garantizar un flujo constante de cuerpos.[20] Por cada cuerpo dentro de una celda, hay una ganancia. Cuerpos negros. Cuerpos morenos.

Un día, un hombre blanco bien vestido de Nevada se aparece en Raymondville, Texas, uno de los condados más pobres del país. ¿Qué quiere este atractivo hombre de negocios de Raymondville? Quiere hablar con el comisionado del condado acerca de una propuesta.

Eddie Chapa era un ciudadano estadounidense de tercera generación mexicana nacido en Raymondville, aunque hablaba inglés con un acento texano-mexicano. Había regresado de Vietnam y Corea como un héroe de guerra y después había ido a la universidad como parte del G.I. Bill, se graduó y después de unos años se convirtió en el presidente del condado de Raymondville.[21] El atractivo hombre de negocios le hizo a Chapa una propuesta que parecía demasiado buena para ser verdad. Lo malo es que sí fue verdad, y el colmilludo empresario trajo información irrefutable y recabada por el gobierno.

Así es como funcionó el trato: usando bonos, el condado haría un negocio con la compañía de prisión privada y juntos construirían un espacio para retener a los inmigrantes. Fue cuando el empresario le mostró a Eddie las gráficas, aunque Chapa realmente no necesitaba verlas. Todo lo que tenía que hacer era observar a su comunidad. Él estaba consciente de lo que yo había estado reportando desde los años ochenta. Aquí en la frontera, se las ingeniaban para seguir reteniendo cada vez a más inmigrantes. Al principio eran unos cuantos centenares. Ahora serían decenas de miles.

Era una ganancia garantizada, explicó el hombre de negocios, porque había tantos "ilegales" que podían llenar el lugar. Luego el margen de ganancia aumenta gastando la menor cantidad de dinero en cada detenido. El gobierno le paga a la empresa 120 dólares por día para albergar al inmigrante, así que, si uno encuentra la forma de gastar solamente 50 dólares por día para mantener al inmigrante, obtiene una ganancia de 70 dólares por inmigrante por noche. Para como están las cosas, estos lugares pueden estar llenos para siempre porque hay once millones de personas sin papeles por todo el país. Yo garantizo que sus lugares estén siempre llenos y tu pequeño condado por fin va a empezar a hacerse de dinero. Además, el campo de detención va a crear cientos de empleos en puestos básicos, así que tu condado ahora tendrá un beneficio extra. Vamos a generar empleos en Raymondville, en donde el 35% de la gente vive en la pobreza.[22]

El comisionado del condado se sintió como un héroe, porque por fin iba a darle algo a su comunidad, una población en la que el 86% era latina y a la que el gobierno federal siempre tuvo olvidada tan solo por el pecado de estar demasiado lejos de Washington D.C. y demasiado cerca de México.[23] Se sentía mal porque sabía que sus ganancias aumentarían al recortar los gastos en los cuidados de las miles de vidas que ahora estarían en manos de su condado. Pero la culpa no duró mucho. Tal vez solo tendrían a una enfermera de planta en lugar de una plantilla completa de profesionales médicos las veinticuatro horas de los siete días de la semana. También podrían ahorrarse mucho dinero si compraban comida ya caducada, porque eso disminuye los costos considerablemente. Darles a los detenidos uniformes y ropa interior usada también ahorra dinero. Surtir la biblioteca con la cantidad mínima de libros. Contratar a guardias que solo tengan el diploma de preparatoria y así ahorrar dinero pagándoles nada más el salario mínimo.

El comisionado del condado no se había dado cuenta de que esos mismos guardias acabarían vigilando a sus propios familiares indocumentados. Ese era el riesgo que, según él mismo dijo, su condado estaba listo para enfrentar si tenían la oportunidad de dejar de ser uno de los condados más pobres de Texas. En cuanto el recinto de detención Willacy terminó de construirse y empezó a estar activo, esa pesadilla fue exactamente lo que se vivió. Los sobrinos eran los guardias de los tíos y los nietos eran vigilantes de sus abuelos. Nadie se dio cuenta cuando transportaron al primer grupo de inmigrantes que estarían detenidos en Willacy en tiendas de campaña sin calefacción ni aire acondicionado.

———————

Las redadas planificadas en lugares de trabajo sospechados de emplear a inmigrantes indocumentados han sido una estrategia de la Patrulla Fronteriza y de los agentes de inmigración desde los años cincuenta. Esta práctica simplemente se intensificó cuando las sanciones a los empleadores se formalizaron con la aprobación de la IRCA en 1986.[24] Desde entonces ha sido una herramienta útil en el arsenal antinmigrante. Siempre hay empresas que contratan a gente sin papeles. Sin duda alguna, son los mejores trabajadores porque nunca se quejan (no pueden, porque son indocumentados) y siempre trabajan duro. También garantizan un mayor margen de beneficios porque cuestan muy poco. No pueden exigir el mejor salario porque no tienen derechos laborales y si se hartan de las condiciones, simplemente serán reemplazados.

En 2006, cuando el gobierno tomó cartas en el asunto para acelerar la construcción de los campos de detención como Willacy (imagínense una serie de carpas de circo blancas sin ventanas), ICE comenzó una campaña que ya lleva años contra los empleadores que contratan inmigrantes sabiendo que son indocumentados. Se llevó a cabo un número cada vez mayor de redadas en los lugares de trabajo, arrestando a miles de personas, en todo el país, incluidos estados como Colorado, Nebraska, Iowa, Misisipi, Minnesota, Utah, Texas, Oregón y Florida.[25] El 12 de diciembre de 2006, los funcionarios de inmigración de los Estados Unidos, con el pretexto de sospecha de robo de identidad, registraron las plantas de procesamiento de carne de Swift & Company en seis estados.[26] Cerca de 1.300 personas fueron detenidas y enviadas a los centros de detención, por lo que este fue el mayor operativo para aplicar la ley de inmigración contra una sola empresa en la historia de los Estados Unidos.[27] "Trabajadores ilegales arrestados en un operativo por robo de identidad en seis estados", ese fue el titular del *Washington Post*, que hizo que el incidente pareciera más una acción relacionada con el robo de identidad que con la inmigración.[28]

A nivel nacional, las redadas recibían poca atención: la prensa estaba mucho más interesada en aquella época en el juicio y la ejecución del líder iraquí destituido, Sadam Hussein. ¿No les acabo de decir que rastreos como este se han llevado a cabo durante más de medio siglo? Los editores me preguntan, ¿y aquí cuál es la noticia? Pero la tendencia era innegable. Durante el segundo mandato de Bush, de 2005 a 2008, fueron arrestados más de 15.000 inmigrantes. En comparación, en 2004 solo fueron arrestados 845 inmigrantes.[29]

Sin embargo, la redada de 2008 en Postville, Iowa, por fin logró que algunas personas la tomaran en cuenta no solo por la gran cantidad de gente que quedó en custodia (hubo 389 detenidos en un pueblo de 2.200 habitantes), sino por el tipo de lugar en donde se llevó a cabo: Agriprocessors, un matadero *kosher* y planta de empaque de productos cárnicos.[30]

Un lugar en donde la comida supuestamente era de lo más santificado, bendecida allí mismo por un rabino, les pagaba 7,25 dólares por hora a inmigrantes que trabajaban en turnos que duraban de doce a diecisiete horas. Veintisiete empleados tenían menos de dieciocho años; el más joven apenas tenía trece años.[31] Durante años, Agriprocessors había estado reclutando a trabajadores inmigrantes, muchos de Guatemala. Los inmigrantes habían formado una comunidad muy cerrada de creyentes en el sueño americano. Todo el mundo en el pueblito de Postville sabía exactamente lo que estaba pasando y nadie dijo nada.

El día de la redada, ICE llegó con 1000 agentes, mientras los helicópteros daban vueltas por encima de la planta. De los 389 detenidos, 297 fueron condenados a cinco meses de prisión por fraude de documentos y otros delitos penales. Postville quedó devastada y con la mitad de su población después de la redada.[32] La planta había sido el principal motor económico del pueblo; para noviembre de 2008, Agriprocessors se había declarado en bancarrota y su director ejecutivo, Sholom Rubashkin, había sido arrestado.[33] La redada les costó a los contribuyentes cinco millones de dólares pero, ¿qué logró en realidad?

Después las cosas se pusieron peores. Era como si ICE y el Departamento de Justicia se estuvieran poniendo a prueba uno al otro para ver hasta dónde podían llegar: ¿Cuántas leyes podían violar? ¿Cuánto se podía negar el debido proceso? Incluso Linda Chávez, una latina conservadora que trabajó para Reagan, dijo en *Latino USA* que estas eran tácticas "como las de la Gestapo" porque no terminaban con la redada. A grupos enteros de inmigrantes los llevaban a la corte casi de inmediato y básicamente se los obligaba a declararse culpables de delitos graves sin saber qué estaban haciendo. A ninguno le habían leído sus derechos en forma individual, a ninguno le habían preguntado si hablaba otra lengua que no fuera el inglés o el español, ninguno había firmado para que le quitaran a sus hijos.

Dentro del gobierno de Bush, el tema de las redadas en los lugares de trabajo estaba creando fracturas como ningún otro. Matthew Dowd, que había sido el principal estratega de la reelección de W y uno de los líderes discretos del círculo de allegados a Bush, fue famoso por dejar el gobierno con una historia en la portada del *New York Times*.[34] No solo era que Dowd se opusiera a la guerra contra Irak. Tampoco era por su rechazo a las cada vez más frecuentes redadas de Bush contra inmigrantes. Él se daba cuenta de que el éxito futuro del partido dependería de la explosión demográfica latina. Dowd también era un hombre sumamente católico que creía que encarcelar a aquellos cuyo crimen era ser extranjeros en busca de refugio y seguridad, así como fueron Jesús, María y José, era inconcebible.[35]

Capítulo 13

# El nuevo poder del "INMIGRANTE"

A toda acción corresponde una reacción opuesta y de igual magnitud. Para cuando iniciaron las redadas de 2005, en el Congreso ya se dejaban sentir las ruidosas voces de quienes sugerían aprobar nuevas leyes rigurosas contra la inmigración. El congresista republicano Jim Sensenbrenner presentó la iniciativa H.R. 4437, también conocida como iniciativa Sensenbrenner, que además de militarizar la frontera y criminalizar toda violación a las leyes de inmigración, tipificaría como delito cualquier esfuerzo destinado a asistir a los migrantes indocumentados con alimento, hospedaje o atención médica. La iniciativa se aprobó en la Cámara de Representantes a finales de 2005 y después pasó al Senado.

En reacción a la amenaza de esta propuesta legislativa y con el espíritu fortalecido tras escuchar las palabras de algunos conductores de programas de radio en habla hispana, los inmigrantes de todo el país salieron a tomar las calles espontáneamente en la primavera de 2006. Todo comenzó en Chicago cuando, el 10 de marzo, más de 100.000

manifestantes participaron en una marcha por la zona conocida como The Loop. Con una cifra récord de 500.000 asistentes, el 9 de abril se llevó a cabo otra protesta por el centro de Dallas. Luego el 1 de mayo, surgió la iniciativa "Un día sin inmigrantes" en Los Ángeles, ciudad en donde, además, 500.000 personas se lanzaron en masa a las calles para exigir una vía que permitiera a los migrantes indocumentados adquirir la ciudadanía.[1] El movimiento se propagó a todos los rincones del país, alentando a millones de inmigrantes a manifestarse en 140 ciudades de 39 estados.[2] En todas las marchas se escuchaba a los participantes corear con fuerza y convicción: "¡Sí se puede!".[3]

Las marchas —que se convirtieron en la mayor movilización masiva de personas desde las protestas a favor de los derechos civiles y en contra de la guerra en la década de 1960— se llevaron a cabo en un ambiente de paz y celebración.[4] El profundo poder de la radio y de sus locutores tomó por sorpresa a los medios de comunicación convencionales anglófonos, pero no al público latinoamericano o hispanohablante. Esos locutores continuaban con la tradición de aquellos periodistas latinoamericanos que se han convertido en defensores públicos, artistas y, en algunos casos, activistas debido a sus experiencias en regímenes autoritarios. Y es que la vida en esos contextos enseña a ver la democracia como activismo. Su influencia tuvo un impacto nacional y político masivo en los Estados Unidos. Es como si los inmigrantes hubieran estado esperando el momento indicado para vestir con sus mejores galas, sacar la bandera de los Estados Unidos y marchar a favor de su visibilidad y legitimación. Fue su enérgica respuesta como comunidad al hecho de ser etiquetados como una comunidad de "ilegales". De ahí que las manifestaciones fueran tan alegres. ¿Su mensaje? *MÍRENNOS. VÉANNOS.* Vean a nuestras familias, a nuestros adolescentes de preparatoria, a nuestros niños pequeños con las banderas de los Estados Unidos. Vean por ustedes mismos que no somos peligrosos. Créanles a sus ojos y no a lo que se dice de nosotros.

Se solicitó a los manifestantes vestir de blanco, llevar bolsas de plástico y no dejar basura. Y precisamente por su carácter tan masivo y continuo, las marchas dominaron los ciclos de noticias varios días. Se habían apoderado de la narrativa, y la iniciativa Sensenbrenner nunca se aprobó en el Senado.

La última marcha inmigrante se había registrado en 1996, justo antes de que Clinton firmara la retrógrada Ley de Reforma a la Inmigración Ilegal y de Responsabilidad del Inmigrante (IIRIRA, por sus siglas en inglés). Veinticinco mil manifestantes se reunieron sin éxito.[5] El presidente fue testigo de la marcha, pero ignoró a la gente y, sin más, promulgó la ley.

Reunir a cientos de miles de personas en protestas pacíficas se convirtió en el medio más fácil para disipar la idea de que los inmigrantes son delincuentes. El centro de Manhattan —en particular, el área frente al Edificio Municipal, esa gran construcción blanca que está al final del histórico puente de Brooklyn— se llenó de inmigrantes con banderas estadounidenses y de todo el mundo: México, Pakistán, Colombia, la India, República Dominicana, Irlanda, Ghana, Kenia. Había niños pequeños con la bandera de los Estados Unidos atada a la cabeza, tal y como hacen los motociclistas con sus pañoletas.

—¿Y estás asustado? —le pregunté a Raúl.

—Mamá, esta es la manifestación más alegre de la historia. Todos están sonriendo. Hasta los policías.

Logré cambiar para siempre la imagen que tenía él de las manifestaciones llevándolo a presenciar una con sus propios ojos.

—————

Parecía como si el mundo hubiera estado esperando a que los Estados Unidos intentaran honrar su nombre y, en un espíritu de igualdad, eligieran a una mujer para la presidencia por primera vez. Cuanto más hablaba la gente del tema en los Estados Unidos, más se propagaba en todo el mundo, y luego se empezó a vivir un círculo virtuoso masivo, en el que las mujeres asumían su propio poder y sentían la inspiración para hacer algo más. Ahora yo formaba parte de ese círculo virtuoso.

Y, sin embargo, había algo que me preocupaba con respecto al triunfo casi asegurado de Hillary Clinton. Muy al principio, surgió la idea de que era "su momento" y que tenía la candidatura asegurada. Pero años antes, mi amigo David Hershey-Webb, de Columbia, me había enviado un correo electrónico para contarme sobre un hombre llamado Barack Obama, que había estudiado con nosotros. Se postuló al cargo de senador por el estado de Illinois, y luego pronunció el discurso en la Convención Nacional Demócrata. Tenía esa sonrisa inolvidable.

Estábamos llenos de entusiasmo y euforia porque vivíamos en un país realmente de avanzada: habíamos logrado sacudirnos el racismo y la fobia al islam para apoyar a un tipo de nombre Barack Hussein Obama. Y, sin embargo, al mismo tiempo también sentíamos una profunda decepción por el sexismo y la misoginia tan profundos que todavía existían.

Mi hermana, Bertha Elena, me llamó por teléfono con ganas de gritar, llorar, sollozar y reír de alegría cuando se anunció que Obama había resultado electo.

—Siempre supe que él ganaría —me dijo emocionada—. Lo sentía en el fondo de mi corazón. —Tras años de mantenerse al margen de la política, mi hermana se volvía a involucrar, desde los suburbios, en el tema de la política electoral.

Para mí no era nada de seguro, mucho menos después del drama del recuento de votos en Florida y las boletas a medio perforar. Pero el país lo había logrado. Había visto al racismo de frente y confirmó que no había nada que temer. Ese mensaje de cambio se dejó sentir fuerte y claro, y alcanzó cada pico y montaña de los Estados Unidos, como el letrero de Hollywood, pero con un texto distinto: ¡EL CAMBIO! ¡DE VERDAD LLEGÓ! ¡NO HAY POR QUÉ TEMER!

Sentí que al fin podía exhalar con tranquilidad. Y es que había estado conteniendo el aliento desde la década de los sesenta, cuando oí hablar a Martin Luther King Jr. Yo estaba esperando que el país conquistara esa cumbre y lograra llevar a un hombre negro a la presidencia, sueño con el que coqueteamos por primera vez cuando Jesse Jackson se postuló y ganó la elección primaria de Michigan. Quién diría que a la vuelta de veinte años aparecería el hijo de un inmigrante con su familia, que se distinguiría como la más bella y fotogénica desde los Kennedy.

Para los periodistas, la presidencia de Obama fue un momento clave, y nadie podía haber imaginado la confluencia de fuerzas que estaban a punto de crear un impacto profundo y duradero en el periodismo de los Estados Unidos. El mercado de valores estaba a punto de sufrir una implosión que dejaría al país en una grave recesión. Las empresas de medios de comunicación se contraerían y los periodistas perderían sus empleos, junto con la posibilidad de recuperarlos.

Los cimientos de la psiquis estadounidense también se tambalearon. Los titulares parecían tan autocomplacientes… Como grupo, sentimos que el país había resuelto uno de sus mayores problemas con una elección. Ahora todo había cambiado para los periodistas. Con Obama, el gobierno ya no sería el enemigo, sino parte de la solución. En su gobierno, la corrupción, el uso de información privilegiada para hacer operaciones en los mercados financieros, el belicismo, las mentiras a las Naciones Unidas y las violaciones a los derechos humanos, como aquellas en Abu Ghraib, habían quedado en el pasado, con la corrupta administración de Bush. Había llegado la hora de prestar atención al tema de la salud y, en el mundo ideal de los activistas, la inmigración. Era hora de unirnos en busca del progreso.

Los medios de comunicación criticaron el gobierno de Bush e identificaron la corrupción como parte de un legado de mayores dimensiones que habían dejado los republicanos —Watergate,

Irán-Contra y la guerra de Irak—. Los republicanos hablaban de un gobierno pequeño, pero lo inflaron durante el mandato de George W. Bush. Hablaban de responsabilidad fiscal, pero mientras que Clinton pagó 452 mil millones de dólares de deuda pública, ellos duplicaron ese monto, que ascendió a los 11,9 billones de dólares hacia el final de la administración de Bush.[6] Ya nadie quería hablar de eso. Habíamos hecho borrón y cuenta nueva, como suele pasar en este país cuando un nuevo gobierno asume el poder.

Por aquel entonces, John Siceloff llevaba casi una década produciendo el programa *NOW* y anhelaba un cambio. *NOW* de PBS, el faro sólido e independiente nacido de su esfuerzo, se había convertido en una débil y solitaria cerilla que trataba de sobrevivir a los positivos vientos del "cambio". Se trataba de una emisión agresiva y crítica, que generalmente deprimía al espectador. Y, sin embargo, esa ya no era la vibra, si es que existe eso de la vibra nacional.

Los vientos de la política en PBS también estaban cambiando. ¿Por qué insistir con un programa cuya misión era desafiar a las instituciones gubernamentales si había llegado el momento de darles una oportunidad a esas instituciones, ahora bajo la dirección de un presidente fresco y creativo que representaba el cambio? *NOW* había estado luchando por el cambio. Misión cumplida.

———————

Sonia Sotomayor vino a una reunión de LIPS en el año 2000 con un traje de falda morado. Se sentó en una esquina y comió pastelitos y platicó con todas las latinas que se habían reunido esa noche en un gran departamento a un lado de Central Park West. Las LIPSters estaban muy emocionadas de que esta poderosa puertorriqueña fuera nuestra invitada en la reunión. Apenas tendría unos años más que la mayoría de nosotras, pero había trabajado en el tribunal de apelaciones del estado más poderoso del país. En aquella época, Rose y yo seguíamos trabajando juntas en CNN. Rose me dijo que necesitábamos mantener nuestra distancia, sin dejar de ser cordiales con la jueza, porque había escuchado que Sonia estaba en la lista de posibles nominados para la Corte Suprema de los Estados Unidos.

—Tal vez en el futuro hablemos de ella en la televisión, así que debemos tener eso en cuenta —me sugirió. Y por eso Rose me encantaba, mi colega periodista, porque en el fondo del corazón éramos exactamente eso y lo seguimos siendo: periodistas estadounidenses obsesivas que viven de acuerdo con su código de ética.

—¡Ja! ¿Acaso crees que realmente van a aceptar a una feminista progresista puertorriqueña en la Corte Suprema? Me encantaría ver que eso sucediera —le dije, sin creer que el rumor fuera a ser más que eso y se convirtiera en acción. Una latina en la Corte Suprema para mí era como llevar a una mujer a Marte en la época que me tocó vivir. ¿Para qué perder tiempo pensando en eso?—. Ellos nunca permitirán que eso suceda —contesté con burla, todavía sin tener muy claro a quiénes me refería con "ellos".

Sonia contó historias que nos mataban de risa sobre su vida en el Bronx, como no estar consciente de lo pobre que realmente era y haber aprendido a bailar salsa ya de adulta tomando clases, y después habló sobre cuestiones más privadas y sensibles, como haber crecido con un padre alcohólico. De inmediato la convertimos en LIPSter honoraria porque comprendió lo que hacíamos estando juntas: crear un espacio seguro para periodistas latinas en el que podíamos bajar la guardia y sentirnos escuchadas, vistas y validadas. Y amadas. No esperábamos ni exigíamos nada de nadie. Contábamos chistes colorados, nos reíamos juntas, nos emborrachábamos un poquito, bailábamos y hablábamos del sexo, el amor, el matrimonio, la salud, las finanzas, el trabajo y de nuestros hijos.

Muchos años después de esa cena, en 2009, sucedió. Obama nominó a Sonia Sotomayor para que reemplazara al juez David Souter en la Corte Suprema. Después de haber sido confirmada en su cargo, se celebró su triunfo en la gala anual del Instituto del Caucus

Hispano del Congreso en D.C. El evento contó con la presencia de la élite poderosa latinx de los medios, la política y los círculos del activismo, incluidas a estrellas como Jennifer López y Marc Anthony. Allí estaba Sonia, de pie justo delante de mí, sonriendo y riéndose a veces a carcajadas. Yo sabía que estaba mirando a la puertorriqueña y latina más poderosa del mundo. La gente corría para acercarse a Sonia y tomarse una foto con ella, ¡su fila era más larga que la de J-Lo! Reía alegremente en cada foto, abrazando a las personas para acercarlas a ella, disfrutando de la vida al máximo, algo que no es en absoluto lo que esperamos de una jueza de la Corte Suprema.

Yo estaba con mi esposo, mi hijo y mi hija, todos muy elegantes para la recepción antes del evento en una carpa llena de gente famosa. Finalmente logré entrar a la carpa después de ocho años de distancia de la Casa Blanca y el Congreso cuando W era presidente. Aun así, me forzaba para mantenerme con la suficiente distancia y poder ser crítica y desconfiar de todo. Pero esto era algo en lo que no podía frenarme.

—¡Eres una estrella de *rock*, Sonia! —le susurré al oído.

—¡Es una locura! —dijo dándome un abrazo de oso. Después posó para sacarse fotos con mi familia y le dio un abrazo particularmente afectuoso a mi hija. Unos minutos más tarde, subí al escenario para presentar el programa, que era el punto culminante del Mes de la Herencia Hispana en el Capitolio. Mi trabajo esa noche era presentar al presidente Barack Obama a una multitud de miles de latinos y latinas emocionadísimos que habían votado por él de forma abrumadora. La presencia de todos esos latinos en las manifestaciones de inmigrantes en 2006 había dado sus frutos. Obama había hecho de los latinos y la inmigración una parte clave de su campaña.

Algunos de los principales medios de comunicación se preguntaban si los latinos votarían por un hombre negro, lo cual no parecía probable. Las cifras de participación desmintieron a los expertos. En 2008, Obama obtuvo el 67% del voto latino.[7] Los votantes latinx habían sido una parte esencial de la coalición que le dio la victoria. Obama le debía a este grupo de votantes la ganancia de su inversión, y esta noche era la primera vez que se dirigía a una multitud de influyentes latinx tan grande como aquella frente a la que hizo campaña antes de asumir el cargo.

Este evento me había tenido tan nerviosa que había adelgazado cinco libras y estaba más flaca de lo que había estado en los últimos diez años. Aun así, era difícil competir con los vestidos en la gala porque mis colegas latinas nunca pierden la oportunidad de arreglarse para verse como diosas. ¡Coño! ¿Para qué es la vida entonces si no puedes salir a fiestas y divertirte? Había vestidos de todos los colores con escotes en la espalda y curvas que abrazaban nuestros cuerpos. Nuestras madres nos habían enseñado a amar nuestros cuerpos. Mi vestido de satín rosa con cuello *halter* era impresionante. Yo sentía que irradiaba un brillo real, tan feliz estaba.

Cuando presenté al hombre considerado el presidente más importante de la historia (a pesar de que siendo senador había votado por la Ley de la Valla Segura de 2006, que incluía la financiación del muro), tuve que mantenerme objetiva.[8] Soy una periodista, no una fanática de ningún político. Decidí recordarle algo al presidente.

—Señor, no existe tal cosa como un ser humano ilegal. No somos ilegales; ¡no somos inmigrantes ilegales! ¡Véanos por quienes somos! —le dije a la multitud; algunas personas gritaron y aplaudieron, pero no todas. Inmediatamente me preocupé por si había cruzado algún tipo de línea. Me habían dicho que no tornara "político" el evento. Pero luego me dije, *Recuerda a Elie Wiesel y di las cosas como son. Estás repitiendo las palabras de una sobreviviente de Auschwitz, lo más cercano que tienes a un ángel de la historia que te apoya.* Obama puede haber sido el hombre más poderoso del mundo, pero aun así y sabiendo que él era un experto en la Constitución, yo quería dejarle claro que sabía muy bien que en el ámbito de las leyes y la gramática no existe algo como un "inmigrante ilegal".

El presidente saltó al escenario como si fuera un invitado de un programa de televisión nocturno, y entonces acercó su alta y esbelta figura para abrazarme fuertemente. Se despidió de mí y me dijo:

—Extraño tu programa. Siempre lo escuchaba en Chicago.

La multitud gritó eufórica cuando empezó a hablar, mientras yo desaparecía por detrás del escenario, escoltada por el Servicio Secreto. Habló de Sonia Sotomayor como "nuestro propio miembro de la realeza", y le recordó a la gente que había contratado a más latinos y latinas, incluidos dos en su gabinete, que cualquier gobierno anterior. Prometió ayudar a la comunidad latinx y presionar para lograr la reforma a la inmigración, diciendo "Todos somos americanos", pero al mismo tiempo reconoció que su plan para mejorar el sistema de salud no beneficiaría a la gente que estuviera de manera no oficial en los Estados Unidos.[9] Cuando terminó, Obama recibió una tremenda ovación que celebraba su triunfo. Esa noche fue mágica, y precisamente porque la sentí tan mágica me empecé a preocupar de inmediato.

Lo que ninguno de nosotros veía era que el gran discurso de Obama sobre aprobar la reforma a la inmigración durante su primer año en el cargo fue solo eso: un discurso.[10] No se presentó ninguna iniciativa de ley ante el Congreso hasta finales de 2010 y murió sin pena ni gloria en el piso del Senado. La Ley DREAM, una iniciativa de ley que buscaba otorgar la ciudadanía a los niños indocumentados que llegaron a este país con sus padres, no logró llegar a los sesenta votos necesarios para impedir la acción filibustera de los republicanos. El voto se redujo a cinco demócratas que bloquearon la iniciativa porque les preocupaba la reelección de 2012.[11]

Lo que también sucedió fue esto: Rahm Emanuel, nieto de inmigrantes judíos y jefe de gabinete de la Casa Blanca durante el gobierno de Obama, desde un principio aniquiló la idea de aprobar una legislación integral a la reforma de inmigración.[12] La consideraba "el tercer riel de la política estadounidense"; quien tocara este asunto era muy probable que perdiera la reelección. Sin embargo, el número de inmigrantes indocumentados en los Estados Unidos iba en declive después de que en 2007 había llegado a un récord de alrededor de 12 millones.[13] Emanuel convirtió a la inmigración en el tema que Obama usaría para demostrar que era un presidente de mano dura —así como él mismo había aconsejado al presidente Clinton en los años noventa, cuando era su mano derecha— pero tampoco tan dura como para que la gente lo considerara un hombre negro enojado.[14] Porque si ese enojo lo diriges a los "ilegales" que están allí, está perfecto. "En realidad, no tendrían que estar aquí" era la idea detrás de la mentalidad de Obama y no "Bienvenidos a los Estados Unidos".

Lejos de la vista de todos, salvo por los inmigrantes, los activistas de la comunidad y los medios de comunicación en español, el sistema de deportación se estaba convirtiendo en una maquinaria bien armada. El Congreso estaba muy ocupado engrosando el presupuesto para asuntos domésticos con tal de mantener 34.400 camas ocupadas por inmigrantes en 250 instalaciones cada noche. La disposición de 2009 llegó a conocerse como "el mandato de camas de detención" y entró en vigor sin mucha fanfarria.[15] A pesar de eso, el impacto que tuvo en la vida real de las personas fue tremendo. El mandato de camas intensificó la cacería de inmigrantes, no solo porque exigía una cantidad mínima de inmigrantes detenidos, sino porque fomentó la creación de más espacios de detención y la mayor dependencia de los contratistas privados para que se hicieran cargo de esas prisiones. Lo peor de todo era que les quitaba dinero a los contribuyentes estadounidenses de sus bolsillos para pagar esto. En 2013, costaba $120 por día mantener a un inmigrante detenido, lo cual, multiplicado por la cantidad de personas detenidas, suma más de $2.000 millones anuales.[16]

*Pero ¿y esto realmente importa? Son ilegales. Seguramente hicieron algo malo para merecer todo eso, ¿no?* ¿Verdad que en algún momento pensaron así?

En Raymonville, Texas, los campamentos de detención que la ciudad ayudaba a pagar y construir en colaboración con las compañías de prisiones privadas ahora estaban atiborrados de migrantes cuyo único delito muchas veces había sido cruzar la frontera para regresar a su hogar en Kansas City, Omaha, Cheyenne o Chevy Chase. Ese sueño era su delito. Pero vamos a olvidarnos de eso. La ciudad ya estaba recuperando su inversión, y eso era todo lo que importaba. A pesar de que todavía faltaban muchos años para hablar de una verdadera ganancia, los campamentos eran rentables y seguían minimizando los gastos en los detenidos. De todos modos, nadie venía a estos campamentos. ¿Libros? ¿Juegos? ¿Balones de fútbol? ¿Para qué gastar dinero en cosas como esas si podía entrar directamente a las cuentas del condado?

---

Un día antes del Día de Acción de Gracias en 2009, me llamaron a mi oscura oficina sin ventanas en *NOW*, para que fuera a la oficina llena de ventanas de un ejecutivo sénior en Thirteen, la estación local de PBS en Nueva York. Me recibió amablemente y me dijo que quería darme algunas noticias en persona. Yo necesitaba buenas noticias.

Unas cuantas semanas antes, me habían dicho por teléfono, mientras estaba de viaje grabando un reportaje, que el financiamiento para *NOW* no iba a renovarse. John Siceloff estaba escalando el Himalaya. Nadie vino a rescatar el programa ni a defenderlo. Los ejecutivos de PBS se habían enterado de que las noticias y los asuntos de interés público no eran precisamente los que generaban dinero. Todo lo contrario a *Downton Abbey*. Pero *NOW* no era *Downton*.

Este ejecutivo me dijo:

—Quería decírtelo yo mismo. Vas a tener una participación en el programa que estamos creando. —La cadena iba a eliminar *NOW*, un programa exitoso, y lo iba a sustituir con un nuevo programa producido por la estación local Thirteen.

Era como una traición aceptar un empleo en el programa que se había creado para reemplazarme. Pero necesitaba el trabajo y hasta me sentí halagada de que yo les agradara tanto que me habían hecho una oferta, aunque solo era la promesa de una oferta sellada con un apretón de manos. Ya había pasado muchísimas veces por esto, que me hicieran promesas en el aire, sin firmar un contrato. *Esto es la televisión pública*, pensé. *Aquí no andamos con jueguitos.*

Pasaron unos cuantos meses sin que este ejecutivo me volviera a decir nada sobre el trabajo en Thirteen. A mediados de febrero, una colega me pidió que fuera a su oficina y me dijo que ya habían seleccionado a los presentadores del nuevo programa. Yo no estaba entre ellos.

Me puse fría. ¡Con razón aquel ejecutivo nunca me volvió a llamar! Me habían jugado chueco y, de hecho, me habían dado en la madre.

Como yo me había tomado esa promesa en serio, no había buscado trabajo, y sabía muy bien lo difícil que iba a ser encontrar otro empleo en esta etapa de mi carrera. Ya tenía más de cuarenta años y era una latina sin pelos en la lengua. Aunque era una periodista que había recibido varios premios, para la mayoría de los hombres yo era más bien una persona complicada para contratar. En otras palabras, una persona intelectual y culturalmente desafiante, porque las mujeres que ya rebasan los cuarenta años se centran más en su propio poder. Había despedido a mi agente para ahorrar dinero cuando redujeron mi salario en PBS. Sin agente, las cosas iban a complicarse más para mí. En este nivel, nadie se mueve sin tener un agente.

Analicé mis opciones. NPR no me había pedido que ocupara algún cargo como conductora, así que tener una chamba de tiempo completo con ellos era imposible. Además, no quería mudarme a

D.C., en donde están sus oficinas. *Latino USA* era una cosa pequeñita de medio tiempo, así que tal vez podía intentar conseguir un trabajo como corresponsal en Nueva York en una de las cadenas de televisión, pero tendrían que pasar mil años para que lograra salir al aire. Además, los noticieros de la noche solamente duran veintidós minutos tomando en cuenta los comerciales, y cada noticia dura un minuto con treinta segundos. En realidad, muy pocas noticias salen al aire cada noche y la competencia puede ser mortal. Tendría que empezar desde cero otra vez y, una vez más, poner a mi familia en segundo plano. Ya lo había hecho con CNN y PBS, ¿pero podría darme el lujo de intentarlo otra vez? Ya no iba a hacer noticias de última hora ni reportes en vivo sobre el clima durante las tormentas de nieve. No podía retroceder, pero creía que los demás pensarían que ya era demasiado vieja como para intentar algo nuevo que tuviera sentido. No estaba segura de cómo iba a sobrevivir.

Con los boletos que ya tenía reservados, fui a Punta Cana a principios de marzo. Mi trabajo acabaría en un mes y me estaba llenando de ansiedad. Sandy, que siempre ha sido mi tabla de salvación en momentos desesperados, me alcanzó allá. Caminó conmigo por la arena hasta la orilla del agua azul claro, con sus rastas teñidas de morado meciéndose suavemente con la brisa de la mañana. Me dijo que pusiera las manos sobre las olas, que apenas se movían, y le hablara a Yemayá.

—Tienes que enfocarte en la gratitud —dijo suavemente Sandy—. Necesitas estar tranquila y agradecida. Todo va a acomodarse. Vas a estar bien, pero tienes que empezar desde un estado de gratitud y abundancia, no de miedo y escasez.

Me decía esto tan seguido que empezaba a parecerse a un disco rayado. Yo no ignoraba sus palabras totalmente y no dejaba de pensar que sí era agradecida. Agradecía tener a mis hijos, tener salud, a mi marido, aunque él siempre sentía que estaba en el último lugar de mis prioridades: una fecha de entrega, un vuelo a alguna parte, una entrevista. *Ya soy agradecida*, decía para mis adentros impacientemente, *pero tengo preocupaciones reales y la gratitud no me las va a resolver.*

---

Recuerdo una conversación que tuve con mi amiga Deepa en la primavera de 2000. Deepa y yo nos conocimos cuando ella era una periodista y productora novata que trabajaba en Austin para *Latino USA*. Después empezó a trabajar como productora de noticieros en televisión y se casó con Vinay, un genio de la tecnología y compatriota de la India. A él le había ido muy bien, así que Deepa ahora estaba por convertirse en una productora de cine independiente y filántropa.

Le confesé a Deepa que estaba muy preocupada porque no sabía si iba a sobrevivir como periodista. En aquella época, las cosas se estaban tambaleando en CNN. Tuve que lidiar con mucha incertidumbre y esa maldita sombra que me perseguía por la que siempre tenía que demostrar que sí valía como profesional.

Deepa volteó a verme y me sonrió.

—María, tú no necesitas a nadie. Eres tu propia marca. ¡Eres María Hinojosa!

La miré y solté una carcajada.

—¡Me estás vacilando! ¿Cómo que una marca?"

—Tienes un nombre y una marca. Tu marca es el modo encantador en que haces periodismo y cuentas historias. *Latino USA* les encanta a miles de personas y tú eres la conductora de ese programa —me dijo Deepa en un tono como de empresaria con el que normalmente no me hablaba—. Tú puedes hacer tus propias cosas. Deberías pensarlo. Yo te voy ayudar.

Estaba en el punto más alto de mi carrera y a punto de quedarme desempleada. No tenía nada que perder. No tenía trabajo, prospectos, agente ni entrevistas programadas para buscar empleo. A duras penas tenía un currículo actualizado. La verdad es que, durante la mayor parte de mi carrera, no tuve que buscar trabajo. Siempre tenía una opción extra, incluso cuando apenas empezaba a trabajar como *freelancer.*

Solo había un lugar que siempre había sido mi sueño: *60 Minutes.* Busqué entre mis contactos y encontré a alguien que me compartió el correo electrónico de uno de los ejecutivos sénior de *60 Minutes.* Nos escribimos y me citó en un Starbucks. Tal vez esa debió ser mi primera corazonada, pero estaba sumamente emocionada de que alguien de *60 Minutes* se hubiera dignado a hablar conmigo. Ellos sí me veían.

Ya en el café, el ejecutivo me dijo que mi carrera era brillante. Congeniamos muy bien, hablamos del típico rollo entre periodistas, de las personas que conocíamos en común y compartimos historias de guerra. Podía decir que la reunión iba muy bien. Le dije que Ed Bradley en 2001 me había dicho que esperaba que algún día yo llegara a ser corresponsal para *60 Minutos.* Le expliqué todo lo que el programa había significado para mí siendo una niña inmigrante y todo lo que me había enseñado acerca del papel del periodismo en una sociedad libre y una democracia. Después de más o menos veinte minutos, me dijo:

—María, de verdad eres una periodista talentosa y, de muchas maneras, eres exactamente lo que *60 Minutes* necesitaría. Del grupo demográfico adecuado, con una base periodística sólida y gran destreza para hacer entrevistas…

Dentro de mí, sentía fuegos artificiales, enormes explosiones llenas de color. Esas eran las palabras que siempre había soñado escuchar. Controlé la respiración y esperé que llegara esa parte en la que me diría que quería que fuera con él para conocer a sus jefes y así encontrar la forma de integrarme al programa. ¡Quizás después de todo sí iba a tener un trabajo! Todo esto pasaba por mi cabeza a velocidad supersónica. Prosiguió:

—Pero... —*Ay, no*. El pecho se me hundió un poco, pero por dentro, se apagaron los cohetes, inundados por la fatalidad—. La cuestión es que en el programa hay una larga lista de hombres blancos y ya entrados en años. ¿No te podrías esperar hasta que alguno se enfermara o se muriera y luego volvemos a hablar?

A ver, a ver, a ver. ¿Era una broma? Creo que me reí y dije que sí. Terminamos de hablar y le di un abrazo rápido, una extraña forma de expresar rabia pasiva-agresiva y perdón. (No quería que él se sintiera mal, ¿o sí?). Caminé a la estación del metro Columbus Circle toda aturdida, me subí al tren A y me senté. Iba llorando mientras veía a los *break-dancers* bailar y rapear. Me escurrían las lágrimas por las mejillas, arrastrando años de esperanza que ahora, ¡puf!, había desaparecido.

Las cosas habían estado tan tensas entre Gérman y yo que cuando llegué a casa, entré al cuarto de Yurema, cerré la puerta y llamé a mi hermana para contarle lo mal que me había ido.

—Voy a tener que solicitar ayuda por desempleo —dije entre sollozos—. Nunca he tenido que hacerlo. Papá se va a decepcionar muchísimo. ¡Yo estoy tan decepcionada! No puedo creer que me esté pasando esto.

Los niños habían llegado de la escuela, así que me limpié las lágrimas y me puse un poco de corrector.

—¿Qué pasó? —me preguntó Gérman con ese tono frío que se había vuelto costumbre.

—Nada —apenas murmuré.

Nadie podía ayudarme con esto. Ni Gérman, ni mis padres, ni mis hijos, ni mi inexistente agente. Yo solita iba a tener que comerme mi chingado miedo.

En la fiesta de despedida de *NOW*, una de las asistentes de producción, una joven canadiense-paquistaní, prácticamente me acorraló contra la pared afuera del bar de champaña. Sacó algo que yo nunca había visto, una pipa pequeñita, inhaló profundamente, y me la pasó.

A fin de cuentas, ya no trabajábamos juntas (ella nunca había hecho eso porque, pues, tenemos reglas y una de ellas es nunca ponerte a fumar con un colega. Pero ya no lo éramos).

—*Tú* tienes que poner tu propia empresa —me dijo mientras daba una calada a la pipa—. Eres una chingona, María. A todos nos encantaría trabajar contigo. Tienes que hacerlo por ti y por todos nosotros.

Había estado fumando marihuana más que de costumbre para calmar mis nervios, algo que había aprendido para controlar de manera efectiva el trastorno de estrés postraumático que me causó el 9/11. (Esto también me hacía sentir culpa y vergüenza, pero la madre naturaleza me sanaba). Durante los siguientes días, lloré varias veces cuando me estaba bañando porque no podía dejar que mi familia me viera tan derrotada y aterrorizada. No podía asustarlos con el tema del dinero como mi padre lo había hecho conmigo y con mis hermanos, contando cada céntimo y nunca, absolutamente nunca, sintiéndonos en una posición de abundancia. Me preocupaba no saber cómo íbamos a sobrevivir, y yo me estaba aventando todo esto sola porque era demasiado orgullosa y sensible como para compartirlo con mi esposo. Gérman salió de la nada. Él era un sobreviviente. El hecho de que yo estuviera tan alterada por esto lo iba a alterar a él todavía más. ¿Qué no podía ver lo privilegiada que era? Aquí me estaba sintiendo triste por mí. ¡Ay, no, por favor!

Había tocado fondo y el fondo no se iba a mover. Yo era quien tenía que moverse y actuar.

*OK, a la mierda con eso. Ahora que* 60 Minutes *desapareció, ¿cuál es tu sueño más loco?*

Sin pensarlo, las palabras salieron de mi boca en un susurro: "Quiero tener mi propia empresa".

Muchas veces le había contado a la gente que quería tener mi propia empresa, pero nunca me lo tomaba muy en serio. En mi mente, pensaba, *¡Ay, mujer, por favor!* Simplemente había sido un hermoso espejismo. Más sueños imposibles. Pero haber llegado a este punto hizo que cambiara todo.

*No voy a esperar a que alguien se enferme o se muera. Estoy tocando fondo, ¿y qué creen, hijos de la chingada? ¡Voy a volver a subir para respirar, cabrones!*

Así fue como empecé a hablar conmigo misma. La primera persona a la que le conté sobre este nuevo sueño fue mi hija, Yurema. Ese fin de semana me había pedido que fuéramos a Boca Chica, nuestra casita de campo en Connecticut, solo ella y yo. La primavera empezaba a asomarse con brotes pequeñitos que parecían frijoles verdes en las ramas de los árboles y con pájaros carboneros amarillos que piaban muy emocionados por ver sus comederos llenos. Yurema, seguramente por instinto, se dio cuenta de que una forma de escapar de la tensión que nos agobiaba en el departamento era largarnos y alejarme de Gérman para relajarnos un poco.

—Inténtalo, Mamá. Yo te apoyo. Sé que puedes hacerlo —mi hermosa hija de ojos castaños me dijo y apretó mi mano cuando íbamos por uno de nuestros senderos favoritos en las colinas de Connecticut.

No creía que Gérman me fuera a apoyar en este gran sueño mío, así que me preparé para hacerlo sin mi amor, *mi joni*, a mi lado. Ya le había pedido demasiado sacrificio durante todos estos años en que iba subiendo escalón por escalón en mi carrera y él siempre fue paciente. Ahora le iba decir, "Oye, ¿qué crees? Estoy construyendo mi propia escalera desde cero y voy a necesitar tu ayuda y paciencia otra vez".

Se lo conté el día que oficialmente establecimos la empresa. Él estaba contento y se sintió aliviado de que yo ya no iba a tener otro jefe. Estaba orgulloso de mí, pero ahora entre nosotros había una distancia, una consecuencia de la ansiedad que me asfixiaba. Por un trabajo. No me daba cuenta de que debía haberme preocupado más por mi matrimonio.

Una colega de *Latino USA* se ofreció para calcular los gastos elementales que se deben cubrir al abrir una empresa de medios de comunicación sin fines de lucro. Había decidido que fuera sin fines de lucro porque eso es lo que equivocadamente creía que había hecho John Siceloff para *NOW*. También llegué a entender que a las fundaciones y los filántropos les gusta darles dinero a las empresas sin fines de lucro, sobre todo porque sus donativos son deducibles de impuestos. Yo de esto no sabía nada.

Ahora que me permitía tener los sueños más atrevidos, también pensé en quién podía apoyarme inmediatamente con financiamiento y empecé a hacer una serie de conexiones.

Cuando necesité treinta mil dólares para terminar mis videos de PBS sobre el poder y la política y la mujer, incluidos los gastos de los vuelos con mi equipo para entrevistar a la primera mujer presidente de Chile, Michelle Bachelet, pedí el apoyo de Fiona, mi sanadora experta en *reiki*. Fiona hacía tantas cosas: era agente financiera, mamá de tres niñas, sanadora, empresaria y también era una filántropa que financiaba a los medios de comunicación. "Nómbralo, pídelo y será tuyo", siempre me decía Sandy. Cuando por fin le llamé a Fiona, estuvimos cerca de dos horas hablando y le expliqué mi plan detallado para la empresa de mis sueños. En esa llamada, resultó que Fiona necesitaba que yo la escuchara tanto como yo necesitaba que ella me escuchara a mí. Ella estaba en una etapa dolorosa y necesitaba consejo. La escuché y la comprendí. Ella me escuchó y me comprendió. Y después me dijo que sí.

En abril de 2010, enviamos nuestros primeros cheques de Futuro Media. A propósito le puse un nombre bilingüe a mi empresa que tuviera que ver con mirar hacia delante y no con mi nombre. Aunque llegué a entender el poder de mi propia voz y visión, este era un proyecto que involucraba muchas más cosas. La creación de Futuro Media me validó como persona y todo lo que yo representaba de una forma que jamás imaginé. Tendría un empleo con un salario y beneficios. Tenía un ángel y se llamaba Fiona. Años antes, me había enseñado a confiar en mi corazón, a ser paciente y amorosa, empezando conmigo. Fiona me estaba permitiendo hacer realidad mi sueño. Pide cosas. Sé abierta. Sé sincera. Sé humilde, es lo que me decía, pero también sé atrevida, una *pit bull*, una mujer valiente que no le tiene miedo a los retos.

Las primeras oficinas oficiales de Futuro estaban debajo de una escalera inclinada de una antigua estación de bomberos en Chinatown que nos rentó DCTV, otra compañía de medios de comunicación enfocada en la comunidad. Nuestros escritorios eran de cristal, como esos que compras para estudiantes de preparatoria, compactos y atractivos para los adolescentes, pero eso es lo que pudimos pagar. Fue cuando entendí lo que significaba *start-up* y agradecí el término que toda una generación hizo suyo y de la que ahora yo también era parte.

En esas oficinas chiquititas descubrí que habíamos recibido nuestra primera aportación económica como organización sin fines de lucro. Poco después de haber creado Futuro, llamé a Luz Vega-Marquis, la primera y única presidenta latina de una importante fundación nacional, la fundación Marguerite Casey basada en Seattle. Había conocido a Luz en *NOW* y había ayudado a conseguir una aportación sustanciosa de varios años para la unidad de reportajes sobre mujeres y familias que yo había establecido. Me puso en contacto con un colega responsable de donar fondos a gente de programas y, para entonces, ya había usado parte del dinero que Fiona nos había dado y lo utilicé para contratar a alguien que se dedicara a solicitar financiamiento escribiendo propuestas. Después de haber estado preocupada durante semanas y semanas, por fin pude respirar. Durante un segundo.

En casa, Gérman se relajó un poco. Trataba de ocultarlo, pero creo que fue muy importante para él verme convertida en una mujer valiente que se empezaba a construir a sí misma. Eso hizo que se volviera a enamorar de mí, y ahora ningún jefe me iba a mandar lejos de mi familia. Yo era la jefa. No podía creerlo, pero era cierto.

———————

Mientras tanto, para 2010, en las ciudades, los suburbios y los pueblitos de todas partes, los inmigrantes que habían ingresado al país en la infancia transitaban hacia la adolescencia y comenzaban a entender que su condición de indocumentados los obligaría a enfrentar toda una serie de desafíos. Para empezar, sus padres les pedirían evitar a toda costa cualquier plática con respecto a la inmigración. A los dieciséis años, intentarían tramitar su licencia y se toparían de frente con los límites. Después, se darían cuenta de que para ellos no habría ayuda financiera ni la posibilidad de viajar. Y así sucesivamente... Como buenos chicos estadounidenses, comenzaron a canalizar su enojo en el activismo. Quizás muchas madres inmigrantes llevaron a sus hijos a las marchas para enseñarles el valor de la responsabilidad cívica y el significado de la primera enmienda, tal y como sucedió conmigo.

Se trataba de los DREAMers, jóvenes indocumentados que se habían organizado para luchar por una reforma migratoria y cuyo nombre hacía alusión a la Ley DREAM, una iniciativa presentada por primera vez en el Congreso en 2001. La Ley para el Desarrollo, la Asistencia Humanitaria y la Educación de Menores Extranjeros (Development, Relief, and Education for Alien Minors Act) fue impulsada por una coalición bipartidista y diseñada con el fin de crear una vía a la ciudadanía para las juventudes de inmigrantes indocumentados que habían ingresado a los Estados Unidos en la infancia, antes de los dieciséis años, por decisión de sus padres u otros adultos. Por supuesto, la iniciativa incluía disposiciones adicionales. Para poder acogerse a esta ley, los DREAMers tendrían que ser menores de treinta y cinco años; haber vivido en los Estados Unidos cinco años consecutivos; haber terminado la preparatoria; estar inscritos en alguna institución de educación superior o militar; y, finalmente, gozar de una "reputación intachable".[17] La iniciativa no obtuvo la aprobación tras los atentados del 9/11. Desde entonces, se han presentado nueve versiones distintas del documento en el Congreso, pero ninguna ha resultado aprobada en ambas cámaras.[18]

Cada vez que surgía el tema de esta propuesta, se encendían los ánimos. ¿Cuántas almas dependían de esta ley? Estos chicos me preocupaban. ¿Cuántos adolescentes más en los Estados Unidos estaban aferrados y con todas sus esperanzas puestas en una ley? Ciertamente ese era el sentir en las comunidades inmigrantes. Según distintas estimaciones, la cifra de DREAMers asciende a 3,6 millones o a casi un tercio de la población de personas indocumentadas de este país.[19] Cada vez que los legisladores rechazaban la llamada Ley DREAM, me preocupaba de solo pensar en la cantidad de chicos o padres de familia que podrían verse orillados a caer en una depresión. Estaba cansada de ver a los congresistas jugar con las emociones de esta gente.

Como indocumentado, alzar la voz con respecto a la reforma migratoria era muy arriesgado, y no todos estaban de acuerdo con la Ley DREAM. Los activistas de la vieja escuela insistían en presionar para obtener una reforma integral, como la IRCA de Reagan, que concedía a todas aquellas personas que hubiesen ingresado a los Estados Unidos antes de cierta fecha la posibilidad de solicitar la ciudadanía, con lo cual todos los miembros de una familia podían acceder al mismo estatus. Conceder un estatus legal a ciertos miembros de la comunidad y dejar a otros fuera llevaría inevitablemente a la separación de las familias.

No lo dije aquella vez porque no me correspondía, pero yo también quería una ley audaz e integral que diera origen a un nuevo discurso en torno a los inmigrantes. Fue la Ley IIRIRA de Clinton, en 1996, la que alimentó el sentimiento antinmigrante. Ya habían pasado poco más de diez años desde entonces; sin embargo, aún estábamos a tiempo de darle la vuelta a ese discurso y evitar que se enraizara más.

El 70% de las personas que se acogieron a la Ley IRCA de Reagan en 1986 eran de origen mexicano. Fueron ellos quienes, con su trabajo de inmigrantes y su nueva capacidad para comprar casas, autos y otras cosas, contribuyeron a sacar la economía estadounidense de la recesión.[20] La reforma inmigratoria en la era de Obama idealmente incluiría a gente de África, Medio Oriente, Europa del Este y Asia. Concentrarse en el carácter mundial e intergeneracional de la inmigración transformaría completamente la conversación y daría forma a una historia más compleja, veraz y visible en todo el país. Todo esto ya no se trataba solo de latinos y latinas.

Sin embargo, parecía que el margen de maniobra en el Congreso se estaba contrayendo. Casi diez años después de la presentación de la iniciativa, los DREAMers adoptaron el nombre que habían recibido de los congresistas y decidieron poner manos a la obra. Estudiaron los movimientos históricos en favor de los derechos civiles y aprendieron de la comunidad LGBTQ que el primer obstáculo a vencer era el miedo interiorizado y la vergüenza de ser quienes eran. Como juventud indocumentada, necesitaban sentirse cómodos en su propia piel y verse a sí mismos antes de adquirir visibilidad ante los demás. Gente que se identificaba como LGBTQ politizaba la parte más íntima y personal de su persona para salir del famoso clóset. Los indocumentados decidieron hacer lo mismo: contar su verdad y revelar públicamente su estatus migratorio en un acto de audacia.

Aprendieron de la gente que cruzó el puente en Selma; aprendieron de Toro Sentado en Standing Rock en 1890; aprendieron de las mujeres trans de color en el Stonewall Inn. Como buenos estadounidenses, aprendieron que, en nuestra democracia, lo único que tenemos al final de cuentas es el empuje personal: nuestros cuerpos y llevarlos a donde sea necesario. Y como las sufragistas que tomaron las calles, estos activistas dieron la cara al público incluso si aquello implicaba someterse a un juicio. Tenían que desterrar la vergüenza.

El primer gran paso de los DREAMers comenzó el 1 de enero de 2010 con la "Marcha de los Sueños", un recorrido de 1.500 millas desde Miami, Florida, hasta Washington, D.C.[21] Los estudiantes universitarios Juan Rodriguez, Gaby Pacheco, Felipe Matos y Carlos Roa atravesaron el sur de los Estados Unidos con pancartas que decían, EDUCACIÓN, NO DEPORTACIÓN.[22] Carlos y Felipe, chicos indocumentados, se presentaron ante las autoridades en un acto de protesta política que requirió ganas y pantalones bien fajados, de la manera más patriótica posible.

En marzo, la Liga de Jóvenes Inmigrantes por la Justicia celebró un mitin "de la verdad" en el que los DREAMers compartieron sus historias como indocumentados.[23] Las pancartas y las proclamas que gritaba la gente llevaban el mismo mensaje: INDOCUMENTADO Y TRANQUILO; SIN PAPELES Y SIN MIEDO. Cuando el Consejo de Regidores de Georgia votó por prohibir a los inmigrantes indocumentados inscribirse en las cinco mejores universidades del estado, siete jóvenes afectados se sentaron en medio de una calle muy transitada en protesta por la prohibición. La policía los detuvo por actos de desobediencia civil y pasaron a la historia como "los siete de Georgia".[24] En mayo, cinco estudiantes indocumentados organizaron una protesta, en la que los asistentes permanecieron sentados a las afueras de la oficina del senador por Arizona, John McCain, para abogar por la Ley Dream.

Los gobiernos locales estaban repitiendo las escenas de la década del noventa, cuando el gobernador Pete Wilson intentó retirar todo tipo de servicios a los inmigrantes en California, cosa que nunca logró. Supongo que algunas personas se convencieron de que la Propuesta 187 había resultado todo un éxito, aun cuando fue rechazada por los tribunales. Maniobras de este estilo se intentaron por primera vez a inicios de este siglo en la pequeña ciudad de Hazleton,

Pensilvania, donde hacia el verano de 2006 se propusieron ordenanzas para castigar a todo aquel arrendador que rentara su propiedad a inmigrantes indocumentados y a los patrones que los contrataran. Otras seis ciudades en los Estados Unidos aprobaron ordenanzas similares.[25] El incidente de Hazleton apareció en los noticiarios de habla hispana varias veces por semana, pero el resto del país no se enteró del racismo que había detrás de esas iniciativas. La Unión Estadounidense por las Libertades Civiles (ACLU, por sus siglas en inglés) impugnó las ordenanzas, y en 2013 el Tercer Tribunal de Circuito de Apelaciones resolvió que eran inconstitucionales. La Suprema Corte de Justicia de los Estados Unidos rechazó considerar el caso, con lo cual las resoluciones anteriores persistieron sin cambios.[26]

Mientras el movimiento de los DREAMers se ganaba el corazón de la juventud indocumentada y la inspiraba a emprender acciones para "contar su verdad" y protestar por toda la nación, los políticos seguían impulsando leyes antinmigratorias a toda velocidad. La más controversial de estas fue la iniciativa de Ley para Fortalecer la Observancia de la Ley y la Seguridad en los Vecindarios (Support Our Law Enforcement and Safe Neighborhoods Act) o SB 1070. La iniciativa, presentada originalmente ante el Senado del estado de Arizona por el senador republicano Russell Pearce, tipificaba como delito vivir o trabajar en los Estados Unidos sin autorización legal. También obligaba a la policía a determinar el estatus migratorio de toda persona que resultara detenida. Esto obligaría a cualquiera a mostrar sus papeles por el simple hecho de ser de piel morena, por ejemplo. Además, la policía podría arrestar sin una orden judicial a quienes fueran sospechosos de ser indocumentados.[27] La gente comenzó a referirse a la ley SB 1070 con el nombre de "Enséñame tus papeles". Todos la llamaban así, salvo sus simpatizantes. Y aunque alguna vez la frase se consideró un insulto, hoy era una iniciativa de ley.

Nueve activistas indocumentados se encadenaron a las puertas del capitolio de Arizona para expresar su rechazo a la ley SB 1070. Los guardias del recinto tuvieron que utilizar pinzas para cortar las cadenas y retirarlos a la fuerza, mientras otros cientos de activistas continuaban la protesta en el prado de la sede de gobierno.[28] La iniciativa resultó aprobada de todos modos y la ley se promulgó a finales de abril de 2010, más o menos en la misma época en la que estaba yo por lanzar Futuro Media. No fue por casualidad. Tomamos la decisión editorial ejecutiva de ir a Arizona a cubrir la noticia.

Conocimos a una familia con un solo miembro indocumentado: la madre. De acuerdo con la ley SB 1070, el hijo adolescente ya no podría llevarla al trabajo en su coche. Y es que, si la policía lo detenía, podría acusarlo de "transportar ilícitamente a un extranjero". Toda la familia lloró mientras los entrevistábamos en su cocina. Las lágrimas me escurrían por las mejillas también.

Afuera, en las calles, los activistas siguieron peleando. A finales de julio, gente de grupos políticos y religiosos salió a marchar en contra de la nueva ley. Los manifestantes atiborraron las calles y pararon el tráfico; la policía detuvo a docenas de ellos.[29] Los indocumentados que habían asistido se expusieron a la deportación.

Los periódicos y la televisión retrataban a los DREAMers como personas enojadas que gritaban, pero en nuestras entrevistas se expresaban en voz suave y de manera concreta. Tenía que pedirles que hablaran más fuerte porque el micrófono no alcanzaba a grabar sus declaraciones. Difícilmente podrían considerarse activistas enardecidos. Se trataba más bien de niños que habían puesto mucha atención a sus clases de Historia Estadounidense y de las democracias del mundo. Eran chicos de veintitantos años que encabezaban la lucha por el cambio. Fueron pocos los que atinaron a usar la palabra correcta para referirse a ellos: patriotas.

Muchos fuera de la comunidad de inmigrantes simplemente no entendían por qué había tanta conmoción. El pensamiento era: *Soy ciudadano, así que jamás me detendrán para exigir que muestre mis papeles. ¿No debería la gente mostrar su identificación? Esos inmigrantes se lo han buscado, ¿o no? De todos modos, son ilegales.*

Cuando pregunté a los que no eran inmigrantes cómo comprobarían *su* ciudadanía, muchos de ellos se pusieron claramente incómodos. De resultar aprobada, la ley SB 1070 facultaría a la policía para detener a cualquiera, incluso a la gente de piel blanca, y exigir pruebas de su ciudadanía. ¿Cómo comprobarían su estatus aquellas personas sin el dinero suficiente para costear la expedición de un pasaporte? ¿Llevarían una copia de sus certificados de nacimiento para todos lados? Sería esta la pregunta que dejaría intranquilos a muchos ciudadanos que no son inmigrantes: ¿siquiera sabes en dónde está tu certificado de nacimiento?

Para abril de 2011, estaba agradecida de que Futuro hubiera sobrevivido un año completo. Aquello había sido una hazaña porque todo —desde el personal y el espacio de oficina hasta la dinámica de trabajo y el dinero— resulta mucho más complicado en una *start-up*, y yo tuve que descifrar cómo dirigirla.

Ah, y el asunto del dinero... Siendo alguien a quien no le importa el dinero y nunca ha tenido mucho interés en generar demasiado ni se juzga a sí misma por el número de ceros en su sueldo, ahora tenía que preocuparme por dinero todos los días. Y no solo por mí; también por los demás. Tenía miedo casi todo el tiempo, pero en comparación con la época en la que padecía trastorno de estrés postraumático y tenía chiquillos en casa, esto era fácil. Aprendí a calmarme yo sola repitiendo la frase "Todo saldrá bien, todo saldrá bien" mientras respiraba profundo. Me recordaba a mí misma que había superado el 9/11, así que podría con esto.

—Nadie se está muriendo —me decía Gérman—. Esto solo es un negocio. Que no se te olvide.

Me las arreglé para vivir con una ansiedad de baja intensidad, pero constante. Si algo salía mal, no solo sería yo la que lo iba a lamentar. Por ejemplo, si no podía pagar la nómina, yo sería la responsable de que alguien más no pudiera pagar su renta. La sola idea de que eso pasara me horrorizaba, y me di cuenta de que tenía que contratar a un director ejecutivo, alguien que supiera exactamente cómo llevar una pequeña organización sin fines de lucro. Hice lo que hacen los neoyorquinos cuando están buscando departamento. Les dije a todos mis conocidos que quería contratar a alguien y fue así como Elena, una orgullosa y distinguida lesbiana de Maine, en cuya voz se asomaba un ligero acento del *mid-Atlantic*, llegó a la vida de Futuro. Elena había dirigido organizaciones sin fines de lucro; entendía cómo funcionaban los medios; tenía experiencia redactando solicitudes de apoyo económico y tenía un don particular para los emprendimientos. Ella trabajaría para nosotros tres días a la semana y usaría el resto de su tiempo para empezar a vender sándwiches de langosta en SoHo en su camión de comida.

Aunque me sentí un poco aliviada, vivíamos esperando que nos cayera el golpe casi todos los días.

¡Todos los días!

—¿Sabías que ya casi viene la renovación de nuestro contrato con NPR? —me dijo Elena un día cuando entré a la oficina. Se me revolvió el estómago.

—¡¿Qué?! —exclamé.

Cuando creé Futuro, la adquisición más importante que tuve que hacer fue *Latino USA*. Maria Emilia Martin, creadora y productora del programa, había renunciado para mudarse a Guatemala y arrancar su propia compañía. Francamente, sin ella, el proyecto se estaba tambaleando.

*Latino USA* había sobrevivido todos esos años porque tenía una audiencia fiel, aunque pequeña, y también porque a KUT, la estación de NPR en Austin, sede del programa, realmente le importaba. Sin embargo, tras diecisiete años, hasta KUT se estaba concentrando en cosas más nuevas y atractivas para su programación, con lo cual surgió la necesidad de recaudar más dinero para seguir produciendo *Latino USA*.

Negocié con KUT para que me permitieran asumir el control de *Latino USA* como productora ejecutiva y trasladar el programa a Nueva York, en donde podríamos continuar con la producción, conseguir personal y financiar el proyecto. También tenía planes para incrementar la presencia de *Latino USA*. Nos percibían como un "programa para minorías" y eso tendría que cambiar, especialmente porque yo le había pedido al personal que dejara de utilizar esa palabra en nuestra sala de redacción. Odiaba el matiz descalificador de la expresión.

Aun así, muchas de las estaciones de radio públicas locales transmitían el programa de cinco a siete de la mañana los fines de semana. En tono de broma, yo decía que se trataba del "horario para los marginados de color". Supuse que nos asignaban ese espacio motivados por la creencia de que en aquellos momentos los latinos y las latinas estarían regresando a casa de una fiesta o preparándose para ir a la iglesia ¿De qué otro modo podría explicarse?

El programa necesitaba un poco de amor y cuidado. Había estado mucho tiempo lejos de mi control editorial, y como presentadora, mi misión era elevar el nivel. Necesitaba estar más presente al aire y atender otros asuntos relacionados con el programa. Por ningún motivo iba a permitir que *Latino USA* desapareciera. Sabía lo que el programa significaba para la gente, no solo para los radioescuchas latinos. Los afroamericanos eran el segundo grupo de audiencia más numeroso después de los blancos. El programa tenía corazón porque tenía una misión: humanizar a los latinos y las latinas con la transmisión de historias que nadie más contaba.

Además, yo conocía los números. Toda empresa de medios tendría que atraer a la comunidad latinx —no solo a los afroamericanos— para poder acceder a la posibilidad de competir en el futuro.

De acuerdo con el censo, en 2010, la comunidad latina había tenido
un crecimiento demográfico del 43%. Esa era la única cifra que yo
necesitaba saber en este negocio.[30]

Elena agendó una junta con altos ejecutivos de NPR en D.C.
para decidir el futuro de *Latino USA*. Yo estaba inmensamente emocionada de compartir mi visión como nueva dueña, presentadora y
productora de medios. En muchos sentidos, NPR contribuyó a hacer
de mí la periodista que era, y ahora, tras muchos años y sufrimiento
para construir mi carrera, estaba de regreso, dispuesta a tomar la
batuta de *Latino USA*. Pensé que NPR estaría muy orgullosa de mí:
me había convertido en una emprendedora y ahora sería ejecutiva en
una empresa de medios.

Pero no… Me dijeron que había llegado la hora de terminar con
el programa *Latino USA*.

Elena notó lo devastada que me sentí después de salir de la junta.
Me quedé muda casi una hora; de haber hablado, me habría echado
a llorar en el aeropuerto. Al siguiente día, cuando finalmente llegamos a la oficina a mediodía, Elena me llevó a la sala privada de
juntas. Su cabello gris y ondulado enmarcaba su estoico rostro. De
repente me sentí pequeña y me angustió la posibilidad de llevarme
un regaño por algo malo que hubiera hecho en la junta. Tal vez dije
cosas que no debía… Estaba tan acostumbrada a recibir golpes en
la mano…

—María, tú eres nuestra líder —comenzó Elena—. Tú eres la que
establece las pautas. No puedes esperar que nadie más se haga cargo
de eso porque esta es tu empresa. Esta es tu voz. Este es tu poder.
Sabes de lo que estás hablando. Tú eres una astuta emprendedora de
medios. —Se detuvo un momento y luego me tomó de la mano—.
Es tu momento, querida… Como latina, como mujer y como líder
—me dijo de nuevo con ese sutil acento británico como de antaño.

Esa tarde, mientras regresaba a mi casa en metro desde Chinatown, pensé en lo que Elena me había dicho. *Tienes que ser esa* pit

bull *implacable otra vez*, pensé para mis adentros al tiempo que volteaba para todos lados en el vagón del metro. *Has llegado hasta acá y ahora tienes que prepararte para otra pelea.* ¡Vámonos pues!

¿Cuántas veces me había enfrentado al "no" de los ejecutivos varones y había decidido luchar por lo mío? Muchas... Y al mismo tiempo, ¿cuántos de esos hombres se habían convertido en mis aliados en algún momento? Algunos de ellos habían dado la cara por mí. Debía madurar, presentar mi caso sin emociones y respaldarlo con muchísimos datos.

Nos sentamos y armamos una breve presentación de ventas con datos del mercado para defender nuestro punto: matar un programa de medios latinos en el clima actual sería una decisión de negocios estúpida (claro que no usaríamos esa última palabra). Me propuse buscar a algún alto mando entre mis contactos para conseguir que el entonces presidente de NPR, Gary Knell, reconsiderara mi petición. Recordé que era un gran admirador de *Latino USA* y un inteligente ejecutivo de medios. Él nos permitió presentar nuestro planteamiento de último minuto para mantener *Latino USA* con vida.

Conseguimos una cita una semana después en la ciudad de Nueva York. Entre *bialys* y *bagels* en el Barney Greengrass de Amsterdam y la 87, defendimos nuestro caso ante dos altos ejecutivos de NPR. Al final de la semana nos dijeron que *Latino USA* permanecería al aire, y que NPR renovaría su contrato con nosotros, pero el horario del programa se extendería una hora solo si Futuro se hacía cargo.

Aunque nuestro pequeño programa estaba por cumplir veinte años y había obtenido un sinfín de reconocimientos a lo largo del tiempo, eso no nos salvó de tener que labrarnos un camino de nuevo. Teníamos dos años para probar que nuestro proyecto valía la pena. Nadie, ni siquiera nuestro personal, supo lo cerca que estuvo *Latino USA* de desvanecerse en el aire.

Como *NOW* estaba fuera del aire, no había latinos ni latinas en

PBS. Recordé a Henry Louis Gates Jr., quien cada dos años solía producir una serie de alto perfil y elevado presupuesto para el horario estelar, y me di cuenta de que yo tenía que hacer lo mismo. Quería esa clase de visibilidad para los temas de la comunidad latinx.

*Nómbralo, pídelo y será tuyo.*

---

Como relojito, la Ley Dream fue presentada nuevamente en el Congreso en mayo de 2011, esta vez por el Grupo de los Ocho. Titulares como "Una segunda oportunidad para la Ley de Inmigración", del *New York Times* mostraban el optimismo de la opinión pública antes de la aprobación de cualquier ley.[31] En *Latino USA* hablamos sobre el impacto que la montaña rusa de emociones asociadas al impredecible juego legislativo podría producir en la salud mental de los inmigrantes.

—Engáñame una vez —dije al aire—. Pero ¿dos veces? Cuídense; traten de mantener la mente ocupada. Ustedes son más que un proceso legislativo.

Estaba decidida a no crearme falsas expectativas, especialmente después de haber entrevistado al exsecretario del Trabajo de Clinton, Robert Reich. Según él, si la Ley Dream no se aprobaba en 2010, no habría otro intento sino hasta 2017 debido al calendario de las elecciones presidenciales. Mi hijo estaría casi fuera de la universidad para entonces. Esos plazos me parecían una eternidad. No, no permitiría que mis esperanzas se desbordaran. En lugar de eso, me relajaría con algún porrito y haría el amor con mi esposo.

De último minuto, la Cámara de Representantes aprobó la Ley Dream en diciembre, pero la iniciativa se quedó a cinco votos de librar el filibusterismo en el Senado. Una vez más, la propuesta había muerto.[32] Nuevamente, los inmigrantes habían recibido una puñalada por la espalda.

La mayoría de los estadounidenses probablemente no tenía idea de lo que estaba pasando. Hacia 2010, la iniciativa inmigratoria era un tema de nicho, que solo importaba a un segmento de la población. Aun así, según las encuestas, 66% de los votantes estadounidenses estaban de acuerdo con la Ley Dream.[33] Aunque la clase media conservadora de ascendencia blanca apoyaba a los DREAMers, al mismo tiempo también eran antinmigrantes de bajo perfil.

El asunto apenas les interesaba. Bailaban al son del líder del país. A él también le importaba. O algo así. En el gobierno de Obama, según la versión oficial (que no era muy diferente a la versión oficial de la administración de George W. Bush), ICE deportaba a "delincuentes, no familias" y se concentraba en hacer "redadas de documentos", cuyo objetivo era identificar a los empleadores que contrataban trabajadores indocumentados, en lugar de hacer redadas de empleados en los lugares de trabajo. Bajo la dirección de Janet Napolitano, exgobernadora de Arizona, el Departamento de Seguridad Nacional haría este pequeño cambio en sus políticas en el contexto de una administración más gentil y amable, la de Obama.

Los activistas en el campo de batalla nunca aceptaron este discurso ni muchas de sus promesas. La administración Obama comenzó a verlos como malagradecidos.

En las calles, la gente compartía lo que veía: ICE sacando a padres de familia de sus casas a las seis de la mañana. Las autoridades estaban deshaciendo núcleos familiares, pero solo nos enterábamos de eso en Univision o en Telemundo. Los activistas estaban hartos. Las esperanzas legislativas habían terminado en la hoguera; y ellos, con quemaduras... Graves quemaduras.

El 5 de junio de 2012, a la mitad de la campaña por la reelección de Obama, un grupo de DREAMers que había perdido la paciencia decidió expresarse directamente ante el presidente. Tres docenas de activistas llegaron a las oficinas centrales de la campaña de Obama en Denver. Javier Hernandez y Veronica Gomez, ambos indocumentados, fueron más allá y orquestaron una manifestación dentro de las oficinas. No se retirarían, decían, sino hasta que el presidente firmara un decreto que detuviese la deportación de DREAMers.[34]

Fue así como surgió el Programa de Acción Diferida para los Llegados en la Infancia, DACA (Deferred Action for Childhood Arrivals Program). No fue el regalo de un líder benévolo. Fue el resultado de la vergüenza pública que sufrió un presidente incapaz de entender la ira, la decepción y el corazón de estos decididos activistas. El 15 de junio de 2012, diez días después del inicio de la manifestación, Obama emitió un mensaje sobre la inmigración y autorizó la creación del DACA con su firma.[35] El decreto difirió los procesos de deportación y ofreció permisos de trabajo a todos aquellos solicitantes que reunieran los requisitos, en especial a los hijos de inmigrantes, como los DREAMers, que ingresaron a los Estados Unidos por decisión de sus padres.[36] El decreto, con sus muchas restricciones, intensificó la falsa dicotomía entre inmigrantes buenos y malos. Aquellas personas con antecedentes de fumar mota, por ejemplo, muy probablemente no podrían acogerse al DACA. Solo los inmigrantes "perfectos" podían solicitar ese tipo de protección.

Estos jóvenes activistas habían aceptado el riesgo de luchar en el frente de batalla para visibilizar su causa. Los esfuerzos finalmente habían producido frutos concretos. Su invisibilidad les había quitado el miedo y les había infundido la fuerza para enfrentarse a Obama directamente lo cual, en última instancia, fue lo que lo obligó a responder.

Ahora los DREAMers tendrían que asumir nuevos riesgos. El gobierno estaba listo para "verlos" de manera oficial, pero eso significaba que tendrían que poner su información privada y personal en manos del mismo gobierno que podría deportarlos. Al ser una medida imperfecta y temporal para proteger a los DREAMers, el DACA tenía deficiencias. De no haber sido por esos activistas, esos radicales, esos comecandelas, el DACA nunca habría ocurrido.

Pero en los titulares parecía como si Obama se mereciera todo el crédito: "Obama permitirá que los jóvenes migrantes se queden en los Estados Unidos". "La administración de Obama detendrá la deportación de los jóvenes inmigrantes indocumentados y les dará permisos de trabajo".[37]

Fue Obama quien pidió al público estadounidense, poco después de ganar la presidencia, que lo hicieran responsable. "Presiónenme", dijo. Los DREAMers presionaron, presionaron tan fuerte como pudieron. Y lo hicieron.

## Capítulo 14

---

# Lo que no puedo olvidar

En 2009, un productor me había dicho que había preocupación por el trato que recibían los inmigrantes en los campos de detención.

—Nadie piensa en eso en este momento. En lo que piensan es en la amenaza de que los atrapen en una redada y los deporten sumariamente. —Eso fue lo que dije, que, viéndolo en retrospectiva, me parece impactante. No podía haber estado más equivocada.

La angustia pública por las redadas y las deportaciones era una historia bastante frecuente en las comunidades de inmigrantes. El fenómeno de la detención era más secreto. A la gente le daba vergüenza hablar de esta parte de la historia.

Sandra Cisneros, que llegó a ser una amiga querida para mí después de que hice un reportaje para CNN sobre su casa morada en San Antonio, alguna vez me dio un consejo de redacción. "Escribe sobre cosas que después desearías olvidar", me dijo. "No sobre las cosas que recuerdas, sino aquellas que, aunque las quieras olvidar, no puedes".

Cuando pienso en lo más terrible que he presenciado en todos mis años como periodista, Willacy de inmediato viene a mi mente. La primera imagen es de mujeres amontonadas para conservar el calor porque el campo no tenía calefacción.

Eran seres humanos detenidos en territorio de los Estados Unidos, la nación más avanzada del mundo, y se estaban congelando. No solo durante un par de horas y ni siquiera durante una noche. No, era gente detenida bajo supervisión del gobierno, que desesperadamente trataba de no congelarse. Por tiempo indefinido.

Me había contratado *Frontline* para presentar un documental de una hora sobre la inmigración llamado *Lost in Detention*. Sería la primera vez que abordaran el tema de la inmigración que, a David Fanning, el productor ejecutivo de aquel entonces, no le había interesado mucho en los veinticinco años que dirigió el programa. Tardé años en entrar a *Frontline*. En nuestro medio, tienen reputación de ser exclusivos y controladores, así que estaba emocionada y también asustada. El proyecto había encomendado a un pequeño equipo de periodistas investigadores que averiguara cómo las violaciones y el abuso se habían vuelto sistémicos en los campos de detención.

Pero antes déjenme aclarar el uso que hago de ciertos términos. El gobierno, ICE y la industria de prisiones privadas se referían a estos lugares como "centros". Me sentiría muy culpable si llamara a esos lugares por el nombre benévolo de "centro". No después de lo que he visto. Todo esto les sucede, en nuestra propia cara, a ciertas personas por una única razón: no haber nacido aquí. La historia tratará de absolverme. Pero estoy segura de que, con el tiempo, y después de mucha resistencia, algún día a estos lugares se los llamará por lo que son: campos. Así como los libros de historia querían que creyéramos que los ciudadanos estadounidenses de ascendencia japonesa estaban "internados", no encarcelados en contra de su propia voluntad. Estaban en prisión sin cargo alguno. Y después se les dijo que eso había sido por "el bien del país".

Cuando Janet Napolitano todavía era gobernadora de Arizona, designó a Dora Schriro para que dirigiera el Departamento de Correcciones del Estado. Como la nueva jefa del Departamento de Seguridad Nacional, Napolitano otra vez recurrió a Schriro, ahora para dirigir una reconstrucción del sistema de detención de inmigrantes. Schriro era una de las pocas mujeres que había hecho carrera en correccionales con su doctorado en educación.[1] Ella sería una pieza clave en la narrativa sobre la detención de inmigrantes.

El Centro Correccional Willacy del Condado en Raymondville, Texas, ni siquiera tenía paredes reales de ladrillo cuando empezó a recibir inmigrantes en 2006. Lo dirigía Management and Training Corporation (MTC), cuyo eslogan empresarial era "BIONIC", siglas en inglés para "Créalo o no, a mí me importa". Tenían que ocupar esas camas rápido para empezar a ganar dinero de inmediato, así que pusieron tiendas de campaña Kevlar. Sin gente. Muy pronto recibió el sobrenombre de Tent City, la Ciudad de las Tiendas de Campaña, o como la gente local le decía, Ritmo: la forma abreviada de "Gitmo de Raymondville".[2]

Después de que la "cuota de camas" fue aprobada en 2009, hubo dinero disponible —casi de la noche a la mañana— para reunir y alojar a los millones de personas de las que siempre habíamos hablado y sabíamos que estaban entre nosotros. Eran nuestros vecinos, compañeros de trabajo, repartidores y niñeras, pero estaban esas 34.000 camas en espera de ser ocupadas.

¿Cómo se puede alojar a miles de personas rápidamente y sin llamar demasiado la atención? En Willacy, a alguien se le ocurrió la brillante pero horrible idea de usar estas estructuras que son como pequeños hangares de aeropuerto o algo que se podría ver en un circo: largas carpas sin ventanas que parecían un dirigible amenazador o una unidad de almacenamiento, sin ningún atractivo, si hubieran contenido kilos de café o arroz, televisiones o hasta computadoras, o quizás perros en sus jaulas, pero ¿seres humanos? Sería como alojar a la gente en un congelador, un cuarto de calderas o un invernadero, simplemente no es lógico.

Pero si tu negocio es sacar provecho de una situación, entonces construyes un lugar para albergar a gente en cualquier sitio y tan rápido como puedas porque cada día que pasa sin que alojes a 34.000 seres humanos es un día en que millones de dólares se quedan sin aprovechar. Lo más probable es que tu representante en el Congreso haya votado por esto si estaba ocupando su cargo en aquel entonces. No era algo muy relevante que digamos.

Esas tiendas de campaña no estaban hechas para seres humanos porque eran enormes e imposibles de mantener lo suficientemente tibias o frescas. No estaban hechas para seres humanos porque no tenían ventanas. No estaban hechas para seres humanos porque no tenían inodoros ni drenaje. Willacy no fue construido para seres humanos.

Así fue como llegué a ver a las multitudes amontonadas de los Estados Unidos del siglo XXI. No eran inmigrantes irlandeses, alemanes ni suecos, con faldas largas y trajes arrugados en 1900, que agitaban los brazos desde sus barcos en su camino a Ellis Island. Para mí, eran las mujeres de color a las que habían arrojado a las enormes tiendas de campaña, sin calefacción, en pleno invierno en el sur de Texas, cuando durante el día puedes tener hasta un golpe de calor, pero en las noches hace un frío espantoso que te deja helado. Eran extranjeras tan aterrorizadas que se apretaban unas contra otras para sobrevivir. Traían puesta ropa interior usada, overoles anaranjados y chamarras demasiado grandes que no les permitían conservar el calor.

El campo después se transformó en celdas de detención supermodernas que daban la apariencia de profesionalismo, pero que escondían la verdadera deshumanización de lo que estaba pasando detrás de aquellas paredes sin ventanas. Incluso después de que construyeron las estructuras enormes de concreto, seguían utilizando las tiendas de campaña.

Los intereses creados detrás de Willacy —los contratistas privados, el gobierno local de la ciudad, los ciudadanos comunes a quienes se les había prometido trabajo— tenían tanta prisa por llenar
el lugar y empezar a ganar dinero que apenas alimentaban a los
detenidos. Les gritaban, los insultaban y los golpeaban porque, al
final del día, todos los que se alojaban allí quedaban reducidos a una
sola cosa.

*Eres un ilegal.*
*A nadie le importa cómo te tratamos.*
*Eres un ilegal.*
*No mereces nada.*
*Eres un ilegal.*
*Aquí no puedes hacer preguntas.*
*Eres un ilegal.*
*Cierra el hocico. Date la vuelta. Agáchate. Cógeme. Vete a la mierda.*
*Estúpido ilegal.*
*Si dices algo, haré que te deporten.*
*Maldito extranjero ilegal.*

Así era como les hablaban a los detenidos. Eso lo revelamos en
nuestro trabajo para *Frontline*. Yo misma lo leí cuando los detenidos
contestaron a mano las encuestas que se realizaron después de que
se supo la verdad y se desató el escándalo.

La cochina verdad salió a la luz por tantas personas que tuvieron
el valor de hablar honestamente sobre lo que habían presenciado.
Aunque tenían miedo —algunas ocupaban una posición de poder
y otras eran víctimas— no se quedaron calladas. Hubo una denun-
ciante en particular que tuvo una participación importante.

Se llamaba Twana Cooks-Allen, y era una enfermera titulada
del Medio Oeste. Debido a la crisis económica, se mudó con toda
su familia a Raymondville, en donde consiguió empleo como trabajadora de salud mental dentro del Centro de Detención Willacy.
En cuanto llegó allí, sintió una vibra extraña. Para empezar, era un

ambiente demasiado militar para personas que habían cometido faltas administrativas de migración. Quienes dirigían el lugar tenían títulos militares como "comandante" o "capitán", pero no eran militares. Mucha gente que trabajaba como guardia era bastante joven y había recibido una capacitación muy básica. Les pagaban el salario mínimo, 7,25 dólares por hora, para cuidar a gente mayor, entre quienes había algunos dueños de negocios.

Se dio cuenta de que a la gente le daban tratamientos médicos sumamente simples y con frecuencia les decían que tomaran un Tylenol y agua para síntomas que parecían ser más graves. En algunos casos, los detenidos sufrían depresión porque vivir en una tienda de campaña que no fue hecha para albergar a seres humanos puede joderte la mente. La luz al final del túnel era demasiado tenue y muy lejana para ellos. Y al mismo tiempo, nunca iban a firmar su propia orden de deportación porque toda su familia y sus medios para subsistir estaban en la ciudad de donde los habían arrancado. Se identificaban como estadounidenses e iban a pelear para quedarse aquí, a pesar de estar encerrados en un cuarto sin ventanas. A estos detenidos tercos y quejumbrosos que no se quedaban callados y quietos, les daban medicamentos mucho más fuertes que a los demás para dormirlos.

Revelamos la historia de un hombre jamaiquino que había sido detenido a pesar de tener la tarjeta de residencia. Vivía en el Bronx, en donde cuidaba a su mamá y a su esposa, que estaban enfermas. Cuando era adolescente, había vendido drogas en una esquina, se declaró culpable y pasó dieciséis meses en prisión. Ahora ya tenía cuarenta y tantos años y su historial estaba limpio. Este era el hombre amenazador que ICE decidió perseguir: un jamaiquino de mediana edad, con un poco de panza, que pasaba casi todo el tiempo cuidando a su madre y a su esposa, y no había sido detenido por un policía en décadas. El hombre no podía dejar de llorar. Tenía algunos trastornos mentales controlables; luchaba contra la depresión y el trastorno bipolar. Ya tenía un año encerrado en la tienda de campaña y nadie le podía dar una respuesta clara sobre cuánto tiempo iba a estar allí. Lo llevaron a un lugar perdido de Texas, y su familia, que estaba en Nueva York, no tenía el dinero necesario para ir a verlo. Los jóvenes guardias latinos le gritaban y lo insultaban, lo llamaban por la palabra que empieza con "n" y le decían "ilegal". Oía cuando los guardias golpeaban a otros detenidos sin razón alguna. No se podía quejar con nadie porque los guardias lo habían amenazado con deportarlo si lo hacía. No intentaba suicidarse porque tenía que vivir para su esposa y su madre. Pero no podía dejar de llorar y preocuparse.

Un día el psiquiatra le prescribió algo que otra enfermera consideró demasiado fuerte. El doctor ignoró a la enfermera e impuso su criterio. El hombre lloroso tomó el medicamento, que era tan fuerte que lo hizo dormir durante treinta y seis horas seguidas, rodó de su litera metálica a cuatro pies de altura y sin barandal, y cayó de bruces. Se fracturó la cuenca de un ojo y un pómulo, y como cayó sobre uno de sus testículos, se le reventó. Lo llevaron a cirugía. Después de que amenazó con hacer una denuncia y que el inspector general investigó su caso, fue liberado de Willacy.

La enfermera delatadora trataba de mantener un perfil bajo y conservar su empleo. Tenía dos hijos de menos de diez años y realmente necesitaba el trabajo. Además, nadie en su familia había querido dejar St. Louis y mudarse a Texas, pero ella los obligó. Ahora, imagínense esto. Ella era testigo de abusos a los derechos humanos todos los días. Había miles de inmigrantes con tarjetas de residencia y visas legales que ya habían estado en prisión por cualquier falta menor que habían cometido. Ahora se enfrentaban a la doble incriminación: ser juzgados dos veces por el mismo delito, pero en lugar de cumplir condena, los estaban deteniendo y deportando.

Después de escuchar a muchas personas quejarse sobre la comida y no hacerles caso o simplemente no creerles, una inmigrante entró al consultorio de la enfermera con una servilleta que envolvía algo. Abrió la servilleta y dijo, "Esto es lo que nos dieron para desayunar". Twana miró la servilleta y vio larvas vivas que se retorcían en papilla. Supuso que era avena caducada que se había llenado de gusanos y que luego habían servido de desayuno a personas que eran menos que seres humanos porque no habían nacido en los Estados Unidos. Simplemente porque eran "ilegales".

Otro día, la delatadora llegó a trabajar y una joven guatemalteca estaba sentada en su consultorio; estaba tan alterada que no podía hablar. Lo único que podía hacer era llorar. Twana consiguió que un intérprete brindara su ayuda por teléfono cuando logró descubrir qué lengua indígena hablaba la chica. Después de un largo rato, la mujer pudo comunicar que la había violado un guardia. Y dijo que también otros lo habían hecho. Ese día un total de ocho mujeres fueron para decir que las habían atacado sexualmente mientras estaban detenidas.

La cloaca se destapó cuando Dora Schriro se enteró de las acusaciones de violación. Al día siguiente, tomó un avión desde su cómoda oficina de gobierno para ir a la frontera. La saga de este campo de detención llamado Willacy y dirigido por Management and Training Corporation, que se construyó de la noche a la mañana con la promesa de generar dinero para una ciudad empobrecida a costa de personas cuyo único verdadero delito era no haber nacido en este país, estaba llegando a su punto más crítico con los casos de mujeres violadas. Dora Schriro vio con sus propios ojos lo que estaba pasando en Willacy y escribió un reporte feroz que demostraba que ICE de ninguna manera estaba equipado —subrayo, DE NINGUNA MANERA equipado— para participar en el negocio de alojar gente: cualquier gente. En especial gente que NO REPRESENTABA UNA AMENAZA CRIMINAL y, principalmente, gente que había llegado a esta tierra traumada y buscando asilo, pero a la que habían puesto en una estructura que parecía una prisión. Schriro señaló los retos de salud mental que este tipo de ambiente generaba y subrayó la competencia y compasión que se necesitan para dirigir cualquier tipo de sistema de alojamiento masivo o detención, especialmente cuando la gente que está detenida no es criminal. En conclusión, recomendó que ICE y el DHS replantearan toda la política de detención. A los pocos meses de haber entregado ese informe descarnado, Dora Schriro renunció y se convirtió en la Comisionada de las Correccionales de la ciudad de Nueva York.[3] Aparentemente había habido un pleito entre la administración de Obama y la de Bloomberg por Schriro, y Bloomberg ganó.

Yo había escuchado que la gente de ICE y del DHS odiaba a Schriro. Tal vez por eso se fue de D.C. Ella estaba ayudando a revelar los terribles abusos y la corrupción desenfrenada que nosotros habíamos puesto al descubierto en *Lost in Detention*. Los campos de detención tenían que cubrir cuotas. La motivación de las redadas que hacía ICE iba más allá de atrapar a "extranjeros criminales".

—Si los números no eran altos, nos llamaban de Washington y no era una llamada amistosa —nos contó un antiguo empleado de ICE, que ocupaba un alto cargo en políticas públicas y había ayudado escribir las guías para Comunidades Seguras—. Era una llamada para que fuéramos a D.C. a explicar nuestros números... Cuando entrábamos a casa de alguien, agarrábamos parejo con tal de mantener esos números.

El informe de Schriro también sacó a relucir uno de los principios BÁSICOS de la detención profesional: saber a quién estás alojando con quién. Sin embargo, en muchas de sus visitas a Willacy y otros campos de detención, vio a inmigrantes que eran realmente criminales violentos en el mismo espacio con inmigrantes que nunca habían recibido ni siquiera una multa por estacionarse mal.

Su informe detallaba la calidad, o falta de ella, de la comida en los campos. En *Frontline* expusimos el hecho de que los contratistas de prisiones privadas ahorraban dinero comprando y sirviendo comida caducada. Los detenidos escribieron que tenían hambre porque los alimentos estaban echados a perder y era imposible comérselos. De hecho, tantos detenidos lo expresaron que Schriro pidió que se hiciera una encuesta sobre el peso también. Comparó el peso de los inmigrantes cuando apenas habían sido detenidos con el peso que tenían el día de la encuesta. En promedio, cada detenido había perdido diez libras como mínimo.

En Willacy nos enteramos de que a las mujeres les daban una toalla sanitaria al día. Los guardias les gritaban a las mujeres si pedían otra. Si los rollos de papel de baño repartidos se acababan, ni modo, ya no tenían más. Las dos ventanitas que existían en las enormes tiendas de campaña estaban cubiertas con cinta para que nadie pudiera pararse en la ventana y mirar hacia fuera. Al principio, cuando se estaba construyendo Willacy, a los detenidos no se les permitía ir afuera, jamás.

En los formatos para la encuesta que solicitó Schriro y recopiló Twana, los detenidos describían una y otra vez el abuso verbal que sufrieron. Escribieron en perfecto y esmerado español o inglés que los guardias constantemente les gritaban y los insultaban, llamándolos "ilegales", "cochinos mexicanos", "*n*\*\*\*\*\**s*", "*towel heads*", "estúpidos", "hijos de su puta madre" y "pendejos".

Decían que casi siempre tenían miedo por la amenaza de deportación. Los guardias hacían juegos mentales con los detenidos, y a veces los obligaban a firmar sus propias órdenes de deportación bajo coacción. Tanto hombres como mujeres eran violados y no se hacía nada al respecto. Los guardias llevaban a las mujeres detrás de una de las tiendas de campaña en donde no había cámaras y las violaban o intercambiaban sexo por comida extra y llamadas telefónicas. Supimos sobre tres sospechas de embarazo por violación, pero no pudimos confirmar ninguna. No pudimos confirmarlas de manera independiente, pero más de una detenida nos había dicho que todas las mujeres habían sido deportadas después de que se descubrió que estaban embarazadas.

A los hombres los sacaban y los golpeaban como castigo por cualquier falta, desde contestar con insolencia hasta pedir más comida. Una vez, a todos los hombres los llevaron a un cuarto y los hicieron correr como ganado. Una persona dijo que eso fue como estar en Abu Ghraib dentro de los Estados Unidos. Otro dijo que tuvo que pelear con una rata que trató de comerse los Cheetos que había comprado en la tienda para detenidos. Los había dejado en el cajón que estaba debajo de su cama.

Aunque las condiciones en Willacy y otros campos de detención eran deplorables, eran simplemente una extensión lógica del abuso de poder que comenzó en el momento en que los agentes de ICE se pusieron esas gorras de béisbol que dicen POLICÍA en letras mayúsculas. Los agentes de ICE no son en realidad policías. De hecho, es ilegal hacerse pasar por un oficial de la ley, pero el gobierno considera que está perfectamente bien que los agentes de ICE engañen a la gente de esta manera.[4] El alcalde de Los Ángeles, Eric Garcetti, junto con otros funcionarios de la ciudad y grupos de derechos civiles, ha sido una de las pocas voces que exhortan a ICE a no utilizar esas tácticas tan poco éticas.[5]

Mientras estaba en Willacy, nos pusimos en contacto por Facebook con una mujer llamada Sigrid que tuvo un trabajo temporal en Willacy como guardia, porque antes había trabajado en cárceles de Texas y necesitaba el empleo. Renunció después de seis meses porque dijo que no podía soportar el abuso que veía a diario. Sigrid fue al bello hostal lleno de antigüedades en el que nos hospedamos en el pueblo vecino a Harlingen. Sentada cerca de una lámpara de Tiffany particularmente hermosa, nos contó sobre una vez que se topó con un supervisor y un guardia moliendo a golpes a una detenida por haber hablado cuando no era su turno. Una vez que terminaron, tuvo que asegurarse de que esa detenida fuera puesta en el primer avión al día siguiente. Recuerdo haberla escuchado y sentirme igual que cuando hicimos la entrevista de ocho horas a

Twana: como si se me saliera el alma del cuerpo y desde allí viera todo.

Nunca olvidaré cuando una joven inmigrante de nombre Maria, que había sido detenida y liberada después de que expuso en una denuncia oficial que había sido atacada sexualmente por una guardia, me dijo en una entrevista para *Frontline*, "¿Conoces la película *La lista de Schindler*? Sentía como si estuviera dentro de esa película". Y describió el día en que habían encontrado piojos en una de las detenidas. En pleno invierno, obligaron a todas las inmigrantes a quitar las sábanas de sus camas y luego a desnudarse. Estuvieron desnudas formando una línea para ir a las regaderas. Sus cuerpos esqueléticos —las mujeres se cubrían con un brazo el pecho y con la otra mano la entrepierna— hicieron que recordara la película sobre los campos de concentración nazis. Mi obsesión con la era nazi me seguía a todas partes.

Después de que *Lost in Detention* salió al aire por PBS, las cosas aparentemente mejoraron un poco. El gobierno de Obama destinó a gente que estuviera en las negociaciones entre ONGs, activistas y el gobierno. Pero en general, no hubo grandes cambios. El objetivo no era disminuir el ritmo de detención de inmigrantes, sino aumentarlo para demostrar a los republicanos que los demócratas también podían "tener mano firme ante la inmigración". *¡Les vamos a demostrar quién puede ser más duro con los inmigrantes!*

Lo que empezó con ruedas pesadas de madera ahora funcionaba como un tren bala japonés. El complejo industrial de ICE estaba trabajando a toda velocidad, conservando esas decenas de miles de camas llenas todas las noches con personas que, según ellos, eran criminales terribles, pero de ninguna manera lo eran. Esa gente convive contigo, sin embargo, la detienen y se la llevan, muchas veces temprano por la mañana; otras veces cuando está dejando a sus hijos en la escuela; a veces cuando va al hospital para que le hagan una cirugía o cuando va saliendo de allí; ahora a veces cuando está en un tribunal, subiendo a un autobús o bajando de un tren, esperando una mesa en el restaurante o esperando una ambulancia. Las cosas no han mejorado. Ahora están peor.

Justo antes de que saliera por televisión el documental para *Frontline*, el campo de detención Willacy cerró y volvió a abrir bajo la administración de la Oficina Federal de Prisiones para alojar inmigrantes criminales. Básicamente, los contratistas privados de Management and Training Corporation entregaron las llaves a un nuevo dueño que sólo detendría a inmigrantes acusados de haber cometido algún delito. *Bueno, eso ya tiene lógica*, quizás piensen ustedes. *Hay que tener a los verdaderos criminales en prisión y alejados de los inmigrantes cuyo único delito es no haber nacido en los Estados Unidos.*

Me encantaría decirles que tienen razón. Ser un "inmigrante criminal" puede significar tan solo cruzar la frontera más de una vez y ser atrapado, o ser atrapado cruzando la frontera después de haber sido deportado una vez. Si esto parece demasiado confuso, es que está planeado para que sea así.

Mi marido dice que esto es tan duro para mí porque yo creía en la promesa de este país. Estaba convencida del excepcionalismo. Es difícil aceptar que este país en realidad sea tan gruñón, normal y mediocre. Yo pensaba que éramos algo mejor. Pero no es así.

Ahora a los campos de detención se los llama *la hielera* para abreviar. Es difícil mostrar las huellas de tortura por congelamiento. Y ahora también los llaman perreras. Cada vez la situación se pone peor.

---

Pasé uno o dos días en casa antes de que el equipo de *Frontline* volviera a viajar, esta vez a Los Ángeles para grabar otro campo. Escuché una y otra vez la canción "Jailer" de Asa.

*I'm in chains,*
*You're in chains, too*
*I wear uniforms*
*And you wear uniforms, too*
*I'm a prisoner*
*You're a prisoner too, Mr. Jailer . . .*

¿Cómo podía volver a la vida normal después de haber visto todo lo que vi en Willacy? Los abrazos de mis hijos eran necesarios y cariñosos, pero por dentro no sentía nada. Estaba cayendo otra vez en la insensibilidad del trastorno por estrés postraumático.

Estaba muy herida por lo que había visto, pero lo único que sentía era rabia y, tristemente, a Gérman le tocó la peor parte, porque no me daba cuenta, pero toda mi furia la desquitaba con él. Estaba haciendo exactamente lo que nos habíamos prometido nunca hacer: traer la guerra a nuestro hogar.

No sabía qué más hacer. Sentía que la ansiedad me aplastaba como si fuera un coche destrozado en un vertedero, pero no se notaba por fuera. Tal vez si hubiera ido al metro y hubiera gritado a todo pulmón en el momento en que el tren llegaba rechinando a la estación, tal vez si hubiera podido hacer eso, me habría sentido mejor. Pero no podía.

El tren del metro formado por imágenes terribles circulaba por todo mi cuerpo, de arriba abajo, de arriba abajo. Agitándome. Poniéndome a prueba. Y después tenía que tomar un avión, esta vez a Los Ángeles, para grabar a ICE en acción.

Llegamos ya por la tarde y tuvimos una reunión de producción antes de terminar el día. Nuestra cita para el día siguiente era a las 3:00 a.m. ICE no nos dio ninguna razón por la que teníamos que reunirnos tan temprano. Sabíamos que íbamos a hacer una ronda con los agentes, pero no quisieron darnos más detalles. Es extraño que los periodistas acepten estar en una situación con tan poca información proporcionada previamente, pero habíamos tratado de convencer a ICE durante más de seis meses. Básicamente teníamos que aceptar todo lo que ellos nos dijeran. Sabían muy bien que necesitábamos desesperadamente este material.

Lo único que nos dijeron fue que nos presentáramos con ropa oscura y cómoda en el estacionamiento de un local de mala muerte donde vendían comida rápida. Y eso fue exactamente lo que hicimos. Dimos vueltas alrededor del estacionamiento hasta que los vimos. Eran inconfundibles.

Diez hombres con equipo a prueba de balas, que los hacía ver aún más musculosos de lo que eran. Llevaban gorras de béisbol que decían POLICÍA en letras blancas mayúsculas y grandes, y eso al principio me confundió. Íbamos a encontrarnos con ICE, no con la policía. Mientras el productor y el fotógrafo traían nuestro equipo, toqué en el hombro a uno de los hombres, y le pregunté:

—Oiga, ¿ustedes son de la policía? Estamos buscando a nuestros contactos de ICE.

El hombre me miró incrédulo. ¿Le estaba hablando a él? Les habían advertido, por supuesto, que íbamos a estar allí. Me di cuenta de que habían recibido órdenes estrictas de no hablar para nada con nosotros.

—No puedo hablar con usted —contestó—, lo siento.

—Bueno, está bien —dije—. Entiendo, pero solo quiero asegurarme de que estamos en el lugar indicado. ¿Son ICE o la policía?

—ICE —respondió de mal modo y se dio vuelta abruptamente, para que no lo reprendieran en frente de todos sus hombres.

La palabra que veía en sus uniformes claramente era POLICÍA. Estaba estampada en sus gorras y en el frente de sus chamarras y chalecos. Cuando el agente me dio la espalda, vi en la parte trasera de la chamarra en letras mayúsculas más pequeñas que decía ICE.

Los seguí adonde estaba reunido el grupo de agentes. Básicamente nos ignoraron, lo cual fue fantástico para hacer la grabación, pero también era extraño porque ni siquiera nos dimos los buenos días. Había entre ocho y diez hombres parados alrededor de un mapa extendido sobre el capó de un coche. Señalaron con un círculo dos lugares en el este de Los Ángeles, que era adonde íbamos a ir. Hablaban en voz baja, murmurando para que nosotros apenas pudiéramos escucharlos, acerca del plan de acción y luego rápidamente subieron a sus coches. Nos metieron a un coche negro enorme tipo Escalade. Todavía no sabíamos qué estaba pasando, pero nuestro camarógrafo nunca dejó de filmar.

No pude aguantarme más. Tenía que empezar a hacer preguntas.

—¿A dónde vamos y por qué traen puesto casi todo el equipo de SWAT?

El enlace de relaciones públicas nos entregó unos sobres de papel manila en donde estaban las fotografías de dos hombres, pero adentro del coche estaba totalmente oscuro y era difícil ver los rostros con el coche en movimiento.

—Necesito que entiendan que estamos en una misión muy peligrosa —nos explicó—. Su seguridad es nuestra principal preocupación y necesito que sigan mis órdenes para que no resulten lastimados.

*En la madre, ¿en qué lío me metí? ¿Será que estos tipos planean llevarnos a un enfrentamiento en el que tal vez haya disparos solo para chingarnos? ¿O para ellos esto también es sorpresivo?* Dije muy para mis adentros que esta era una experiencia nada común, pero de repente me sentí aterrorizada y pensé que no quería morir haciendo este reportaje.

Nos hicieron sentir el temor de Dios a los tres. No teníamos otra más que agachar la cabeza y esquivar las balas que claramente vendrían hacia nosotros. Dijeron que los dos hombres que iban a detener tenían órdenes de deportación pendientes y que eran criminales convictos posiblemente vinculados a alguna banda.

—Señor, ¿con qué frecuencia alguna de estas detenciones que lleva a cabo ICE termina en violencia?

—Bueno, nunca se sabe. Cualquier cosa puede pasar. Esta es gente peligrosa y nuestro trabajo es sacarla del país. Y ahora necesito que guarden silencio y se queden en el coche. Su camarógrafo puede seguirnos cuando le demos la señal. ¿Entendido?

—Sí, señor. Entendido.

Las calles de Los Ángeles seguían vacías cuando salimos del estacionamiento. Tardamos treinta minutos en llegar al este de la ciudad, el alma de la centenaria comunidad mexicana fincada allí. Las casas eran pequeñas, pero estaban bien cuidadas, con pequeñas vallas blancas alrededor de algunas de ellas, jardines, mecedoras de madera y plantas colgantes. El vecindario parecía pintoresco. A lo lejos se escuchaba el ruido de los gallos y los ladridos de los perros. Probablemente todos los vecinos estaban acurrucados y dormidos, sin tener idea de que dos camionetas encubiertas se deslizaban por el barrio como tiburones en busca de sangre.

Llegamos a una casa que tenía una estatua de la Virgen María con su manto azul cielo cubriéndole la cabeza y los hombros. La casa también se veía bien arreglada, limpia y ordenada, lo cual no significaba nada, fue lo que pensé. Los asesinos también pueden ser limpios y ordenados.

Cinco agentes bajaron corriendo de una de las camionetas de ICE, abrieron en silencio la puerta para el perro y subieron los tres escalones para llegar a la puerta del frente. Golpearon a la puerta de la manera en que solo la policía golpea tu puerta. Hasta ese momento, todo había estado en silencio. El golpeteo era inconfundible, fuerte y enérgico. Volvieron a hacerlo, esta vez con más fuerza, y un perro respondió ladrando, quizás percibiendo el coraje en los golpes. Una mujer de mediana edad vestida con una bata floreada abrió. Los agentes tan fuertemente armados ahora se veían un poco tontos mirando a una señora adormilada en piyama. Los dejó pasar y, de repente, fueron corteses al entrar a la casa. En menos de un minuto, salieron con un hombre de cincuenta y cinco años que era un repartidor de pizza.

¿Su delito pendiente? Haber manejado bajo la influencia del alcohol, destruir una bicicleta y dejar a un ciclista con algunos rasguños. Había pagado la multa, e incluso había pasado algunos meses en prisión. Desde el accidente, empezó a ir a Alcohólicos Anónimos; llevaba décadas sobrio. Cuando tuvo el accidente por manejar alcoholizado tenía veinticinco años. Ahora tenía cincuenta y cinco y era un abuelo sin antecedentes penales.

¿Así que estos eran los criminales que estábamos buscando? Tal vez me estaba precipitando. Dijeron que la siguiente persona era más peligrosa.

Vimos el mismo escenario en la segunda casa de un "posible miembro de una banda". El golpeteo en la puerta. La confusión sobre quién tocaba y qué quería.

—En sus chamarras dice "policía", y todo el mundo sabe que debes abrirle la puerta a la policía —me dijo la señora que entrevisté antes de que la camioneta se marchara con el hombre con quien llevaba cuarenta años viviendo en pareja. También había manejado bajo la influencia del alcohol. Era un jardinero, también tenía más de cincuenta años y no tenía antecedentes penales, salvo por aquella vez que manejó alcoholizado veinte años atrás.

Me detuve en su jardín, que estaba muy bien cuidado. Era pequeño, quizás de tres pies de ancho a cada lado de la puerta del frente, pero era su pequeño trozo de verdor en el este de Los Ángeles. Miré hacia dentro de la casa por la puerta y vi una enorme alfombra con la virgen de Guadalupe colgada en su vestíbulo. En todo el borde de la alfombra rectangular había luces navideñas que parpadeaban, aunque estábamos en otoño.

La santa patrona de los inmigrantes miraba a este hombre mientras ICE lo esposaba, pero nunca le dijeron por qué se lo llevaban, a dónde, ni si tenía derecho a hacer una llamada telefónica o a tener un abogado. No tuvo la opción de la llamada ni del abogado. Los inmigrantes no tienen esa opción. Hay todo un sistema legal aparte para los inmigrantes. Toda una parte de la ley que solo se aplica a las personas que no nacieron aquí.

Un momento… ¿qué?

---

El ejecutivo de relaciones públicas, un verdadero empleado fiel a su empresa, estaba emocionado porque nos iba a mostrar la mejor parte del sistema de detención. Sabía que habíamos visto condiciones horribles en Willacy, así que nos habló todo el tiempo de lo magníficas que eran las instalaciones de detención James A. Musick en Irvine, en el condado de Orange, California.

Allí, en lugar de barracas cerradas, las puertas estaban abiertas. Había un campo polvoriento de fútbol y una cancha de básquetbol. Los detenidos tenían más libertad de movimiento, pero las literas estaban a dos pies una de otra. Tenían aire fresco y la oportunidad de ver el cielo, pero no tenían privacidad.

Me horroricé cuando confirmé otra cochina verdad de la maquinaria de detención/deportación que era fundamental para seguir teniendo esas camas llenas y recibir un pago por ellas. ¡Docenas de hombres en el recinto Musick tenían tarjetas de residencia! Eran dueños de negocios y padres que jugaban fútbol con sus hijos en los suburbios, y ahora estaban aquí, sucios y malolientes, usando overoles color naranja manchados que les quedaban demasiado grandes. Un hombre de Egipto comenzó a llorar mientras me hablaba de sus hijas, tres adolescentes que estaban solas porque su madre había vuelto a Egipto para cuidar a un pariente enfermo.

—Tengo veinte empleados en mi pequeño negocio, pero ¿a quién le importa eso? ¡Me preocupan mis hijas! ¿Cómo pueden dejarme aquí cuando saben que mis hijas, ciudadanas estadounidenses, están solas en Los Ángeles?

Un hombre se limpió las lágrimas con la manga de su overol, mientras que otro sollozaba abiertamente. Estos hombres no tenían nada que perder. Llorar delante de un extraño, una mujer, podía ser algo que nunca harían y, sin embargo, aquí estaban, mirándome a los ojos, contándome sus historias, incluso tocando brevemente mis manos para tener algún tipo de contacto humano. No tenía miedo. Ellos no eran criminales.

Terminamos el reportaje en Los Ángeles y luego volamos a Miami para visitar el Centro de Procesamiento de Servicio Krome, un lugar muy conocido en donde hubo un motín violento en 1982 y otro en 1992 por las horrendas condiciones del lugar. Nos dieron cita en Krome a las cuatro de la mañana. En realidad, no era necesario que nos citaran tan temprano, pero era una forma fácil de tener a una reportera adormilada en lugar de una que estuviera totalmente alerta. El campo de detención en el trópico con apariencia industrial estaba dirigido por un simpático hombre de Puerto Rico, que había empezado en la patrulla fronteriza, se había esforzado mucho y había hecho un gran progreso en su carrera. Estaba muy orgulloso de sí mismo. Después de estar décadas en la industria, había llegado hasta la cima de la cadena alimenticia de la detención y ahora dirigía una de las instalaciones más grandes en la que el 87% de los detenidos eran latinos.

*Yo me preocupo más por ellos*, me dijo.

Tal vez, pero hizo que su asistente me siguiera a todas partes en el campo, menos al baño, y que fuera tomando notas de cada conversación que yo tenía. Por supuesto que me sacaba de onda, pero me puse mi traje de neoyorquina cabrona y creo que me respetó por eso. Cuando terminamos de grabar, me dijo que ella también era una latina cabrona de NYC.

Junto con su asistente, este hombre estuvo a mi lado todo el tiempo y se sorprendió cuando, de repente, le pedí que me mostrara las unidades de confinamiento solitario. Pensó que había entablado confianza conmigo y que teníamos una conexión como colegas profesionales latinos, pero no estaba preparado para esto. Para guardar las apariencias, me acompañó a una zona apartada de todo lo demás que parecía como si fueran dos remolques separados. Dentro de uno de los remolques vi varios cuartos blancos diminutos, tal vez de siete por cuatro pies. Allí había hombres sentados con la cabeza agachada; uno de ellos caminaba de un lado a otro como un león enjaulado.

Mientras caminábamos hacia las oficinas para terminar el reportaje, vi a alguien que me llamó la atención. Era un veinteañero alto y rubio. Le pregunté al director si podía hablar con él porque era la única persona blanca que había visto detenida después de haber visitado tres de los mayores campos de detención.

Era un ruso que había abandonado la preparatoria en Coney Island y que desconocía por completo que no tenía papeles hasta que fue arrestado por vender marihuana en una esquina de una calle en Queens cuando tenía diecinueve años. Ahora tenía veintidós y nunca había visitado Rusia desde que sus padres lo trajeron cuando tenía dos años. Se estaba preparando para ser deportado a Moscú y se notaba que estaba preocupadísimo.

—No hablo nada de ruso —dijo, con el acento neoyorquino típico de Queens. Aquí estábamos en los Estados Unidos con un inteligente puertorriqueño dirigiendo un campo de detención masiva y deportando a chicos blancos de la ciudad de Nueva York. Parte de nuestro acuerdo con el DHS era que podíamos filmar cuanto pudiéramos en Krome hasta la deportación real de los detenidos. El director del campo y su asistente nos llevaron a otro edificio donde un grupo de hombres demacrados y tristes, todos morenos o negros, estaban de pie contra una pared de bloques de cemento blanco. Se preparaban para ser llevados a un país que ya no consideraban su hogar. Así funcionaba diariamente la máquina industrial de inmigración, expulsando gente de los Estados Unidos.

A los hombres se les ordenaba que miraran al piso y uno de ellos llamó mi atención cuando lo hacía. Parecía un chico medio popis y destacaba por su cabello castaño ondulado y sus anteojos con armazón de cuerno. Bien podía ser mi primo o mi compañero de clases. Observé mientras el guardia armado descolgaba una cadena pesada de un gancho en la pared y la ponía alrededor de los pies del hombre, la pasaba por el frente y entre sus piernas, y después alrededor de su estrecha cintura. El guardia jaló la cadena para apretarla, enredó las muñecas del hombre con ella y le puso llave, con lo cual era casi imposible que el chico caminara sin caerse. En una sola fila, con la cabeza hacia abajo, las cadenas sonando fuertemente a cada movimiento, los treparon a dos autobuses, uno para hombres y otro para mujeres. Seguimos a los autobuses a una entrada trasera del aeropuerto internacional de Miami que no estaba marcada y que llevaba directamente a la pista. A cien pies de donde habíamos entrado, había un enorme avión y cuatro hombres con envolventes gafas de sol negros que les cubrían hasta la mitad de las sienes custodiándolo con ametralladoras.

Todos los hombres y las mujeres estaban encadenados. ¿Realmente los guardias pensaban que sus prisioneros iban a tratar de escapar? ¿O era para demostrarnos, ya que íbamos a sacar esto por la televisión, que estos inmigrantes eran sumamente peligrosos y que incluso en el momento de ser expulsados tenían que ser tratados como criminales violentos (aunque no fueran ninguna de las dos cosas)?

Es difícil describir lo que sentí mientras observaba esta escena. A menos que estés en una película de terror, esto es algo que no debería suceder: tu peor temor de repente se vuelve realidad. Es como si descubrieras que los monstruos sí existen. ¿Qué haces con eso?

Recordé los campos de detención al aire libre con alambre de púas que vi junto con Scott Simon en 1986. En aquel momento, vimos la deshumanización de los inmigrantes, cómo a los refugiados los trataban como animales y los dejaban bajo el sol todo el día. Pero eso no era nada en comparación con esto.

La historia no desaparecía. Estaba horrorizada y convencida de que la historia de la inmigración iba a ser la historia de mi carrera, de toda mi vida. La situación no estaba mejorando con el transcurso de los años. Estaba empeorando de una manera horripilante.

No podía decirlo públicamente porque sabía que perdería mi credibilidad como periodista para siempre, pero estaba segura de que estaba viendo el inicio de los campos en los Estados Unidos. Mi obsesión, mi pesadilla se estaba volviendo realidad.

# Capítulo 15

## Un trauma heredado

Las imágenes de la entrevista que acabábamos de grabar en Toronto con una mujer que anteriormente había sido una detenida, una inmigrante canadiense afrocaribeña, no dejaban de repetirse en mi cabeza. Había tomado un avión junto con mi equipo y cruzado la frontera norte para encontrarnos con ella porque había aceptado vernos en un hotel de Toronto, después de haber pasado semanas en conversaciones con uno de los productores, muy paciente y perseverante, de *Frontline*. Esa mañana cuando por fin habíamos llegado, ella se negó. Se había asustado y nos dijo que no quería revivir esos terribles recuerdos. Y ahí estábamos, una productora, nuestro director de fotografía y yo, todos en Canadá y ella rechazándonos.

Tenía que hacer algo. Pensaba que no tenía más opción que tratar de convencer a esta sobreviviente para que me contara sobre los días más horrorosos de su vida frente de un equipo de filmación. La llamé y le rogué que viniera y me contara sobre el agente de ICE que pasó semanas acosándola y luego manoseándola entre las piernas y en sus senos, diciéndole que a ella le gustaba que se lo hiciera, empujándola contra las paredes en donde él sabía que no había cámaras.

—De todos modos, ¿a quién se lo vas a contar? —le decía él en voz baja. —Nadie le va a creer a una estúpida ilegal.

Le decía esas cosas al oído desde el momento en que empezó a abusar de ella. Esto es lo que pasa cuando una palabra deshumanizante como "ilegal" se normaliza. Recuerden que, a todos los que decíamos que esta palabra era inapropiada, varias compañías de medios de comunicación y colegas periodistas respetados nos dijeron que teníamos una agenda política. Año tras año, hasta que prohibí pronunciar esa palabra en mi propia sala de redacción.

El tipo empezó a asediarla y besarla llevándola a los sitios donde las cámaras no llegaban a grabar. Luego la arrinconaba y le ponía las manos por todo el cuerpo. Ella sabía qué iba a pasar después, así que firmó una orden de deportación y decidió que no podía seguir en los Estados Unidos y defender su caso si eso significaba seguir en ese infierno de detención, en donde no tenía a nadie que pudiera ayudarla y en donde pronto la iban a violar, quizás múltiples veces. Tuvo que dejar atrás su negocio y a cinco hijos en Florida que habían nacido en los Estados Unidos.

¿Su "delito"? Un cheque por menos de 300 dólares que no tenía fondos. Como se había mudado de casa, los avisos de cobro de un hipermercado nunca fueron reenviados a su nuevo domicilio y la policía emitió una orden de detención. Cuando fue a renovar su tarjeta de residencia, la detuvieron de inmediato. A esto se refiere el gobierno cuando habla de inmigrantes "criminales". Ella había pagado con el cheque diez años antes.

Ya de regreso en NYC, tenía la mente embotada, llena de un torrente infinito de momentos espeluznantes. Tenía la imagen de esa mujer cuando empezó a llorar, con sus rizos castaños que le caían sobre la frente. La imagen de cuando nos contó que el tipo le ponía la mano en la vagina. La imagen de sus manos imitando lo que su acosador le había hecho. La imagen de su cabeza colgando como una pesada pesa rusa en sus manos. Estaba desesperada por ver a sus cinco hijos; el más pequeño apenas tenía cinco años. Finalmente, la dura imagen en blanco y negro del guardia, que la sobrepasaba en fuerza y estatura, inmovilizándole los brazos. Esa era la imagen que no me dejaba dormir. No podía sacarme de la mente la frase —*sus brazos inmovilizados sobre su cabeza*— ni la imagen.

Las historias que *Lost in Detention* sacaron a la luz sobre los ataques sexuales a las inmigrantes en los campos de detención también perturbaron a un senador muy poderoso, Dick Durbin de Illinois.

"¿Qué está haciendo el Departamento de Seguridad Nacional para garantizar que las inmigrantes detenidas estén a salvo de abuso sexual, tanto en las instalaciones del ICE como en las de contratistas?". Esa fue la pregunta que le hizo el senador Durbin a la secretaria de Seguridad Nacional Janet Napolitano en la audiencia del Comité Judicial del Senado sobre la supervisión de las políticas de inmigración que se llevó a cabo el 19 de octubre de 2011.[1] El senador había visto el documental de *Frontline* y se quedó impresionado cuando supo que los inmigrantes que están en campos de detención —las instalaciones que eran solo para faltas administrativas, mas no delitos— no contaban con ninguna protección legal contra la violación. Tienes más derechos si te violan en prisión que si te violan en un campo de detención. Por haber visto nuestro trabajo en *Frontline*, Durbin presionó para que la Ley de Eliminación de la Violación en las Prisiones (PREA, por sus siglas en inglés) se aplicara a los inmigrantes detenidos. Eso fue en 2011. La PREA no se amplió oficialmente para proteger a los inmigrantes detenidos hasta 2017; sin embargo, la ley sigue sin aplicarse en cárceles privadas y en las de los condados.[2] Durante seis años más después de que salió al aire el documental de *Frontline*, los guardias y otros miembros del personal podían violar o agredir sexualmente a los inmigrantes tanto como quisieran. Los más perversos sabían que, si acaso había alguna amenaza de denuncia contra ellos, simplemente podían deportar a la víctima y toda la evidencia del delito de repente estaba fuera del país. Así de fácil.

Si eres un sádico o un violador y tienes un diploma de la preparatoria, pero no tienes antecedentes penales, ya sabes a dónde ir para conseguir trabajo. Cualquier lugar en donde se detiene a inmigrantes: hombres, mujeres, adolescentes de ambos sexos, niños, pequeñitos que apenas empiezan a caminar, bebés.

Bebés.

———————

Lo más difícil de creer para mucha gente fue lo que dijo Cecilia Muñoz ante las cámaras: "Habrá padres separados de sus hijos. Aunque no les guste, esto es el resultado de tener un sistema legal roto". Esto salió de la boca de una activista inmigrante que recibió un premio y ahora era una consejera nacional cercana a Obama. "Lo que el presidente está haciendo es aplicar la legislación nacional", dijo sin vacilar y con un poco de prepotencia.[3]

Cecilia Muñoz y yo nunca habíamos sido más que colegas profesionales, pero, al igual que por toda la gente que conocía en el mundo de la inmigración, sentía un gran respeto por ella y su trabajo a favor de los inmigrantes. Nacida en Michigan de padres inmigrantes bolivianos, Cecilia había ganado un premio MacArthur Genius. Cuando me invitó a visitar la Casa Blanca poco después de su nombramiento en la administración de Obama en 2009, le dije que sí.

Fue mi primera y única vez en el Ala Oeste. Mientras estaba sentada en la pequeña oficina de Cecilia, recordé que cuando los esclavos estadounidenses construyeron ese lugar sagrado, lo construyeron siguiendo las proporciones de 1792. Todo en la Casa Blanca es mucho más pequeño de lo que ustedes creen.

En 2011, cuando estaba tratando de que Obama me diera una

entrevista ante la cámara para responder a las preguntas sobre la detención de inmigrantes, la administración propuso a Cecilia en su lugar, casi como a un cordero para el sacrificio. Si el presidente no podía defender sus acciones en materia de inmigración, una latina hija de inmigrantes lo haría por él. Tiempo después nos enteramos por terceras personas de que la administración de Obama no estuvo para nada contenta con nuestro reportaje *Lost in Detention*.

Abogados, académicos, expertos en derechos humanos y activistas habían elogiado el documental por ser el primero en captar con la cámara el interior de los campos de detención y exponerlos a todo el país. Muchos de los que aplaudieron el trabajo habían sido grandes aliados de la administración de Obama, pero ahora nadie estaba contento con lo que él estaba haciendo con respecto al tema de la inmigración. En lugar de confiar en su instinto como abogado constitucional y cerrar todos los recintos de detención que estaban apareciendo en todo el país, Obama y su administración estaban enviando a la gente a los campos de detención y deportándolos en hordas a sus países de origen por todo el mundo, incluidos Cuba, Haití y Canadá.

Bill Clinton expulsó a 869.646 personas (las deportadas mediante una orden de expulsión) y repatrió a 11.421.259 (los repatriados son las personas detenidas en la frontera y regresadas a su país inmediatamente); en total, Clinton deportó a más de 12 millones de personas. Bajo el mandato de George W. Bush, 2.012.539 personas fueron expulsadas y 8.316.311 repatriadas, lo que arroja un total de 10.328.850. De 2009 a 2014, Obama expulsó a 2.427.070 y repatrió a 1.950.820. En total, Obama deportó a más de 4 millones de personas, una cifra significativamente menor que los totales de sus predecesores, pero mayor en términos de expulsiones.[4] En este sentido, el número de deportaciones mediante una orden ha seguido creciendo y hasta al propio tío de Obama le tocó vivirlo por haber manejado bajo los efectos del alcohol en Boston.

El número diario de no ciudadanos detenidos aumentó de 7.475 en 1995 a 33.330 en 2011. La cantidad total de todo el año 2011 fue de 429.247 personas detenidas, una cantidad mayor que el número anual de personas que cumplen condenas en una prisión federal por todos los demás delitos federales. En 2012, los Estados Unidos gastaron 18.000 millones de dólares en la aplicación de la ley de inmigración, lo cual fue más que el dinero gastado ese año en el Servicio Secreto, la DEA, el FBI y todas las demás agencias federales de aplicación de la ley juntas.[5] *Juntas.*

Estas cifras eran las que el gobierno había recabado y me hicieron sentir náuseas. Como dijo Gary Segura, un respetado académico de ciencias políticas de la Universidad Stanford y actual decano del Luskin School of Public Affairs de UCLA, "En ausencia de una reforma, no nos queda más que, esencialmente, la aplicación de la ley en su máxima expresión... Esa es nuestra política de inmigración", bajo un presidente demócrata progresista.[6]

¿Por qué la gente no podía ver a dónde nos estaba llevando esto? En aquella época, no entendía el concepto de *gaslighting*, cuando la gente te manipula para hacerte creer que estás loca. Yo pensaba que tenía algún problema porque todo lo que había presenciado me había dejado traumada. Tardé mucho tiempo en darme cuenta de que yo había visto la verdad y los demás simplemente prefirieron no creerme porque la verdad era demasiado horrible para aceptarla. O me acusaban de ser una periodista en la que no se podía confiar.

Janet Murguía también vio esas cifras y para ella, allí acabaron las promesas. Es una mexicoamericana de tercera generación de Kansas City y la directora del Consejo Nacional de La Raza (NCLR, por sus siglas en inglés), que ahora se llama UnidosUS, la organización latina más importante e histórica (de la que tristemente, nunca han escuchado hablar mucha gente latinx y otros estadounidenses). Para hacerlo más sencillo, la gente la ha considerado la Asociación Nacional para el Progreso de la Gente de Color (NAACP, por sus siglas en inglés) de la comunidad latinx. Janet había tomado el relevo de la organización de manos del icónico Raul Yzaguirre, quien la fundó al calor de los años sesenta. Había sido el presidente del NCLR durante tres décadas. Ahora que Janet estaba a cargo, tenía que actuar manteniendo el delicado equilibrio entre tener acceso al poder en D.C. y su responsabilidad con la base activista de la organización en todo el país. Lo hacía bien y, aunque no era afiliada al partido, muchos demócratas la querían y respetaban.

Un día, mientras se preparaba para una conferencia muy importante, Janet vio los trajes que había en su clóset. Se decidió por uno rosa brillante. Iba a pronunciar un discurso importante, que ella sabía que lo cambiaría todo, pero estaba cansada y lista para correr el riesgo.

"¡Al carajo!", dijo muy bajito, porque nunca se le iba a oír decir eso en público.

Horas después esa misma tarde, Janet recordaba lo enojada e impotente que se sintió cuando se enteró de lo de Willacy, Orange County, Krome y tantos otros lugares viendo mi documental de *Frontline*, y lo peor era que esto estaba sucediendo bajo el mandato de un demócrata. Ahora podía transmitir esa rabia a través de su discurso. Cuando subió al escenario en la convención anual del NCLR, le puso un sobrenombre de tres palabras a Barack Obama que los ha perseguido a él y a su presidencia desde entonces: Deportador en Jefe.

El romance con la "esperanza" había terminado. La realidad de la detención de inmigrantes perseguiría no solo al presidente, sino a todo el Partido Demócrata durante otra década, o quizás durante muchas más.

---

Los abusos y los traumas resultantes que revelamos en *Lost in Detention* volvieron a mi vida años después de una forma que no esperaba. Para entonces, había empezado a dar clases en la Universidad DePaul en Chicago. Ceci me había convencido de que buscara una plaza como profesora. Era un empleo con todas las prestaciones y mi hijo quería estudiar en Chicago. Pasé muchos días con Ceci en aquellos años, reforzando nuestro cariño y respeto, llenándonos de abrazos de amigas muy queridas.

En una clase en la que el tema eran las latinas, la salud mental y la depresión, un tema sobre el que había investigado mucho, mis estudiantes mencionaron una serie de Netflix llamada *13 Reasons Why*. Básicamente me pidieron que la viera. La gente decía que esa serie promovía el suicidio en los adolescentes, pero lo que yo vi fue un programa sobre chicas adolescentes que sufrían agresiones verbales, eran consideradas putas por su forma de vestir y luego víctimas de violación.

En el capítulo final, Hannah, la protagonista que era un adolescente emocionalmente vulnerable, va a una fiesta en una casa y un chico que ella conoce la convence para que entre al *jacuzzi*. Después de todos los insultos que le habían dicho y el *bullying* que había sufrido, Hannah piensa que ha encontrado a su alma gemela en un chico que la invita amablemente a estar con él en el *jacuzzi*. Él parece tan lindo con ella.

De repente, todo el peso del cuerpo del chico está sobre ella. Los movimientos de sus manos son rápidos y violentos, la desviste a la fuerza. Cuando vi esto en mi iPad, estaba viendo algo más. Me veía a mí. Solo que yo no estaba en un *jacuzzi*, sino sobre un colchón nuevo que todavía tenía el plástico puesto y por eso me lastimaba la espalda. Recuerdo que él me sujetó las manos e impedía que me moviera. Por eso no luché, y esa fue la razón por la que me convencí a mí misma de que en realidad nunca me había violado, porque no recordaba haber opuesto resistencia. Cuando vi las manos inmovilizadas de la chica en primer plano, me di cuenta de que fue eso exactamente lo que me habían hecho a mí. Mis manos estaban inmovilizadas por encima de mi cabeza, en contra de mi voluntad. Yo estaba luchando para zafarme, pero era, como siempre fui, demasiado pequeña. Lo único que me quedaba, como siempre, era mi voz, pero él decidió no oír mis gritos que decían *NO*.

Hannah le dijo no al chico y siguió diciendo que no, igual que yo. Se notaba claramente que ella estaba desconectada de la realidad. Yo había conocido ese sentimiento. El dolor es tan grande que, si te pusieras a pensar en eso, gritarías, pero habías gritado que no y él no paró. ¿Para qué ibas a gritar ahora?

Fue tu culpa. ¡Te lo merecías!

Yo nunca había visto nada como esto y ahora tenía una imagen visual de mi propia violación. Lo que le sucedió a Hannah en *13 Reasons Why* fue exactamente lo que me pasó a mí hace años. Llegué a entender que había imágenes que detonaban en mí el recuerdo del 9/11: las torres incendiándose, el sistema de seguridad contra amenazas basado en un código de colores, el sonido de las gaitas. Pero lo que nunca supe es que tenía un detonante del recuerdo de la violación hasta que vi eso.

El tipo de veinticuatro años que había bailado conmigo, me había hecho sentir mariposas entre las piernas y me había besado románticamente, o al menos eso fue lo que yo pensé; sabía que me iba a tomar a la fuerza desde el momento en que había forzado su lengua en mi boca con ese primer beso. Y, aun así, yo seguí besándolo y bailando con él. Eso no quería decir que tenía que cogerme. Pero eso yo no lo sabía en ese entonces.

No sabía que tenía derecho a decirle que no desde el momento en que me di cuenta de que me iba a obligar a tener relaciones sexuales, cuando regresó al coche con el condón que acababa de comprar. En ese momento no lo detuve. ¿Fue mi culpa?

¿No fue culpa suya el hecho de asumir que, por haber comprado un condón, lo iba a usar a como diera lugar? Fue una agresión sexual premeditada. Y yo era una niña.

Después de esa noche, nunca me volvió a besar aunque lo vi durante dos días más. Ya no volvió a bailar conmigo. Nunca me mandó una carta ni me llamó. Él sabía exactamente lo que había hecho. Yo era un agujero en el que había metido su minúsculo pito duro. Nada más que eso.

———————

Yo solita me había aislado. Había hecho lo que nunca pensé hacer a propósito. Me había distanciado tanto de mi marido que él ya no estaba allí para apoyarme. Me había convencido de que necesitaba demostrarme que podía hacerle frente a cualquier cosa sola. Algunos de mis más cercanos amigos y familiares más queridos habían muerto. Había sostenido la mano de mi mejor amiga mientras ella moría.

Cuando Ceci me dijo que solicitara la plaza de profesor visitante Sor Juana Inés de la Cruz, ella no sabía que íbamos a pasar sus últimos años sobre la tierra viéndonos en mis viajes frecuentes a Chicago.

Después de haber sido amigas durante más de veinticinco años, nuestra amistad era madura, deliciosa y nos llenó de alegría y confianza. Nos acostábamos en su gran sofá y mis ahijados, Ana y Andrés, también se acomodaban allí. Era una zona liberadora, llena de amor y sin prejuicios, entre dos mujeres que habían pasado por muchas cosas juntas. No sabíamos que este sería el último viaje que íbamos a compartir.

Cuando el cáncer de seno llegó a su cerebro, Ceci lloró conmigo y me dijo que solo deseaba que pudiéramos dejar de sentirnos inseguras y llenas de ansiedad, y que mejor nos dedicáramos a encontrar alegría en nuestras vidas.

Yo estuve sosteniendo su mano, diciéndole que podía irse, y que yo estaría cerca de Ana, Andrés y su marido, Gary.

Y se fue. Sola.

Así que tuve que enfrentarme sola a la realidad de mi violación. ¡Cargar yo sola con mi pinche cruz!

Cuando regresé de sabe Dios cuál ciudad, Gérman había sacado sus cosas de nuestra recámara. Dijo que tenía problemas de espalda y que se iba a dormir en la cama de Raúl. Al menos eso fue lo que decidimos contarles a los niños. Los detalles íntimos del pleito que tuvimos esa noche no eran agradables y nadie necesitaba saberlos. Teníamos que asegurarnos de que los niños iban a estar bien. Eso era lo que importaba en ese momento, no yo.

Parecía que se iba a cumplir mi deseo. ¿Quieres enfrentar esto sola? ¡Pues adelante, hermana, hazlo! ¡Sola!

Le pedí a mi terapeuta, Cristina, que nos viéramos en el parque. Ya era costumbre tener la sesión de terapia en el parque, en un café o mientras caminábamos. La gente me veía llorar, pero no me importaba y seguía llorando. Nos sentamos frente a un pequeño estanque en un parque de Harlem. Había una garceta blanca sobre una roca que sobresalía del estanque, lista para atrapar un pececito. Había un gato rayado amarillo descansando en las rocas. Y dando vueltas sobre nosotras, estaba uno de los famosos halcones de cola roja de la ciudad de Nueva York.

Me solté a llorar cuando le conté los detalles de la escena del programa de Netflix. Le mostré mis muñecas delgadas y le conté cómo recordaba que aquel hombre me había estado sujetando. Cristina inmediatamente tomó mis manos, con las mismas manos que usaba para calmar a las jóvenes mujeres de todo el mundo que han sido víctimas de tráfico de personas y han sido violadas múltiples veces, y después poco a poco me acercó a ella para que me sintiera anclada a algo en ese momento. Se dio cuenta de mi sorpresa por los recuerdos y emociones que ese episodio desencadenó en mí. No me lo esperaba, pero ella se quedó tranquila a mi lado, permitiéndome sentir lo que fuera a surgir ahora que veía mi propia violación sin el filtro del silencio y la vergüenza. Lo que había sucedido lo tenía tan enterrado que ni siquiera había permitido que afloraran mis emociones.

Estaba sintiéndolo. Identificándolo. Viéndolo. Viéndome allí. Lo había olvidado durante tanto tiempo, le había quitado importancia, no le había hecho caso, me había echado la culpa, me había obligado a olvidar y convencerme de que una "pequeña violación" realmente podía ser un término aceptable para nombrar lo que me había sucedido.

—Eres una sobreviviente, María —me dijo Cristina.

*¡Carajo!*, pensé cuando dijo esas palabras. Yo siempre había tenido muy claras mis múltiples identidades, que había elegido con toda intención y de las que me sentía muy orgullosa. Era una chingona con pantalones bien fajados, nacida en México, educada en el sur de Chicago, una habitante de Harlem que vivía en la ciudad de Nueva York, una latina, indígena, espiritual, intelectual, feminista, una chaparra. ¿Pero una sobreviviente?

Interioricé la misoginia y subconscientemente relacioné a un sobreviviente con la debilidad. Pensé en cómo iba a afectarme ahora, como periodista, hablar abiertamente de mi violación. Hice una pausa y miré mis manos entrelazadas con las de Cristina. Ella era un regalo de Ceci, otra hermana argentina brillante que fue una guía en mi vida.

Y entonces pensé, *Sí, carajo. Soy una sobreviviente chingona. No permití que me destruyeras, hijo de la chingada, aunque lo que me hiciste casi me mata. Y apenas me estoy dando cuenta de eso. Esa noche, mataste algo dentro de mí sobre esa cubierta de plástico fría. Mataste mi confianza en la intimidad y yo ni siquiera sabía que por eso mi matrimonio ahora se está muriendo.*

## Capítulo 16

# Adueñarme de mi propia voz

En los mundos de los medios de comunicación, los latinos y las mujeres que estaban tomando las riendas de las cosas me aplaudían por crear una de las únicas salas de redacción sin fines de lucro en los Estados Unidos dirigida por una latina. Estuve en *Crain's New York Business*, me citó la revista *Hispanic Business* como una de las latinas con mayor influencia en el país y en San Antonio me dio un reconocimiento en el Día Internacional de la Mujer un alcalde de Texas hasta entonces desconocido y de nombre Julián Castro. Habíamos logrado sobrevivir cinco años en Futuro, aunque habíamos pasado meses muy inestables con la amenaza de cerrar. La posibilidad del fracaso constantemente me perseguía.

Siempre que podía, hablaba con mujeres empresarias y me decían que todo esto era normal. "¿Sentir que llegas al límite? Eso es normal. ¡Ah, sucede muchas veces cuando apenas estás empezando!". Para entonces ya me había hecho amiga de muchas mujeres de alto perfil, de mucho dinero y de todas las razas y orígenes, algunas ma-

319

yores que yo, otras más jóvenes. Sentía que todas sabían más que yo, así que seguí viviendo con el síndrome del impostor, siempre sorprendiéndome de mi propio éxito.

Conocí a una ejecutiva latina, que era una triatleta, y me contó que se basaba en las reglas del buceo para dirigir su compañía multimillonaria. "La lección número uno del buceo es nunca dejar de respirar", me explicó. "Y es precisamente lo que tienes que hacer. Respira en cada momento de dolor y crecimiento de tu compañía".

Independientemente de cómo era mi relación con Gérman, él siempre me aconsejaba y me ayudaba a ver las cosas desde otra perspectiva.

"Si tu compañía Futuro desaparece, no significa que seas una fracasada. ¡Creaste y dirigiste una empresa durante casi seis años! ¡Felicidades! Así que, si desaparece ahora, eso no va a perjudicar tu imagen", afirmaba. Cuando me decía eso, podía respirar más tranquila.

Lo que Futuro siempre ha tenido es integridad, autenticidad y un enfoque nada pretencioso para contar historias. Las personas que valoran estas cualidades y que han hecho de ellas el sello distintivo de su carrera quieren trabajar con nosotras; elegimos a los periodistas más brillantes y comprometidos, que tienen ganas. Si nunca te rindes, a veces pueden pasar cosas hermosas.

En 2014, *Latino USA* ganó un premio con el que siempre soñé, el Peabody. El premio fue por un reportaje titulado "Pandillas, asesinatos y migración en Honduras" que hablaba de las décadas de pobreza y explotación que habían propiciado el aumento de la violencia entre pandillas y la decisión de muchos hondureños de abandonar su país.[1] Mi colega Marlon Bishop arriesgó su vida para hacer el reportaje y producirlo. Y luego resultó que Ethel Kennedy me volvió a llamar. ¡"La extraña muerte de José de Jesús" había ganado el premio Robert F Kennedy![2] El reportaje exponía el suicidio de José de Jesús mientras estaba en "monitoreo contra el suicidio". Murió de asfixia por haberse tragado una calceta que no debía haber tenido. Se la tragó.

Para alcanzar esos logros, también pasamos por situaciones deprimentes: otras empresas nos robaron elementos increíbles de nuestro personal, hubo acuerdos que nunca se concretaron, dinero prometido que nunca llegó, solicitudes de entrevistas que nunca nos aceptaron. Empecé a ser consciente del eterno dar y tomar que vives cuando eres un emprendedor en los medios de comunicación, un título que ahora aceptaba porque yo era una de ellos; necesitaba asumirlo y no tener miedo de competir con hombres. Sabía que yo tenía una audiencia fiel que ellos hubieran querido tener.

Le habíamos demostrado a NPR que se había equivocado. Después de relanzar *Latino USA* en 2016 con una hora de duración, entonces el número de estaciones de radio pública que transmitían el programa incrementó casi en un 20%. Nuestros radioescuchas empezaron a aumentar de manera explosiva. Esto demostró exactamente lo que yo había estado diciendo no durante años, sino durante décadas: la audiencia está allí y va a responder al periodismo de calidad que sea auténtico y entienda el punto de vista que ellos tienen sobre el mundo. Nos habíamos enfocado en dos mercados muy importantes, pero diferentes. En NPR, *Latino USA* tenía una audiencia madura, en su mayoría constituida por gente blanca que escuchaba la radio. Digitalmente, teníamos un público más joven, que no era blanco, más bien era de la comunidad latinx y afroamericana. Había una ligera mayoría de mujeres entre nuestro público digital. Lo mejor era que tanto los radioescuchas como nuestro público por internet escuchaban el programa hasta el final y nuestro número de seguidores iba en aumento. Nos habíamos convertido en una joya más en la corona de NPR.

———

Cuando resultaba difícil manejar una pequeña compañía sin fines de lucro, era realmente difícil. Estaba agotada por la indignación y el trauma, y los altibajos emocionales eran insostenibles. Esto no podía seguir así. Iba a empezar a perder personal porque la gente ya no me tenía paciencia. Era una mala situación. Sí, había sufrido muertes, pérdidas y tragedia. Mi papá había muerto, mi prima también, y mi querida Ceci, mi mejor amiga que apenas tenía cincuenta y tres años, ¡carajo! Yo estaba de duelo, pero necesitaba ver que estaba comportándome de manera caprichosa. También había una cuestión de ego del tamaño del mundo en todo esto. Estaba enojada porque después de haber sido invitada varias veces en 2015 a *Meet the Press*, de repente y sin darme ninguna explicación, dejaron de invitarme. Me sentía herida porque el 1% me había tenido en el congelador. Cuánta falsa modestia de mi parte.

Mi equipo tuvo una solución: "Creemos que Futuro debería dirigir la conversación política en este país. Si las cadenas no te invitan para hablar en los programas domingueros de política, vamos a crear el nuestro. Para seguir con nuestra misión, vamos a invitar básicamente a periodistas y expertos de color para darles un espacio en el que expresarse y hacerlos más visibles a nivel nacional".

La mayoría de los *talk shows* de las cadenas tratan a los votantes de color como si fueran alguna clase de espécimen raro, siendo que, en realidad, la gente de color habla de política todo el tiempo en su casa porque a menudo somos a quienes más nos afecta. Sin embargo, muy rara vez nos piden nuestro análisis u opinión. Nuestro programa sería la propia versión de Futuro de los *talk shows* sobre política, pero nuestra transmisión sería dos veces por semana y no los domingos.

Lo llamamos *In the Thick*, y con esta nueva propiedad mediática, nos lanzamos al mundo de la autodistribución. Aunque Futuro ya gozaba de mucho reconocimiento, nuestros números seguían siendo pequeños en comparación con los medios ya establecidos. Los grandes distribuidores con frecuencia nos ignoraban. Esto sucedía mucho y siempre me hacía dudar de lo que estaba haciendo. Solo miren a BuzzFeed, Gimlet o ProPublica. Comparada con ellos, Futuro apenas era un bagre frito chiquitito en el costado de su platón de ballena.

Con tal de salvar mi compañía, mi alma, mi personal, y de mantener las apariencias, corrimos un gran riesgo y estrenamos *In the Thick*, uno de los primeros *podcasts* sobre política nacional que se enfocaba en periodistas y expertos de color. Y luego la compañía siguió creciendo. Hicimos nuestra primera adquisición: LatinoRebels.com.

Sí, lo estábamos logrando. ¡Como chingaos no!

----

Gérman me había dicho que, por miedo a perderlo, lo estaba atacando. ¿Atacando? Estaba preparada para demostrar cómo era realmente un ataque mío. Iba a devolverle el golpe como una serpiente venenosa a la que habían provocado. Nuestra relación se había convertido en un eterno desquitarse de lo que había hecho el otro.

Si no podía abrir los ojos, tal vez mis oídos me ayudarían. Sandy siempre me había dicho, "Escucha. Oirás las voces de tus ancestros que te hablan si logras quedarte en silencio". Esa mañana, cuando el sol se estaba levantando sobre Chicago antes de salir a dar mis clases semanales, miré hacia las olas infinitas y me quedé en un trance momentáneo. Guardé silencio y empecé a escuchar a papi. *Es el amor de tu vida. El papá de tus hijos. Te ama. Te ama. Lo amas.*

Y luego fue Ceci quien me habló… *Malu, este no es el fin de tu relación con Gérman. Haz que sea un nuevo inicio.*

Los dos me dijeron una frase que yo había dicho semana a semana durante casi tres décadas al final de cada programa *Latino USA*. Lo he dicho tanto que se ha convertido en una de mis marcas registradas no oficiales.

No te vayas.

No te vayas.

Quédate con nosotros.

*No tengas miedo. Todo va a estar bien.*

Y no me fui. Unos meses después, les conté a mi mamá y mi hermana la espantosa historia de mi violación ya para cuando mi matrimonio por fin estaba sanando y siendo cuidado con el amor resucitado de Gérman. Las dos se sintieron terriblemente mal cuando supieron lo de mi violación porque habían estado allí y nunca se dieron cuenta de lo que sucedió. Yo sabía fingir y estaba convencida de que me iban a culpar y decir que yo lo había provocado, y por eso preferí no contar nada, como una niña asustada.

Fue en ese momento cuando me di cuenta de que tenía equivocada una parte muy importante de la historia. Cuando vimos el calendario para poder rememorar aquellos años y armar todo el rompecabezas juntas, nos dimos cuenta de que las fechas no cuadraban. En mi cabeza, eso había sucedido en la víspera del Año Nuevo de 1978, pero realmente había sido en 1977. `

Me había convencido de que esto me había sucedido a la misma edad en que mi mamá había perdido su virginidad y se casó, como si eso de alguna forma hiciera menos trágico el asunto en mi mente. Ni siquiera tenía diecisiete años cuando me violó. De hecho, él tenía veinticuatro años y yo solo tenía *dieciséis*. Encontramos fotos en donde yo estaba bronceada y triste, sentada junto a mi violador con una sonrisa forzada en mi rostro.

En esa conversación que tuvimos tomando café con leche y *bagels* en el desayuno, que luego se convirtió en una tarde con tequila y quesadillas fritas, mi mamá habló sobre su propia sexualidad, abusos y vida sexual con mi papá. Cuando mi mamá apenas tenía seis años, su mamá la llevó a un cine que estaba cerca de su casa en La Colonia Narvarte. Fue al baño para las niñas y allí había un hombre con los pantalones abajo y una erección. Le dio a mi mamá un listón de satín y le dijo que se lo atara allí. Mi mamá lo hizo y luego se fue. Hubo tres o cuatro incidentes como ese de los que nunca supimos nada hasta ese momento. Nos contó que, en los años setenta, cuando vendía ropa en una tienda, estuvo dos veces a punto de ser violada en su trabajo por dos colegas varones.

—¡Mamá! ¡Eres una sobreviviente!

—Ay, no, mijita. Fueron cosas que pasaron. Y ya.

Le conté eso a Cristina, mi terapeuta, y me ayudó a hacer la conexión. Me liberó de sentir que yo había sido la culpable de la violación.

Cristina me explicó que yo tenía todo el derecho de estar cachonda, caliente y sintiendo deseo la noche en que fui violada. Yo tenía el derecho de elegir el deseo sexual. Tenía el derecho de creer en un hombre y tener confianza.

—El deseo, el mismo que tu madre sintió por tu padre en su primera noche y el deseo que tú sentiste por tu violador antes de que te atacara, en muchas maneras fue el mismo. Tu mamá tuvo un matrimonio y una relación saludable con la sexualidad. Tu sentido de la confianza y la intimidad quedó dañado y, como te violaron con violencia, tu experiencia con el sexo quedó herida, pero no para siempre.

¿Sería esta la razón por la que siempre me alejaba del sexo? ¿Era por eso que en el comienzo de mi matrimonio me costaba tanto trabajo llegar a un orgasmo? ¿Era así como se veía mi vergüenza? ¿Así se veía la culpa que yo sola me impuse?

—El sexo es confianza, y tú confiaste en ese hombre y no fue un error confiar en él —prosiguió Cristina—. El error fue de él por violar esa confianza y agredirte. Tú tenías todo el derecho de querer tener una relación sexual esa noche y en cualquier momento que quieras. Tu deseo sexual es algo hermoso y poderoso. Expresarlo no es solo una forma de amarse uno mismo, sino una manera de volver a la intimidad con el hombre que amas y que ahora sabes que también te ama profundamente. Y él siempre ha sido capaz de expresarlo haciéndote el amor.

—Él te quiere, María —me dijo Cristina—. Gérman me llamó y tuvimos la oportunidad de hablar. Te ama, María. Te adora. Él no quiere dejarte.

—María. Tienes tanto. Pero ahora te toca a ti dar. Y tienes que darte a la gente que está más cerca de ti, tu familia. Tienes que darte amorosamente y sin ego a ti misma. Y después darte a todos los demás.

Cristina me dijo que pensara en luchar por mi matrimonio, mi familia y la relación con mi esposo como si estuviera luchando por mi último aliento. Ella ignoraba que esa era una de las expresiones favoritas de Gérman acerca de la vida.

Cuando no tienes nada que perder, seguirás respirando y luchando hasta el final. Así como he hecho con todo lo demás, no me di por vencida. Seguí respirando. Inhalando y exhalando. Despacio.

—Esta será una de las lecciones más importantes que les darás a tu hija y a tu hijo —explicó Cristina—. Amas a tu esposo, amas a tu familia. Vas a demostrarles cómo es luchar por las cosas que realmente importan.

Tenía que dejar de pelear contra todo el mundo y todas las instituciones. Tenía que cambiar la forma en que estaba luchando. Era agotador necesitar constantemente que los hombres y las instituciones que me rodeaban me validaran para sentirme lo suficientemente capaz. Nunca sentí que era lo suficientemente buena, siempre me sentí como una impostora. Tuve que atravesar el infierno para llegar a la salvación.

Ahora, después de mi terapia y con la ayuda de Cristina, siempre que pienso en esa noche terrible en la cima de un monte junto al mar, tengo una imagen de mí misma con un superpoder: con los brazos tan fuertes como para empujar a un elefante si uno tratara de aplastarme. Cuando dejé el dolor detrás, me convertí en una mejor amante, una mujer más erótica, un ser humano más presente y romántico con mi esposo porque era capaz de ver lo que aquel hombre me había arrebatado. Porque para él, yo no era nada.

Pero reclamé mi poder y lo recuperé. Ahora soy dueña absoluta de mi sexualidad y mi pasión.

# Capítulo 17

## "Ilegal" no es un sustantivo

Cuando la administración de Bush abrió en 2005 el Centro de Detención Familiar T. Don Hutto en Taylor, Texas, incluso a los niños detenidos que llegaron a los Estados Unidos con sus padres se los obligó a utilizar overoles como los de los prisioneros.[1] Pero esta no era la primera vez que el gobierno detenía a familias enteras. El Centro Residencial Familiar Berks, en Leesport, Pensilvania, comenzó en 2001 a alojar a familias de inmigrantes detenidos. Ya desde 1998 se mantenía ahí a niños detenidos.[2]

Un reporte realizado en 2007 por el Servicio Luterano para la Inmigración y los Refugiados y la Comisión de Mujeres para Mujeres y Niños Refugiados, informó que la "regla" utilizada en los campos de detención consistía en que si un niño o una niña despertaba de noche y se levantaba a buscar a sus padres, sonaría la alarma y únicamente los guardias tenían permitido responder.[3] Un informe de seguimiento en 2014 reveló que, en muchos casos, los niños detenidos más pequeños perdían peso por desnutrición, no contaban

328

con acceso adecuado a tratamiento médico ni a servicios de salud mental, no asistían a la escuela y no les permitían guardar juguetes en sus celdas.[4]

Todos reaccionaron con sorpresa ante la detención de niños que cruzaban la frontera, pero las cifras ya estaban ahí. La llegada de menores no acompañados, quienes huían de la violencia, la pobreza y el abuso en países como Honduras, Guatemala y El Salvador, había ido en aumento de manera sostenida desde 2011. Ese mismo año ingresaron 24.120 menores. Para 2016 la cifra había aumentado a 58.819 menores.[5] Algunos de nosotros intentamos llamar la atención y contábamos esas historias. Y pues sí, para la década del noventa y del 2.000, la gente ya se había "cansado" de tanta historia de inmigrante. Esa fue una de las razones por las cuales George W. Bush y Obama se salieron con la suya. ¿Recuerdan a Elián González? La crisis de menores refugiados comenzó durante la época de Clinton, pero al gobierno no pareció importarle gran cosa.

Durante la administración de Obama, el Secretario de Seguridad Nacional, Jeh Johnson, les apretó las tuercas a los inmigrantes con la que él insistió fue una decisión profundamente humanitaria: ¡detener a la familia entera en vez de dejarlos en libertad! Afirmó que era una decisión humanitaria terminar con lo que llamaban *catch and release* (pescar y liberar). Como se hace con los peces.

La política de *catch and release* fue adoptada originalmente en la administración de Obama como una forma de evitar la detención masiva (en el año fiscal de 2018 el gobierno federal gastó más de 3.000 millones de dólares para detener y alojar a toda esa gente: eso es lo que pagan tus impuestos). Se "liberaba" a los inmigrantes ya que históricamente no representaban ninguna amenaza y esos datos mostraban, de hecho, que ellos se presentarían a sus citas en la corte. Era la manera más humanitaria de lidiar con refugiados y personas desesperadas.[6] No tratándolos como si fueran peces, sino como lo que son: personas desesperadas, familias, niños solos que se escapan para salvar sus vidas. Un momento: ¿Eso no es lo que anuncia este país en su página web? Libérenlos.

Por más repugnante y deshumanizante que resulte un término como *catch and release*, era en realidad lo más humanitario que podía hacerse. Aún no habían caído en la cuenta de la nueva fórmula para sacar un chingo de dinero. Dicho de otra manera: hospedar y detener inmigrantes + prisiones privadas = ¡*kaching!* Las consecuencias del giro que tuvo esta política fueron trágicas. A la mayoría de las familias detenidas, a menudo madres con sus hijos, se las sometía a condiciones casi carcelarias en centros plagados de abuso y se les negaban los derechos básicos, tales como el debido proceso, antes de ser deportadas por la vía rápida.[7]

El 6 de abril de 2018, Jeff Sessions, Procurador General de Justicia de los Estados Unidos, anunció la nueva política de "tolerancia cero" a lo que llamaron "*criminal immigration enforcement*", es decir, medidas legales ante la inmigración "criminal". Al referirse a un incremento del 203% en el cruce fronterizo "ilegal" entre marzo de 2017 y marzo de 2018, Jeff Sessions argumentó lo siguiente: "La situación en nuestra frontera suroeste es inaceptable. El Congreso no ha logrado aprobar legislaciones efectivas que sirvan a los intereses de la nación: que cubran vacíos legales peligrosos y lleguen a financiar en su totalidad un muro a lo largo de nuestra frontera sur. Como resultado, se ha desatado una crisis en nuestra frontera sur que requiere de una escalada en cuanto a esfuerzos para enjuiciar a quienes de forma ilegal eligen cruzar nuestra frontera".[8]

Arrebatarles niños y bebés a los nuevos inmigrantes no se había etiquetado como una política de por sí hasta que se realizó esta declaración. Los padres debían separarse de sus hijos, según alegaban, para que fuera posible enjuiciarlos por su "ingreso ilegal". Y podrían acabar sirviendo su sentencia en Willacy, aquel lugar en donde reinaba el infierno en 2011.

El mensaje era claro. Como no construimos el muro y México

no lo pagó y ustedes, gente morena, insisten en querer venir acá, les vamos a quitar a sus hijos para castigarlos y para que así ni siquiera vuelvan a pensar en venir a este país. ¡Quédense afuera, con una chingada, o les quitaremos a sus hijos y jamás los volverán a ver!

En junio de 2018 el gobierno comenzó a "alojar" en tiendas de campaña, en Tornillo, Texas, a menores no acompañados (los llaman UAC, por las siglas del término en inglés *unaccompanied alien children*, pero yo me sigo rehusando a usarlo) que habían cruzado la frontera, así como a niños separados de sus familias. Cuando abrió este recinto, su capacidad era para 400 niños; en enero de 2019, cuando se condenó y cerraron sus puertas, había casi 3.000 niños.

———

El *New York Times* utilizó el término "inmigrantes ilegales" en un titular aparecido apenas en 2017, aun cuando en 2013 la Associated Press había revisado las pautas del uso de este término: "Utilice ilegal únicamente para referirse a una acción, no a una persona: inmigración ilegal, pero no inmigrante ilegal".[9] El propio manual de estilo del *New York Times* admite que el término es polémico, pero no rechaza por completo su uso. Más bien, le sugiere a los escritores lo siguiente: "Sin tomar partido o recurrir a eufemismos, considere las alternativas, cuando sea apropiado, para explicar las circunstancias específicas de la persona en cuestión o para enfocarse en las acciones: quien haya cruzado la frontera de manera ilegal; quien haya permanecido más allá de lo que permitía su visa; quien no esté autorizado para trabajar en este país".[10]

Sin embargo, el uso del término "ilegal" para referirse a los inmigrantes, propiciado por los todopoderosos Estados Unidos, sigue vivito y coleando. Con solo observar las publicaciones de noticias más leídas y los canales de noticias más vistos, puede verse en todos lados: "ICE advierte que **inmigrantes ilegales** que enfrentan cargos por asesinato y por abuso sexual a menores podrían ser liberados en las ciudades santuario de Carolina del Norte", anuncia *Fox News*.[11] En 2018, un columnista de *The Atlantic* preguntó: "¿Cómo debería tratar los Estados Unidos a los **inmigrantes ilegales**?".[12] En 2019 un artículo de opinión en el *Washington Post* llevaba por título: "Los **inmigrantes ilegales** tienen derechos. Moldear la democracia estadounidense no es uno de ellos".[13] "Trato bipartidista abre camino a la obtención de ciudadanía por parte de **inmigrantes ilegales** campesinos", anunció un titular del *Wall Street Journal*.[14]

Al resultar electo Donald Trump, los agentes de ICE dijeron que por fin les habían desatado las manos, y así fue. Se llevaron a padres y madres que dejaban a sus hijos en la escuela, intentaron deportar a un menor que dependía de un equipo de soporte vital, detuvieron a personas que acudían a sacar su visa legal de matrimonio e incluso sacaron a gente de los tribunales por primera vez. Siguieron deteniendo a personas en coches, autobuses, aeropuertos, casas privadas, lugares de trabajo, parques, espacios de recreación infantil, fábricas, etc.

Sus redadas seguían un patrón. Me puse a recordar lo que había aprendido en mis estudios de COINTELPRO (Programa de Contrainteligencia) durante los años sesenta. La estrategia más efectiva para acabar con las organizaciones es poner en la mira a los líderes. Eso estaba haciendo ICE.

El primer reportero inmigrante al que detuvieron fue Manuel Duran, nacido en El Salvador. Lo arrestaron en 2018 mientras cubría una protesta en Memphis, Tennessee, y lo mantuvieron detenido 465 días. Algunos de sus reportajes habían abordado la presunta cooperación entre cuerpos policiales y ICE.[15] La primera activista a favor de los derechos de los inmigrantes que estuvo en la mira fue Erika Andiola, una líder de la Coalición DREAM en Arizona. El 11 de enero de 2013, durante la administración de Obama, agentes de ICE irrumpieron en su domicilio, llevándose a su madre y su hermano.[16] Andiola más adelante se convertiría en vocera de la campaña de Bernie Sanders en 2016.

Ahora era como si hubieran llegado a romper la huelga de hambre de los refugiados centroamericanos en la Iglesia Riverside, el evento que yo cubría cuando era estudiante universitaria, y se hubieran llevado a todas las personas que se encontraban ahí. En aquel entonces, el gobierno detuvo al reverendo John Fife, acusándolo de cometer delitos por ayudar a los refugiados. Comenzaba a parecer fascismo. Agentes de ICE rondaban las esquinas viales frente a la Hostos Community College en el South Bronx, a la cual asistía una comunidad mayormente latinx. Parados ahí solo para demostrar su poder. Eso era en Nueva York. Imagínense cómo estarían las cosas en Omaha.

Había gente a quienes les quitaban los pasaportes estadounidenses, rehusando renovárselos si no ofrecían mayores pruebas de haber nacido en los Estados Unidos. ICE les hacía eso a hispanoparlantes que habían nacido en la frontera Estados Unidos-México con la ayuda de una partera y fuera de un hospital. La actriz comediante y activista Cristela Alonzo tiene un hermano a quien le quitaron el pasaporte; le dijeron que debía demostrar con pruebas contundentes que él realmente era estadounidense. Y luego el presidente Trump dio la orden a los Servicios de Ciudadanía e Inmigración de los Estados Unidos (USCIS, por sus siglas en inglés) de ingresar a los archivos mediante la Operación Second Look y encontrar a quienes debieran ser despojados de su ciudadanía si había cualquier inconsistencia en su expediente.[17] En 2020, el Departamento de Justicia llegó todavía más lejos al abrir una oficina dedicada a anular la naturalización a los inmigrantes.

Nada de esto es normal. Nada. Así como no fue normal tener una lista negra en la era de McCarthy. No fue normal que ciudadanos estadounidenses de ascendencia japonesa fueran encarcelados "por su propio bien". Nunca fue normal el linchamiento de negros, mexicanos y chinos por infracciones menores o, peor aún, por simplemente existir.

Pienso en las amenazas de muerte que recibí por parte de la Omega 7 derechista, bajo el patrocinio de la CIA, cuando yo era *DJ* en la estación de radio WKCR en Nueva York. Recuerdo cuando, en 1983, mi vecina dominicana de Washington Heights me avisó que el FBI había tocado a su puerta preguntando por mí. Pienso en las *X* que ponen en mis documentos y mi pasaporte cada vez que regreso de un viaje internacional.

*No soy tan importante. No te tomes tan en serio,* me murmuro entre dientes. *Bájale, bájale, bájale a tu carro.*

Pero lo cierto es que el formulario de ciudadanía lo llené a mano, con bolígrafo, no en la computadora. Así es de viejo. Y la verdad es que debo preguntarme: ¿qué podría detenerlos si decidieran venir por mí?

Me tranquilizo yo sola contándome este chiste. Si este presidente me busca es porque soy las cinco cosas que más odia: soy mexicana, inmigrante, periodista, mujer y —pausa… espéralo— no soy tetona.

Me río, porque si no, me pongo a llorar.

Estos pensamientos me surgen en una especie de nauseabundo hilo conductor: mi estudiante, que es ciudadano estadounidense, recibe un golpe en la cara de su hermano mayor, que no es ciudadano, un error propiciado por las drogas o por el cúmulo de rabia por no tener lo que tiene su hermano: los codiciados diez números de la tarjeta de seguridad social. En Rochester, a Uziel, un joven de una tienda del barrio, se lo interroga al querer abordar un autobús, aun cuando lleva consigo su credencial de DACA (Programa de Acción Diferida para los Llegados en la Infancia) y no se le permite abordar, como si fuera algún tipo de amenaza humana; no se lo arresta porque su madre se encontraba, de pura casualidad, junto al teléfono en la ciudad de Nueva York. Varios de mis estudiantes deben acudir a la corte al recibir citatorios, así como reportarse ante la oficina de ICE. Padres que de manera regular solían salir a comer con sus familias para celebrar el estar juntos ya no salen de sus casas, ni a la tienda de la esquina. Agentes encubiertos de ICE arrancan a una madre de sus hijos, quienes gritan aterrados frente a un camión de helados. (En la vida real eso suena muy distinto a lo que se oye en las películas de terror. Imposible imitar el sonido de este tipo de dolor). Deportan a un niño desde su cuarto en un hospital.

¿Desde cuándo figura en la Constitución: *Oye, por cierto, este documento es solo para aquellos con papeles? Si no puedes demostrar que naciste aquí, no hay derechos constitucionales para ti.* ¿Según quién, exactamente?

Jamás olvidaré cuando, en 2011, entrevisté a Mark Krikorian, director ejecutivo del Centro de Estudios de Inmigración, quien me miró a los ojos y me explicó: *Los inmigrantes son parte del pasado de nuestro país. Fuimos ese país que necesitaba inmigrantes. Ya no somos ese país. Eso fue en la adolescencia de nuestro país. Ahora somos un país maduro. Esa narrativa inmigrante ya no es lo que somos ahora. No los necesitamos más.*

Allí es precisamente en donde nos encontramos hoy día. Incluso los mismos inmigrantes, y los hijos de inmigrantes, y los nietos de inmigrantes, piensan que los inmigrantes indocumentados deben ser deportados.

# Capítulo 18

## El poder de pararse bajo la luz

Solo tenía un primo que realmente me veía por la persona que era en esos viajes anuales de Chicago hasta el D.F.

En esas tardes de verano lluviosas en la Ciudad de México, en las que casi siempre había un chaparrón garantizado, Sergio sacaba su guitarra desgastada y me cantaba las canciones clásicas: "Cielito lindo" y "Piel canela", entre otras. Un lunes lluvioso en particular cantó una canción que no reconocí.

—Se llama "La Golondrina" —me susurró—, y eso es lo que eres para mí. —Una golondrina—. Eres un pajarito que va y viene, cruzando fronteras y provincias cada año. Viajas muy lejos y ves muchas cosas, pero siempre regresas a casa, vuelves a México y a mí, igual que las golondrinas que vuelven a su casa.

Sergio fue el primer miembro de la familia en decirme que el hecho de que yo cruzara la frontera era algo que me hacía especial y mágica: como un ave que puede volar miles de millas. No como un espécimen raro que no encaja en ningún país y que con frecuencia

336

siente que las fronteras la distancian de la familia y de la persona que quiere ser.

Pero ahora estábamos hacia finales del invierno de 2019 y mami ya estaba en los últimos días de su larga estancia en México, en donde vive durante los meses más crudos del invierno en Chicago. Fue a la comida semanal en la casa de la tía Gloria, una comida en la que generalmente se reúnen todos los miembros de la familia que tienen la oportunidad de hacerlo. Solo va la familia, lo cual significa que cualquier cosa puede suceder: una discusión acalorada, lágrimas dramáticas, declaraciones exuberantes de amor o largos momentos de reflexión en silencio.

Después de la comida, durante la sobremesa, mami empezó a hablar de las campañas presidenciales mexicanas y de lo que pensaba sobre los votantes mexicanos que estaban hartos de la eterna política corrupta del PRI y del PAN, dos de los partidos que llevan décadas de existencia. Comentó que ella creía que los mexicanos quizás votarían por la izquierda porque estaban fastidiados del ir y venir de estos dos partidos que habían producido cambios estructurales mínimos.

Sergio se encabronó cuando mi mamá habló con tanta claridad sobre sus compatriotas y sus costumbres como votantes. Mi mamá era la tía a la que él quería más porque ella le cambiaba los pañales y le daba de comer cuando era chiquito. Tenían un vínculo especial, pero en ese momento Sergio no pudo contener su furia. Le gritó a mi madre y le dijo que no tenía derecho de expresar su opinión sobre la política mexicana. ¡Era una gringa!

Con el paso de los años, mi primo Sergio y su familia se habían ido convirtiendo en católicos devotos del Opus Dei, el grupo más estridente de una tradición espiritual de por sí ya era conservadora. Se opusieron al partido político tradicional PRI (el partido que había estado en el poder durante setenta y un años) volviéndose partidarios del PAN, el partido que nunca antes había estado en el poder, y que también es de la extrema derecha. Mi mamá siempre ha sido progresista en cuestiones de política.

Cuando mami me contó sobre este incidente, recordé cómo molestaban a mi papá y le decían "vendido" por haberse venido a los Estados Unidos. Sin embargo, mi mamá sigue siendo una ciudadana mexicana, desde que reclamó su ciudadanía después de que tuvo que renunciar a ella para convertirse en ciudadana estadounidense en 1996. Mi primo arremetió contra ella cuando opinó sobre la política mexicana por el hecho de vivir en los Estados Unidos. La versión que tenía mi primo sobre el nacionalismo se resumía a que México era para los mexicanos. Ella y sus opiniones gringas ya no eran bienvenidas en su casa.

El pleito terminó cuando Sergio, que es muy alto, miró hacia abajo a mi mamá y le dijo que podía irse y volver al lugar de donde había venido: los Estados Unidos.

Este odio y desconfianza del otro es una enfermedad que se está propagando por todas partes. Cada uno de nosotros es responsable de tratar de detener su expansión y diseminación; eso es lo que está bajo nuestro control.

Unos cuantos meses después, vi a Sergio en persona y le hablé de la historia de "La Golondrina": fue él quien me había dado la libertad de ser feliz por lo que yo era, en lugar de enfocarse en mi propio sentir de nunca ser suficiente.

—Tú, primo, me hiciste sentir plena. ¿Cómo puedes permitir que la retórica te llene ahora con desconfianza y rechazo hacia mi mamá y hacia mi persona, la que era y la que soy ahora? Una golondrina feliz, que revolotea y que solo ve nubes sin fin, y no paredes finitas.

Se conmovió profundamente. Antes de que me fuera de la casa, mientras mi taxi esperaba afuera, empezó a cantarme "La Golondrina" *a cappella* con los ojos llenos de lágrimas. Yo también lloré.

Muchas mañanas, cuando el sol ilumina mi cabeza desde el este de
Manhattan, o cuando en la quietud de un domingo de invierno el
silencio es tan pesado que se pueden escuchar los copos de nieve al
caer, o cuando los pajaritos están despiertos a las cuatro de la mañana y buscan comida en los contenedores de basura de Harlem,
despierto con un estremecimiento. Mis ojos se abren de repente y, en
la oscuridad de mi cuarto, el corazón se me encoge. Todo lo que veo
es la mirada perdida en el pálido rostro de la niñita en el aeropuerto
de McAllen.

Respiro entre los complicados sentimientos de mi propia angustia enterrada, tratando de sentir lo que esta niñita estaría sintiendo
a cientos de millas de distancia. Y, aun así, me doy cuenta de lo
imposible, incluso absurda y nada útil que es esa idea. Veo la cara
de la niñita y pienso en cómo su falta de expresión me lo dijo todo:
había dejado su país para escapar de un horror, sin pensar jamás
que la iban a llevar a otro. Aquí había un horror que nunca se pudo
haber imaginado, ¿cómo iba a poder hacerlo? Su pueblo estaba en
las montañas. Allá no hay construcciones de cemento para mantener
a los niños en jaulas cerradas, como si los niños fueran perros que
necesitaran que los metieran en corrales. Pero así son las cosas en los
Estados Unidos de América. Comprendemos el mensaje.

Cada día empeoran las cosas. Ahora se ven los resultados de los
millones de dólares mal invertidos durante décadas en los centros de
investigación de blancos nacionalistas, conservadores, antinmigrantes. También del dinero que se les da a los académicos que están a
favor de cerrar las fronteras. Las políticas cambian casi día a día y
se hace todo lo posible para no dejar entrar a más gente a nuestros
Estados Unidos.

Ahora no puedes pedir asilo dentro de los Estados Unidos. Ahora
tienes que pedir asilo en el país donde tanto temes vivir. Ahora tienes
que hacer cola. Ahora una familia puede ser retenida indefinida-
mente. Ahora hay datos del gobierno que muestran el daño psico-

lógico en los niños que son arrancados de los brazos de sus papás. Ahora revisan las cavidades de los niños inmigrantes o refugiados. Ahora no hay que aprobar un examen de antecedentes penales para ser guardia en estos lugares. Ahora los niños son privados de su libertad en campos de detención manejados por el sector privado. Ahora tenemos registros y quejas que demuestran que las mujeres son violadas en estas instalaciones, y año tras año estos lugares son aprobados por los auditores porque las auditorías se realizan internamente.

Durante el tiempo en que escribí este libro, casi doce meses, los pronósticos con respecto a las ganancias de la industria de cárceles privadas que detienen a inmigrantes subieron a 5.900 millones de dólares en 2019, a pesar de que iba a la baja la tasa de delitos y encarcelaciones.[1]

Los lugares que albergan a mujeres, niños y hombres no están tan escondidos como podría parecer. Están en todas partes: Texas, Pensilvania, California, Luisiana, Alaska, Michigan, Georgia, Arizona, Colorado, Nueva York y el Distrito de Columbia. Ahora hay más de doscientos campos de detención, centros, recintos y cárceles en treinta estados. Dependen del crecimiento comercial en múltiples sectores como el transporte, la telefonía y la comunicación, la limpieza y los servicios de alimentos, y son administrados por compañías con nombres inocentes como GEO Group, Inc.; CoreCivic; Asset Protection & Security Services L.P.; Ahtna, Inc.; y Doyon Limited.

Aun los políticos más progresistas, como el socialista Bernie Sanders, hablan de la necesidad de contar con "seguridad en nuestras fronteras", dicen que enfocarán su atención en deportar solo a "criminales", algo que me dijo Sanders en una entrevista cuando lo presioné mucho. Una semana después, finalmente se pronunció a favor de una moratoria para todas las deportaciones. Días antes del *caucus* de Nevada, Biden finalmente habló con Jorge Ramos (aún no habla conmigo) y dijo que las políticas de inmigración de Obama fueron un error. Casi llegó a ser una disculpa.

Si es un delito cruzar la frontera sin papeles porque la persona está huyendo de un peligro que amenaza su vida, si es un delito regresar a los Estados Unidos para ver a sus hijos, que tuvo que abandonar cuando la deportaron, entonces ¿con qué derecho nos atrevemos a juzgar?

A veces las personas me dicen a la cara que tienen miedo de ser invadidas por los mexicanos. Los liberales blancos, sin estar conscientes de ello, dicen cosas similares con cierto tinte discriminatorio con respecto a que la inmigración está "fuera de control". Se retuercen las manos y se preguntan qué pueden hacer… ¿para ayudar? ¿O es para sentirse seguros de que no haya tal invasión?

¿No es posible que la gente simplemente ayude a otros seres humanos? Hay que tener mucha conciencia y eso muchas veces significa vivir en un espacio incómodo y preguntarte, ¿hice lo correcto? No es que yo quiera que ustedes vivan con este síndrome del impostor conmigo; les estoy pidiendo que vivan como *el otro* en la sociedad. No como el centro.

Siempre regreso a la imagen de mi hija que estudiaba en una preparatoria privada de élite en la ciudad de Nueva York. Al terminar su primer año, pasaba por momentos difíciles socialmente y muchas veces lloraba a solas en el baño durante la jornada escolar, y a veces salía del salón en llanto.

Me llamaron para asistir a una reunión con mi hija, el director de la escuela, la supervisora de su grupo y la trabajadora social. El tenor de nuestra conversación fue cortés y serio. Pero se planteó que tal vez Yurema era demasiado sensible para salir adelante en una escuela tan competitiva, pero "tan comprometida con la diversidad" (sí, cómo no).

Después de la reunión, le pedí a mi hija que me permitiera un momento y que me esperara fuera de la majestuosa y centenaria oficina de la directora.

—Hay algo que ustedes deben saber —les dije a las tres autoridades de la escuela que estaban sentadas enfrente de mí, teniendo presentes las palabras de Sandy de echarle miel a mi lengua antes de hablar—. Mi hija tiene un grupo de chicas que se han convertido en sus amigas...

—Sí, un buen grupo de jovencitas —dijo uno de ellos, como si fuera un acto generoso que un grupo cerrado de chicas se abriera y permitiera que alguien más entrara.

—Sí, ellas precisamente —continué—. Esas amiguitas le cuentan chistes sobre mexicanos y la humillan por ser bilingüe. Tal vez esto los ayude a entender por qué mi hija llora aquí.

Se les cayó la mandíbula hasta el piso.

———————

Contaremos con excelente arte durante los peores momentos de nuestra vida.

Yo estaba parada en la frontera del lado de los Estados Unidos, con una hermosa y larga vista del río Bravo, que siempre se menciona como si fuera una zona de guerra. Sin embargo, es precisamente este río el que ha convertido esta extensión de tierra, solo a seis millas del Centro de Procesamiento de la Patrulla Fronteriza de los Estados Unidos en McAllen, Texas, en uno de los lugares más impresionantes para la observación de aves en el mundo.

Eran las últimas horas de la tarde cuando, en lugar de un grupo de observadores de aves con binoculares, había un pequeño grupo de personas, básicamente latinx, que miraban una obra de protesta de los autodenominados "dragtavistas". Había niños pequeños en carriolas y estudiantes universitarios en la protesta. También había una pareja mayor blanca, con sillas de jardín portátiles que aplaudía con muchas ganas a los hombres con grandes peinados y maquillados que se pavoneaban a lo largo de la verja de la frontera como bailando exagerado tal como los mejores "*drags*" mexicanos.

Calle abajo de donde estaban las protestas, Mike Benavides, un

mexicoamericano que trabajaba de ocho a cuatro en el distrito escolar de McAllen, estaba muy ocupado, caminando para arriba y para
abajo entre McAllen y Matamoros, del lado mexicano, abasteciendo
a docenas de personas que dormían en la calle mientras "hacían
cola" para pedir asilo en los Estados Unidos. Entre los que esperaban
se encontraba un bebé de cuatro meses, una mujer embarazada de
seis meses y, por lo menos, diez niños de entre uno y tres años con
sus padres.

Para junio de 2018, Mike no soportaba más las imágenes de su
propia ciudad en los noticieros, así que se levantó del sofá y empezó
a despertarse temprano en su casa de una planta en los suburbios de
McAllen, y a gastar parte de su salario en comprar burritos y café
para darles de desayunar a la gente que dormía en las acercas en
Matamoros, y tacos y agua por la noche para cenar, para que estas
personas humildes y desesperadas supieran que no eran invisibles.

Le tomó a nuestro país cincuenta años de reportajes visuales en la
televisión para llegar al punto de construir, con la aportación experi-
mentada de los medios masivos de comunicación, la imagen de estos
migrantes como la gente más temida del país. No somos el legado de
este lugar, después de todo. Somos su amenaza.

Y ahora nos corresponde a cada uno de nosotros, cada día del
año, deconstruir estas idioteces.

Hay miles de acciones cotidianas que podemos realizar para lograrlo, desde el simple acto de dar los buenos días y las gracias a los
jornaleros y jardineros, cuidadoras de bebés y personas que hacen en-
tregas, hasta acciones de mayor compromiso y participación, como
formar un grupo de vigilancia en el barrio para alertar a los vecinos
cuando los agentes de ICE se presenten encubiertos, así como convertirse en voluntarios en una de las miles de organizaciones huma-
nitarias, religiosas o políticas que intentan hacernos sentir a todos
conectados y visibles. También pueden dar su apoyo a periodistas
independientes, como yo, y a sus espacios no comerciales de noticias

dirigidos por gente de color. En el momento de escribir este texto, soy la única latina que maneja una sala de prensa independiente y no lucrativa en los Estados Unidos.

Cuando me siento deprimida, lo cual pasa a menudo, camino por mi barrio de Harlem y me siento al pie de la estatua de Harriet Tubman o Frederick Douglass. Reflexiono sobre los retos que ellos enfrentaron, y entonces después de un día de tristeza y descanso, vuelvo a la realidad, como ellos lo hicieron. Hace muy poco tiempo mi colega y productora nacida en Francia, Charlotte Mangin, que creó la serie documental digital *Unladylike*, me habló de la periodista, sufragista y humanitaria estadounidense Jovita Idar, quien nació en 1885 en Laredo, Texas. Era una columnista que criticó la política de Woodrow Wilson en México. Al poco tiempo de eso, los Texas Rangers llegaron a su periódico con la intención de cerrarlo. Era chaparrita, como yo, pero usó sus cinco pies de altura para impedir que le arrebataran su derecho a la libertad de prensa.

Tubman, Douglass, Idar... yo soy su legado. Esa es la verdad de este país. Que nos vemos en la gente menos afín a nosotros de manera cotidiana, sobre todo cuando nos vemos obligados a sobrevivir y salvarnos unos a otros.

Cuando los dos aviones chocaron contra las torres del World Trade Center, nadie se detuvo para preguntarle a la gente su afiliación religiosa o lugar de origen antes de sacarlos de las cenizas.

Ayudas a derrumbar el muro cuando pasas un momento reflexionando sobre tus propias raíces migratorias, hablando de ellas, sobre todo si tus ancestros llegaron sin papeles, a otras personas que ya tienen olvidado que sus familias también fueron inmigrantes alguna vez.

Hacer algo al respecto significa abrir los ojos, hacer preguntas, y entender que a la gente todos los días se le está negando el debido proceso legal básico: ninguna llamada telefónica, la falta de lectura de sus derechos Miranda, ningún abogado, ninguna información sobre la fecha en que obtendrán su libertad.

El cambio empieza con el conocimiento: hay miles de niños detenidos y enviados de un estado a otro con extraños; la gente de tu propia comunidad saca provecho de la detención de los inmigrantes; las universidades han invertido en prisiones privadas; mujeres y hombres están encerrados en campos sin ninguna norma legal con respecto a sus cuidados, la calidad de los alimentos que les sirven o la limpieza y seguridad de las instalaciones que los albergan; no hay ninguna garantía de que no serán violados.

Penosamente, algunos de los guardias más abusivos en estas cámaras de tortura en la frontera sur son latinx. Necesitamos personas que denuncien en voz alta y digan la verdad sobre lo que ven. Recibir un sueldo nunca podrá borrar la experiencia de ser testigo de la humillación de un ser humano inocente cuyo único delito, igual que yo, fue no haber nacido en los Estados Unidos.

En octubre de 1996, después de que Clinton firmó la retrógrada Ley de Reforma de la Inmigración Ilegal y Responsabilidad del Inmigrante, hubo una demostración masiva proinmigrante en Washington, D.C. Fue una celebración, pero también una ofensa para el presidente Bill Clinton. Su retórica antinmigrante fue brutal y virulenta. Veinticinco mil personas estuvieron presentes, incluyéndome a mí y a Gérman. Gérman llevaba a Raúl en un portabebés en la espalda y tocaba un tambor para animar a las multitudes. No hubo detenciones.

En 2006, cuando la olla a presión estaba a punto de estallar, el presidente George W. Bush había tomado la decisión de darle rienda suelta a ICE. Las prisiones privadas apenas estaban entrando al juego. Otra vez hubo una serie de demostraciones masivas no violentas proinmigrante. Los *DJs* de habla hispana contribuyeron animando a los inmigrantes a salir a la calle. "Muéstrenles quiénes somos. ¡Véannos! No crean lo que dicen de nosotros".

Véannos.

Medio millón de personas en Dallas. Igual número en Los Ángeles. Otras cien mil personas en Chicago, pero ninguna detención;

¿sin embargo, nos etiquetan como criminales e infractores de la ley? ¿Ni una sola detención entre los mexicanos, salvadoreños, colombianos, dominicanos, etíopes, irlandeses y estadounidenses? Ninguna.

Nos ignoraron, pero se aceleraron las detenciones y deportaciones, y solo debido a los activistas que se enfrentaron a Obama directamente en 2012 —encadenándose a sus oficinas de campaña de reelección— fue que él creó la DACA (Programa de Acción Diferida para los Llegados en la Infancia), pero no porque realmente haya querido.

Las personas en el centro de esta historia estadounidense han salido a la calle, pero no lo pueden seguir haciendo por cuenta propia. Todos tenemos que levantar la voz.

En muchas ocasiones he luchado para verme como parte de esta etapa de la historia en los Estados Unidos, a donde llegué en 1962, etiquetada como "una mexicana sucia", a quien había que inspeccionar y "despiojar". No fue mera casualidad que el agente de inmigración haya detectado urticaria en mi piel ese día en el aeropuerto de Dallas. De hecho, la buscó. Se lo había entrenado para encontrar a alguien como yo: imperfecto. Si hubiera tenido éxito en separarme de mi mamá, me hubiera depositado en un cuarto en el aeropuerto internacional de Dallas/Fort Worth, donde ponían en cuarentena a todos los "mexicanos sucios".

Las autoridades de inmigración en El Paso, Texas, lanzaron una campaña de desinfección en 1917 para asegurar que los trabajadores mexicanos que cruzaban con frecuencia la frontera con los Estados Unidos para trabajar no estuvieran llevando enfermedades y alimañas al país. Hacían esto sometiendo a la gente a revisiones de cuerpo entero, baños de vinagre y keroseno, así como fumigaciones tóxicas con gas Zyklon-B y DDT. A pesar de que varios tratamientos químicos han cambiado a través de los años, esta política de "despiojar" a los inmigrantes siguió hasta 1964 cuando terminó el Programa Braceros.

Lo que estuvo a punto de pasarme a mí, que es lo que ahora les está pasando a miles de familias todos los días, no fue por casualidad. Era una política de inmigración establecida. De no ser por la voz de mi madre, me habrían impedido entrar a este país.

Entonces, ¿cómo fue que llegué a sentir una conexión con este lugar?

Escribir este libro me ayudó a entender las conexiones que necesitaba hacer. Fue aquí, adentrándome en las historias de los inmigrantes que llegaron antes que yo, en donde encontré mi propia historia. Ahora me veo en las mujeres asiáticas de "China, Japón y cualquier otro país oriental", las primeras a las que se les prohibió venir aquí mediante la Ley Page de 1875. Los libros de historia escritos por hombres blancos decían que a esas mujeres se les prohibía la entrada porque eran trabajadoras sexuales. El gobierno de los Estados Unidos utilizaba el sexo de esas mujeres para mantenerlas fuera, cuando lo más probable es que hayan sido mujeres que deseaban escapar de la pobreza y la opresión, o esposas que venían a reunirse con sus maridos, así como hizo mi mamá.

Yo soy su legado. Estoy escribiendo mi propia historia americana, haciendo a estas mujeres invisibles no solo visibles, sino también invitándolas a que ocupen un espacio en mi corazón. Su anhelo de estar aquí lo puedo entender muy bien.

Durante mucho tiempo, observé a quienes llegaban a Ellis Island y solo veían la distancia entre nosotros. Ellos eran los inmigrantes "bienvenidos", "legítimos", "los que llegaron por el camino correcto". Yo no era uno de ellos. Pero entonces, mientras hacía mi investigación, un profesor judío me ayudó a unir las piezas del rompecabezas: mi historia, que bien pudo haber empezado con una cuarentena impuesta en el aeropuerto de Dallas/Fort Worth, se relacionaba y de hecho seguía la tradición de aquellos inmigrantes puestos en cuarentena en Ellis Island, a quienes se les prohibía pisar la isla donde ahora vivo, Manhattan: una isla a la que los primeros peregrinos blancos llegaron sin papeles y sin permiso, y a donde trajeron infecciones que mataron a decenas de miles de los habitantes nativos de estas tierras.

Durante más de un siglo, nos han puesto en cuarentena y han inspeccionado nuestros cuerpos buscando las enfermedades que ellos dicen que nosotros traemos. Al día de hoy, mientras ustedes leen esto, se están llevando a cabo registros de cavidades corporales en mujeres y niños inmigrantes y refugiados.

Había otra imagen que me atormentaba. Desde que era niña, ¿por qué sentía un vínculo profundo, aunque invisible, con los judíos que Hitler atacó? ¿Por qué resentí tan fuertemente cuando me hicieron las pruebas de ADN y confirmaron, a pesar de mis expectativas, que yo no era parte de su clan?

Fue hasta que sucedió la tragedia del tiroteo en El Paso en el verano de 2019 cuando me di cuenta de que el mismo gas que se utilizaba para "desinfectar" la ropa de los "mexicanos cochinos" que cruzaban allí la frontera y por todo Texas acabaría siendo el mismo que se usaba para matar a los judíos en las cámaras de gas de los campos de concentración. Los nazis se habían inspirado en fotografías de los cuartos herméticos que había en El Paso en donde se gaseaba la ropa de los inmigrantes; usaron las ideas americanas para diseñar los cuartos que construyeron con el propósito de gasear a seres humanos.

Estamos tan relacionados unos con otros y ni siquiera lo sabemos.

Espero estar siguiendo los pasos de Harriet Tubman, porque ella tuvo la capacidad de soñar con la liberación. No todos nos permitimos realizar nuestros sueños de libertad. Tal vez ustedes sueñen con liberarse de un empleo, una relación, una ciudad… Pero actuar con libertad puede ser una de las cosas que más temor nos causan. Creer que somos tan radicalmente libres que podemos tener los sueños más locos, más atrevidos para nosotros mismos y luego trabajar sin parar para hacer que se vuelvan realidad, sin importar cuáles sean las probabilidades de lograrlo. Sin importar cuáles fronteras debemos cruzar. Sin importar cuántas ataduras debamos romper. Esta lucha, la determinación imparable, el sentimiento de urgencia que surge cuando trabajamos para hacer que las cosas sean mejores, nunca nos abandona.

---

Era una noche pegajosa de agosto cuando me dirigí a una iglesia que estaba cerca de la que antes era la parte sórdida del centro de la ciudad de Nueva York. Estaba sola. No venía con ningún asistente, productor ni técnico de audio. Solo estaba yo, llevaba tenis puestos, algo que hago solamente cuando quiero parecer pequeña y no representar ninguna amenaza.

En tiempos recientes, conocí a una ejecutiva latina muy poderosa de los medios que ahora pasa gran parte de sus días como voluntaria con mujeres y niños y bebés refugiados y recién llegados de Centroamérica. Me presentó a Noemi. Cuando conocí a Noemi en la iglesia del centro, tenía a su *chicle* pegado a su cadera izquierda tan fuertemente que apenas se movía. Su carita estaba metida en la axila izquierda de Noemi. Bobby, de cuatro años, y su mamá, de veintiuno, habían llegado a los Estados Unidos un año antes, pero los dos tenían todavía un tremendo y visible trauma.

Bobby era mudo y ciego cuando cruzaron hacia los Estados Unidos en agosto de 2018, buscando desesperadamente ponerse a salvo. Noemi, su madre, era una sobreviviente. Me contó que la mafia local había asesinado a su padre para quitarle sus tierras. Su hijo era producto de una violación. El padre del bebé había tratado de asesinarlos a ella y a su hermano más de una vez intentando atropellarlos con un coche a toda velocidad. El único lugar seguro para ella y su hijo discapacitado estaba lejos de todo lo que para ella era conocido.

Estuvieron en un campo de detención durante nueve largos días.

A Noemi trataron de quitarle a Bobby, pero así como hizo mi propia madre, empezó a gritar y llorar y a hacer un escándalo en el sitio de detención. A los guardias les preocupó que otras madres hicieran lo mismo que ella, así que dejaron que se quedara con su hijo ciego, que no emitía palabras ni sonidos.

Si lo hubieran apartado, ¿cómo podría haberse reunido otra vez con su madre? Eso solamente podría ser posible si madre e hijo tuvieran una marca permanente, un tatuaje... así que ella jamás se separó de su niño.

¿El horror de vivir detenido podría ser todavía peor? Sí. La historia de Bobby y Noemi es una historia que jamás había escuchado. A las mujeres y los niños los despertaban a cada hora para "contarlos y revisarlos". Como consecuencia de esto, tenían una permanente falta de sueño. No solo los tenían en "la hielera", la cámara de tortura que era un congelador a temperaturas extremadamente bajas y que no deja marcas permanentes, sino que también las torturaban psicológicamente y les decían que si no cargaban a sus hijos en sus brazos, los guardias se los quitarían. Una tarde, una mamá se quedó dormida y sus brazos soltaron la cintura de su hijito que apenas empezaba a caminar.

Un guardia entró y, cuando las madres horrorizadas estaban a punto de gritar para despertarla, él les dijo que si lo hacían, también les iba a quitar a sus hijos. Ellas observaron en silencio cuando el guardia se llevó al niño mientras la mamá dormía. La madre despertó llena de pánico. Gritó y lloró durante horas y horas. Les suplicó a los guardias. Ellos vinieron, se la llevaron e hicieron que de rodillas suplicara por su hijo. Después la regresaron a ella sola a su celda sin el niño. Finalmente, después de horas, le devolvieron el niño inconsolable a su madre traumatizada. Fue un castigo y una forma de demostrar que hablaban en serio cuando les decían que les quitarían a sus hijos si no los tenían como un *chicle*, pegados a sus cuerpos.

El día que conocí a Noemi y a Bobby no llevaba mi grabadora, pero las cosas no habrían sido diferentes. Bobby nunca había dicho una palabra en público antes. Ver a un niño mudo llorar es perturbador. La cara se contorsiona, la boca parece como si estuviera soltando un gemido, pero no emite ningún sonido.

Virginia, una mujer blanca de East Grand Rapids, Michigan, que ha vivido en Nueva York durante los últimos diez años, fue quien me presentó a Noemi y a Bobby. Varios meses antes, viendo la televisión, escuchó el llanto de los bebés a los que habían arrancado de los brazos de sus madres y decidió que no podía seguir sentada en su sala sin hacer nada. Ella había escuchado que algunos de los niños y padres que habían sido separados iban a llegar al aeropuerto LaGuardia, no muy lejos de su departamento en Astoria, Queens.

—Vivo a diez minutos de allí. ¿Cómo no iba a ir? —me dijo. Y se fue.

Pronto se relacionó con una organización comunitaria y empezó a recibir a los inmigrantes liberados de los campos de detención en LaGuardia y en la terminal de autobuses Port Authority. Los organismos gubernamentales decían que les preocupaba el trato que recibían las mujeres y los niños vulnerables, pero una vez que pasan por su entrevista por temor creíble, los liberan de la detención y ya no les proporcionan ningún tipo de asistencia o guía. No son libres. ICE le puso un grillete plástico electrónico apretado en la pierna a Noemi y le dijo que estaba en arresto domiciliario de 6:00 p.m. a 6:00 a.m. La dejaron con Bobby en una estación de autobuses en Texas. Noemi compró boletos para ir a la ciudad de Nueva York y reunirse allí con un tío a quien nunca había visto y que vivía en el Bronx. Después de cuarenta y ocho horas en el autobús, llegaron a Port Authority y allí fue donde Noemi y Bobby conocieron a Virginia que fue como voluntaria a buscarlos a la estación.

Virginia creció en una familia acomodada pero a la vez no muy amorosa y se volvió una fanática del teatro. En Nueva York, de día trabaja como niñera y en la noche es actriz y cantante. Virginia también es una sobreviviente. Escapó de su casa cuando era adolescente para huir del abuso emocional al que su familia la sometía. Ella tenía el "escudo de protección" por ser blanca, pero también había padecido traumas y había tenido pensamientos suicidas. Cuando conoció a Noemi, de inmediato la comprendió y vio en ella una versión más joven de sí misma cuando huyó de su hogar.

Noemi aceptó dejarme contar su historia en *Latino USA* siempre y cuando cambiara sus nombres.

La segunda vez que vi a Bobby, a principios de septiembre de 2019, había empezado a ir a una escuela de educación especial. Era la primera vez en su vida que había estado en un salón de clases con otros niños. Milagrosamente había empezado a decir palabras en privado, solo a Noemi, en inglés y en español. En Honduras, nunca lo habrían aceptado en ninguna escuela. Decían que era incapaz de aprender.

Ese día me acerqué al oído del niño y me di cuenta de que recordaba mi voz de la primera vez que lo había visto, un mes antes. Le pregunté si lo podía abrazar, y eso hice. Después, muy al estilo de las mamás y con una ternura infinita, le pregunté si podía hacerle cosquillas. Y no me rechazó cuando lo hice, suavemente, en sus costados.

Entonces Bobby empezó a reír fuerte, lleno de gozo, y yo también. Entramos momentáneamente en un trance hipnótico de risas y cosquillas.

Una semana después, llamé a Noemi una noche antes de que fuera a ver al juez que llevaba su caso de solicitud de asilo. La iban a acompañar Virginia, su abogado y otras seis personas para apoyarla. Le pregunté si Bobby estaba cerca y si podía ponerlo al teléfono.

Después de escuchar mi voz durante unos segundos, Bobby, solito, empezó a gritar de alegría, así como hizo durante nuestro trance. Yo empecé a gritar también y a llorar porque, estaba siendo testigo de primera mano de la capacidad de un niño para relajarse, después de un año entero de una intensiva terapia, lo suficiente como para que ahora pudiera reír. Antes ni siquiera era capaz de emitir un sonido de dolor. Ahora se estaba adueñando de su voz a través de la alegría.

Supongo que Bobby crecerá y contará su historia en inglés y en español. Hablará del grupo de mujeres que los rodearon con amor a él y a su madre, de cómo se reunían cada semana. En el auditorio de una iglesia de la ciudad de Nueva York estaban juntos, esta comunidad de sobrevivientes que se formó por sus propios medios, desde Grand Rapids, Michigan, hasta Tegucigalpa. Tocaban las percusiones de la gente garífuna, un grupo afroindígena que los historiadores han ignorado, pero que ha sobrevivido a lo largo de los siglos.

Cuando la gente me pregunta cuál ha sido la entrevista que más me ha inspirado en mi carrera, sería lógico decir que la de Sonia Sotomayor, la latina más poderosa del mundo, o la de Michelle Bachelet, la primera presidenta a la que entrevisté, que ocupó dos veces el cargo de presidente de Chile.

Ambas mujeres me inspiraron. Pero recientemente son Noemi y Bobby quienes me iluminan. Son seres humanos imperfectos, diferentes, a quienes erróneamente se los considera inadaptados, miserables. En mi opinión, Bobby y Noemi están encontrando sus voces de manera literal y para mí es un honor que me permitan ser testigo de ello.

Siento un vínculo místico con Bobby. Mi padre quería darles el don de la audición a aquellos que carecían de él. Apuesto que hay un doctor por allí que será capaz de devolverle a Bobby la vista. Y Noemi es como mi propia madre. Se defendió a sí misma y a su niño vulnerable. Noemi, al igual que mi mamá, es una mujer que nació para ser una ciudadana estadounidense porque realmente estaba decidida a morir por su derecho para defender y proteger a su hijo. Mi mamá estuvo dispuesta a desafiar a un hombre tan alto que parecía una secuoya; estaba preparada para hacer lo que fuera con tal de no permitir que me apartaran de ella, así como Noemi hizo con Bobby.

Yo soy tú, Noemi. Yo soy tú, Bobby.

También seré su chicle. Trataré de contar su historia con respeto para que no permanezcan en silencio ni invisibles.

Estas son mis fuentes de inspiración más verdaderas, aquellas que tal vez sean invisibles para ustedes, pero que de hecho están en cada espacio que nos rodea. En cada lugar que los rodea a ustedes.

Bastaría con que abrieran los ojos y los vieran.

# Agradecimientos

Es 20 de enero de 2020, el día antes de que se lleve a cabo el juicio del Senado para la destitución del 45.º presidente. Acabo de regresar de visitar Juárez y Tapachula en las fronteras norte y sur de México. ¡El famoso muro está allí ahora, en el sur de México! Mis dos países están dando la espalda a los migrantes y refugiados día tras día, y así la historia de la inmigración sigue empeorando. Mi corazón está lleno de pesar, pero no pienso dejar de contar estas historias.

Antes que nada, mi agradecimiento va para Deepa… Si no fuera por Deepa Donde, que una mañana de otoño de 2017 me dijo muy emocionada, "Tienes que escribir ese libro", probablemente no lo habría hecho. ¡Y si no fuera por ti, Deepa, la presidenta del Consejo de mi pequeña empresa sin fines de lucro, Futuro Media, no estaríamos celebrando una década de haber superado todos los retos! Tú eres la fuente de luz que disipa mis temores y siempre te estaré agradecida por eso.

También agradezco a todas las personas que han trabajado conmigo en Futuro Media. A estas alturas hay tantos futuristas pasados y presentes que no podría mencionarlos a todos, pero mientras estuve escribiendo este libro, el personal me apoyó con todo su esfuerzo, sobre todo los equipos de *In the Thick* y *Latino USA*. Agradezco de manera particular a Erika Dilday, Marlon Bishop, Julio Ricardo

Varela, Miguel Macias, Maggie Freleng, Antonia Cerejido, Nicole Rothwell, Charlotte Mangin, Diane Sylvester, Sophia Paliza-Carre, Fernanda Camarena, Julieta Martinelli, Janice Llamoca, Amanda Alcantara, Juan Pablo Garnham, Nour Saudi, Fernanda Echavarri, Stephanie Lebow, Julia Caruso, Luis Luna, Natalia Fidelholtz, Stacey LeMelle, Yolanda Moore, Leah Shaw, Mario Gonzalez, Jared Lilly, Megan Wrappe y Leta Hallowell. Gracias a mis diligentes asistentes, Jennifer McDowell, Raúl Perez y Lili "La Pescadita" Ruiz, quien es también mi asistente de profesor. ¡Ustedes contribuyeron para que lograra hacer *todo* esto!

Mucha gente se fue al otro mundo durante la última década. Sus almas me visitaban en forma de colibríes que se acercaban a mi escritorio en Punta Cana, donde escribí gran parte de este libro. Que VIVAN: Mi papá, Maritere Marin, Santiago Garza, Elaine Rivera, Dolores Prida, Kris Buxembaum, Mike Gittleman, Chris Kokenes, Madeline Parrasch, Brian Dvorsky, Lorraine y Debbie Godwin, Bob Baillie, Maria Tapia Belsito, mi tío Miguel Angel, mi primo Homerito Peña, mi tío y mi primo Hermilo Ojeda, Michelle Serros, Verta Mae Grovesnor, John Siceloff, Vidal Guzman, la grande Ana Real y mi querida Cecilia Vaisman. Ellos, junto con mis ancestros, me siguen prestando su hombro cuando necesito apoyarme para recuperar las fuerzas.

A mis queridas LIPSters, que me han regalado su amistad durante casi tres décadas: Rossana Rosado, Rose Arce, Sandra Guzman, Sandra Garcia-Betancourt, Evelyn Hernandez, Lee Llambelis, Neyda Martinez Sierra, Gloria Montealegre, Ana Marengo, Tania Lambert, Edna Negrón, Maria Newman, Mireya Navarro, Maite Junco, Blanca Rosa Vilches, Michele Salcedo, Maritere, Margaret Ramirez, Rose R., Carolina Gonzalez, Laura M., Zulema Wiscovitch y nuestra LIPSter honoraria Mandalit del Barco.

Por la deconstrucción de sueños, la guía literaria, por animarme y, sobre todo, por una amistad de la buena, mi agradecimiento a

Sandra Cisneros. El cariño que les demuestras a los seres humanos y los perritos son algo maravilloso de ver. Es una bendición tenerte en mi vida.

Gracias a Susan Bergholz por ser la primera en verme como escritora. Gracias también a Bert Snyder. Gracias a Cherrie Moraga, Julia Alvarez, Ana Castillo, Denise Chavez, Gabby Rivera, Yesika Salgado y Elizabeth Acevedo por la inspiración.

A Elena Poniatowska, Blanche Petrich, Guadalupe Pineda, Maria Elena Salinas y tantas otras periodistas mexicanas y latinoamericanas que fueron mis modelos a seguir. A Frederick Douglass, Harriet Tubman, Ida B. Wells y Jovita Idar, a quienes me imaginaba echándome porras en tantas mañanas de escritura. A tantos periodistas brillantes que he conocido a lo largo de mi carrera: Maria Elena Salinas, Jorge Ramos, Jay Kernis, Scott Simon, Norman Morris, Karen Palmer, Mark Carter, Suzi Schiffer, Gary Knell, Joseph Tovares, Michelle Smawley, Brenda Breslauer, Joy-Ann Reid, David Gura, Michelle Cumbo y a mis colegas de NPR, CBS News, PBS, CNN y mis amigos de MSNBC.

Gracias a los Departamentos de Estudios Latinoamericanos y Estudios Latinos de la Universidad DePaul, del Shorenstein Center on Media de la Harvard Kennedy School y de Barnard College por el gran honor de permitirme dar clases en sus instituciones. Gracias a Lourdes Torres, Sian Beilock, Linda Bell, Paige West, J.C. Salyer, Nicco Mele, Nancy Gibbs y a cada uno de mis estudiantes: recuerden lo que estaba escrito en el pizarrón.

A Cristela, Judy Reyes, Melissa Barrera, Justina Machado, Daphne Rubin-Vega, Diane Guerrero, Edna Chavez, Dascha Polanco, Che Che Luna y Eve Ensler por su arte y activismo. Gracias a Lin-Manuel Miranda y Jon M. Chu por hacer que mi sueño se volviera realidad.

Futuro es tanto nuestro personal como nuestro consejo directivo, así que gracias a los miembros pasados y actuales del consejo directivo de Futuro, entre quienes están Linda Shoemaker, Roy

Cosme, Martha Spanninger, Diana Campoamor, Ingrid Duran, Renato Ramirez, Ken Lehman, Theresa Barron-McKeagney, Hal Strelnick, Phil Schreiber, Priscilla Rojas, Jonathan Garcia, Mariano Diaz, Carlos Miranda y Carmen Rita Wong.

Por nuestra sororidad, gracias a Nini Ordoubadi, Cat Gund, Sayu Bhojwani, Amy Bucher, Nina Alvarez, Alicia Bassuk, Quiara Alegria Hudes, Nancy Trujillo, y por las décadas de amistad, a David Hershey Webb.

Les agradezco a Suave y a Estrella, que cambiaron mi vida para siempre de maneras que no pueden describirse con palabras. Gracias por confiarme sus vidas e historias. Me han dado luz en tiempos de oscuridad y me han ayudado a entender que una prisión no nos pone límites, a menos que nosotros lo permitamos.

Mi gratitud a Virginia, Noemi y Bobby por traer hoy luz y esperanza a mi vida. A Suzi, Zoe y Josue, gracias por contarme sus historias.

Estoy sumamente agradecida por la alegría que me dan mis ahijados Ana Rosa, Andres Vaisman Marx y Liliana Marisela Chavarria. Gracias a Marina LaBarthe, CJ Strauss y Sam Davis por enseñarme la absoluta belleza que ellxs poséen.

Gracias a mis terapeutas Andaye y Cristina Kartheiser. Salvaron mi vida y muchas otras partes de mí.

Gracias a Vardit Buse y Sidney Liang. Gracias a mi querido abogado Neil Rosini por leer siempre la letra pequeña y por su paciencia durante quince años. Gracias a Maria Belen por mi joyería y a Flor de Cielo, por mis vestidos.

Gracias a Leatress Tice, Xavior R. Qvistgaard, Latonya Bynum y Paul Thomas por llevarme más allá de mis límites físicos. Gracias a Myra Livingston, Pamela Kuma, Dragon Brown y Hieu Thi Nguyen, o "Mimi", que es producto del amor durante la guerra. Gracias por su inspiración.

Gracias a los fundadores de *Latino USA*, Maria Emilia Martin y

Gilberto Cárdenas del Centro para Estudios Mexicoamericanos de la Universidad de Texas en Austin.

Gracias a mi familia extendida de oyentes y al personal de mi *podcast* favorito sobre política, *In The Thick*, incluidos Jamilah King, Wajahat Ali, Bill Ong Hing, Imara Jones, Christina M. Greer, Eddie Glaude Jr, Michael German, Terrell J. Starr, Tina Vazquez, Jenni Monet y LaTosha Brown.

Gracias al Dr. Joseph Tait, Larry Johnson, Latonya Jones, Arlene McCalla, Ramon de Jesus, Tameika Halliman, Wendy King y Erica Powell y a todo el personal de Harlem Commonwealth Council.

Mi reconocimiento a mis colegas de Cambridge: Amanda Matos, Mariangely Solis Cervera y Maria Peniche. Y a mis hermanitas de Chicago, Tanya Cabrera, Cindy Agustín y Lulu Martínez. A mi reina de la ciudad de Nueva York, Marta Moreno Vega, gracias por mostrarme el camino. *Ashe.*

Gracias a mi equipo de "mantengámosla sana": Johanne Picard de Harlem Chi, Gregory Castro, Marvin Cooper, Larry Levitan, Cameron Rokhsar, Frank Lipman, Laurie Polis, Mark Nesselson, Elmo Randolph y Shawn Shields.

Gracias a mi oficina de oradores APB, a Bob Davis, a todos los agentes, y especialmente a Constance Wine.

Gracias a Patricia Alvarado, Catherine Pino, Nely Galan, Raquel Cepeda, Elena Scotti, Luis Moreno, Sean Collins, Jennifer Argueta, Jon Abbott, Denise Dilani, Daisy Rosario, John Guardo, Nadia Reiman, Yasmeen Querishi, Leda Hartman, Nusha Balyan, Andres Caballero, Flo Hernandez Ramos, Marea Chaveco, Zoe Malik, Los Penchazadehs, Michael Simon Johnson, Sayre Quevedo, Steve Meehan, Waltaya Culmer, Mario Diab, Carmen, Hazel, Antonia, Silvia, Rodrigo, Gonzalo, Aburto, Virginia Frias y Ornella Pedrozo.

Gracias, Kevin Abosch, por el hermoso retrato.

Gracias a mi familia de filántropos Darren Walker, Margaret Morton, Farai Chideya, Brian Eule, Beatriz Solis, Stephen Heinz,

Tamara Kreinin, Luz Vega-Marquis, Norris West, Lauren Pabst, Kathy Im, Geri Mannion, Vartan Gregorian, La June Montgomery Tabron, Arelis Diaz, Helena Huang, Ana Oliveira, Richard Besser, Maryam Elahi, Abigail Disney, Jordan Reese, Tanya Barrientos, Luis Ubiñas, Michael Stubbs, Bill Resnick, Barbara Bridges, Elizabeth Alexander, Agnes Gund y a tantas otras personas que han creído en mi visión, gracias de todo corazón.

Gracias especialmente y para siempre a Fiona Druckenmiller.

Gracias al equipo que llevó *America By The Numbers* a la TV, y ojalá que pronto regresemos: Paul de Lumen, Titi Yu, Sue Ding, Emily Harold, Paola Piers-Torres y a las docenas de personas involucradas.

En Punta Cana, muchas gracias a Bienvenida Beltre, Florencio Castillo, Pedrito Guzmán, Bolívar Gómez, Maria Hernández, Ricardo Dalmasi y Néstor Castillo y a Oscar Imbert y la Confusa Bendecida por habernos llevado allá.

A Misha Baryshnikov y Lisa Rinemot, gracias por su amistad durante tantos años.

A mis lectores Ilana Benady y Raúl Castillo, estuvieron al principio y al final. Confío en ustedes mucho más de lo que creen.

A mi investigadora y lectora Maya Doig-Acuña, y a tu mamá, Eugenia Acuña, por la amistad.

Gracias a Katie Salisbury, mi jefa de redacción de mi libro durante siete meses. Tu edición es precisa, pero es tu alma de escritora la que más amo. ¡Este libro no estaría aquí si no fuera por tus tareas!

Tanto amor y respeto para Adriana Domínguez, mi querida agente, que encontró soluciones a mis múltiples problemas y ni una sola vez se frustró. Nunca. ¡Qué ejemplo de mujer! Tú ayudaste a que este sueño llegara a concretarse y siempre te estaré agradecida por eso.

Michelle Herrera Mulligan es mi reina de los libros. MHM, viste en qué podría convertirse este proyecto y nos emocionaste con tu visión. Has estado a mi lado durante todo el proceso. Eres mi compañera en esto y mucho más. Gracias por el trabajo y la amistad. Te quiero.

Estaría perdida de muchas maneras si no fuera por Sandra Rattley. Gracias, Sandy, por ser mi hermana para siempre. Te quiero.

A mi familia: Berta, mi mamá, Bertha Elena, Raúl y Jorge, Scott, Christen, Mark, Daniel, Anna, Sophia, Guilia y Marcel. ¡GRACIAS POR TODO! Ustedes son las raíces y las ramas de la historia. Los amo. Abrazos para la tía Gloria y los primos Marin, Peña, Ojeda y los del lado Hinojosa, especialmente el primazo Pancho Hinojosa.

A Safiya y Miko, y a Walter: guau y miau.

Mi hijo, Raúl Ariel, y mi hija Yurema son como milagros para mí. ¿De verdad los tuve yo? ¿A estos seres humanos extraordinarios? Cuando los veo, el futuro me parece más emocionante. Espero que los dos me perdonen por tantas veces que les pedí que esperaran hasta que terminara de escribir una oración para hablar conmigo. Y por estar tanto tiempo lejos. Los amo de aquí a la luna de ida y vuelta hasta el infinito.

Y a mi esposo, Gérman Perez, que apenas esta mañana, cuando iba a escribir estas últimas palabras, me tomó de la mano y bailó un poco de bachata conmigo. Gracias, joni, por siempre, siempre confiar en mí y por enseñarme a comerme el miedo.

Y a todos ustedes les digo: No se vayan, quédense con nosotros. No se vayan y yo tampoco lo haré.

# Notas

## CAPÍTULO 1: TIERRA DE FALSAS PROMESAS

1. "Chinese Exclusion Act", The African American Policy Forum, https://aapf.org/chinese-exclusion-act.
2. Entrevista a Peter Shrag con Maureen Cavanaugh y Megan Burke, "The Long View on American Attitudes Toward Immigration", archivo de audio, KPBS, 10 de mayo de 2011, https://www.kpbs.org/news/2011/may/10/long-view-american-attitudes-toward-immigration/.

## CAPÍTULO 2: CÓMO LLEGUÉ A SER UNA ESTADOUNIDENSE

1. Warren Kozak, "George Wallace 1968 Presidential Campaign", History on the Net, https://www.historyonthenet.com/george-wallace-1968-presidential-campaign.
2. "Trends in Migration to the U.S.", Population Reference Bureau, 19 de mayo de 2014, https://www.prb.org/us-migration-trends/.
3. Diane Bernard, "President Hoover Deported 1 Million Mexican Americans for Supposedly Stealing Jobs During the Great Depression", Washington Post, 13 de abril de 2018.
4. "About", Bracero History Archive, http://braceroarchive.org.
5. Muzaffar Chishti, Faye Hipsman e Isabel Ball, "Fifty Years On, the 1965 Immigration and Nationality Act Continues to Reshape the United States", Migration Policy Institute, 15 de octubre de 2015, https://www.migrationpolicy.org/article/fifty-years-1965-immigration-and-nationality-act-continues-reshape-united-states.

## CAPÍTULO 3: ¿ESTA ES LA APARIENCIA DE LA DEMOCRACIA?

1. Rian Dundon, "Photos: The L.A. Zoot Suit Riots of 1943 were a targeted attack on Mexican and nonwhite youths", *Timeline*, 8 de febrero de 2018, https://timeline.com/zoot-suit-riots-of-1943-were-a-targeted-attack-on-mexican-youths-8e5b34775cff.
2. Derek Hawkins, "The Long Struggle over What to Call 'Undocumented Immigrants' or, as Trump Said in His Order, 'Illegal Aliens'", *Washington Post*, 9 de febrero de 2017.

## CAPÍTULO 4: SIN UN LUGAR PARA ESCONDERSE

1. Angie Galicia, "The Beautiful Face of Courage: The Adelitas", Inside Mexico, 11 de octubre de 2018.
2. Farah Mohammed, "Who Was La Malinche?" *JSTOR Daily*, 1 de marzo de 2019, https://daily.jstor.org/who-was-la-malinche/.
3. "La Malinche", Don Quijote, https://www.donquijote.org/mexican-culture/history/la-malinche/.
4. Wallace Turner, "First Wave of Southeast Asian 'Boat People' Arrives", *New York Times*, 21 de septiembre de 1977.
5. "Boat People and Hill People", editorial, *New York Times*, 23 de diciembre de 1977.
6. Shane Croucher, "California Governor Jerry Brown's 'Sanctuary' Law Under Fire as Poll Finds Majority Backs Deportations", *Newsweek*, 19 de abril de 2018, https://www.newsweek.com/california-backs-more-deportations-jerry-brown-refuses-trumps-mexico-border-892211.

## CAPÍTULO 5: CÓMO ADOPTÉ UNA NUEVA IDENTIDAD

1. Larry Rohter, "4 Salvadorans Say They Killed U.S. Nuns on Orders of Military", *New York Times*, 3 de abril de 1998.

## CAPÍTULO 6: EN BÚSQUEDA DE MI VOZ

1. Wesley S. McCann y Francis D. Boateng, *National Security and Policy in America: Immigrants, Crime, and the Securitization of the Border* (Taylor & Francis, 2019).
2. Ronald Reagan, "Following is the text of President Reagan's speech Wednesday", UPI Archives, discurso, 9 de mayo de 1984, https://www.upi.com/Archives/1984/05/09/Following-is-the-text-of-President-Reagans-speech-WednesdayMy/7055452923200/.

## CAPÍTULO 7: PUEDES CUIDARME UN POQUITO

1. Melissa Muriente, "Mexican migration to NYC: The social, economic, and cultural characteristics in comparison to traditional Mexican migration to the Southwest".

2. David A. Badillo, "An Urban Historical Portrait of Mexican Migration to New York City", *New York History*, vol. 90, no. 1/2 (Invierno/ Primavera 2009): 107–24.

3. Mario Diaz, "Mexican Community Increasing Strength by the Numbers Is the Real Story This Cinco de Mayo in NYC", PIX 11, 5 de mayo de 2016, https://pix11.com/2016/05/05/mexican-community -increasing-strength-by-the-numbers-is-the-real-story-this-cinco-de -mayo-in-nyc/.

4. 7 de junio de 2017, y Pm, "Flashback".

5. Robert McCoppin and Susan Berger, "25 Years—and a Surge in School Violence—Since Laurie Dann Shootings", *Chicago Tribune*, 19 de mayo de 2013.

## CAPÍTULO 8: UNA PROBADITA DE LA ACCIÓN

1. Francis X. Clines, "The Twin Towers; After Bombing, New Scrutiny for Holes in Immigration Net", *New York Times*, 12 de marzo de 1993.

2. Thomas Lippman, "Lenient Visa Rules Permit Terrorists to Enter U.S.", *Washington Post*, 23 de julio de 1993.

3. Steven A. Jensen, "No Room for Sentiment on Immigration", Letter to the Editor, *New York Times*, 29 de abril de 1993.

4. Joseph P. Fried, "Oct. 1–7: Another Verdict; 10 Militant Muslims Guilty of Terrorist Conspiracy", *New York Times*, 8 de octubre de 1995.

5. Elena Goukassian, "Delicate and Detailed Paper Sculptures by Chinese Migrants Detained in the US", *Hyperallergic*, 23 de febrero de 2018, https://hyperallergic.com/423666/golden-venture-paper-sculptures -chinese-migrants/.

6. Patrick Radden Keefe, "A Path Out of Purgatory", *New Yorker*, 6 de junio de 2013, https://www.newyorker.com/news/daily-comment/a -path-out-of-purgatory.

7. Goukassian, "Delicate and Detailed Paper Sculptures".

8. Robert D. McFadden, "Smuggled to New York: The Overview—7 Die as Crowded Immigrant Ship Grounds off Queens; Chinese Aboard Are Seized for Illegal Entry", *New York Times*, 7 de junio de 1993.

9. Opinión, "The Golden Venture, Plus 100,000", *New York Times*, 9 de junio de 1993.

10. Ian Fisher, "A Town's Strange Bedfellows Unite Behind Chinese Refugees", *New York Times*, 21 de febrero de 1997.

11. Julio Ricardo Valera, "The Latino Vote in Presidential Races: 1980–2012", *Latino USA*, 29 de octubre de 2015, https://www.latinousa.org/2015/10/29/the-latino-vote-in-presidential-races/.

12. "1996 Clinton vs. Dole", The Living Room Candidate: Presidential Campaign Commercials 1952–2016, the Museum of the Moving Image, http://www.livingroomcandidate.org/commercials/1996/next-century#4175.

13. Marian Burros, "Bill Clinton and Food: Jack Sprat He's Not", *New York Times*, 23 de diciembre de 1992.

14. Joel Brinkley, "A Rare Success at the Border Brought Scant Official Praise", *New York Times*, 14 de septiembre de 1994.

15. Timeline of Important Dates, Latino Americans, PBS, https://www.pbs.org/latino-americans/en/timeline/#y1900.

16. German Lopez, "The Controversial 1994 Crime Law That Joe Biden Helped Write, Explained", *Vox*, 20 de junio de 2019, https://www.vox.com/policy-and-politics/2019/6/20/18677998/joe-biden-1994-crime-bill-law-mass-incarceration.

17. Carla Rivera, "Stigma of Welfare Hampers State Push Toward Jobs", *Los Angeles Times*, 9 de mayo de 1997.

18. Mark Z. Barabak, "On Politics: Pete Wilson looks back on Proposition 187 and says, heck yeah, he'd support it all over again", *Los Angeles Times*, 23 de marzo de 2017.

19. Gebe Martinez, "Learning from Proposition 187", Center for American Progress, 5 de mayo de 2010, https://www.americanprogress.org/issues/immigration/news/2010/05/05/7847/learning-from-proposition-187/.

20. B. Drummond Ayres Jr., "Anti-Alien Sentiment Spreading in Wake of California's Measure", *New York Times*, 4 de diciembre de 1994.

21. Martinez, "Learning from Proposition 187".

22. "California Proposition 187, Illegal Aliens Ineligible for Public Benefits (1994)", Ballotpedia, https://ballotpedia.org/California_Proposition_187,_Illegal_Aliens_Ineligible_for_Public_Benefits_(1994).

23. Eleanor Acer y Olga Byrne, "How the Illegal Immigration Reform and Immigrant Responsibility Act of 1996 Has Undermined US Refugee

Protection Obligations and Wasted Government Resources", Journal on Migration and Human Security, vol. 5, issue no. 2, 2017: 356-378; Dara Lind, "The Disastrous, Forgotten 1996 Law that Created Today's Immigration Problem", *Vox*, 28 de abril de 2016, https://www.vox .com/2016/4/28/11515132/iirira-clinton-immigration; Bill Clinton, "1995 State of the Union Address," C-Span, archivo de video, enero 24 de 1995, https://www.c-span.org/video/?c4774500/bill-clinton -immigration.

24. David M. Grable, "Personhood Under the Due Process Clause: A Constitutional Analysis of the Illegal Immigration Reform and Immigrant Responsbility Act of 1996", *Cornell Law Review*, vol. 83, 1998: 820–66.

## CAPÍTULO 9: UNA MAMÁ TRABAJADORA

1. Juleyka Lantigua-Williams, "40 years later, U.S. invasion still haunts Dominican Republic", *The Progressive*, 21 de abril de 2005, https:// progressive.org/40-years-later-u.s.-invasion-still-haunts-dominican -republic/.

2. "U.S.-Mexico: A State Dinner", President, George W. Bush, The White House, 5 de septiembre de 2001, https://georgewbush-whitehouse .archives.gov/president/statedinner-mexico-200109/.

3. Eric Schmitt, "Bush Aides Weigh Legalizing Status of Mexicans in U.S.", *New York Times*, 15 de julio de 2001.

## CAPÍTULO 10: EL FIN DEL MUNDO SALDRÁ POR TELEVISIÓN

1. Greg Morabito, "Windows on the World, New York's Sky-High Restaurant", *Eater*, 11 de septiembre de 2013, https://ny.eater.com /2013/9/11/6547477/windows-on-the-world-new-yorks-sky-high -restaurant.

2. Congressional Research Service," "The Selective Service System and Draft Registration: Issues for Congress", 28 de enero de 2019.

3. "Selective Service", USA.gov, https://www.usa.gov/selective-service.

4. Brendan Nyhan, "Republican Attacks on Dissent Since 9/11", blog, https://www.brendan-nyhan.com/blog/gop-dissent-attacks.html.

5. Katie McDonough, "A Short, Brutal History of ICE", *Splinter*, 2 de febrero de 2018, https://splinternews.com/a-short-brutal-history-of -ice-1822641556.

6. Heather Timmons, "No One Really Knows What ICE Is Supposed

to Be. Politicians Love That", *Quartz*, 7 de julio de 2018, https://qz .com/1316098/what-is-ice-supposed-to-do-the-strange-history-of-us -immigration-and-customs-enforcement/.

7. McDonough, "A Short, Brutal History".

8. Franklin Foer, "How Trump Radicalized ICE", *Atlantic*, septiembre de 2018, https://www.theatlantic.com/magazine/archive/2018/09/trump -ice/565772/.

9. Edward J. Mills, editor, "Mortality in Iraq Associated with the 2003– 2011 War and Occupation: Findings from a National Cluster Sample Survey by the University Collaborative Iraq Mortality Study", *PLOS Medicine*, 15 de octubre de 2013, https://journals.plos.org/plosmedicine /article?id=10.1371/journal.pmed.1001533.

## CAPÍTULO 11: CONFRONTACIONES

1. Chad C. Haddal, Yule Kim y Michael John Garcia, "Border Security: Barriers Along the U.S. International Border", Congressional Research Service, 16 de marzo de 2009.

2. "Fact-Checking Dobbs: CNN Anchor Lou Dobbs Challenged on Immigration Issues", Democracy Now!, archivo de video, 4 de diciembre de 2007, https://www.democracynow.org/2007/12/4/fact_checking _dobbs_cnn_anchor_lou.

3. Matt Apuzzo, "Times Reporter Will Not Be Called to Testify in Leak Case", *New York Times*, 12 de enero de 2015.

4. "Democracy Now!'s 2004 Year-In-Review", Democracy Now!, archivo de video, 30 de diciembre de 2004, https://www.democracynow .org/2004/12/30/democracy_now_s_2004_year_in.

5. Reginald Stuart, "Minority Journalism Groups Dissolve UNITY Collaborative", *Diverse: Issues in Higher Education*, 1 de marzo de 2018, https://diverseeducation.com/article/111267/.

## CAPÍTULO 12: UNA PERIODISTA CIUDADANA

1. Sewell Chan and Ray Rivera, "Property Values in New York Show Vibrancy", *New York Times*, 13 de enero de 2007.

2. Katherine Clarke, "From eyesore to goldmine: The transformation of the hulking former *Daily News* building on W. 33rd St. Is well underway", *New York Daily News*, 8 de julio de 2015, https://www .nydailynews.com/life-style/real-estate/hulking-daily-news-building -new-lease-life-article-1.2285293.

3. *NOW*, PBS, 9 de septiembre de 2005.

4. *NOW*, PBS, 11 de noviembre de 2005.

5. Griselda Nevarez, "Latino Workers Helped Rebuild New Orleans, But Many Weren't Paid", NBC News, 28 de agosto de 2015, https://www .nbcnews.com/storyline/hurricane-katrina-anniversary/latino-workers -helped-rebuild-new-orleans-many-werent-paid-n417571.

6. Michael Martinez, "Big Easy Uneasy About Migrant Wave", *Chicago Tribune*, 3 de noviembre de 2005.

7. "Louisiana: European Explorations and the Louisiana Purchase", Geography and Map Division of the Library of Congress, presentación, https://www.loc.gov/static/collections/louisiana-european-explora tions-and-the-louisiana-purchase/images/lapurchase.pdf.

8. Lesley Kennedy, "Building the Transcontinental Railroad: How 20,000 Chinese Immigrants Made It Happen", History.com, 10 de mayo de 2019, https://www.history.com/news/transcontinental-railroad -chinese-immigrants.

9. Entrevista de Terry Gross con Francisco Balderrama, "America's Forgotten History Of Mexican-American 'Repatriation'", *Fresh Air*, NPR, archivo de audio y transcripción, 10 de septiembre de 2015, https:// www.npr.org/2015/09/10/439114563/americas-forgotten-history -of-mexican-american-repatriation.

10. Alex Wagner, "America's Forgotten History of Illegal Deportations", *Atlantic*, 6 de marzo de 2017, https://www.theatlantic.com/politics /archive/2017/03/americas-brutal-forgotten-history-of-illegal-deporta tions/517971/.

11. "The Bracero Program", UCLA Labor Center, 2014, https://www .labor.ucla.edu/what-we-do/research-tools/the-bracero-program/.

12. Doris Meissner, "U.S. Temporary Worker Programs: Lessons Learned", Migration Policy Institute, 1 de marzo de 2004, https://www.migra tionpolicy.org/article/us-temporary-worker-programs-lessons-learned.

13. "About", Bracero History Archive, http://braceroarchive.org.

14. Pam Belluck, "Settlement Will Allow Thousands of Mexican Laborers in U.S. to Collect Back Pay", *New York Times*, 15 de octubre de 2008.

15. Maclovio Perez, Jr., "El Paso Bath House Riots (1917)", Texas State Historical Association, 30 de julio de 2016, https://tshaonline.org /handbook/online/articles/jce02.

16. Kuang Keng Kuek Ser, "Data: Hate crimes against Muslims increased

after 9/11", PRI, 12 de septiembre de 2016, https://www.pri.org/stories /2016-09-12/data-hate-crimes-against-muslims-increased-after-911.

17. Congressional hearing before the Subcommittee on Immigration, Border Security, and Claims of the Committee on the Judiciary House of Representatives, "War on Terrorism: Immigration Enforcement Since September 11, 2001", 8 de mayo de 2003, N°. de serie 21, http://comm docs.house.gov/committees/judiciary/hju86954.000/hju86954_0f .htm.

18. Bill Ong Hing, *Defining America Through Immigration Policy* (Philadelphia: Temple University Press, 2004), 209–10.

19. Department of Homeland Security, "Table 39. Aliens Removed Or Returned: Fiscal Years 1892 To 2014," *2014 Yearbook of Immigration Statistics*, 1 de noviembre de 2016, https://www.dhs.gov/immigration -statistics/yearbook/2014/table39.

20. Laura Sullivan, "Prison Economics Help Drive Ariz. Immigration Law", *Morning Edition*, NPR, archivo de audio y transcripción, 28 de octubre de 2010, https://www.npr.org/2010/10/28/130833741/prison -economics-help-drive-ariz-immigration-law.

21. "The Latino American Who's Who Recognizes Eddie R. Chapa", Latino Who's Who, 10 de agosto de 2015, http://latinwhoswho.net/press /tag/mpac-r-chapa/.

22. United States Census Bureau, "QuickFacts: Willacy County, Texas", Census.gov, https://www.census.gov/quickfacts/table/PST045214 /48489/embed/accessible.

23. "Raymondville, Texas Population: Census 2010 and 2000 Interactive Map, Demographics, Statistics, Quick Facts", Census Viewer, http:// censusviewer.com/city/TX/Raymondville.

24. Hing, *Defining America Through Immigration Policy*, 130, 144, 155.

25. Spencer S. Hsu, "In Immigration Cases, Employers Feel the Pressure", *Washington Post*, 21 de julio de 2008.

26. Jerry Kammer, "The 2006 Swift Raids Assessing the impact of Immigration Enforcement Actions at Six Facilities", Center for Immigration Studies, 18 de marzo de 2009, https://cis.org/Report /2006-Swift-Raids.

27. Spencer S. Hsu, "ICE Sweep was Largest Ever Against One Firm", *Washington Post*, 14 de diciembre de 2006.

28. Spencer S. Hsu and Krissah Williams, "Illegal Workers Arrested in 6-State ID Theft Sweep", *Washington Post*, 13 de diciembre de 2006.

29. Hsu, "In Immigration Cases, Employers Feel the Pressure".

30. Susan Saulny, "Hundreds Are Arrested in U.S. Sweep of Meat Plant", *New York Times*, 13 de mayo de 2008.

31. Julia Preston, "After Iowa Raid, Immigrants Fuel Labor Inquiries", *New York Times*, 27 de julio de 2008.

32. " 'What Did It Achieve?': Documentary Examines Largest Immigration Raid In U.S. History", *Here & Now*, WBUR, 30 de julio de 2018, https://www.wbur.org/hereandnow/2018/07/30/postville-iowa-immigration-raid-documentary.

33. Courtney Crowder y MacKenzie Elmer, "Postville Raid Anniversary: A Timeline of Events in One of America's Largest Illegal Immigration Campaigns", *Des Moines Register*, 10 de mayo de 2018.

34. Jim Rutenberg, "Ex Aide Says He's Lost Faith in Bush", *New York Times*, 1 de abril de 2007; Jim Rutenberg, "Former Advisor Breaks with Bush", *New York Times*, 30 de marzo de 2007.

35. Jim Rutenberg, "News Analysis: U.S. Immigration Bill Tests Bush's Strength", *New York Times*, 26 mayo de 2006; Matthew Dowd en Twitter, 24 de diciembre de 2016, https://twitter.com/matthewjdowd/status/812604998852968448.

## CAPÍTULO 13: EL NUEVO PODER DEL "INMIGRANTE"

1. "May Day—The Great American Boycott 2006", Industrial Workers of the World, 2 de abril de 2006, https://www.iww.org/node/2307.

2. Mark Engler and Paul Engler, "Op-Ed: The massive immigrant-rights protests of 2006 are still changing politics", Opinión, *Los Angeles Times*, 4 de marzo de 2016, https://www.latimes.com/opinion/op-ed/la-oe-0306-engler-immigration-protests-2006-20160306-story.html.

3. Laura Griffin, "Huge Crowd Marches in Dallas in Support of Immigrants", *New York Times*, 9 de abril de 2006.

4. Alexandra Starr, "Voice of America", *Slate*, 3 de mayo de 2006, https://slate.com/news-and-politics/2006/05/the-spanish-language-djs-behind-the-new-latino-activism.html.

5. Pamela Constable, "Latinos Demand Rights, Respect at D.C. March", *Washington Post*, 13 de octubre de 1996.

6. Louis Jacobson, "Bill Clinton Says His Administration Paid Down the Debt", Politifact, 23 de septiembre de 2010, https://www.politifact.com/truth-o-meter/statements/2010/sep/23/bill-clinton/bill-clinton-says-his-administration-paid-down-deb/; Daniel Wesley, "The $22

Trillion U.S. Debt: Which President Contributed the Most", DebtCon solidation.com, 22 de mayo de 2018, https://www.debtconsolidation .com/us-debt-presidents/.

7. "The Hispanic Vote in the 2008 Election", Pew Research Center, 5 de noviembre de 2008, https://www.pewresearch.org/hispanic /2008/11/05/the-hispanic-vote-in-the-2008-election/.

8. Allison Graves, "Fact-check: Did top Democrats vote for a border wall in 2006?", Politifact, 23 de abril de 2017, https://www.politifact.com /truth-o-meter/statements/2017/apr/23/mick-mulvaney/fact-check -did-top-democrats-vote-border-wall-2006/.

9. Philip Elliott, "Obama Praises Sotomayor at Hispanic Gala", *San Diego Union-Tribune*, 16 de septiembre de 2009; Barack Obama, "President Obama at Congressional Hispanic Caucus Institute Awards Gala", YouTube, archivo de video, 22 de septiembre de 2009, https:// www.youtube.com/watch?v=TYtw84RjcH4.

10. Josh Hicks, "Obama's Failed Promise of a First-Year Immigration Overhaul", *Washington Post*, 25 de septiembre de 2012.

11. Scott Wong y Shira Toeplitz, "DREAM Act Dies in Senate", *Politico*, 12 de diciembre de 2010, https://www.politico.com/story/2010/12 /dream-act-dies-in-senate-046573.

12. Peter Nicholas, "Democrats Point the Finger at Obama's Chief of Staff for Immigration Reform's Poor Progress", *Los Angeles Times*, 21 de mayo de 2010.

13. Jeffrey S. Passel y D'Vera Cohn, "Overall Number of U.S. Unauthorized Immigrants Holds Steady Since 2009", Pew Research Center, 20 de septiembre de 2016, https://www.pewresearch.org /hispanic/2016/09/20/overall-number-of-u-s-unauthorized-immi grants-holds-steady-since-2009/; Julia Preston, "Number of Illegal Immigrants in U.S. Fell, Study Says", *New York Times*, 1 de septiembre de 2010.

14. Ryan Grim, "Maureen Dowd Asked Rahm Emanuel to Weigh in on an Immigration Debate. His Record is Abysmal", *Intercept*, 17 de julio de 2019, https://theintercept.com/2019/07/17/rahm-emanuel-immi gration/.

15. "Immigrant Detention in the United States", United States Conference of Catholic Bishops, JusticeforImmigrants.org, 2016, https://justice forimmigrants.org/wp-content/uploads/2016/11/immigrant-detention -backgrounder-1-18-17.pdf.

16. Ted Robbins, "Little-Known Immigration Mandate Keeps Detention Beds Full", *Morning Edition*, NPR, 19 de noviembre de 2013, https://www.npr.org/2013/11/19/245968601/little-known-immigration-mandate-keeps-detention-beds-full.

17. Elizabeth Keyes, "Defining American: The DREAM Act, Immigration Reform and Citizenship", *Nevada Law Journal*, vol. 14, Otoño 2013: 101–55.

18. "The Dream Act, DACA, and Other Policies Designed to Protect Dreamers", American Immigration Council, ficha descriptiva, 3 de septiembre de 2019, https://www.americanimmigrationcouncil.org/research/dream-act-daca-and-other-policies-designed-protect-dreamers.

19. David Hawkings and Thomas McKinless, "Why Are the Dreamers Called the Dreamers?", Roll Call, archivo de video y transcripción, 20 de junio de 2018, https://www.rollcall.com/video/why_are_the_dreamers_called_the_dreamers.

20. Dr. Raúl Hinojosa-Ojeda, "Economic Stimulus Through Legalization", William C. Velásquez Institute, informe, http://wcvi.org/intermestic_initiatives/FinalWCVIWhitePaperLegalization.pdf.

21. Ashley Rhymer, "Trail of Dreams Is Trail of Hope", Amnesty International, https://www.amnestyusa.org/trail-of-dreams-is-trail-of-hope/.

22. "A Long Walk for a Cause", *New York Times*, 28 de abril de 2010.

23. Albert Sabaté, "The Rise of Being 'Undocumented and Unafraid'", ABC News, 4 de diciembre de 2012, https://abcnews.go.com/ABC_Univision/News/rise-undocumented-unafraid/story?id=17872813.

24. Pepe Lozano, "Immigrant Youth Arrested in Georgia after Civil Disobedience", People's World, 7 de abril de 2011, https://www.peoplesworld.org/article/immigrant-youth-arrested-in-georgia-after-civil-disobedience/.

25. Julia Preston, "Pennsylvania Town Delays Enforcing Tough Immigration Law", *New York Times*, 2 de septiembre de 2006.

26. "Lozano v. Hazleton", ACLU, 5 de febrero de 2015, https://www.aclu.org/cases/lozano-v-hazleton.

27. "Arizona SB 1070", Ballotpedia.org, https://ballotpedia.org/Arizona_SB_1070.

28. Stephen Lemons, "Activists Chain Themselves to Arizona Capitol to Protest Russell Pearce's SB 1070", *Phoenix New Times*, 20 de abril de 2010, https://www.phoenixnewtimes.com/news/activists-chain-themselves-to-arizona-capitol-to-protest-russell-pearces-sb-1070-6500565.

29. Emanuella Grinberg, "Protesters, Riot Police Clash over Arizona Immigration Law", CNN, 29 de julio de 2010, https://www.cnn.com/2010/US/07/29/arizona.immigration.protests/index.html.

30. Jeffrey S. Passel, D'Vera Cohn, y Mark Hugo Lopez, "Hispanics Account for More than Half of Nation's Growth in Past Decade", Pew Research Center, 24 de marzo de 2011, https://www.pewresearch.org/hispanic/2011/03/24/hispanics-account-for-more-than-half-of-nations-growth-in-past-decade/.

31. Jada F. Smith, "A Second Try on Immigration Act", The Caucus, *New York Times*, blog, 28 de junio de 2011, https://thecaucus.blogs.nytimes.com/2011/06/28/a-second-try-on-immigration-act/.

32. "HR 5281—DREAM Act—National Key Vote", Vote Smart, https://votesmart.org/bill/12443/32955/dream-act#32982.

33. Marshall Fitz and Ann Garcia, "The DREAM Act by the Numbers", American Progress, 17 de diciembre de 2010, https://www.americanprogress.org/issues/immigration/news/2010/12/17/8845/the-dream-act-by-the-numbers/.

34. John Ingold, "Immigration Activists Stage Sit-in at Denver Obama Office", *Denver Post*, 5 de junio de 2012, https://www.denverpost.com/2012/06/05/immigration-activists-stage-sit-in-at-denver-obama-office/.

35. Barack Obama, "Remarks by the President on Immigration", Office of the Press Secretary, the White House, discurso, 15 de junio de 2012, https://obamawhitehouse.archives.gov/the-press-office/2012/06/15/remarks-president-immigration.

36. Lori Robertson, "The Facts on DACA", FactCheck.org, 22 de enero de 2018, https://www.factcheck.org/2018/01/the-facts-on-daca/.

37. Julia Preston y John H. Cushman Jr., "Obama to Permit Young Migrants to Remain in U.S.", *New York Times*, 15 de junio de 2012; Elise Foley, "Obama Administration to Stop Deporting Younger Undocumented Immigrants And Grant Work Permits", *Huffington Post*, 15 de junio de 2012, https://www.huffpost.com/entry/obama-immigration-order-deportation-dream-act_n_1599658.

## CAPÍTULO 14: LO QUE NO PUEDO OLVIDAR

1. Bruce Rushton, "Dora's Darlings", *Phoenix New Times*, 3 de junio de 2004.

2. Reynaldo Leanos Jr., "A Private Prison Company with a Troubled Past

Looks to Reopen an Immigration Detention Facility in Texas", PRI, 13 de junio de 2017, https://www.pri.org/stories/2017-06-13/private -prison-company-troubled-past-looks-re-open-immigration-deten tion-facility.

3. Nina Bernstein, "Immigration Official to Run New York's Jails", *New York Times*, 8 de septiembre de 2009.

4. Joel Rubin, "It's Legal for an Immigration Agent to Pretend to be a Police Officer Outside Someone's Door. But Should It Be?", *Los Angeles Times*, 20 de febrero de 2017.

5. Rebecc Hersher, "Los Angeles Officials To ICE: Stop Identifying Your- selves As Police", *The Two-Way*, NPR, 24 de febrero de 2017, https:// www.npr.org/sections/thetwo-way/2017/02/24/517041101/los-angeles -officials-to-ice-stop-identifying-yourselves-as-police.

## CAPÍTULO 15: UN TRAUMA HEREDADO

1. Gretchen Gavett, "Sec. Napolitano Questioned About 'Lost in Deten- tion'", *Frontline*, PBS, 20 de octubre de 2011, https://www.pbs.org/wgbh /frontline/article/sec-napolitano-questioned-about-lost-in-detention/.

2. Derek Gilna, "Prison Rape Elimination Act Finally Extended to ICE Detention Facilities, but Not to Private or County Jails", *Prison Legal News*, 13 de abril de 2017, https://www.prisonlegalnews.org/news/2017 /apr/13/prison-rape-elimination-act-finally-extended-ice-detention -facilities-not-private-or-county-jails/.

3. "Lost in Detention", *Frontline*, transcripción, https://www.pbs.org /wgbh/pages/frontline/immigration-2/lost-in-detention/transcript-11/.

4. Department of Homeland Security, "Table 39. Aliens Removed Or Returned: Fiscal Years 1892 To 2014", *2014 Yearbook of Immigration Statistics*, 1 de noviembre de 2016, https://www.dhs.gov/immigration -statistics/yearbook/2014/table39.

5. Doris Meissner, Donald M. Kerwin, Muzaffar Chisti, y Claire Ber- geron, "Immigration Enforcement in the United States: The Rise of Formidable Machinery", Migration Policy Institute, enero de 2013.

6. " Lost in Detention", *Frontline*, transcripción.

## CAPÍTULO 16: ADUEÑÁNDOME DE MI PROPIA VOZ

1. "Latino USA: Gangs, Murder, and Migration in Honduras (NPR)", Peabody Awards, http://www.peabodyawards.com/award-profile/nprs -latino-usa-gangs-murder-and-migration-in-honduras.

2. Kerry Kennedy, "2017 Robert F. Kennedy Journalism Awards Winners", Robert F. Kennedy Human Rights, 5 de mayo de 2017, https://rfkhumanrights.org/news/2017-robert-f-kennedy-journalism-awards-winners.

## CAPÍTULO 17: "ILEGAL" NO ES UN SUSTANTIVO

1. Bill Ong Hing, *American Presidents, Deportations, and Human Rights Violations: From Carter to Trump* (Cambridge, UK: Cambridge University Press, 2019), 96.

2. Colin Deppen and Sarah Anne Hughes, "Why PA's Controversial Berks Detention Center for Immigrant Families Is Still Open", *Billy Penn*, 22 de junio de 2018, https://billypenn.com/2018/06/22/why-pas-controversial-detention-center-for-immigrant-families-is-still-open/.

3. Lutheran Immigration & Refugee Service and the Women's Refugee Commission, "Locking Up Family Values: The Detention of Immigrant Families", febrero de 2007, pág. 17, https://www.womensrefugeecommission.org/resources/document/150-locking-up-family-values-the-detention-of-immigrant-families.

4. Lutheran Immigration & Refugee Service and the Women's Refugee Commission, "Locking Up Family Values, Again: A Report on the Renewed Practice of Family Immigration Detention", octubre de 2014, https://www.womensrefugeecommission.org/images/zdocs/Fam-Detention-Again-Full-Report.pdf.

5. Hing, *American Presidents, Deportations, and Human Rights Violations*, 83.

6. Laurence Benenson, "The Math of Immigration Detention, 2018 Update: Costs Continue to Multiply", National Immigration Forum, 9 de mayo de 2018, https://immigrationforum.org/article/math-immigration-detention-2018-update-costs-continue-mulitply/

7. Hing, *American Presidents, Deportations, and Human Rights Violations*, 96–9.

8. Oficina de Asuntos Públicos, Departamento de Justicia de los Estados Unidos, "Attorney General Announces Zero-Tolerance Policy for Criminal Illegal Entry", comunicado de prensa, 6 de abril de 2018, https://www.justice.gov/opa/pr/attorney-general-announces-zero-tolerance-policy-criminal-illegal-entry.

9. Lawrence Downes, "No More 'Illegal Immigrants'", Taking Note,

*New York Times*, 4 de abril de 2013, https://takingnote.blogs.nytimes
.com/2013/04/04/no-more-illegal-immigrants/.

10. Stephen Hiltner, "Illegal, Undocumented, Unauthorized: The Terms
of Immigration Reporting", *New York Times*, 10 de marzo de 2017.

11. Adam Shaw, "ICE warns illegal immigrants facing murder, child sex
offense charges could be released in North Carolina sanctuary cities",
Fox News, 8 de noviembre de 2019, https://www.foxnews.com/politics
/ice-lists-release-in-north-carolina-as-administration-ramps-up-pressure
-on-sanctuary-cities.

12. Derek Thompson, "How Immigration Became So Controversial",
*Atlantic*, 2 de febrero de 2018, https://www.theatlantic.com/politics
/archive/2018/02/why-immigration-divides/552125/.

13. Ed Rogers, "Illegal immigrants have rights. Shaping American democracy isn't one of them", Opiniones, *Washington Post*, 20 de agosto de
2019.

14. Michelle Hackman, "Bipartisan House Deal Opens Path to Citizenship for Illegal Immigrant Farmworkers", *Wall Street Journal*, 30 de
octubre de 2019.

15. Rachel Frazin, "Reporter Manuel Duran Released from ICE Cus-
tody", *Hill*, 12 de julio de 2019, https://thehill.com/latino/452818
-reporter-manuel-duran-released-from-ice-custody.

16. Cindy Carcamo, "Relatives of Erika Andiola, Immigrant Activist, Detained", *Los Angeles Times*, 11 de enero de 2013.

17. Seth Freed Wessler, "Is Denaturalization the Next Front in the Trump
Administration's War on Immigration?", *New York Times Magazine*,
19 de diciembre de 2018.

## CAPÍTULO 18: EL PODER DE PARARSE BAJO LA LUZ

1. "Correctional Facilities Industry in the US—Market Research Report", IBIS World, junio de 2019, https://www.ibisworld.com/united
-states/market-research-reports/correctional-facilities-industry/.

# Índice

**A**

abuso sexual
  de Hinojosa, 69–70, 72, 314–316, 324
  en campos de detención, 291, 293, 308
abusos de derechos humanos, en campos
  de detención, 288–291
Adams, John, 242
adelitas (soldaderas), 50
Adler, Margot, 107, 129, 130
aeropuerto McAllen, encuentro con
  niños, 1–6, 339
africanos, 15, 157
Agencia Nacional de Seguridad (NSA), 208
Alberto (amante), 85
*Alien Registration Act* (1940), 10
*All Things Considered* (programa de
  NPR), 93, 94, 98, 139, 175
Allende, Salvador, 44, 50
Alonzo, Cristela, 333
*American Bandstand* (programa), 45
amnistía, 117, 156
*Amor sin barreras* (teatro musical), 45–46, 55
*"And That's the Way It Was"* (programa de
  radio), 126
Andaye (terapeuta), 162, 228–229
Andiola, Erika, 332
*Another Way Out* (drama), 55
árabes estadounidenses, 167, 209, 241–242
Arce, Rose, 153

Arizona, SB 1070, 273–275
asilo, 177, 339–340, 343
Asociación Tepeyac, 199
asunto Irán Contra, 118, 128
Atlanta, 217–218
Ayala, Miriam, 153

**B**

Bachelet, Michelle, 267
Baez, Anthony, 174
Barnard College, 77–92, 191
Barrios de Chungara, Domitila, 87
BE&K (compañía), 235
Benavides, Mike, 342–343
Berg, Nicholas Evan, 212, 213
Bernstein, Carl, 56
Biden, Joe, 340
Bishop, Marlon, 320
Blades, Rubén, 89
Bloomberg, Michael, 196
Bobby (niño mudo), 349–354
Bolivia, 87–88
Bonner, Raymond, 84
Bosch, Juan, 182
braceros, 237–239
Bradley, Ed, 60, 263
*The Brady Bunch* (programa de
  televisión), 51
Brancaccio, David, 229

Brazil, Hinojosa en, 187–188, 191
Brown, Aaron, 224
Brown, Jerry, 61
Bush, George H. W., 154, 174, 208
Bush, George W., 193, 194, 199, 201,
    203, 205, 239, 240, 247, 252–253,
    281, 311, 328, 345

C
California, 174–175, 272, 302–303, 313
campos de detención, 284, 311, 328
    abusos de derechos humanos en,
        288–291
    Centro Correccional Willacy (TX),
        243–244, 285, 286–292, 313, 331
    Centro de Detención Familiar T. Don
        Hutto (TX), 328
    Centro de Procesamiento de la Patrulla
        Fronteriza de los Estados Unidos
        (McAllen, TX), 342
    Centro de Procesamiento de Servicio
        Krome (FL), 303–305, 313
    Centro Residencial Familiar Berks
        (PA), 328
    Clinton y, 168, 172, 176, 258, 270, 345
    dehumanización de inmigrantes, 305
    familiares, 328–330
    Harlingen (TX), 115–116
    "la hielera" (*"the freezer"*), 296, 307
    historia de Noemi, 349–354
    inmigrantes chinos, 168
    James A. Musick (CA), 302–303, 313
    Ley de Eliminación de la Violación en
        las Prisiones (PREA), 309
    *Lost in Detention*, 285–295, 309, 311,
        313–314
    niños, 328–331
    para familias, 328–330
    privatización de,242, 243–245, 340,
        345
    Raymondville (TX), 243–245, 259, 286
    revision de cavidades, 239, 340, 348

tiendas de camapaña, 245, 286, 287,
    293, 331
violación en, 291, 293, 308
campos de internamiento japoneses, 17,
    209
Canadá, reportaje de la frontera, 209–212
Cantú, Norma, 173
Cárdenas, Gil, 171
Carrigan, William D., 39
Carroll, Diahann, 45
Carroll, E. Jean, 187
carteles de drogas, 140–142
Carter, Jimmy, 82, 85, 117
Castro, Fidel, 133, 163, 164, 165
Castro, Julián, 319
*catch and release* (política), 329–330
CBS, Hinojosa en, 122–133, 135
*CBS This Morning* (programa), 131
Cecilia (amiga), 79–81, 83, 84, 85, 119,
    120, 139–140, 141, 191, 314, 316,
    318, 323
censura, en los medios populares, 83
Centro Correccional Willacy (TX),
    243–244, 285, 286–292, 313, 331
Centro de Detención Familiar T. Don
    Hutto (TX), 328
Centro de Procesamiento de Servicio
    Krome (FL), 303–305, 313
Centro Residencial Familiar Berks (PA), 328
Centroamérica, 85, 119, 165–166
centros de detención. *Vea* campos de
    detención
Chapa, Eddie, 243
Chavez, Cesar, 44
Chavez, Linda, 247
Cheney, Dick, 235
Chicago, 35, 36, 46
*Chicago Defender* (periódico), 157
*Chico and the Man* (programa de
    televisión), 76
Cicero (IL), 36
Cisneros, Henry, 173

Cisneros, Sandra, 284
ciudadanía, anular la naturalización, 333
Clark, Ted, 94, 105
clase social, 57
Clayton, Patricia, 234–235
Clinton, Bill, 168, 171–174, 176, 177, 208, 250, 251, 253, 258, 270, 345
Clinton, Hillary, 251
CNN
  cambios en, 224, 262
  decapitación de Berg (Irak), 212–214
  Hinojosa en, 181–185, 189–190, 192, 205–218, 230, 231, 240–241
  *Immigrant Nation, Divided Country*, 223–224, 231
  reportaje de la frontera canadiense, 209–212
Cohen, Peter, 140–142
Colby, Barbara, 96–98
Colby, William E., 98
Colombia, carteles de drogas, 140–142
Columbia University, programa de radio, 82–84, 88–89, 94, 102
comercio de esclavos, 15
Comisión Selecta sobre Políticas de Refugiados e Inmigración (SCIRP), 117
comunidad LGBTQ, 271
Conmoción y Pavor (estrategia militar), 205
Consejo Nacional de La Raza (NCLR), 312
Contras (Nicaragua), 118, 128
Cooks-Allen, Twana, 288–291
Cooper, Anderson, 224
Corporación para la Radiodifusión Pública (CPB), 157, 171
corresponsales, 133, 153–154
Corte Suprema, Sotomayor, 254–255
Cortés, Hernán, 50
Corvo, David, 131

COUNTELPRO (Programa de Contrainteligencia), 332
Cristina (terapeuta), 318, 325–326
Crocker, Charles, 15
Cronkite, Walter, 27, 126, 127–129, 130
*Crossroads* (programa), 136, 139
Cuba, 82, 83, 163–165
cuotas, inmigración, 155

**D**
DACA (Programa de Acción Diferida para los Llegados en la Infancia), 282, 334, 346
Daley, Richard, 44
Daschle, Tom, 203, 204
Davis, Tom, 204
Deepa (amiga), 262–263
Deferred Action for Childhood Arrivals. *Vea* DACA
del Barco, Mandalit, 170–171
"delitos agravados", 177
Departmento de Seguridad Nacional (DHS), 203, 204, 281, 286, 292, 309
DePaul University, 314, 316
deportación, 172, 204, 241, 242, 258, 281, 282–283, 311, 335
desaparecidos, 199
desinfección de inmigrantes, 239, 346, 348
Deyanira (amiga), 88, 89, 104, 105, 126, 134, 149, 159
"Día sin inmigrantes", 249–250
dinero, privilegio y, 52, 53
Dinkins, David, 153
discriminación, 30, 36
disturbios de los *Zoot Suits* (1943), 39
Dobbs, Lou, 207–208, 217
Dole, Bob, 171
Donde, Deepa, 262–263
Douglas, Frederick, 157
Dowd, Matthew, 247
Druckenmiller, Stanley, 203

Duran, Manuel, 332
Durbin, Dick, 309

**E**
Eisenhower, Dwight D., 40
*El Diario* (periódico), 153
El Salvador, 83, 85, 86, 90, 101,
    144–146, 329
Elena (empeada), 276, 278
*Ellis Island*, 347–348
Emanuel, Rahm, 257–258
*Enfoque Nacional* (programa de radio),
    106, 108, 120–121
Enmiena Boland, 118–119
era nazi, 295, 346–348
esclavos, 15
Escobar, Pablo, 141, 142
escuela privada, escuela pública vs.,
    52, 53
espalda mojada, uso del término, 40
Estado Temporal de Protegido, 155
Estados Unidos
    amnistía, 117
    colonos españoles, 14
    discriminación, 30
    disturbios de los *Zoot Suits* (1943), 39
    *Ellis Island*, 347–348
    esclavos, 15
    inmigrantes indocumentados en el sur,
        218–219, 236–237
    odio antimexicano, 39, 208, 209
    políticas de inmigración restrictivas,
        16–17, 35–36
    segregación, 24, 29–30, 36
    sobrevivientes del holocausto rechazado
        por, 36–37
    superioridad racial, 16
eugenesia, 17
"La extraña muerte de José de Jesús"
    (documental), 320–321
extranjero ilegal, uso del término, 40,
    331–332

**F**
familia Hinojosa, 35, 42–44, 48–50,
    55–56, 77
familias detenidos, 328–331
Fanning, David, 285
feminidad y sexualidad, 47–50, 54, 66,
    69–70, 72, 187–188, 325–326
Festival de la Nueva Canción (Cuba)
    (1981), 82
Fife, John, 90, 333
Fiona (sanadora en *reiki*), 202–203, 267
*First Line Report*, 123
Fischer, Paul, 129–130
Florida, Centro de Procesamiento de
    Servicio Krome, 303–305, 313
Ford, Gerald, 58
Ford Foundation, 171
Fox, Vicente, 193, 194, 208
*Frontline*, 285, 288, 292, 295, 296, 298,
    309
Futuro Media, 267–268, 274–276,
    319–321, 322

**G**
Gabby (niñera), 186–187
Garcetti, Eric, 294
*gaslighting*, 312
Gates, Henry Louis, Jr., 280
Gaye, Marvin, 47
Gaynor, Gloria, 67, 69
"gente de los botes" (refugiados), 61
Giuliani, Rudy, 200–201
*Golden Venture* (barco), 167
"La Golondrina" (canción), 336, 338
Gomez, Veronica, 281–282
González, Elián, 329
Gonzales, Richard, 119, 144, 157
Goodman, Amy, 214
Gordo (uncle), 160
Gran Repatriación, 237
Guerra, Juan Luis, 161
guerra contra el terrorismo, 201

guerra contra México (1848), 15
guerra de Vietnam, 58
Guillermoprieto, Alma, 84
Guzmán, Sandra, 153

**H**

Hannah (carácter en serie de Netflix),
    314, 315
Harlingen (TX), campo de detención,
    115–116
Hazelton (PA), 272–273
Hernandez, Evelyn, 153
Hernandez, Javier, 281–282
Hernandez, Julia, 199–200
Hernandez-Ramos, Flo, 158
Hershey-Webb, David, 251
"la hielera" (*"the freezer"*), 296, 307
Hinojosa, Berta (madre), 27, 36, 54, 57,
    64, 67, 158, 162, 170, 324–325,
    337–338
  boda de María, 159–160
  compra del departamento, 41–43
  cultura americana, 47
  entrada en los Estados Unidos, 7–13
  noviazgo y matrimonio, 19–20,
    324–325
  vida en Chicago, 35, 36, 41–43
Hinojosa, Berta Elena (hermana), 8–9,
    52, 67, 77, 159, 251
Hinojosa, Jorge (hermano), 77, 86–87,
    87, 159
Hinojosa, María (carrera profesional)
  agenda latina, 169
  agotada, 322, 326
  *All Things Considered*, 93, 94, 98, 139,
    175
  ataque al World Trade Center, 167,
    196–199, 344
  CBS, 122–133, 135
  CNN, 181–185, 189–190, 192,
    205–218, 230, 231, 240–241, 262
  como *freelancer*, 137–138, 139

Cronkite y, 125–126, 127–129
*Crossroads*, 136, 139
Cuba, 82, 83, 163–165
decapitación de Berg (Irak), 212–214
dilema de familia vs. carrera, 212
dudas sobre el trabajo, 216
*Enfoque Nacional*, 106, 108, 120–121
escribiendo historias para NPR,
    103–104
"La extraña muerte de José de Jesús",
    320–321
filosofía de, 169–170
formar propria empresa, 265–268
Futuro Media, 267–268, 274–276,
    319–321, 322
"La hombría encarcelada" (historia),
    175
*Immigrant Nation, Divided Country*,
    223–224, 231
*In The Thick*, 322–323
inseguridades, 162–163, 326
invisibilidad, sentido de, 48
*Latino USA*, 170–173, 191, 201, 231,
    247, 261, 262, 267, 276–279, 320,
    321
*Lost in Detention*, 285–295, 309, 311,
    313–314
NPR, 94–113, 157–158, 170–172,
    182–183, 191, 260
*Nueva Canción*, 88–89, 94, 127
"Pandillas, asesinatos, y migración en
    Honduras", 320
*Panorama Hispano*, 106, 108
pasantía, 94–103
PBS, 229–232, 253, 259–260
premios, 176, 320
primer reportaje internacional, 144
programa de radio en WKCR,
    82–84, 88–89, 94, 102, 127,
    133, 334
programas domingueros de política,
    322–323

Hinojosa, María (carrera profesional)
(*cont.*)
    reportaje de la frontera canadiense,
       209–212
    República Dominicana, 152
    Río de Janeiro, 187–188
    ronda en Los Ángeles con agentes de
       ICE, 297–302
    síndrome de impostor, 54, 57, 128,
       153, 158, 320, 326, 341
    *Soundpoint*, 140–142, 144
    trastorno de estrés postraumático, 202,
       265, 275, 297, 305–306, 313–315
    WNYC, 152–153
Hinojosa, María (vida personal)
    los chicos y el sexo, 47–49
    agotada, 322, 326
    alejarse de los padres y sus expectativas,
       77
    americanización, 52, 64
    artista rebelde, 55
    ataque al World Trade Center, 167,
       196–199, 344
    bailando, 45, 67, 72, 89, 104,
       134–135, 148–149, 160
    Barnard College, 77–92, 191
    boda, 159–160
    ciudadanía americana, 147, 334
    como rebelde, 68–69, 77
    conflicto entre mexicana tradicional y
       americana, 52, 76
    dilema de familia vs. carrera, 212
    embarazo, 179, 188–190
    emprendedor en los medios de
       comunicación, 321
    encuentro con niños en el aeropuerto
       McAllen (2019), 1–6, 339
    entrada en los Estados Unidos, 7–13, 346
    escuela primaria, 52, 53
    escuela secundaria, 52–57, 64, 67, 71
    feminidad y sexualidad, 47–50, 54, 66,
       69–70, 72, 187–188, 325–326

    feminista y activista
       panlatinoamericana, 89–90, 91, 100
    hijos, 179–180, 191–192
    ideas sobre matrimonio, 228
    inseguridades, 162–163, 326
    madre trabajadora, 192–193, 195–196
    marihuana, 265
    maternidad, 179–180, 186, 187, 188,
       191–192, 193, 195–196, 201
    matrimonio, 158–163, 186, 187,
       227–229, 264, 266, 268–269, 316,
       317–318, 323–326
    mesera en restaurante Caramba, 95,
       106–107
    México, 64–65, 66–74
    miedo de Trump, 334
    niñez, 26–31, 35–36, 215
    noviazgo, 134–135, 148–152
    novios y el sexo, 64, 66
    Nueva York, 75–81, 122, 123–125
    pánico y ansiedad, 54–55, 143–144,
       202, 214, 235, 240–241, 261–262,
       265, 275–276, 297, 313,
       334–335
    psicoterapia, 162–163, 228, 318,
       325–326
    pubertad, 47–52
    San Diego, 121
    sentir invisible, 45, 48
    ser actríz, 75
    sobrenombre "Malu", 105, 143, 182,
       323
    sobreviviente, 318
    Sudamérica, 86–88, 187–188
    tesis, 90–91
    trastorno de estrés postraumático, 202,
       265, 275, 297, 305–306, 313–315
    Trump, 334
    universidad, 77–92
    viajes anuales a México, 64, 66–67,
       336–338
    violación de, 69–70, 72, 314–316, 324

Hinojosa, Raúl (hermano), 71–72, 77, 159
Hinojosa, Raúl (padre), 8, 18–25, 338
  boda de María, 159, 160
  ciudadanía estadounidense, 8, 21, 23, 34
  compra del deparatamento, 41–43
  cultura americana y, 33–34, 47
  decidir salir de México, 20–22
  matrimonio, 20
  noviazgo de Berta, 19–20
  primeros días en los Estados Unidos, 24–25
  segregación americana, 24
  Universidad de Chicago, 20–23, 32–34
  vida temprana, 18–19
Hinojosa, Raúl Ariel (hijo), 179–180, 192, 193, 195, 250, 345
Hinojosa, Yurema (hija), 191–192, 193, 195–196, 232, 266, 341–342
hispano, uso de la palabra, 37, 38
"La hombría encarcelada" (historía), 175
Honduras, 320, 329
Hoover, Herbert, 33, 237
huelga de hambre, 85
Huerta, Dolores, 88
Huntington, Collis Potter, 15
huracán Katrina, 232–234
Hussein, Saddam, 205, 246
Hyde Park (Chicago), 28

**I**
ICE (Inmigración y Control de Aduanas), 204, 245–247, 281, 291, 292, 294, 295, 297–302, 331–335, 343
Idar, Jovita, 344
*illegal alien*, uso del término, 40, 308, 331–332
IMMACT90, 155
*Immigrant Nation, Divided Country* (documental), 223–224, 231
*In The Thick* (programa), 322–323

Iniciativa 187 (California), 174–175
Iniciativa Sensenbrenner, 248–250
inmigración e inmigrantes
  actitudes americanos, 13–18, 31–32, 39, 41
  *Alien Registration Act* (1940), 10
  amnistía, 117, 156
  años después de Reagan, 154–158
  anular la naturalización, 333
  asilo, 177, 339–340, 343
  ataque al World Trade Center, 167, 196–199, 344
  Bush (George W.), 193, 199, 201, 203, 205, 239, 240, 247, 252–253, 281, 311, 328, 345
  campo de detención (Harlingen, TX), 115–116
  *catch and release*, 329–330
  Clinton y, 168, 171–174, 175, 177, 208, 250, 251, 253, 258, 270, 345
  Comisión Selecta sobre Políticas de Refugiados e Inmigración, 117
  *criminal immigration enforcement*, 330
  criminalización de inmigrantes, 177
  DACA, 282, 334
  de Centroamerica, 165–166, 329
  de China, 16, 41
  de Vietnam, 116–117
  desinfección de inmigrantes, 239, 346, 348
  después de la guerra de Vietnam, 59–61
  "Día sin inmigrantes", 249–250
  disturbios de los *Zoot Suits* (1943), 39
  Dobbs y, 207–208
  *Ellis Island*, 347–348
  Estado Temporal de Protegido, 155
  Gran Depresión, 33
  Gran Repatriación, 237
  IMMACT90, 155
  Iniciativa 187 (California), 174–175

inmigración e inmigrantes (*cont.*)
Inmigración y Control de Aduanas
(ICE), 204, 245–247, 281, 291,
292, 294, 295, 297–302, 331–335,
343
inmigrantes como *aliens*, 41
"inmigrantes ilegales", 331–332
inmigrantes irlandeses, 18
Kennedy y, 18
legalización, 117, 125
legislación reciente, 37, 40
Ley de Ajuste Nicaragüense y Alivio
Centroamericano (NACARA), 166
Ley de Amigos Extranjeros, 242
Ley de Control y Reforma a la
Inmigración (IRCA) (1986),
117–118, 156, 245, 270, 271
Ley de Exclusión de Chinos (1882),
16, 17, 175
Ley de Inmigración y Nacionalidad
(1965), 18, 31
Ley de la Valla Segura (2006), 256
Ley de Naturalización (1790), 41
Ley de Reforma a la Inmigración Ilegal
y de Responsabilidad del Inmigrante
(IIRIRA) (1996), 177, 250, 270,
345
Ley de Refugiados (1980), 85–86
Ley de Seguridad Nacional (2002), 203
Ley DREAM, 257, 269–274, 280–283
Ley General para el Control del
Crimen (1970), 40
Ley Johnson-Reed (1924), 30–31
Ley Page (1875), 16, 347
Ley Patriótica, 201, 208
leyes nuevos, 272, 332, 333
Marcha de los Sueños (2010), 272
muro fronterizo, 177, 207–208, 256
Napolitano y, 247–248, 281
niños, 328–331
Nueva Orleans reconstruido por
latinos, 235–236

Obama y, 242, 251, 252, 255–257,
281, 282, 283, 295, 310, 311, 313,
329, 340, 346
odio antimexicano, 39, 208, 209
olas de inmigración, 31–33
Operación Bloque, 172
Operación Espalda Mojada, 40
Operación Fin del Juego, 204
Operación Guardián, 172
Operación Interceptar (1968), 40
Operación Second Look, 333
Patrulla Fronteriza, 66, 132, 171, 172,
211, 222, 245, 303, 342
prisiones privadas, 242, 243–245, 340,
345
Programa Bracero (1942), 33,
237–238, 346
Propuesta 187 (California), 272–273
redadas en los lugares de trabajo,
245–247, 284
refugiados centroamericanos, 85–86,
90, 115
refugiados de Vietnam, 116
revision de cavidades, 239, 340, 348
SB 1070 (Arizona), 273–275
Segunda Guerra Mundial, 33
seguridad nacional y, 168
sentido anti-musulmán, 167, 209,
241
sentimiento antinmigrante, 32
Sessions y, 331
sistema de cuotas, 31, 155
Sistema de Seguridad Nacional de
Registro de Entradas y Salidas
(NSEERS), 241
sobrevivientes del holocausto
rechazados por los Estados Unidos,
36–37
términos para mexicoamericanos, 38,
40–41
trabajadores migrantes, 235
Trump y, 332, 333

*unaccompanied alien children* (UACs), 329, 330, 331
USCIS, 333
uso de palabra "hispano", 37, 38
*Vea también* campos de detención; deportación; inmigrantes indocumentados; Patrulla Fronteriza; refugiados
inmigrantes ilegales, uso del término, 331–332
inmigrantes indocumentados, 117, 172, 175, 177, 201
Clinton y, 177, 253, 258, 270
en los estados del sur, 218–219, 236–237
Iniciativa 187 (California), 174–175
ordenanzas de no rentar propiedad a, 273
Propuesto 187 (California), 272–273
redadas en los lugares de trabajo, 245–247, 284
*Vea también* deportación; inmigración e inmigrantes
internamiento de japoneses, 209
invisibilidad, sentido de, 45, 48
Irak, 205, 206, 212–214
Irán-Contra, 118, 128
IRCA. *Vea* Ley de Control y Reforma a la Inmigración
Isidro (amigo), 149
islamofobia, 241

**J**
"Jailer" (canción), 296
James A. Musick (campo de detención) (CA), 302–303, 313
*Jane the Virgin* (programa), 48
Johnson, Jeh, 329
Johnson, Lyndon B., 31, 33
*La Jornada*, 138
judíos, 37, 53, 199, 348
Juviler, Peter, 91

**K**
Kaplan, Rick, 192
Kartheiser, Cristina (terapeuta), 318, 325–326
Kasell, Carl, 100
Katrina (huracán), 232–234
Kennedy, Ethel, 176, 320
Kennedy, John F., 18, 27, 31, 126
Kennedy, Robert F., 53
Kernis, Jay, 107, 109–110, 111, 113, 114, 119, 131
Kiker, Douglas, 30
Kimberly (productor en Atlanta), 219, 221, 224
King, D.A., 220, 224
King, Martin Luther, Jr., 52, 252
Knell, Gary, 279
Kokenes, Chris, 212–213
Koppel, Ted, 60
Krikorian, Mark, 335
Krome (campo de detención) (FL), 303–305, 313
KUT (estación de radio), 276–277

**L**
*Lab School* (*University of Chicago Laboratory Schools*), 52–57
*Latino USA* (programa de NPR), 170–173, 191, 201, 231, 247, 261, 262, 267, 276–279, 320, 321
Latinoamérica, reportaje del *New York Times*, 84
LatinoRebels.com, 323
Latinos
en los medios populares, 76
odio antimexicano, 39, 208, 209
porcentaje de la populación, 37
términos para, 38
votantes, 171–172
Lea, Tom, (padre), 239
Lee, Harry, 239
legalización, 117, 125

Ley Criminal de 1994, 173–174
Ley de Ajuste Nicaragüense y Alivio
    Centroamericano (NACARA), 166
Ley de Amigos Extranjeros (Alien Friends
    Act) (1798), 242
Ley de Control y Reforma a la
    Inmigración (IRCA) (1986),
    117–118, 156, 245, 270, 271
Ley de Eliminación de la Violación en
    las Prisiones (PREA), 309
Ley de Exclusión de Chinos (1882), 16,
    17, 175
Ley de Inmigración y Nacionalidad
    (1965), 18, 31
Ley de la Valla Segura (2006), 256
Ley de Naturalización (1790), 41
Ley de Reforma a la Inmigración Ilegal y
    de Responsabilidad del Inmigrante
    (IIRIRA) (1996), 177, 250, 270, 345
Ley de Refugiados (1980), 85–86
Ley de Seguridad Nacional (2002), 203
Ley de Servicio Militar Selectivo (1948),
    201
Ley DREAM, 257, 269–274, 280–283
Ley "Enséñame tus papeles" (Arizona),
    273
Ley General para el Control del Crimen
    (1970), 40
Ley Johnson-Reed (1924), 31–32
Ley Page (1875), 16, 347
Ley para Fortalecer la Observancia de la
    Ley y la Seguridad en los Vecindarios
    (SB 1070 Arizona), 273–275
Ley Patriótica, 201, 208
Ley sobre el Control de Delitos Violentos y
    Aplicación de la Ley (1994), 173–174
Liga de Jóvenes Inmigrantes por la
    Justicia, 272
LIPS (Latinas in Power, Sort of), 189,
    197, 226, 253, 254
Los Ángeles, ronda con agentes de ICE,
    297–302

*Lost in Detention* (documental),
    285–295, 309, 311, 313–314
*Lou Dobbs Tonight* (programa de
    noticias), 207
Louima, Abner, 174

**M**
"La Malinche" (historia), 50–51
Management and Training Corp.
    (MTC), 286, 291
Mangin, Charlotte, 344
Marcha de los Sueños (2010), 272
marchas por los inmigrantes, 249–250
Maria (inmigrante), 295
marihuana, 265
Martin, Maria Emilia, 158, 170, 171,
    172, 276
Matos, Felipe, 272
McAllen (TX), Centro de Procesamiento,
    342
McCain, John, 272
McMurray, José, 106
Medellín (Colombia), 140, 141
medios audiovisuales, poder de, 58
medios populares
    censura en, 84
    corresponsales latinas, 133
    crisis de refugiados de Vietnam, 59–61,
        116–117
    minorías representados en, 45–46, 133,
        157, 158
    periodistas latinoamericanas, 153–154,
        157
*Meet the Press* (programa), 322
Melendez, Antonio, 200
*Memphis Free Speech* (periódico), 157
Menéndez de Avilés, Pedro, 14
mestizos, 51
México, 13, 42, 66–74, 125, 193, 337
mexicoamericanos, 33
    el sexo y los chicos, 48–50
    disturbios de los *Zoot Suits* (1943), 39

en Atlanta, 218–219
en medios populares, 76
en Nueva Orleans, 239
en Nueva York, 124–125
extendiendo por los Estados Unidos, 218–219
injusticias hacia, 15
Ley DREAM, 257, 269–274, 280–283
leyes de inmigración recientes, 37, 40
Marcha de los Sueños (2010), 272
Nueva Orleans reconstruido por, 235–236
odio antimexicano, 39, 208, 209
Programa Bracero (1942), 33, 237–238, 346
*resident aliens*, 41
segregación y, 24
términos para, 38, 40–41
trabajadores migrantes, 235
*Vea también* campos de detención; deportación; inmigración e inmigrantes; inmigrantes indocumentados; Patrulla Fronteriza
minorías, representados en los medios populares, 45–46, 133, 157, 158
*Moneyline* (programa de noticias), 207
*Morning Edition* (programa de NPR), 139
Morris, Norman, 122, 126, 129, 129–130, 130
movimiento eugenésico, 17
Moyers, Bill, 229
mujeres
adelitas (soldaderas), 50, 51
como corresponsales, 133
dando las noticias en la televisión, 49
mujeres con poder en Bolivia, 87
mujeres mexicanas, 48–49
Muller, Judy, 123
Muñoz, Cecilia, 310
Murguía, Janet, 312–313
muro fronterizo, 177, 207–208, 256

Musick (campo de detención) (CA), 302–303, 313
Mutabaruka (músico-poeta), 85

**N**

NACARA. *Vea* Ley de Ajuste Nicaragüense y Alivio Centroamericano
NAFTA. *Vea* Tratado de Libre Comercio de América del Norte
Nagin, Ray, 236
Napolitano, Janet, 281, 286, 309
narcotráfico, 40
naturalización
anular, 333
Ley de Naturalización (1790), 41
Navarro, Mia, 226
Navarro, Mireya, 153
Negrón, Edna, 153
negros, 239, 240, 333
Neruda, Pablo, 86
*New York Times*, 84, 153, 167
Newman, Maria, 153
Neyda (amiga), 197
Nicaragua, 118, 128, 156
9/11 (tragedia), 234, 265, 315
niños
deportación, 335
en campos de detención, 328–331
encuentro en el aeropuerto McAllen (2019), 1–6, 339
revisar cavidades de, 340, 348
*unaccompanied alien children* (UACs), 329, 330, 331
Nixon, Richard, 40, 56, 58, 128
La Noche de Tlatelolco (fiesta), 42
*La Noche de Tlatelolco* (Poniatowska), 51
Noemi (inmigrante), 349–354
North, Oliver, 127–128, 129
*North Star* (periódico), 157
noticias, familia Hinojosa y, 44, 56

*NOW* (programa de PBS), 229–230, 253, 259, 264, 279

NPR (Radio Nacional Pública), 92, 93, 94–113, 260

*All Things Considered*, 93, 94, 98, 139, 175

Clinton y, 171, 172

escribiendo historias para, 103–104

Hinojosa en, 106–108, 182–183

*Latino USA*, 170–173, 191, 201, 231, 247, 261, 262, 267, 276–279, 320, 321

*Morning Edition*, 139

pasantía, 94–103

programa de refugiados en Texas, 103–105

programa sobre "crack", 111–112

programa sobre el sesquicentenario de Texas, 113–116

reporteros latinos en, 157

reputación, 140

*Weekend Edition*, 110, 139

NSEERS. *Vea* Sistema de Seguridad Nacional de Registro de Entradas y Salidas

*Nueva Canción* (programa de radio), 82–84, 88–89, 94, 102, 127

Nueva Orleans, 232–234, 235–236, 239

Nueva York

Hinojosa en, 75, 75–81, 122, 123–125

ICE en, 333

**O**

Obama, Barack, 242, 251, 252, 255–257, 281, 282, 283, 295, 310, 311, 313, 329, 340, 346

Ochoa, Ellen, 173

Ofensiva del 89, 144

Operación Bloque (Hold the Line), 172

Operación Espalda Mojada (1950's), 40

Operación Fin del Juego, 204

Operación Guardián (Gatekeeper), 172

Operación Interceptar (1968), 40

Operación Second Look, 333

Opus Dei (grupo), 337

*The Osgood File*, 123

**P**

Pablo (novio), 67–70

Pacheco, Gaby, 272

PAN (partido político), 337

"Pandillas, asesinatos, y migración en Honduras" (documental), 320

*Panorama Hispano* (programa de radio), 106, 108

Partido Republicano, política de inmigración después de Reagan, 154–158

Patrulla Fronteriza, 66, 132, 171, 172, 211, 222, 245, 303, 342

PBS, 229–232, 253, 259–260, 264, 280

Pearce, Russell, 273

Peña, Federico, 173

Pensilvania, Centro Residencial Familiar Berks, 328

Perez, Gérman (esposo), 265, 275, 345

artista, 161, 186, 187

boda, 159–160

descontento con trabajo de su esposa, 216, 227–229

dificultades matrimoniales, 212, 216, 264, 266

ideas sobre matrimonio, 228

matrimonio y familia, 160–163, 186, 187, 202, 212, 216, 228–229, 264, 266, 268, 316, 317–318, 323–326

niñez, 182

noviazgo, 148–152

orgullo en el trabajo de esposa, 215, 230

paternidad, 180, 186

primera cita, 135–137

Perez-Luna, Elisabeth, 139

periodismo y periodistas, 45, 49, 56, 157
corresponsales detenidos por ICE, 333
corresponsales latinas, 133, 153–154, 216
crisis de refugiados de Vietnam, 59–61, 116–117
Obama y, 252
premios para Hinojosa, 176, 320
reportaje del *New York Times* sobre Latinoamérica, 84
Perú, 144
Petrich, Blanche, 138
Pineda, Guadalupe, 138
plantas de procesamiento de carne, redadas en los lugares de trabajo, 245–246
Plante, Bill, 127
Poniatowska, Elena, 51
premio Peabody, 320
premio Robert F. Kennedy Journalism Award, 320
premio Robert F. Kennedy por los Derechos Humanos para Periodismo, 176
PRI (partido político), 337
Prinze, Freddie, 76
prisiones, campos de detención, 242, 340
Programa Bracero (1942), 33, 237–238, 346
Prohibición de Musulmanes, 241
Propuesta 187 (California), 272–273
psicoterapia, 162–163, 228, 318, 325–326

**R**
racismo, 30, 36, 157, 241, 251
radio, en Nueva York en los 1980s, 133
Radio Nacional Pública. *Vea* NPR
*Raising Raúl* (Hinojosa), 192, 231
Ramos, Jorge, 340
Rather, Dan, 130

Rattley, Sandra, 112–113, 143–144, 158, 159, 261, 267
Raymondville (TX), 243–245, 259, 286
Reagan, Ronald, 84, 85, 86, 90, 100, 101–102, 117, 118–119, 125, 128, 154, 156, 174, 247, 270, 271
redadas en los lugares de trabajo, 245–247, 284
refugiados
asilo, 177, 339–340, 343
Comisión Selecta sobre Políticas de Refugiados e Inmigración, 117
desinfección de inmigrantes, 239, 346, 348
falta de confianza en, 168
"gente de los botes", 61
Ley de Refugiados (1980), 85–86
niños, 328–331
programa de NPR sobre refugiados en Texas, 115–117
refugiados centroamericanos, 85–86, 90, 115, 165–166, 329
refugiados chilenos, 86
refugiados cubanos, 83, 166
refugiados de China, 16, 41, 167–169
refugiados de Vietnam, 59–61, 116
refugiados guatemaltecos, 166, 329
refugiados salvadoreños, 85, 90, 115, 165
reportaje de la fronterea canadiense, 209–212
término redefinido, 86
*unaccompanied alien children* (UACs), 329, 330, 331
*Vea también* deportación; inmigración e inmigrantes; inmigrantes indocumentados
Registro de Musulmanes, 241
Reich, Robert, 280
República Dominicana, 152
*resident aliens*, uso del término, 41
revisar cavidades de inmigrantes, 239, 340, 348

Río de Janeiro, 86–87
riqueza, privilegio y, 52, 53
Risen, James, 208
Rivera, Elaine, 153
Roa, Carlos, 272
Rodriguez, Juan, 272
*Rolling Stone* (revista), 140, 141
Romero, Óscar, 83
Rosa (inmigrante en Atlanta), 219–221, 225
Rosado, Rossana, 153
Rose (productora), 199, 200, 209, 217, 219, 253–254
Rubashkin, Sholom, 247
Ruben (amante), 87, 88

**S**

Safer, Morley, 60
San Diego, Hinojosa en, 121
San Salvador (El Salvador), 144–147
Sanchez, Claudio, 119, 157
Sanders, Bernie, 349
Sandinistas, 119, 128, 156
Santana, Carlos, 76–77
SB 1070 (Arizona), 273–275
Schaap, Phil, 94
Schriro, Dora, 286–287, 291–292
SCIRP. *Vea* Comisión Selecta
    sobre Políticas de Refugiados e
    Inmigración
segregación, 24, 29–30, 36
Segura, Gary, 312
Selena (cantante), 173
*Sendero Luminoso* (grupo radical), 140
Sensenbrenner, Jim, 248
sentido anti-musulmán, 167, 209, 241
Sergio (primo), 336–338
Servicio de Inmigración y Naturalización (INS), 204
Servicios de Ciudadanía e Inmigración de
    los Estados Unidos (USCIS), 333
Sessions, Jeff, 331

sexualidad. *Vea* feminidad y sexualidad
Shapiro, Judith, 191
*Shock and Awe* (estrategia militar), 205
Siceloff, John, 229, 230, 253, 259, 267
sida, Fidel Castro y, 164, 165
"los siete de Georgia", 272
Sigrid (guardia en Willacy), 294
Simon, Scott, 108–116, 120, 139–140, 142, 145–146, 161, 169, 185, 305
síndrome de impostor, 54, 57, 128, 153, 158, 320, 326, 341
sistema de cuotas, 31
Sistema de Seguridad Nacional de
    Registro de Entradas y Salidas
    (NSEERS), 241
*60 Minutes* (programa), 44–45, 56, 263
Slava (sobreviviente del holocausto), 36–37
Smith, Harry, 131
sobrevivientes del holocausto, rechazados
    por los Estados Unidos, 36–37
soldaderas, 50, 51
Sosa, Mercedes, 85
Sotomayor, Sonia, 253–255, 257
*Soundpoint* (programa), 140–142, 144
Stahl, Lesley, 127
Stamberg, Susan, 94
Stanford, Leland, 16
Suave (inmigrante), 175–176
Sudamérica, viajes a, 86–88, 187–188
Sullivan, Kathleen, 131, 133
superioridad racial, 16
Swift & Co., redadas en los lugares de
    trabajo, 245–246

**T**

televisión, familia Hinojosa, 43–44
Teresa (refugiada), 91
terrorismo, ataque al World Trade
    Center, 166–167, 196–199, 344
Texas
    campo de detención en Harlingen, 115–116

Centro Correctional Willacy, 243–244, 285, 286–292, 313, 331

Centro de Detención Familiar T. Don Hutto, 328

Centro de Procesamiento de la Patrulla Fronteriza de los Estados Unidos, 342

programa de NPR sobre sesquicentenario, 113–116

Thirteen (estación de televisión), 259, 260

*13 Reasons Why* (programa de Netflix), 314, 315

tiendas de camapaña, en campos de detención, 245, 286, 287, 293, 331

Till, Mamie, 157

Tornillo (TX), 331

Totenberg, Nina, 111

trabajadores migrantes, 235

tragedia 9/11, 234, 265, 315

trastorno de estrés postraumático, 202, 265, 275, 297, 305–306, 313–315

Tratado de Guadalupe Hidalgo (1848), 15

Tratado de Libre Comercio de América del Norte (NAFTA), 173

Trump, Donald, 332–334

Tubman, Harriet, 348

**U**

*unaccompanied alien children* (UACs), 329, 330, 331

UnidosUS, 312

*University of Chicago Laboratory Schools*, 52–57

*Up in Smoke* (película), 76

Ut, Nick, 58

Uziel (jóven), 334

**V**

Vaisman, Cecilia (amiga), 79–81, 83, 84, 85, 119, 120, 139–140, 141, 191, 314, 316, 318, 323

Vega-Marquis, Luz, 268

Vilchez, Blanca Rosa, 153, 189

Villa, Pancho, 50

violación

de Hinojosa, 69–70, 72, 314–316, 324

en campos de detención, 291, 293, 308

Virginia (sobreviviente), 351–352

**W**

Waffenschmidt, Lori, 100, 101, 108

Wallace, George, 29–30

Walters, Barbara, 163

Washington, George, 41

Webb, Clive, 39

*Weekend Edition* (programa de NPR), 110, 139

*Weekend Edition Saturday* (programa de radio), 110

Weiss, Ellen, 99

Wells, Ida B., 157, 158

*West Side Story* (*Amor sin barreras*), 45–46, 55

*wetback*, uso del término, 40

Willacy. *Vea* Centro Correccional Willacy

Wilson, Pete, 174–175, 272–273

WKCR (estación de radio), 81–84, 88–89, 94, 102, 127, 133, 334

WNYC (estación de radio), 152–153

Woodward, Bob, 56

World Trade Center (ataque), 166–167, 196–199, 344

**Y**

Yzaguirre, Raul, 313

**Z**

Zapata, Emiliano, 50

# Acerca de la autora

Los casi treinta años de carrera como periodista de María Hinojosa incluyen su labor como reportera para PBS, CBS, WGBH, WNBC, CNN, NPR y su trabajo como presentadora y productora ejecutiva del programa ganador del premio Peabody, *Latino USA*, distribuido por NPR. Es una invitada frecuente en MSNBC y ha recibido varios galardones, entre ellos, cuatro Emmys™, dos premios Robert F. Kennedy, el premio Edward R. Murrow del Overseas Press Club, y el premio Walter Cronkite por excelencia en periodismo. En 2010 fundó Futuro Media, una organización independiente sin fines de lucro que tiene la misión de producir contenido multimedia desde la perspectiva de la gente de color. A través de su amplio trabajo y como copresentadora fundadora del podcast político *In The Thick*, Hinojosa ha informado a millones de personas sobre el cambiante panorama cultural y político en los Estados Unidos y en el extranjero. María vive con su familia en Harlem, Nueva York.